Frasl, Haiden, Taus (Hg.)

Österreichs Kreditwirtschaft in der Weltfinanzkrise

Österreichs Kreditwirtschaft in der Weltfinanzkrise

Fakten, Analysen, Perspektiven und Chancen

herausgegeben

von

Erwin J. Frasl

René Alfons Haiden

Josef Taus

neuer wissenschaftlicher Verlag

Wien · Graz 2009

Bibliografische Information Der Deutschen Nationalbibliothek

Die Deutsche Nationalbibliothek verzeichnet diese Publikation in der deutschen Nationalbibliografie; detaillierte bibliografische Daten sind im Internet über http://dnb.d-nb.de abrufbar.

ISBN 978-3-7083-0634-6
Neuer Wissenschaftlicher Verlag GmbH Nfg KG
Argentinierstraße 42/6, A-1040 Wien
Tel.: ++43 1 535 61 03-24, Fax: ++43 1 535 61 03-25
E-Mail: office@nwv.at

Geidorfgürtel 20, A-8010 Graz
E-Mail: office@nwv.at

www.nwv.at

Druck: Text-Print Nyomdaipari Kft., Györ

Inhaltsverzeichnis

Vorwort

Von Joseph Schumpeter stammt die Behauptung, „daß sich im Geldwesen eines Volkes alles spiegelt, was dieses Volk will, erleidet, ist. [...] Nichts sagt so deutlich, aus welchem Holz ein Volk geschnitzt ist, wie das, was es währungspolitisch tut“. In diesem Sinne zeigt schon das Buch „Österreichs Kreditwirtschaft – Von der Reichsmark über den Schilling zum Euro“ die Geschichte der Kreditwirtschaft unter verschiedenen Währungsordnungen, eine Geschichte der österreichischen Wirtschaft, der Herausforderungen und Erfolge, der Entwicklung der Lebensbedingungen, eine Geschichte von Aufbau, Zerstörung und Wiederaufbau.

All das spiegelt sich nicht zuletzt in den Bilanzen der Kreditwirtschaft wider. Österreich hat die Lehren aus den Erfahrungen der ersten Hälfte des 20. Jahrhunderts gezogen und sich nach 1945 eine stabilitätsorientierte, auf Konsensbildung basierende Wirtschaftsordnung gegeben. Exportorientierung als Basis für Prosperität, Währungsstabilität und eine streng regulierte Kreditwirtschaft waren drei Jahrzehnte lang ein erfolgreiches Konzept. Die in den 1990-er Jahren eingeleitete Internationalisierung, Deregulierung und die Öffnung neuer Märkte in den Nachbarländern haben die Kreditwirtschaft nachhaltig verändert.

Eine erfolgreiche Währungspolitik ist eine notwendige Voraussetzung für Prosperität und Stabilität, ohne sie wird früher oder später auch der Kreditwirtschaft die Grundlage entzogen, Vertrauen zerstört und Vermögen entwertet. Sie ist aber keine – hinreichende – Bedingung: Regeln für das Bankwesen, die Kreditversorgung, Innovation und Gewährleistung von Finanzstabilität sowie solide BankmanagerInnen sind genauso unerlässlich.

Seit das Buch „Österreichs Kreditwirtschaft“ 2007 erschienen ist, geht die Weltwirtschaft durch eine schwere Finanz- und Wirtschaftskrise. Notenbanken und Regierungen haben in einer bemerkenswerten Einigkeit und Entschlossenheit gegengesteuert. Die Regeln für das Finanzwesen werden grundlegend überdacht und (hoffentlich) reformiert.

Während es der Währungspolitik in den letzten Jahrzehnten gelungen ist, Preisstabilität in viel mehr Ländern als in der Vergangenheit zu erreichen und Wachstum damit in Einklang zu bringen, ist Finanzstabilität nicht erreicht worden; im Gegenteil: die Zahl der Finanzkrisen hat sogar zugenommen.

Europa hat mit dem Euro eine neue Epoche eingeläutet. Die immer stärker integrierte Wirtschaft in der Eurozone soll durch die gemeinsame Währung unterstützt werden. Dies ist im ersten Jahrzehnt des Euros gut gelungen. Nun gilt es die Voraussetzungen für langfristige Finanzstabilität zu schaffen.

Das Buch „Österreichs Kreditwirtschaft in der Weltfinanzkrise“ als Nachfolgeband zu „Österreichs Kreditwirtschaft – Von der Reichsmark über den Schilling zum Euro“ zeigt anhand der Zwischenstationen auf dem Weg in die aktuelle Finanz- und Wirtschaftskrise jene Gefahren auf, die uns auch in Zukunft immer wieder drohen könnten. Es beschreibt die Anstrengungen in Österreich und in der gesamten Europäischen Union, das Bankensystem mit Hilfe des Staates und der Europäischen Zentralbank möglichst rasch zu stabilisieren, um so wieder das Vertrauen in das Finanzsystem zu stärken. Und es macht Wege sichtbar, wie die Kreditwirtschaft der realen Wirtschaft wieder Impulse für spürbares Wachstum geben kann.

Ich wünsche dem Buch – deren Autoren ich seit vielen Jahren in ihrer Kompetenz, ihrem Engagement und in ihrer Weisheit sehr schätze – viele Leserinnen und Leser. Auch die nächsten Generationen von WährungspolitikerInnen und BankerInnen sollen Gelegenheit haben, aus unserer Geschichte zu lernen.

Mag. Dr. Gertrude Tumpel-Gugerell
Mitglied des Direktoriums
Europäische Zentralbank

Vorwort

Die gegenwärtige globale Wirtschafts- und Finanzkrise bildet die tiefgreifendste Zäsur für die österreichische Wirtschaft und das Bankensystem seit dem Zweiten Weltkrieg. Sie stellt wirtschaftspolitische Entscheidungsträger wie die Oesterreichische Nationalbank ebenso wie die Banken vor außerordentliche Herausforderungen, weil es sich um eine weltweite Krise handelt, weil sich der Einbruch so abrupt vollzogen hat und weil der Einbruch Ausmaße erreichte, wie sie seit Ende des Zweiten Weltkriegs nicht beobachtet wurden.

Bis zum Ausbruch dieser Krise konnte man die Entwicklung des österreichischen Finanzsystems und damit auch der Banken grosso modo als eine mehr oder weniger kontinuierliche Aufwärtsentwicklung interpretieren, in der der Wirtschaftspolitik – und damit auch der OeNB – primär die Aufgabe zukam, diesem Wachstum den nötigen Rahmen zu geben.

In der unmittelbaren Nachkriegszeit war die österreichische Geldpolitik zunächst auf die Stabilisierung und den Aufbau der Währung und des Finanzsektors konzentriert. In einem nächsten Schritt ging es darum, die weitgehende wirtschaftliche Abschottung zu überwinden und die Reintegration der österreichischen Wirtschaft in die Weltwirtschaft zu ermöglichen. Dabei verfolgte die OeNB eine außenwirtschaftliche Liberalisierung mit Augenmaß. Im Jahr 1948 trat Österreich dem Internationalen Währungsfonds und dem Bretton Woods System bei.

In den folgenden Jahrzehnten wurden schrittweise – parallel zur Erholung der österreichischen Wirtschaft und dem Aufbau notwendiger Währungsreserven – grenzüberschreitende Devisentransaktionen freigegeben, bis schließlich 1991 die völlige Devisenliberalisierung erreicht wurde. Die graduelle Liberalisierung des Kapitalverkehrs und des Finanzsystems leistete einen wesentlichen Beitrag zur Sicherung der Stabilität des Finanzsystems und des Wechselkurses.

Gleichzeitig wurde eine stabilitätsorientierte Währungspolitik verfolgt. Die sogenannte „Hartwährungspolitik“, die Österreich nach dem Ende des Systems von Bretton Woods einschlug, bot der österreichischen Wirtschaft und damit auch den Banken berechenbare Währungsbedingungen. Durch die Bindung des Schilling an die stabilste Währung Europas, die Deutsche Mark, gelang es, sowohl Preisstabilität zu sichern als auch strukturelle Verbesserungen im exponierten Sektor zu forcieren.

Die Hartwährungspolitik war ein wichtiger Schritt in Richtung der Teilnahme an der europäischen Integration, die 1995 mit dem Beitritt Österreichs zur Europäischen Union und zusammen mit der Teilnahme des Schilling am Europäischen Währungssystem einen ersten Höhepunkt erreichte. Seinen Abschluss erfuhr dieser Integrationsprozess Anfang 1999, als Österreich Gründungsmitglied der Wirtschafts- und Währungsunion (WWU) wurde und die Gemeinschaftswährung Euro den Schilling ablöste. Doch naturgemäß ist die europäische Integration ein kontinuierlicher Prozess, der sich auch seit Österreichs EU-Beitritt stark weiter entwickelt hat.

Durch die Teilnahme am Euro und auch am Binnenmarkt verlor Österreich zwar an formalem eigenen Gestaltungsspielraum, erhielt aber dafür einerseits Mitsprache in der EU bzw. im Euroraum sowie andererseits ein Mehr an Stabilität. Besonders augenfällig war dies im Verlauf der aktuellen Krise, in der es der Euro Europa erleichterte, rasch, entschlossen und kohärent zu handeln. Der Euro schützte die österreichische Wirtschaft vor Währungsspekulation, und der Konjunktureinbruch wurde nicht durch Wechselkursschwankungen zwischen den teilnehmenden Ländern zusätzlich verschärft.

Zudem ermöglichte es der Euro, durch ein koordiniertes Vorgehen den Schaden für den Finanzsektor und die Konjunktur zu verringern. Ohne Eurosystem wäre eine effiziente Liquiditätszuführung für das EU-Bankensystem in dieser Form nicht möglich und eine Koordination zwischen den EU-Notenbanken äußerst schwierig gewesen.

Die Krise stellt auch die Geschäftstätigkeit der österreichischen Banken auf den Prüfstand. Dank ihres Geschäftsmodells, das sehr stark auf direkte Kundenbeziehungen setzt, waren die österreichischen Banken von den Verwerfungen im Bereich der strukturierten Kreditprodukte im Vergleich zu anderen Banken noch relativ wenig betroffen. In das Zentrum der kritischen internationalen Aufmerksamkeit geriet jedoch das Engagement der österreichischen Banken in Zentral-, Ost- und Südosteuropa, das sich in den vergangenen beiden Jahrzehnten zu einem zentralen Pfeiler ihrer Geschäftstätigkeit entwickelt hatte.

Sehr bald nach – und in einigen Fällen sogar vor – dem Fall der Berliner Mauer – haben sich österreichische Banken in die Märkte dieser Region hineinbewegt und dort eine starke Position aufgebaut. In einer längerfristigen Perspektive bin ich völlig überzeugt davon, dass das Engagement der österreichischen Banken in diesen Ländern eine der Erfolgsgeschichten der europäischen Wirtschaftsgeschichte darstellt, da es substanziell mitgeholfen hat, den historisch bedingten tiefen wirtschaftlichen Graben innerhalb Europas zu verringern.

Prof. Dr. Ewald Nowotny
Gouverneur
Oesterreichische Nationalbank

Einleitung

Es hätte so schön sein können. Kontinuierliches Wirtschaftswachstum, gute Beschäftigungslage, eine international angesehene Währung, florierende Exporte und die schrittweise Erweiterung des Heimmarktes in die neuen EU-Mitgliedsländer durch Produktions- und Handelsunternehmen und die Banken aus Österreich. So war das Leben vor der jüngsten Krise.

Und dann der Schock. Der schrittweise Zusammenbruch des Immobilienmarktes in den USA, gefolgt von ersten Bankenpleiten, die nach und nach die Existenz der großen Banken in den USA zu gefährden drohten, und dann auch noch das Überschwappen der Krise auf die Banken in aller Welt.

Damit begann sich die Finanzkrise zu einer Weltwirtschaftskrise zu wandeln, die auch den realen Teil der Wirtschaft mit voller Wucht traf: Eine Branche nach der anderen musste die Produktion drosseln, es galt, Mitarbeiter mit Kurzarbeit vor der Arbeitslosigkeit zu bewahren, aber als letztes Mittel mussten zahlreiche Unternehmen Mitarbeiter doch noch kündigen, weil Aufträge oder Kredite fehlten.

Erst gemeinsame internationale Anstrengungen auf höchster politischer Ebene samt tausender Milliarden Euro an staatlichen Hilfen, vornehmlich für die großen systemrelevanten Banken, machten es möglich, den Zusammenbruch des internationalen Finanzsystems zu verhindern und so den realen Wirtschaftskreislauf, der auf Geldwirtschaft aufgebaut ist, vor dem Zusammenbruch zu bewahren.

Das von den USA ausgehende Debakel der Finanzwirtschaft, das letztendlich auch die reale Wirtschaft schwer gefährdete, haben die Menschen weltweit zu spüren bekommen. Und die erlebten Ereignisse machen auch Angst. Wie wir schon in unserem Buch „Österreichs Kreditwirtschaft – Von der Reichsmark über den Schilling zum Euro“ aufgezeigt haben, beeinflussen die Kreditinstitute die ökonomische Entwicklung eines Landes wie kein anderer Wirtschaftssektor. Das wissen vor allem jene älteren Menschen, die durch Währungsumstellungen große Teile ihrer Ersparnisse verloren haben.

Durch die solide Währungspolitik in Österreich sind die Ängste vor einer Banken- bzw. Währungskrise schon fast vergessen gewesen.

Jetzt mit der weltweiten Finanzkrise war wieder alles anders: Gut, dass die Regierungen der EU-Staaten hier mit ihren staatlichen Garantieversprechen die Sparer beruhigen und die Banken mit staatlichen Kapitalzufuhren stabilisieren konnten.

Um sich in Zukunft vor derartigen Krisen des Finanzsystems wappnen zu können, ist es wichtig, in aller Ruhe die Grundlagen des österreichischen, aber auch des internationalen Finanzsystems noch einmal zu analysieren, um jene Schwachstellen aufzuspüren, die in Zeiten einer florierenden Wirtschaft nicht sichtbar geworden sind. Und es gilt, jetzt und heute auch darüber nachzudenken, wie der Rahmen für die Finanzwirtschaft aussehen soll, um uns alle vor jenen Fehlern zu bewahren, die uns die aktuelle Finanz- und Wirtschaftskrise beschert haben. In unserem Buch „Österreichs Kreditwirtschaft in der Weltfinanzkrise – Fakten, Analysen, Perspektiven und Chancen“ haben wir uns genau darum bemüht. Das Wissen und die praktische Erfahrung von insgesamt 19 Autoren sollen Hintergründe der jüngsten Ereignisse und mögliche Lösungen aufzeigen, wie künftig politisch für Transparenz und Stabilität im Finanzsystem, insbesondere bei den Banken, gesorgt werden kann. Denn wie sehr ein solider Finanzsektor für unseren Wohlstand von Bedeutung ist, hat die Krise leidvoll gezeigt.

Möglich wurde dieses Buch erst durch das besondere Engagement aller Autoren, die sich trotz vielfältiger beruflicher Aufgaben bereit erklärt haben, ihr Know-how und ihre Erfahrungen für dieses Buch zur Verfügung zu stellen. Wir danken allen Autoren für ihre Bereitschaft, bei diesem Buch mitzumachen. Unser besonderer Dank gilt auch Herrn *Gerhard Kaltenbeck* von der Oesterreichischen Nationalbank, der am Zustandekommen des statistischen Überblicks dieses Buches entscheidenden Anteil hatte, Frau *Greta Leitenbauer* für ihre wertvolle Unterstützung in der Abwicklung dieses Buchprojektes und Herrn *Mag. Günter Milly* für seine ermutigende verlegerische Unterstützung.

Wien, im Oktober 2009

Erwin J. Frasl *Rene A. Haiden* *Josef Taus*

Karl BRUCKNER

Mehr Steuergerechtigkeit durch Vermögensteuern?

1. Bestandsaufnahme zu vermögensbezogenen Steuern

Vor nunmehr 15 Jahren – mit Wirkung ab 1. Jänner 1994 – wurde in Österreich im Zuge der Steuerreform 1993 die Vermögensteuer (eine Steuer, die in Höhe von 1 % des bewerteten Nettovermögens der Steuerpflichtigen nach Abzug diverser Freibeträge erhoben wurde)[1] abgeschafft. Begründung: Die Vermögensteuer treffe in erster Linie die Unternehmen, die durch die Steuerreform entlastet werden sollen.[2]

Seit damals flammt in regelmäßigen Abständen immer wieder die Diskussion über die Wiedereinführung der Vermögensteuer auf, zuletzt aktuell vor allem aus fiskalischen Überlegungen im Zusammenhang mit der im Jahr 2008 ausgebrochenen internationalen Finanz- und Wirtschaftskrise, die sowohl einnahmen- als auch ausgabenseitig das österreichische Budget bereits erheblich belastet bzw. noch belasten wird. Von einzelnen politischen Gruppen wird die Wiedereinführung einer allgemeinen Vermögensbesteuerung aber auch aus verteilungs- und steuerpolitischen Überlegungen gefordert: Ausgangspunkt ist dabei der Umstand, dass im österreichischen Steuersystem der Faktor Arbeit im internationalen Vergleich zu hoch, Vermögen hingegen zu niedrig besteuert wird. Durch die Einführung ei-

1 Kapitalgesellschaften mussten zusätzlich zur 1 %-igen Vermögensteuer noch das sogenannte „Erbschaftssteueräquivalent" (0,5 % des Vermögens) zahlen.

2 So übereinstimmend die für die Steuerreform 1993 verantwortlichen Politiker Dkfm. Ferdinand *Lacina* (ehemaliger Finanzminister) und Dr. Johannes *Ditz* (ehemaliger Finanzstaatssekretär und späterer Wirtschaftsminister) bei der von der Wirtschaftsprüfungs- und Steuerberatungsgesellschaft BDO Auxilia Treuhand GmbH am 25. Juni 2009 in Wien veranstalteten Podiumsdiskussion zum Thema „Reichensteuer – mehr Steuergerechtigkeit oder Klassenkampf in der Finanzkrise".

ner allgemeinen Vermögensteuer und die dadurch mögliche Entlastung des in Österreich überdurchschnittlich mit Abgaben belasteten Faktors „Arbeit" könne mehr Steuergerechtigkeit geschaffen werden.[3]

Tatsächlich hat Österreich nach dem Auslaufen der Erbschafts- und Schenkungssteuer mit 31.Juli 2008 als Folge einer Aufhebung durch den Verfassungsgerichtshof[4] als substantielle vermögensbezogene Steuern nur mehr die Grundsteuer[5] sowie als Vermögenstransaktionssteuer die Grunderwerbsteuer, zusammen mit einem jährlichen Aufkommen von zuletzt (2008) ca. 1,2 Mrd. EUR. Darüber hinaus werden in den OECD-Statistiken auch die Kapitalverkehrsteuern (2008: rd. 0,1 Mrd. EUR), von denen in Österreich derzeit nur die Gesellschaftssteuer (das ist eine 1 %-ige Steuer auf die Eigenkapitalzufuhr bei Kapitalgesellschaften) erhoben wird, zu den vermögensbezogenen Steuern gerechnet.

Wenn in der einschlägigen Fachliteratur von **vermögensbezogenen Steuern** gesprochen wird, so fallen unter diesen Begriff daher vor allem folgende Steuern:[6]

- **Allgemeine persönliche Vermögensteuer:** Diese Vermögensteuer im engeren Sinn erfasst das gesamte Nettovermögen des Steuerpflichtigen, also Betriebs-, Grund- und Geldvermögen, teilweise auch das Gebrauchsvermögen (z.B. Kunstwerke, private KFZ udgl.) abzüglich der Verbindlichkeiten und abzüglich persönlicher Freibeträge. Diese Form der Vermögensteuer

3 So z.B. der seinerzeitige Finanzstaatssekretär Dr. Christoph *Matznetter* in einer APA-Meldung vom 18. August 2008.

4 Der Verfassungsgerichtshof (VfGH) hat bekanntlich mit Erkenntnis vom 7.3.2007, G 54/06 u.a., die Erbschaftssteuer sowie mit Erkenntnis vom 15.6.2007, G 23/07 u.a., die Schenkungssteuer mit Ablauf des 31. Juli 2008 als verfassungswidrig aufgehoben.

5 Einschließlich der Bodenwertabgabe, die für unbebautes Grundvermögen erhoben wird.

6 *Bach*, Vermögensbesteuerung in Deutschland – Eine Ausweitung trifft nicht nur Reiche, in: DIW-Wochenbericht Nr 30/2009 vom 22.7.2009, S. 482 ff; zu weiteren Details vgl. insbesondere *Mennel/Förster* (Hrsg.), Steuern in Europa, Amerika und Asien, 75. Ergänzung, Stand Februar 2009 (Herne/Berlin 2009); *IBFD – International Bureau of Fiscal Documentation*, Global Tax Handbook Set 2009, European Tax Handbook 2009 (Amsterdam 2009); *Bundesministerium der Finanzen* (Deutschland): Die wichtigsten Steuern im internationalen Vergleich 2008. Vgl. auch *Goldberg*, Vermögensbesteuerung – Ein internationaler Vergleich, herausgegeben von der Österreichischen Gesellschaft für Politikberatung und Politikentwicklung (Wien 2007), S. 16 (http://www.politikberatung.or.at/typo3/index.php?id=92).

war früher weit verbreitet, wurde aber in den letzten Jahrzehnten in den meisten OECD-Ländern abgeschafft (siehe im Detail unten).

- **Grundsteuer:** Gibt es in fast allen OECD-Staaten und belastet den Immobilienbesitz. Bemessungsgrundlage ist zumeist der gesamte Wert des Grundstücks, einschließlich der Aufbauten (Gebäude). Verbindlichkeiten für die Immobilien sowie persönliche Verhältnisse der Grundstückseigentümer oder -nutzer werden üblicherweise nicht berücksichtigt.
- **Erbschafts- und Schenkungssteuer:** Wird in den meisten OECD-Ländern erhoben. Sie belastet den Vermögenstransfer zwischen den Generationen. Ebenso wie bei der persönlichen Vermögensteuer wird auf das Nettovermögen abgestellt.
- **Vermögensverkehrsteuern:** Werden auf den Handel mit Vermögensobjekten erhoben. Bekannte Beispiele sind insbesondere die in vielen Staaten erhobene Grunderwerbsteuer auf Grundstückstransaktionen sowie die Kapitalverkehrssteuern auf Kapitalmarkttransaktionen (Wertpapiersteuer, Börsenumsatzsteuer, Gesellschaftsteuer) und zum Teil auch die Versicherungssteuer.
- **Sonstige Abgaben auf Vermögensbesitz:** Dazu gehören vom Vermögen (insbesondere Grundvermögen) abhängige öffentliche Gebühren und Beiträge, wie z.B. Anliegerbeiträge, Infrastrukturabgaben udgl.

Aus den Statistiken der OECD geht hervor, dass sich der Anteil des Aufkommens vermögensbezogener Abgaben am BIP in Österreich zwischen 1980 und 2006 beinahe halbiert hat, nämlich von 1,1 % im Jahr 1980 auf 0,6 % im Jahr 2006.[7] Diese Entwicklung war gegenläufig zu jener in der alten EU, wo diese Relation von 1,4 % auf 2,2 % gestiegen ist (wobei der Anstieg vor allem auf die relativ hohe Besteuerung von Grund und Boden und von Finanz- und Kapitalmarkttransaktionen zurückgeht). Demgegenüber sind die Abgaben auf die Arbeit (Steuern auf die Lohnsumme sowie Sozialversicherungsbeiträge) in Österreich zwischen 1980 und 2006 von 14,8 % des BIP auf 17 % des BIP gestiegen. In der EU 15 belaufen sie sich 2006 auf lediglich 11,6 % des BIP (10,4 % des BIP 1980). Gleichzeitig geht das Gewicht der vermögensbezogenen Steuern (wie erwähnt hauptsächlich Grundsteuer, Grunderwerbsteuer, Kapitalverkehrssteuern

---

7 Das österreichische Bruttoinlandsprodukt (BIP) betrug 2006 rd. 257 Mrd. EUR, 2007 rd. 271 Mrd. EUR und 2008 rd. 282 Mrd. EUR.

sowie die zum 1. August 2008 ausgelaufene Erbschafts- und Schenkungssteuer) in Österreich deutlich zurück.[8]

Diese Entwicklung findet einen entsprechenden Niederschlag auch in einer deutlichen Verschiebung der Anteile unterschiedlicher Abgabenkategorien an den Gesamtabgaben. Der Finanzierungsbeitrag der Steuern auf die Lohnsumme und der Sozialbeiträge bezogen auf die Gesamtabgaben ist in Österreich von 37,9 % 1980 auf 40,4 % 2006 gestiegen. Im Vergleich dazu war er in der EU 15 niedriger (1980: 30,6 %) und ist überdies zwischen 1980 und 2006 gesunken (2006: 29,3 %). Dafür trugen in Österreich vermögensbezogene Steuern 2006 nur noch mit 1,4 % zur Finanzierung der öffentlichen Haushalte bei; gegenüber 1980 hat sich ihr Finanzierungsanteil somit halbiert. Im Durchschnitt der EU 15 nahm dagegen der Anteil der Steuern auf Vermögen bezogen auf die Gesamtabgaben von 4,2 % in 1980 auf 5,5 % in 2006 zu.

In der aktuellen OECD-Statistik 2007[9] liegt Österreich mit dem im Vergleich zu 2006 unverändertem Anteil der vermögensbezogenen Steuern von 1,4 % der Gesamtabgaben bzw. 0,6 % gemessen am Bruttoinlandsprodukt (BIP) in einer Liste von 30 EU- bzw OECD-Staaten an viertletzter Stelle. Durch das Auslaufen der Erbschafts- und Schenkungssteuer in Österreich mit Wirkung ab 1. August 2008 werden diese Prozentsätze in den kommenden Jahren noch weiter sinken. Ähnlich gering ist der Anteil der vermögensbezogenen Steuern im OECD-Vergleich nur in Tschechien, der Slowakei und in Mexiko. In Großbritannien betrugen diese Einnahmen demgegenüber 12,6 % der gesamten Steuereinnahmen bzw. 4,6 % des BIP und in den USA 10,9 % bzw 3,1 %.[10] Der Anteil der Sozialbeiträge liegt in Österreich hingegen bei 14,1 % des BIP und damit deutlich über dem OECD-Schnitt von 9,1 %. Nur in Frankreich (16,2 %) und Tschechien (16,1 %) sind die Sozialabgaben höher.

---

8 *Aiginger/Handler/Schratzenstaller/Tichy*, WIFO-Studie „Ziele und Optionen der Steuerreform – Plädoyer für einen anspruchsvollen Ansatz" (Wien Oktober 2008), S. 35 f; OECD Revenue-Statistics 2008.

9 OECD Revenue Statistics 1965 – 2007, Paris 2008.

10 APA-Meldung vom 21. März 2009.

Abgaben im Vergleich 2007/Ausgewählte OECD-Länder

	Steuerquote	**Vermögensbezogene Abgaben**
	in % des BIP	in % des BIP
UK	36,6	4,6
Frankreich	43,6	3,5
USA	28,3	3,1
Spanien	37,2	3,0
Schweiz	29,7	2,4
Italien	43,3	2,1
Niederlande	38,0	1,2
Schweden	48,2	1,2
Deutschland	36,2	0,9
ÖSTERREICH	41,9	0,6
Tschechien	36,4	0,4

Nicht in den OECD-Statistiken der vermögensbezogenen Abgaben enthalten sind die Steuern auf Vermögenserträge, zu denen in Österreich vor allem die 25 %-ige Kapitalertragsteuer (KESt) auf Zinsen- und Dividendenerträge sowie die Einkommensteuer auf Gewinne aus der Veräußerung ab 1 %-iger Beteiligungen an Kapitalgesellschaften (§ 31 EStG) und auf Spekulationsgewinne (§ 30 EStG) gehört. Das gesamte KESt-Aufkommen belief sich 2007 auf 2,4 Mrd. EUR und 2008 sogar auf 2,8 Mrd. EUR, der Anteil am BIP (2008: 282 Mrd. EUR) betrug zuletzt daher rd. 1 %. Das Aufkommen an Einkommensteuer aus den angeführten Veräußerungstatbeständen ist nicht bekannt.

In der gegenwärtigen, zum Teil unübersichtlichen Diskussion wird von den Befürwortern einer Erhöhung der vermögensbezogenen Steuern in erster Linie eine **Wiedereinführung der allgemeinen persönlichen Vermögensteuer** und der **Erbschafts- und Schenkungssteuer** sowie zum Teil bereits seit längerer Zeit auch eine Erhöhung der **Grundsteuer** gefordert. Da Vermögen auch über die Vermögenserträge besteuert werden kann, wird aber immer häufiger auch eine durchgängige Besteuerung sämtlicher Vermögenserträge im Wege einer umfassenden **Vermögenszuwachssteuer** vorgeschlagen. Auf diese Themen soll im Folgenden eingegangen werden.

Nicht Gegenstand des vorliegenden Beitrags ist die in letzter Zeit ebenfalls immer häufiger diskutierte **Finanztransaktionssteuer**, bekannt unter dem Namen „Tobin-Tax".[11] Da eine solche Steuer nach weit verbreiteter Ansicht nur auf internationaler Ebene (z.B. EU-Ebene) Sinn macht, aber angesichts der divergierenden Interessen der EU-Staaten wohl mit keiner raschen Einigung zu rechnen ist, ist sie – wiewohl von vielen gefordert – aus heutiger Sicht kaum eine realistische Option, sondern eher dem Bereich der „Fiskalromantik" zuzurechnen.[12]

2. Wiedereinführung einer allgemeinen persönlichen Vermögensteuer

Die (offizielle) **finanzwissenschaftliche Rechtfertigung zur Einhebung von Vermögensteuern** gründet sich zum einen auf steuersystematische Erklärungen im Sinne einer Ergänzung sowie einer Kontroll- und Nachholfunktion der Vermögensteuer zur Einkommensteuer.[13] Zum anderen werden Vermögensteuern mit dem allgemein anerkannten Prinzip der Leistungsfähigkeit begründet, wonach die Steuerlast je nach den individuellen wirtschaftlichen Leistungsfähigkeiten der jeweiligen Wirtschaftssubjekte verteilt werden sollte. Aus finanzwissenschaftlicher Perspektive ist neben dem Einkommen und dem Konsum im gleichen Maße das Vermögen ein wichtiger Indikator der wirtschaftlichen Leistungsfähigkeit.

Für die **Einführung einer allgemeinen persönlichen Vermögensteuer** im Sinne einer Steuer, die vom gesamten (bewerteten) Vermögen des Steuerpflichtigen erhoben wird, wird – neben verteilungspolitischen („klassenkämpferischen") Argumenten (Stichwort „Reichensteuer") – vor allem das eingangs bereits erwähnte Argumente ins Treffen geführt, dass im österreichischen Steuersystem bei einem internationalen Vergleich der Faktor Arbeit zu hoch, Vermögen hingegen zu niedrig besteuert wird. Durch die Einführung einer Ver-

11 Weiterführend *Goldberg*, Vermögensbesteuerung – Ein internationaler Vergleich, S. 101 ff.

12 Die geringe Wahrscheinlichkeit ihrer Einführung dürfte wohl auch einer der Gründe dafür sein, dass die Finanztransaktionssteuer von vielen Politikern und Entscheidungsträgern befürwortet wird. Auch in den letzten beiden Regierungsprogrammen der österreichischen Bundesregierungen (für die XXIII. und die XXIV. Gesetzgebungsperiode) ist die Forderung nach der Einführung einer EU-weiten Finanztransaktionssteuer enthalten.

13 *Nowotny, E*, Der öffentliche Sektor. Einführung in die Finanzwissenschaft[4] (Berlin 1999), S. 384 f; *Goldberg*, Vermögensbesteuerung – Ein internationaler Vergleich, S. 13 ff und 160.

mögensteuer könnte dieses strukturelle Problem beseitigt und der Faktor Arbeit steuerlich entlastet werden. Nach jüngsten Vorschlägen z.B. der SP-geführten Gewerkschaft der Privatangestellten (GPA) könnte eine jährliche Vermögensteuer von 0,25 bis 1,45 % auf Vermögenswerte ab 500.000 EUR angeblich ein Steueraufkommen von 4 bis 5 Mrd. EUR bringen, das nach Ansicht der GPA unter anderem in die Senkung des untersten Lohnsteuertarifs von 36,5 auf 25 % fließen sollte.[14] In Deutschland hat das Deutsche Institut für Wirtschaftsforschung (DIW) kürzlich errechnet, dass eine Vermögensteuer mit einem Steuersatz von 1 % und einem Freibetrag von 500.000 EUR Steuereinnahmen von 16 bis 21 Mrd. EUR bringen würde.[15]

Nach Ansicht der österreichischen Wirtschaftsforscher sprechen bei einer Entscheidung, ob Vermögen oder Leistungseinkommen stärker besteuert werden sollen, sowohl Verteilungsüberlegungen (Vermögen ist viel ungleicher verteilt als Einkommen) als auch Effizienzüberlegungen eher für eine stärke Besteuerung von Vermögen. Denn für die wirtschaftlichen Ziele von Wachstum und Beschäftigung aber auch aus Sicht der Gleichheit der Startchancen sei es besser, den Beitrag der Wohlhabenden über eine Besteuerung der Vermögensbestände als über eine besonders hohe Besteuerung von Leistungseinkommen einzuheben.[16]

Für die Wiedereinführung einer Vermögensteuer könnte aus politischer Sicht schließlich auch sprechen, dass sich bei kürzlich durchgeführten Meinungsumfragen – für mich doch eher überraschend – eine deutliche Mehrheit der österreichischen Bevölkerung für die Besteuerung von größeren Vermögen ausgesprochen hat.[17] Hingegen

---

14 GPA-Bundesgeschäftsführerin Dwora Stein in der „Presse“ vom 17. April 2009.

15 *Bach*, Vermögensbesteuerung in Deutschland, S. 478; vgl. auch „DIW: Höhere Vermögensbesteuerung brächte Milliarden“, Reuters-Meldung vom 22. Juli 2009 (http://de.reuters.com/article/domesticNews/idDEBEE56L09U20090722).
Da das wirtschaftliche Verhältnis Österreich zu Deutschland (etwa gemessen am BIP) in etwa dem Faktor 1:9 entspricht, dürfte für Österreich beim GPA-Modell eher ein Aufkommen von ca. 2 Mrd. EUR realistisch sein.

16 *Aiginger/Handler/Schratzenstaller/Tichy*, Ziele und Optionen der Steuerreform, S. 47 f.

17 So sprachen sich laut einer OGM-Umfrage des Nachrichtenmagazins NEWS, veröffentlicht in der Ausgabe vom 23. April 2009, rd. 54 % der Befragten dafür aus, Vermögen ab einer Höhe von 2 Mio. EUR zu besteuern, 39 % waren dagegen. Laut einer ebenfalls Ende April 2009 durchgeführten repräsentativen Gallup-Umfrage für die Tageszeitung ÖSTER-

wird die Wiedereinführung der im Vorjahr ausgelaufenen Erbschafts- und Schenkungssteuer von einer noch größeren Mehrheit eindeutig abgelehnt.[18]

Gegen die Wiedereinführung einer Vermögensteuer sprechen mE vor allem folgende gewichtige Argumente:

- Eine generelle Vermögensteuer bewirkt eine Substanzbesteuerung, weil das Vermögen unabhängig davon besteuert wird, ob es einen Ertrag abwirft. Sie führt daher bei ertragslosen Vermögen zu einer sukzessiven Enteignung und wäre mE daher ein Eingriff in das verfassungsrechtlich geschützte Recht auf Unversehrtheit des Eigentums. Aber selbst bei ertragbringenden Vermögen könnte sich ein Substanzverlust ergeben, wenn die Vermögensteuer höher ist als der Nettoertrag nach Abzug von Ertragsteuern. Es erscheint daher sinnvoller und gerechter, nicht das Vermögen selbst zu besteuern, sondern den aus dem Vermögen stammenden Ertrag einschließlich eines Wertzuwachses (siehe dazu Abschnitt 4.).
- Wenn man mit einer Vermögensteuer einen substantiellen budgetären Aufkommenseffekt erzielen will und die Steuersätze nicht übermäßig hoch sein sollen, dann muss sie breit angelegt werden und nicht nur die Reichen und Superreichen, sondern – trotz entsprechender Freibeträge – auch den Mittelstand mit einbeziehen.[19] Damit würde man aber gerade wieder jene Bevölkerungsgruppe besteuern, die von der Steuer- und Sozialversicherungsbelastung gegenwärtig am stärksten betroffen und deren steuerliche Entlastung ein erklärtes Ziel der letzten Steuerreformen gewesen ist.
- Wenn man eine Vermögensteuer nur auf die Reichen und Superreichen beschränken will, muss man – wenn sie wiederum ein substantielles Aufkommen erreichen soll – die Steuersätze entsprechend hoch ansetzen. Dies würde vermutlich dazu führen, dass das besteuerte Vermögen – insbesondere mobiles, jederzeit transferierbares Kapitalvermögen – samt den Eigen-

---

REICH (Sonntagsausgabe) haben sich sogar 74 % für eine neue Vermögensteuer ab einem Vermögen von 500.000 EUR ausgesprochen (siehe APA-Meldung vom 25. April 2009).

18 Laut der in FN 17 zitierten NEWS-Umfrage vom April 2009 waren 77 % gegen und nur 20 % für eine Wiedereinführung der Erbschafts- und Schenkungssteuer.

19 So im Prinzip auch *Bach*, Vermögensbesteuerung in Deutschland, S. 485.

tümern sukzessive aus Österreich abwandert.[20] Das Aufkommen einer derartigen Steuer würde daher wohl in wenigen Jahren deutlich zurückgehen, die dadurch bewirkte Kapitalflucht würde sich negativ auf Investitionen und Kapitalbildung auswirken.[21]

- Wie auch die österreichische Vergangenheit (Vermögensteuer bis 1993) gezeigt hat, ist die Einhebung einer Vermögensteuer – so wie zuletzt auch die Einhebung der Erbschafts- und Schenkungssteuer – sehr verwaltungsaufwendig. Denn es ist generell schwierig, Vermögen richtig zu bewerten, da es – vor allem für Immobilien und Unternehmen – keine objektiv nachprüfbaren Verkehrswerte gibt.[22] Angesichts der hohen Einhebungskosten wird der Nettoertrag daher – im Vergleich zu anderen Steuern – verhältnismäßig bescheiden sein.

Gegen die Einführung einer allgemeinen Vermögensteuer spricht schließlich auch die Tatsache, dass es – wie eine nähere Analyse der oben dargestellten OECD-Steuerstrukturentwicklung zeigt – nicht eigenständige, umfassende persönliche Vermögensteuern sind, die den steuerstrukturellen Unterschied zwischen Österreich und dem Durchschnitt der EU 15-Länder hinsichtlich der vermögensbezogenen Steuern begründen: Eine eigenständige Vermögensteuer gibt es nämlich in der EU 15 bzw. in der OECD nur noch in Frankreich, in Norwegen sowie in einigen Kantonen der Schweiz.[23] Vielmehr werden in vielen anderen europäischen Ländern partielle Vermögensteuern wesentlich stärker genutzt als in Österreich, nämlich insbesondere Steuern auf unbewegliches Vermögen (d.h. im Wesentlichen Grundsteuern, wie etwa in Großbritannien, meist auf kommunaler Ebene) sowie Steuern auf Finanz- und Kapitaltransaktionen (d.h. Grunderwerbsteuern sowie Börsenumsatzsteuern, die in sieben alten

20 Vgl auch *Aiginger/Handler/Schratzenstaller/Tichy*, Ziele und Optionen der Steuerreform, S. 82. Die Steuerpflicht bei Einkommen- und Vermögensteuern knüpft üblicherweise an den Wohnsitz des Steuerpflichtigen an. Durch die Verlegung des Wohnsitzes ins steuergünstigere Ausland kann daher die Steuerpflicht für Kapitaleinkünfte und -vermögen leicht umgangen werden. Der österreichische Fiskus könnte dann lediglich in Österreich gelegenes Grund- und Betriebsvermögen besteuern.

21 *Bach*, Vermögensbesteuerung in Deutschland, S. 484 f.

22 *Bach*, Vermögensbesteuerung in Deutschland, S. 479.

23 *Bach*, Vermögensbesteuerung in Deutschland, S. 482.

EU-Ländern anzutreffen sind), aber auch Erbschafts- und Schenkungssteuern.[24]

Zusammenfassend lässt sich daher festhalten, dass – trotz der offensichtlich hohen Akzeptanz in der österreichischen Bevölkerung – mE schwerwiegendere Gründe gegen die Wiedereinführung einer allgemeinen Vermögensteuer sprechen und eine solche Entscheidung auch im europäischen Vergleich ganz offensichtlich einen steuerpolitischen Rückschritt mit einer entsprechenden negativen Auswirkung auf die Attraktivität des Wirtschaftsstandortes Österreich im internationalen Steuerwettbewerb bedeuten würde.

Geht man weiters davon aus, dass eine Wiedereinführung der gerade erst ausgelaufenen Erbschafts- und Schenkungssteuer laut aktuellen Meinungsumfragen bei der österreichischen Bevölkerung auf breite Ablehnung stößt[25] und offiziell auch von beiden Regierungsparteien abgelehnt wird, so bietet sich – auch nach internationalem Vorbild – als allenfalls noch ausbaufähige vermögensbezogene Steuer die Grundsteuer an.

3. Option: Erhöhung der Grundsteuer

Die auf einem Bundesgesetz beruhende Grundsteuer wird von den Gemeinden in Form eines bestimmten Prozentsatzes auf die Einheitswerte des Liegenschaftsvermögens (einschließlich betrieblicher sowie land- und forstwirtschaftlicher Grundstücke) erhoben.

Aus finanzwirtschaftlicher Sicht steht bei der Grundsteuer, die zu den ältesten Steuern der Welt gehört, neben der Verfolgung fiskalpolitischer Ziele vor allem auch die Stärkung der kommunalen Finanzautonomie im Vordergrund. Darüber hinaus soll sie aus verteilungspolitischer Sicht nicht nur den Immobilienmarkt flexibilisieren helfen und so die Preise für Liegenschaften senken, sondern auch die leistungslose Grundrente sowie allfällige Spekulationsgewinne abschöpfen.[26]

Im Vergleich zum gesamten österreichischen Abgabenaufkommen (Steuern und Sozialversicherungsbeiträge), das im Zeitraum 1995 bis 2008 um rd. 67 % (von 72,5 Mrd. EUR auf 121,1 Mrd. EUR) ange-

24 *Aiginger/Handler/Schratzenstaller/Tichy*, Ziele und Optionen der Steuerreform, S. 37.

25 Siehe oben FN 17.

26 *Goldberg*, Vermögensbesteuerung – Ein internationaler Vergleich, S. 118 ff und 161.

stiegen ist, ist die Grundsteuer (einschließlich Bodenwertabgabe) in diesem Zeitraum nur um rd. 43 % (nämlich von 400 Mio. EUR auf 572 Mio. EUR) angestiegen. Sie ist damit aber trotzdem derzeit die einzige nennenswerte Vermögensbestandssteuer in Österreich.

Basis für die Grundsteuer bilden die Einheitswerte, die jedoch – und das ist der wesentliche Grund für die allmähliche Erosion des Grundsteueraufkommens – für das Grundvermögen das letzte Mal im Jahr 1973 festgestellt und 1983 lediglich pauschal um 35 % angehoben worden sind; beim land- und forstwirtschaftlichen Vermögen wurden die Einheitswerte zuletzt im Jahr 1988 neu festgestellt. Nach Schätzungen betragen die Einheitswerte des Grundvermögens nur noch 10 bis 25 % der Verkehrswerte; jene des land- und forstwirtschaftlichen Vermögens gar nur 1 bis 3 %; bei Wohnungen betragen die Einheitswerte lediglich 10 % der tatsächlichen Verkehrswerte.[27] In Summe also erfasst die Grundsteuer nach der bestehenden Einheitsbewertung lediglich einen Bruchteil des Wertes des unbeweglichen Vermögens. Neben der Bewertungsproblematik dämpfen bei der Grundsteuer auch Befreiungstatbestände die Aufkommensdynamik.[28]

Wegen der Immobilität des Steuerobjekts wird bei einer Reform der Einheitsbewertung für die Grundsteuer langfristig eine relativ hohe Aufkommenselastizität erwartet. Ausgehend von einem geschätzten Marktwert des gesamten Grund- und Immobilienvermögens in Österreich von 692 Mrd. EUR (davon 387 Mrd. EUR private Haushalte, 231 Mrd. EUR Unternehmen und 74 Mrd. EUR land- und forstwirtschaftliches Vermögen) könnte nach Berechnungen des WIFO selbst bei Ausnahmeregelungen (z.B. für Eigenheime, Land- und Forstwirtschaft, Betriebsgründe) und einem (unter dem jetzigen Niveau von bis zu 1 % liegenden) Steuersatz von 0,5 % und einer Besteuerung mit nur 90 % des Marktwertes ein Steueraufkommen von 1,55 Mrd. EUR und damit zusätzliche Einnahmen in Höhe von 1 Mrd. EUR realisiert werden.[29]

Voraussetzung für eine dynamische Entwicklung der Grundsteuer ist eine **Reform der Einheitsbewertung**. Wenn man das bisherige System der Einheitsbewertung – gesonderte Bewertung von Liegen-

---

27 *Goldberg*, Vermögensbesteuerung – Ein internationaler Vergleich, S. 122, mit weiteren Nachweisen.

28 So haben die meisten Länder von der Möglichkeit, die Gemeinden zu einer Grundsteuerbefreiung für neu errichtetes Wohneigentum für bis zu 20 Jahre zu ermächtigen, Gebrauch gemacht.

29 *Aiginger/Handler/Schratzenstaller/Tichy*, Ziele und Optionen der Steuerreform, S. 85.

schaften und Gebäuden beim Grundvermögen und bei den Betriebsgrundstücken, Ertragsbewertung beim land- und forstwirtschaftlichen Vermögen – beibehält, müssen rund 2,2 Mio. Einheitswertakten[30] bearbeitet und in den Folgejahren regelmäßig aktualisiert werden, was trotz EDV-Einsatz mit einem erheblichen laufenden Verwaltungsaufwand verbunden ist.

Eine einfachere Alternative im Rahmen einer umfassenden Grundsteuerreform könnte z.B. eine Art **„Bodenwertsteuer"** sein. Dabei würde der Wert eines Grundstücks als Bemessungsgrundlage für die Grundsteuer nur vom Wert des unbebauten Bodens (differenziert nach Bewertungsgruppen in Abhängigkeit von Lage, Bodenpreisen, Bebauung etc.) ermittelt werden.[31]

Gegen eine Erhöhung der Grundsteuer spricht, dass sie vor allem die breite Schicht der Eigenheimbesitzer und Mieter (auf die sie über die Betriebskosten überwälzt werden kann) und damit wiederum sehr stark auch den Mittelstand trifft und daher auch politisch schwer durchsetzbar ist. Zuletzt haben sowohl ÖVP als auch SPÖ eine Erhöhung der Grundsteuer abgelehnt.[32] Das aktuelle Regierungsprogramm (für die XXIV. Gesetzgebungsperiode) enthält keine Aussagen zur Grundsteuer. Die Schwierigkeit der politischen Umsetzung einer Grundsteuererhöhung kann man auch daran erkennen, dass bereits die unter Finanzminister Rudolf Edlinger eingerichtete Steuerreformkommission 1998 eine Erhöhung der Grundsteuer im Gegenzug zu einem Abbau der ebenfalls den Gemeinden zufließenden (lohnsummenabhängigen) Kommunalsteuer vorgeschlagen hat, wobei dieser Vorschlag bis dato politisch aber nie aufgegriffen worden ist.[33]

Als Minimallösung für eine gewisse Dynamisierung des Grundsteueraufkommens sollte mE zumindest eine laufende Valorisierung der Grundstückseinheitswerte überlegt werden.

---

30 Vgl. *Bruckner*, ÖGWT persaldo 03/2006, S. 29.

31 Vgl. auch *Goldberg*, Vermögensbesteuerung – Ein internationaler Vergleich, S. 125. Vgl. auch zu Reformvorschlägen z.B. den Bericht der beim BMF eingerichteten Steuerreformkommission 1998, ÖStZ 1998, Beilage zu ÖStZ Nr. 23/1998; weiters Memorandum der Wirtschaftstreuhänder zur Steuerreform 2000, Juli 1998, S. 37 ff.

32 Vgl zB APA-Meldung vom 4. Oktober 2007 (Matznetter: SPÖ-„Njet" zu höheren Grundsteuersätzen).

33 Vgl. die diesbezüglichen Vorschläge im Bericht der beim BMF eingerichteten Steuerreformkommission 1998, ÖStZ 1998, Beilage zu ÖStZ Nr. 23/1998.

4. Vermögenszuwachssteuer als gerechtere Vermögensteuer?

Wenn man Vermögen aus steuer-, verteilungs- oder budgetpolitischen Gründen höher besteuern will, so ist es nach weit verbreiteter Ansicht steuerpolitisch sinnvoller und auch gerechter, nicht das Vermögen selbst – unabhängig davon, ob es einen Ertrag generiert oder nicht –, sondern die Erträge des Vermögens konsequenter und lückenloser als bisher zu besteuern, womit insbesondere auch die steuerliche Erfassung von Vermögenszuwächsen gemeint ist, ein Vorschlag, der in Österreich in den letzten Jahren mit den Schlagworten „Spekulationssteuer", „Aktiengewinnsteuer" oder „Vermögenszuwachssteuer" diskutiert worden ist.

4.1. Status quo der Besteuerung von Vermögenserträgen in Österreich

Das österreichische Steuersystem unterscheidet – wie auch viele andere Steuersysteme – im Bereich der außerbetrieblichen (privaten) Einkünfte[34] traditionell zwischen laufenden Vermögenserträgen (insbesondere Zinsen, Dividenden und Erträge aus Vermietung und Verpachtung) und zwischen Substanzerträgen (Erträge aus der Wertsteigerung des Vermögens).

Laufende Vermögens- bzw Kapitalerträge sind in Österreich **generell steuerpflichtig**, wobei derzeit – etwas vereinfacht dargestellt und unter Vernachlässigung bestehender Begünstigungen – folgende Besteuerungsgrundsätze gelten:

- Im Inland (insbesondere über eine inländische Bank) ausbezahlte Bank- und Wertpapierzinsen sowie Dividenden werden bei der Auszahlung durch die Bank bzw. durch das ausschüttende Unternehmen mit 25 % Kapitalertragsteuer (Quellensteuer) belastet. Die Abfuhr an den Fiskus obliegt der Bank bzw. bei Dividenden der ausschüttenden Gesellschaft. Mit dem Kapitalertragsteuerabzug ist die Ertragsteuerbelastung für diese Kapitalerträge zur Gänze abgegolten (sogenannte „Endbesteuerung mit Abgeltungswirkung", die – solange es eine Vermögensteuer

34 Im betrieblichen Bereich (sowohl bei einkommensteuerpflichtigen Personenunternehmen als auch bei Kapitalgesellschaften) sind laufende Kapitalerträge und Veräußerungsgewinne – von systematisch bedingten Ausnahmen und vereinzelten Begünstigungen abgesehen – generell steuerpflichtig.

und eine Erbschaftssteuer gegeben hat – auch diese beiden Steuern mit umfasst hat).

- Ausländische Bank- und Wertpapierzinsen sowie Dividenden sind vom Steuerpflichtigen in seiner Einkommensteuererklärung zu deklarieren und werden im Wege der Veranlagung ebenfalls mit einem Fixsteuersatz von 25 % besteuert.
- Kapitalerträge aus Investmentfonds werden im Prinzip ebenfalls nach den vorstehenden Grundsätzen besteuert (25 % Steuer auf Zinsen und Dividenden). Zusätzlich werden sämtliche im Investmentfonds erwirtschafteten (realisierten) Substanzgewinne (Kursgewinne aus Aktien, Derivaten etc.) unabhängig von allfälligen Spekulationsfristen mit 5 % besteuert (Kursgewinne aus Anleihen sind aus systematisch nicht nachvollziehbaren Gründen allerdings steuerfrei).
- Gewinnanteile aus Lebensversicherungen sind grundsätzlich steuerfrei (dafür unterliegen die Prämienzahlungen der Versicherungssteuer) bzw. werden nur in Sonderfällen (Einmalerläge mit einer Laufzeit von weniger als zehn Jahren) – dann allerdings mit dem normalen Einkommensteuertarif (bis zu 50 %) – besteuert.
- Zinsen aus Privatdarlehen (und z.B. auch aus Darlehen eines Gesellschafters an seine Kapitalgesellschaft) unterliegen der vollen Tarifbesteuerung (bis zu 50 %).
- Erträge (Überschüsse der Einnahmen über die Werbungskosten) aus der Vermietung und Verpachtung von Vermögen (insbesondere Grundvermögen) unterliegen der normalen Tarifbesteuerung mit bis zu 50 %.

Im Gegensatz zur generellen Steuerpflicht der laufenden Kapitalerträge werden **Gewinne aus der Veräußerung der Vermögenssubstanz** im außerbetrieblichen Bereich **generell nicht besteuert**, sondern **nur in bestimmten gesetzlich normierten Fällen**, und da wiederum ziemlich uneinheitlich:

- Gewinne aus der Veräußerung von unbeweglichem Vermögen sind im Falle der Veräußerung innerhalb von zehn Jahren als Spekulationsgewinne im Regelfall[35] voll einkommensteuerpflichtig (Einkommensteuerbelastung bis zu 50 %), nach Ablauf der zehnjährigen Spekulationsfrist sind sie steuerfrei (§ 30 EStG).

35 Begünstigungen gibt es z.B. für als Hauptwohnsitz genutzte Liegenschaften und für unbebaute Grundstücke.

- Bei allen anderen Vermögensarten (insbesondere auch bei Kapitalanlagen, wie etwa Aktien, aber auch bei privaten Gebrauchsgegenständen, Kunstwerken etc.) werden Veräußerungsgewinne innerhalb eines Jahres (= innerhalb von zwölf Monaten) ebenfalls als Spekulationsgewinne voll besteuert (Steuerbelastung bis zu 50 %), nach Ablauf der einjährigen Spekulationsfrist sind sie wiederum steuerfrei (§ 30 EStG).
- Spekulationsverluste im Sinne des § 30 EStG (z.B. Veräußerungsverluste bei Gebäuden innerhalb von zehn Jahren bzw. bei Kapitalanlagen oder sonstigen Vermögenswerten innerhalb von einem Jahr) können mit im gleichen Veranlagungsjahr angefallenen Spekulationsgewinnen ausgeglichen werden. Nicht verwendete Verluste können nicht vorgetragen werden.
- Gewinne aus der Veräußerung von ab 1 %-igen Beteiligungen an Kapitalgesellschaften werden nach Ablauf der einjährigen Spekulationsfrist mit dem halben Einkommensteuersatz (maximal ca. 25 %) besteuert (§ 31 EStG). Verluste aus derartigen Beteiligungsveräußerungen können nur mit im gleichen Veranlagungsjahr angefallenen Veräußerungsgewinnen ausgeglichen werden und sind nicht vortragsfähig.

Eine Analyse der geltenden Rechtslage zeigt somit, dass ein erheblicher Bereich der Vermögenszuwächse steuerlich bereits derzeit erfasst wird und lediglich Veräußerungsgewinne außerhalb der Spekulationsfristen – abgesehen von der Veräußerung von Beteiligungen im Sinne des § 31 EStG – im Privatbereich generell unbesteuert sind.

4.2. Einheitliche Besteuerung von Kapitalerträgen als Reformoption

Will man die derzeit bei Substanzgewinnen außerhalb der Spekulationsfristen bestehende Besteuerungslücke durch eine umfassende Vermögenszuwachssteuer schließen, so stellt sich zunächst die Frage, ob eine solche Besteuerung nur die **Vermögenszuwächse von Kapitalanlagen** oder auch **anderer privater Vermögenswerte**, insbesondere von **Liegenschaften** und sonstigen Gebrauchsgütern (z.B. auch Kunstwerke, private PKWs, Schmuck udgl.), erfassen soll.

In der Entwicklung der steuerpolitischen Diskussion der letzten Jahre ist ein gewisser Konsens für eine **Vermögenszuwachssteuer auf Kapitalanlagen** feststellbar. Vor dem Scheitern der Gusenbauer/Molterer-Koalition im Jahr 2008 war sie politisch – mit dem Ziel einer

Finanzierung des Gesundheitssystems – offensichtlich sogar bereits akkordiert.[36]

Die Grundidee einer einheitlichen Besteuerung sämtlicher Kapitalerträge (einschließlich der Wertzuwächse des Kapitalvermögens) mit einem einheitlichen Steuersatz (Diskussionsbasis: z.B. bisheriger KESt-Satz von 25 %) dürfte – soweit erkennbar – sowohl bei Experten als auch bei Politikern in letzter Zeit grundsätzlich eine breite Zustimmung gefunden haben (auch wenn es politisch in Anbetracht von Wirtschafts- und Finanzkrise mit Steuerreform- und Konjunkturpaketen derzeit nicht opportun erscheint, über neue Steuern zu diskutieren). Umstritten dürfte lediglich sein, was mit einer solchen Vermögenszuwachssteuer fiskalisch erreicht werden soll, nämlich:

- eine systematisch konsequente, einheitliche Erfassung sämtlicher Kapitaleinkünfte, die grundsätzlich aufkommensneutral sein soll, was bedeutet, dass in diesem Fall der anzuwendende Steuersatz von derzeit 25 % in Richtung 20 % oder darunter gesenkt werden müsste;
- ein budgetäres Mehraufkommen durch eine breitere Besteuerung der Kapitalerträge mit dem Ziel, im Gegenzug die Einkommensteuer (z.B. vor allem für kleinere Einkommen) zu senken;
- ein budgetäres Mehraufkommen, des einen substantiellen Beitrag zur sich abzeichnenden Notwendigkeit einer Sanierung des Staatshaushaltes bringen soll.

Sieht man von der politisch eher umstrittenen fiskalischen Zielsetzung ab, so sollte eine große Reform der Besteuerung der Kapitalerträge darin bestehen, **sämtliche Kapitaleinkünfte** (Zinsen, Dividenden und Substanzgewinne jeglicher Art, also zB aus Aktien, Anleihen und Derivaten) – einschließlich der Einkünfte aus Investmentfonds – **in einer neu definierten Einkunftsart „Einkünfte aus Kapitalvermögen" zusammenzufassen** und einheitlich mit einem **ermäßigten Steuersatz** (je nach fiskalischer Zielsetzung mit 25 % oder weniger) **zu besteuern**. Für eine effiziente, sachlich gerechtfertigte und damit verfassungsrechtlich unbedenkliche Besteuerung müssten mE folgende Punkte beachtet werden (wobei im Folgenden als Hypothese von der Beibehaltung des derzeitigen KESt-Satzes von 25 % ausgegangen wird):

36 Vgl. z.B. APA-Meldung vom 27. März 2008 (Kaum mehr Aufregung über Vermögenszuwachssteuer).

- Für die Besteuerung von im Inland ausbezahlten Zinsen und Dividenden wird das bisherige KESt-System beibehalten. Ausländische Zinsen und Dividenden werden wie bisher im Wege der Einkommensteuerveranlagung erfasst und ebenfalls mit dem einheitlichen Steuersatz (25 %) besteuert.
- Sämtliche Gewinne aus der Veräußerung von Kapitalanlagen werden bei Realisierung (Zufluss) unabhängig von Spekulationsfristen ebenfalls einheitlich mit 25 % besteuert. Dies gilt auch für qualifizierte Beteiligungen ab 1 %. Bei Kapitalanlagen, die sich in einem inländischen Wertpapierdepot befinden, wird die Steuer von der depotführenden Bank in Form des KESt-Abzugs (wie bei Zinsen und Dividenden) eingehoben.[37] Zur Vermeidung von Problemen sollte die Regelung erst für Anschaffungen von Kapitalanlagen ab einem bestimmten Stichtag gelten.
- Wenn sich aus der Veräußerung von Kapitalanlagen ein Verlust ergibt, kann dieser im Wege einer Antragsveranlagung mit Gewinnen aus der Veräußerung von Kapitalanlagen sowie mit Zinsen- und Dividendenerträgen ausgeglichen werden. Die zuviel abgeführte Kapitalertragsteuer wird rückerstattet. Ergibt sich insgesamt bei den Einkünften aus Kapitalvermögen ein Verlust, kann dieser vorgetragen und in den Folgejahren (nur) mit positiven Einkünften aus Kapitalvermögen ausgeglichen werden. Vorstellbar wäre auch, den Verlustausgleich und Verlustvortrag nur auf Veräußerungsgewinne aus Kapitalanlagen einzuschränken (d.h. keine Rückerstattung der KESt auf Zinsen und Dividenden durch Veräußerungsverluste).
- Weiter bestehen bleiben sollte auch die Möglichkeit der Option auf Regelbesteuerung (Antragsveranlagung), wie sie derzeit in § 97 Abs 4 EStG geregelt ist (wobei in diesem Fall Dividenden und Veräußerungsgewinne aus steuersystematischen Gründen

37 Bei einer mE kaum vermeidbaren Einbindung der Banken für eine effiziente Umsetzung einer solchen Besteuerung muss natürlich auf eine sachlich gerechtfertigte und verfassungskonforme Lösung Bedacht genommen werden. Bekanntlich wurde ja bereits einmal ein Versuch der Einführung einer allgemeinen, von den Banken einzuhebenden Spekulationsertragsteuer auf Kapitalanlagen in der Ära von Finanzminister Grasser nach einer Anfechtung durch die Banken vom VfGH als verfassungswidrig aufgehoben (VfGH 15.3.2000, G 141/99-12, G 142/99-12, G 143/99-12, G 144/99-12, G 145/99-12, G 146/99-12, G 147/99-12, G 148/99-12, G 149/99-12, G 150/99-12).

nur mit dem halben Einkommensteuersatz besteuert werden dürfen).

- Konsequenterweise gelten die vorstehenden Grundsätze auch für Investmentfonds.
- Sämtliche Veranlagungserträge im Rahmen der gesetzlich geregelten Altersvorsorgemodelle (insbesondere Pensionskassen, betriebliche Vorsorgekassen und prämienbegünstigte Altersvorsorge) sowie Mitarbeiterbeteiligungsmodelle sollten wie bisher steuerbefreit bleiben.
- Als Randproblem noch zu diskutieren ist die steuerliche Behandlung von Erlebensversicherungen und von Privatdarlehen.

Ein den dargestellten Grundsätzen und Rahmenbedingungen entsprechendes Besteuerungssystem würde einen wesentlichen Fortschritt in Richtung einer einfacheren und gerechteren Besteuerung von Kapitalerträgen bedeuten.

Realistischerweise wird sich das bei Beibehaltung des bisherigen KESt-Satzes von 25 % zu erwartende fiskalische Mehraufkommen lediglich in einer Größenordnung von einigen hundert Millionen EUR bewegen[38] und je nach Kapitalmarktentwicklung entsprechenden Schwankungen unterliegen.

Politisch umstritten dürfte sein, ob eine Vermögenszuwachssteuer auch die **Gewinne aus der Veräußerung von (privaten) Liegenschaften** außerhalb der geltenden, ohnedies ziemlich langen zehnjährigen Spekulationsfrist erfassen soll. Ich persönlich halte eine generelle Ausweitung einer Vermögenszuwachssteuer auch auf Liegenschaften für problematisch, da die nominellen Wertzuwächse bei langfristig gehaltenen Liegenschaften zu einem erheblichen Teil inflationsbedingt sind und daher keinen Zuwachs an Leistungsfähigkeit darstellen.

Diskussionswürdig erscheint mir im Bereich des Liegenschaftsvermögens hingegen die Idee eines sogenannten **„Planwertausgleichs“**, bei dem auch nach Ablauf der Spekulationsfristen noch die Wertzuwächse, die durch Widmungs- und Bebauungspläne sowie Infrastrukturmaßnahmen der öffentlichen Hand hervorgerufen werden, besteuert werden.[39] Da diesen Wertzuwächsen Aufwendungen

38 Laut APA-Meldung vom 7. Mai 2009 schätzt die Arbeitkammer das Aufkommen in einem durchschnittlichen Jahr mit 400 Mio. EUR.

39 Vgl. *Goldberg*, Vermögensbesteuerung – Ein internationaler Vergleich, S. 124, mit weiteren Nachweisen.

auf öffentlicher Seite zugrunde liegen, sollten die Vorteile nicht zur Gänze den privaten Eigentümern zugute kommen.

Was alle **sonstigen privaten Vermögenswerte** (wie z.B. Kunst und Antiquitäten, Autos, Schmuck udgl.) betrifft, so dürfte mE zu Recht ein breiter Konsens darüber bestehen, dass diese aus Gründen der Effektivität der Besteuerung nicht in eine Vermögenszuwachssteuer einbezogen werden sollen.

5. Vermögenssteuerdiskussion und Stiftungsbesteuerung

Die viel kritisierten (angeblichen) steuerlichen Privilegien für die im Jahr 1993 geschaffenen österreichischen Privatstiftungen sind in den letzten Jahren bereits schrittweise abgebaut worden. Nach dem Wegfall der Erbschafts- und Schenkungssteuer mit Ablauf des 31. Juli 2008 verbleiben für Privatstiftungen noch folgende **steuerliche Vorteile**, die allerdings keine endgültige Steuerersparnis, sondern letztlich nur eine (zinsenlose) **Steuerstundung** bedeuten:

- Bank- und Wertpapierzinsen unterliegen in der Privatstiftung nicht der 25 %-igen Kapitalertragsteuer, sondern nur einer Besteuerung mit 12,5 % Zwischensteuer. Erst wenn die Zinsen an Begünstigte zugewendet werden, wird die volle 25 %-ige Steuerbelastung wirksam. Vom Zuwendungsbetrag fallen dann 25 % KESt an, wobei auf diese KESt bis zur Hälfte die bereits bezahlte 12,5 %-ige Zwischen-Körperschaftsteuer angerechnet wird.
- Gewinne aus der Veräußerung von Beteiligungen an Kapitalgesellschaften ab 1 %, die bei natürlichen Personen – wie oben ausgeführt – mit dem halben Einkommensteuersatz (maximal 25 %) besteuert werden, unterliegen in der Stiftung ebenfalls nur der 12,5 %-igen Zwischensteuer (die wiederum im Falle von Zuwendungen an Begünstigte auf die 25 %-ige Zuwendungs-KESt angerechnet wird). Allerdings besteht in diesem Fall die Möglichkeit, derartige Veräußerungsgewinne steuerfrei zu stellen, wenn und insoweit die Stiftung innerhalb von zwölf Monaten nach der steuerpflichtigen Veräußerung eines Kapitalanteils eine mindestens 10 %-ige Beteiligung an einer Kapitalgesellschaft erwirbt. Der nicht versteuerte Veräußerungsgewinn ist dann in der neu angeschafften Beteiligung gespeichert und muss bei einer späteren Veräußerung dieser neuen Beteiligung versteuert werden (soweit nicht eine neuerliche Übertragung des Veräußerungsgewinnes auf eine neue Beteiligung möglich ist).

Die Privatstiftung ermöglicht somit eine **steuergünstige Thesaurierung bzw. Reinvestition bestimmter Kapitalerträge** (Zinsen, Gewinne aus der Veräußerung von Kapitalanteilen), allerdings um den Preis, dass bei der Übertragung von Vermögen auf die Stiftung **2,5 % Stiftungseingangssteuer** (bis 31. Juli 2008 5 % Schenkungssteuer) bezahlt werden muss. Und um den Preis des sogenannten „Mausefalleneffekts", der darin besteht, dass die bis 31. Juli 2008 in die Stiftung eingebrachte Vermögenssubstanz im Fall der Zuwendung an Begünstigte oder im Fall der Auflösung der Stiftung der vollen KESt-Pflicht mit 25 % unterliegt!

Im Rahmen der laufenden Diskussion über eine höhere Besteuerung von Vermögen wird u.a. auch gefordert, die **steuerlichen Begünstigungen für Privatstiftungen zu streichen** und die Stiftungsbesteuerung an jene für Privatpersonen anzugleichen. Laut Pressemeldungen geht die Arbeiterkammer davon aus, dass der Staat damit bis zu 750 Mio. EUR zusätzlich einnehmen könnte (bei einem angenommenen Gesamtvermögen von 60 Mrd. EUR und 3.100 Stiftungen).[40] Wie die AK zu diesem Ergebnis kommt, ist völlig unklar; die Berechnungen sind jedenfalls bei objektiver Beurteilung nicht nachvollziehbar. Auch das Finanzministerium hält die Zahl für viel zu hoch gegriffen und verweist darauf, dass die 12,5 %-ige „Zwischensteuer" schon derzeit nur einen zweistelligen Millionenbetrag bringe. Würde man gleich die gesamte Kapitalertragssteuer sofort kassieren (und nicht erst bei späterer Zuwendung an die Begünstigten), würde man somit nur einen zweistelligen Millionenbetrag an zusätzlichem Steueraufkommen gewinnen. Außerdem müsste in diesem Fall wohl die Stiftungseingangssteuer abgeschafft werden. Der fiskalische Effekt einer Vollbesteuerung von Privatstiftungen würde daher zwangsläufig bescheiden sein und maximal einige zig Millionen EUR betragen.

Bei der teilweise demagogisch geführten Diskussion über die Stiftungsbesteuerung wird mE auch übersehen, dass das Vermögen der österreichischen Privatstiftungen überwiegend aus Unternehmensbeteiligungen besteht und in diesen Unternehmen für die erwirtschafteten Gewinne ohnedies 25 % Körperschaftsteuer bezahlt wird.

Im Falle der Einführung einer allgemeinen Vermögenszuwachssteuer auf Kapitalanlagen, wie sie in Abschnitt 4.2. dargestellt wurde, müsste es naturgemäß auch zu einer entsprechenden Anpassung der Stiftungsbesteuerung kommen. Folgt man der bisherigen Besteuerungssystematik, so müssten Veräußerungsgewinne von Kapital-

40 APA-Meldung vom 7. Mai 2009.

anlagen generell mit 12,5 % Zwischensteuer besteuert werden. Die volle Besteuerung mit 25 % würde systemkonform erst bei Zuwendung der betreffenden Erträge an Begünstigte einsetzen.

6. Ergebnis

Nach herrschender Ansicht wird unter **Steuergerechtigkeit** eine steuerliche Gleichverteilung der Lasten durch Ausrichtung der Besteuerung am Prinzip der **wirtschaftlichen Leistungsfähigkeit** der Steuersubjekte verstanden.[41] Allerdings ist weder der Begriff der Steuergerechtigkeit noch der Begriff der Leistungsfähigkeit exakt definiert. Als Indikator für die Leistungsfähigkeit kommen vor allem das Einkommen, das Vermögen und der Konsum in Frage. Neben dem Leistungsfähigkeitsprinzip sind bei der Besteuerung u.a. auch die Grundsätze der **Äquivalenz**[42] und der **Effizienz der Besteuerung** von Relevanz. Darüber hinaus spielen bei der Reform von Steuersystemen auch immer mehr internationale Aspekte, insbesondere der **internationale Standortwettbewerb**, eine wichtige Rolle.

Zur Frage, ob das österreichische Steuersystem durch die Einführung einer **allgemeinen Vermögensteuer** gerechter werden würde, kann zunächst festgestellt werden, dass aus finanzwissenschaftlicher Perspektive neben dem Einkommen und dem Konsum auch das Vermögen einen wichtigen Indikator der wirtschaftlichen Leistungsfähigkeit darstellt und eine Vermögensteuer daher grundsätzlich mit dem allgemeinen Leistungsfähigkeitsprinzip argumentiert werden kann.

Eine allgemeine persönliche Vermögensteuer im Sinne einer Steuer, die vom gesamten (bewerteten) Vermögen des Steuerpflichtigen berechnet wird, bewirkt allerdings eine Substanzbesteuerung, weil das Vermögen unabhängig davon besteuert wird, ob es einen Ertrag generiert oder nicht. Sie führt daher bei ertragslosen Vermögen zu einer sukzessiven Enteignung und ist insofern ein Eingriff in das verfassungsrechtlich gewährleistete Eigentumsrecht. Darüber hinaus ist die Einhebung sehr verwaltungsaufwendig, da es generell schwierig ist, Vermögen richtig zu bewerten und es – vor allem für Immobilien und Unternehmen – keine objektiv nachprüfbaren Verkehrswerte gibt.

---

41 Vgl z.B. *Tipke/Kruse* (Hrsg.), Abgabenordnung Kommentar, § 3 AO Tz 50 mit weiteren Nachweisen.

42 Beim Äquivalenzprinzip wird die Steuer als Preis für die staatlichen Leistungen angesehen.

Wenn sie fiskalisch ergiebig sein soll, muss eine Vermögensteuer überdies breit angelegt werden und damit zwangsläufig auch den breiten Mittelstand treffen, der durch die letzten Steuerreformen entlastet worden ist.

Für die Einführung einer allgemeinen persönlichen Vermögensteuer wird – neben verteilungspolitischen Argumenten – vor allem auch das Argument ins Treffen geführt, dass im österreichischen Steuersystem bei einem internationalen Vergleich mit anderen Steuersystemen der Faktor Arbeit zu hoch, Vermögen hingegen zu niedrig besteuert wird. Durch die Einführung einer Vermögensteuer könnte dieses strukturelle Problem beseitigt und der Faktor Arbeit steuerlich entlastet werden. Eine nähere Analyse zeigt allerdings, dass es nicht eigenständige, umfassende persönliche Vermögensteuern sind, die den steuerstrukturellen Unterschied zwischen Österreich und dem Durchschnitt der EU 15- und OECD-Länder hinsichtlich der vermögensbezogenen Steuern begründen. Die meisten in den internationalen Vergleich einbezogenen Staaten haben nämlich die allgemeine Vermögensteuer in den letzten Jahren abgeschafft. Vielmehr werden in vielen Ländern partielle Vermögensteuern wesentlich stärker genutzt als in Österreich, nämlich insbesondere **Steuern auf unbewegliches Vermögen** (d.h. im Wesentlichen Grundsteuern) sowie **Steuern auf Finanz- und Kapitaltransaktionen** (d.h. Grunderwerbsteuern sowie Börsenumsatzsteuern), aber auch Erbschafts- und Schenkungssteuern.

Zusammenfassend lässt sich daher festhalten, dass mE schwerwiegendere Gründe gegen die **Wiedereinführung einer allgemeinen Vermögensteuer** sprechen und ein solcher Schritt auch im europäischen Vergleich ganz offensichtlich einen **steuerpolitischen Rückschritt** mit einer negativen **Auswirkung auf die Attraktivität des Wirtschaftsstandortes Österreich** im internationalen Steuerwettbewerb bedeuten würde.

Geht man weiters davon aus, dass auch eine Wiedereinführung der mit 31. Juli 2008 ausgelaufenen **Erbschafts- und Schenkungssteuer** laut aktuellen Meinungsumfragen bei der österreichischen Bevölkerung auf breite Ablehnung stößt und offiziell auch von beiden Regierungsparteien abgelehnt wird, so bietet sich – auch nach internationalem Vorbild – als allenfalls noch ausbaufähige vermögensbezogene Steuer die **Grundsteuer** an. Voraussetzung für eine dynamische Entwicklung der Grundsteuer ist eine Reform der Einheitsbewertung. Gegen eine Erhöhung der Grundsteuer spricht allerdings, dass sie vor allem die breite Schicht der Eigenheimbesitzer und Mieter (auf die sie über die Betriebskosten überwälzt werden kann) und damit wiederum auch den Mittelstand trifft und daher wiederum politisch schwer durchsetzbar ist. Als Minimallösung für eine gewisse Dynamisierung des Grundsteueraufkommens sollte mE aber zumindest eine laufende **Valorisierung der Grundstückseinheitswerte** überlegt werden.

Zusammenfassend ergeben sich aus der bisherigen Analyse für die Vermögensbesteuerung folgende Schlussfolgerungen:

- Es erscheint sinnvoller und gerechter, nicht das Vermögen selbst (höher) zu besteuern, sondern die aus dem Vermögen stammenden Erträge (einschließlich der Wertzuwächse). Konzepte für eine sach- und systemgerechte Einbeziehung sämtlicher Kapitalerträge in eine **einheitliche Kapitalertragsbesteuerung (einschließlich der Vermögenszuwächse)** liegen vor.
- Die Ausweitung einer Vermögenszuwachssteuer auch auf die **Gewinne aus der Veräußerung von (privaten) Liegenschaften** (also außerhalb der geltenden zehnjährigen Spekulationsfrist) ist mE problematisch, da die nominellen Wertzuwächse bei langfristig gehaltenen Liegenschaften zu einem erheblichen Teil inflationsbedingt sind und daher keinen Zuwachs an Leistungsfähigkeit darstellen. Diskussionswürdig erscheint mir in diesem Zusammenhang hingegen die Idee eines sogenannten **„Planwertausgleichs"**, bei dem nach Ablauf der Spekulationsfrist noch die Wertzuwächse, die durch Widmungs- und Bebauungspläne sowie Infrastrukturmaßnahmen der öffentlichen Hand hervorgerufen werden, besteuert werden.
- Alle **sonstigen privaten Vermögenswerte** (wie zB Kunst und Antiquitäten, Autos, Schmuck udgl.) sollten aus Gründen der Besteuerungseffizienz nicht in eine Vermögenszuwachssteuer einbezogen werden.
- Eine **Streichung der steuerlichen Begünstigungen für Privatstiftungen** und Angleichung der Stiftungsbesteuerung an jene für Privatpersonen ist entgegen anderslautenden, sachlich aber unhaltbaren Behauptungen fiskalisch unergiebig und könnte daher nur mit ideologischen Motiven begründet werden. Gleichzeitig würde man damit aber riskieren, viele nach Österreich zugezogene bzw. in Österreich weiterhin verbliebene große Vermögenswerte zum Schaden des österreichischen Fiskus ins steuergünstigere Ausland zu „vertreiben".

Weiter zu diskutieren ist meines Erachtens die Einführung von **Steuern auf Finanztransaktionen** (Stichwort Tobin-Tax), wobei angesichts der hohen Flexibilität von Finanzanlagen und Kapitalströmen die Einführung solcher Steuern wohl einer internationalen, zumindest einer EU-weiten Abstimmung bedarf.

Manfred DRENNIG

Wie realistisch ist mehr Kontrolle der Banken und der Finanzmärkte?

Die Krise als Anstoß

Die Kernschmelze der Geld- und Kapitalmärkte im Herbst 2008 hat alte Diskursthemen erneut aktuell werden lassen. Darunter sind so grundsätzliche wie die nach der Effizienz von Märkten oder gleich des kapitalistischen Systems in seiner Gesamtheit. Diese Debatte lassen wir hier außen vor. Die nachstehenden Überlegungen sollen sich auf das zweite häufig diskutierte Problem konzentrieren, die Notwendigkeit einer verschärften Aufsicht über Banken und Kapitalmärkte. Dabei ergeben sich allein beim Durchdenken bestimmter praktischer Szenarien zwangsläufig eher unkonventionelle Schlussfolgerungen.

Die Notwendigkeit wirksamerer Präventivmaßnahmen bedarf keiner näheren Begründung. Die Folgewirkungen der amerikanischen Subprime-Krise und des Zusammenbruchs von Lehman Brothers hätten beinahe zu einem Zusammenbruch des Banksystems der westlichen Industriestaaten geführt, mit unabsehbaren Folgen für das gesamte Geldwesen, für die Ersparnisse von Millionen Bürgern, ebenso für den Zahlungsverkehr, für die Guthaben und für die Kreditversorgung der produzierenden Wirtschaft. Wie nahe das bisherige Finanzsystem am Abgrund gestanden ist, ist in den veröffentlichten Protokollen einschlägiger Debatten nachzulesen. Der damalige US-amerikanische Finanzminister Henry Paulson hat sich genötigt gesehen, in den schlimmsten Tagen dieser Krise den amerikanischen Banken gegenüber eine Haltung einzunehmen, die einige Kommentatoren nachher als erpresserische Drohung interpretiert haben, und in den kritischen Verhandlungen um die Rettung der Hypo Real Estate hat der Chef der Deutschen Bank Josef Ackermann einmal nicht zu Unrecht betont, wenn nicht noch in der gleichen Nacht eine Lösung gefunden werde, bringe der nächsten Tag ein Ende des deutschen Bankwesens in der bisherigen Form.

Die Kosten, die von den Regierungen vor allem der westlichen Welt auf sich genommen wurden, um den Untergang des Systems aufzuhalten, waren ungeheuer. Die Staatsschulden sind allein durch die unmittelbaren Rettungsmaßnahmen wie Eigenkapitalübernahmen und den Ankauf von Bad Debts (ob als TARP, Toxic Assets Recovery Program, oder in anderer Form) geradezu explosionsartig gestiegen. Dazu kommen umfangreiche Garantien, bei denen nicht auszuschließen ist, dass davon ein erheblicher Teil schlagend wird. Die Wirtschaftspolitik ist damit vor ein riesiges Problem gestellt, das die nächsten Jahre schwer belastet.

Klare und weniger klare Ziele

Wie aber soll die allgemein gewünschte Verbesserung und Verschärfung der Aufsicht über die Banken und über die Finanzmärkte eigentlich konkret aussehen?

Es gibt etliche Bereiche, in denen die Notwendigkeiten und auch Möglichkeiten einer verschärften Aufsicht unmittelbar einsichtig sind und daher vergleichsweise leicht definiert werden können. Dazu gehört etwa eine notwendige Beschränkung von Special Purpose Vehicles, von Tochtergesellschaften, die nur zu dem Zweck gegründet werden, die am Sitz der Muttergesellschaft üblichen Kontrollen zu vermeiden. Wenn solche Zweckgesellschaften in sogenannten Steueroasen gegründet werden, ist auch die Aufsicht meist nicht allzu rigoros.

Zu den offenkundigen Schwachstellen gehört auch die bisherige Vorgangsweise von Ratingagenturen. Sie sind nicht nur funktionslos, sondern geradezu gefährlich, wenn es geschehen kann, dass eine Großbank wie Lehman Brothers im September 2008 am Freitag ein Rating von AA aufweist und am Montag pleite ist. Und es waren die hohen Ratings der Agenturen, die die weltweite Verbreitung von Wertpapieren überhaupt erst möglich gemacht haben, die nicht anders besichert gewesen sind als mit Hypotheken aus dem Subprime-Bereich. Es sollte gängiges Fachwissen sein, dass eine Vielzahl von Kleinkrediten statt eines Großkredits die Bonität nur dann verbessert, wenn diese Kleinkredite im Einzelfall möglichst unterschiedlichen potentiellen Risken ausgesetzt sind, aber nicht dann, wenn das Risikopotential in allen Einzelfällen genau das gleiche ist. Solche Fehler dürften nicht passieren. Raum für die Verbesserung der Kriterien für die Vergabe von Bonitätsnoten wäre also genug vorhanden.

Im Übrigen wäre es wichtig, die Bonitätsnoten auch institutionell vom Umfang der Geschäftsbeziehung zwischen Ratingagenturen und jeweiligen Auftraggebern unabhängig zu machen. Es ist heute ziemlich vergessen, dass Österreich bereits im Jahr 1998 versucht hat, die EU vom Nutzen einer eigenen europäischen Ratingagentur zu überzeugen. Diese Initiative ist im Jahr 2000 von der deutschen und der britischen Regierung abgelehnt worden. Es ist zu hoffen, dass ein neuer Anlauf mehr Erfolg hat.

Bonitätsbeurteilungen sind auch deshalb ein so kritisches Thema, weil viele strenge Veranlagungsvorschriften in europäischen Normen – beispielsweise die Kriterien für die Veranlagung von Versicherungsgeldern – bisher auf die Bonitätsnoten von Ratingagenturen abgestellt haben. Diese Vorschriften sind nur dann zu vertreten und zu rechtfertigen, wenn man sich auf Ratings verlassen kann. Sie werden problematisch und ihre Schutzfunktion geht verloren, wenn man sich dessen nicht mehr sicher sein kann.

Der große amerikanische Pensionsfonds Calpers hat in einer gerichtlichen Klage gegen Ratingagenturen diesen „falsche und unangemessen hohe" Bewertungen vorgeworfen. Jede Beurteilung der Erfolgschancen nach amerikanischem Recht wäre ziemlich voreilig. Deutsche Juristen verweisen allerdings darauf, dass Calpers nach deutschem Recht eine ganz gute Chance hätte, wenn er sich auf die sogenannte Sachverständigenhaftung beruft (die es im Übrigen auch im österreichischen Recht gibt). Wer für sich besondere Fähigkeiten und Kenntnisse in Anspruch nimmt, haftet für deren Fehlen oder für Versagen. Das Besondere dieser Sachverständigenhaftung liegt darin, dass sie nicht nur im Sinn der klassischen culpa in contrahendo zwischen den Vertragsparteien, hier also zwischen Ratingagentur und Auftraggeber, zum Tragen kommt, sondern auch für außen stehende Dritte (wie z.B. Käufer von Anleihen) Schutzwirkung entfalten kann. Das Ergebnis dieses Prozesses bleibt abzuwarten, ein auch nur teilweiser Erfolg von Calpers dürfte wohl alle Ratingagenturen stärker zur Vorsicht anhalten als jede gesetzliche Regelung.

Zu den unbestrittenen Notwendigkeiten gehört auch eine verbesserte Eigenkapitalausstattung für Banken. Es ist trivial, dass mehr Eigenkapital für Banken besser ist als weniger. Allerdings gibt es dabei faktische Restriktionen, die nicht ganz außer Acht gelassen werden können. Eigenkapital muss auch aufgebracht werden können, und die Investoren erwarten eine Mindestrendite für das eingebrachte Eigenkapital (auch wenn diese nicht unbedingt bei 25 % liegen muss, wie es sich eine bekannte internationale Großbank zum Ziel gesetzt hat). Es wird gerade für kleinere Länder wie Österreich von Bedeutung sein, ob bei der Festsetzung von Eigenkapitalvorschriften auch berücksichtigt wird, ob die jeweiligen Kapitalmarktverhältnisse die

Aufbringung des geforderten Eigenkapitals überhaupt möglich machen. Hinzu kommt für Österreich das besondere Problem, dass nach den aktuellen Vorschlägen das hierzulande gängige Instrument des Partizipationskapitals nicht voll als Eigenkapital akzeptiert werden sollte.

Die Ambivalenz wichtiger Regelungsbestandteile

Bei den bisher besprochenen Regelungen lassen sich sowohl die Zweckmäßigkeit als auch die Richtung notwendiger Verbesserungsmaßnahmen vergleichsweise klar definieren. Aber es gibt Regelungen, deren Ambivalenz schon bei der Einführung erkennbar gewesen ist, weil sie von gravierenden Zielkonflikten geprägt sind. Ein wichtiges und kritisches Beispiel dafür sind die heute unter dem Stichwort „Basel II" zusammengefassten Regelungen. Im Wesentlichen folgen sie dem Grundsatz, dass Kredite und andere Veranlagungen mit Risikokomponente in der jeweiligen Bilanz umso höher mit Eigenkapital unterlegt werden müssen, je höher das jeweilige Risiko ist, das seinerseits in einem entsprechenden Ratingprozess festzustellen ist.

Auf den ersten Blick scheint eine solche Regelung vernünftig zu sein, die die Höhe des aufzubringenden Eigenkapitals an die Höhe des eingegangenen Risikos bindet. Aber erkennbar tritt hier die Notwendigkeit einer reibungslosen Kreditversorgung der gewerblichen Wirtschaft in einen Zielkonflikt mit dem Interesse an einem gut kapitalisierten Kreditapparat. Es hat daher schon bei der Einführung dieser Regeln ein paar heftige Kritiker – darunter den Verfasser dieser Zeilen – gegeben, die auf die Problematik dieser Regeln hingewiesen haben.

Beschränken wir uns hier auf die zwei wichtigsten Ansatzpunkte der Kritik: Da ist zunächst einmal das Problem, dass Banken in Volkswirtschaften mit einem höheren Fremdmittelanteil in den Bilanzen der produzierenden Unternehmen benachteiligt werden. Das klingt schrecklich abstrakt, ist aber ein ganz konkretes Problem für europäische Länder, in denen der Kapitalmarkt zumindest bisher nicht so leistungsfähig war und ist, den Unternehmen Eigenkapital im gewünschten Ausmaß über die Börse zur Verfügung zu stellen, und in denen auch der Gang an die Börse nicht so selbstverständlich ist wie etwa in den Vereinigten Staaten. Die stärker fremd-finanzierten Unternehmen müssen mit einem schlechteren Rating rechnen, und die Banken in solchen Ländern müssen daher höheres Eigenkapital vorhalten. Das ist eine schlichte Wettbewerbsverzerrung, und das Verhalten der Amerikaner gegenüber Basel II hat gezeigt, dass ihnen dieser Effekt deutlicher bewusst ist als den Europäern.

Der zweite Kritikpunkt war der, dass die Regelung von Basel II enorm prozyklisch ist und ausgerechnet dann die Kreditversorgung am stärksten beeinträchtigt, wenn man sie mitten in einer Wirtschaftskrise besonders dringend braucht. Die Richtigkeit dieses Kritikpunktes stellt sich derzeit gerade wieder mit dramatischer Deutlichkeit heraus.

Es ist bedauerlich, dass Regelungen getroffen wurden, die – trotz vielfacher Warnungen – die Folgen stärkerer Konjunkturschwankungen einfach bagatellisieren. Man sollte daraus zumindest lernen, dass Regelungen wenig taugen, bei deren Formulierung man nicht zumindest gedanklich einige Varianten durchspielt. Das naheliegendste (und eigentlich mindeste) wäre, die Regelungen von Basel II zeitlich so zu flexibilisieren, dass bei der Erfüllung solcher Regeln ein Anpassungszeitraum gewährt wird, der auch eine längere Phase eines Konjunkturrückganges überbrücken hilft. Man kann nicht genug betonen, dass die derzeitigen Probleme nicht aus dem durch Basel II streng geregelten normalen Kreditgeschäft stammen, sondern aus der Verbriefung und Weitergabe amerikanischer Subprime-Kredite. Der bereits zitierte Baseler Ausschuss hat diese Kritik wenigstens ansatzweise aufgenommen. In einer noch zu präzisierenden Form sollen zyklische Effekte vermindert werden. Dabei ist an Kapitalpuffer gedacht, die in guten Zeiten aufgebaut werden müssen, in schlechten dagegen verbraucht werden dürfen. Diese Überlegungen bedürfen noch der Präzisierung, sind aber wenigstens ein erster guter Ansatz.

Kann man die „finanziellen Massenvernichtungswaffen“ in den Griff bekommen?

Die amerikanischen Subprime-Kredite haben deshalb eine weltweite Krise ausgelöst, weil ihre Risken mehrfach, und im Übrigen auch in Form von Derivaten, weitergegeben worden sind. Die Risken von Derivaten sind seit Langem bekannt. Im Zusammenhang mit der Schieflage eines großen Hedgefonds (der übrigens den Ideen eines Nobelpreisträgers der Wirtschaftswissenschaften gefolgt ist) mussten schon einmal schwere Verwerfungen durch eine gemeinsame Feuerwehraktion internationaler Großbanken aufgefangen werden. Und Praktiker des Geschäfts wie etwa Warren Buffet und George Soros haben stets vor Derivaten gewarnt. Von Buffet stammt die Bezeichnung von Derivaten als „finanzielle Massenvernichtungswaffen“. Eine

Titelseite der Zeitschrift „Institutional Investor“ fragt nach der Gefährlichkeit von Derivaten und zeigt die Weltkugel in Form einer Bombe, an der bereits die Zündschnur glimmt. Dieses Titelblatt stammt nicht aus dem Jahr 2008, sondern bereits aus 1992!

Was sind diese Derivate überhaupt? Das Wort stammt aus dem Lateinischen und bedeutet zunächst einmal „abgeleitet“, aus einem anderen, eigentlichen Grundgeschäft stammend. Gemäß den internationalen Rechnungslegungsstandards IAS / IFRS sind Derivate Finanzinstrumente oder auch nur bloße Verträge, die sämtliche der folgenden drei Merkmale aufweisen, nämlich erstens die Abhängigkeit des Wertes von einem bestimmten externen variablen Basiswert (z.B. ein Index), zweitens keine oder nur eine geringe Anzahlung bei Anschaffung, und (damit notwendiger Weise) drittens Glattstellung erst in der Zukunft.

Das trifft auf eine Vielzahl recht unterschiedlicher Produkte zu, die aus den ursprünglichen Basiselementen Optionen, Futures oder Swaps entstanden sind und zu einer Vielfalt weiterer synthetischer Konstruktionen, wie beispielsweise zur Darstellung von Garantien, entwickelt worden sind. Und so manche dieser Konstruktionen machen wirtschaftlich durchaus Sinn. Der An- und Verkauf von Produkten zu künftigen Terminen diente ursprünglich der Verringerung des Risikos von Produzenten, die beispielsweise den Preis für ihre Ernte vorweg sichern wollten, um von schwankenden Märkten unabhängig zu sein.

Für eine bestimmte Form von üblich gewordenen Geschäften, und dabei handelt es sich nicht nur um Derivate, gibt es aber einen anderen gemeinsamen Nenner, und der ist es, der sie so gefährlich macht. Denn es geht nicht nur um Derivate, sondern auch um weiter gehandelte Verpflichtungen von Banken, wie etwa Schuldverschreibungen, die aber zugleich formal durch analoge Geschäfte mit anderen Banken abgesichert sind.

Nehmen wir dafür ein leider nur allzu praktisches Beispiel: Eine amerikanische Bank für die Vergabe von Hypotheken refinanziert sich, indem sie diese Hypotheken unter ihrer Mithaftung an eine andere Bank abtritt. Diese refinanzierende Bank bündelt eine Reihe von solchen Hypotheken und besichert damit wiederum eine eigene Emission, die als Asset Based Security scheinbar erhöhte Sicherheit verspricht. Diese Emission wird dann an dritte Banken verkauft. Aber damit ist die Risikokette ja noch lange nicht zu Ende. Einige Banken wollen die Risken, die sie auf diese Weise übernehmen, noch zusätzlich absichern, und kaufen daher sogenannte Credit Default Swaps

(CDS), und damit im Prinzip Risikoversicherungen gegen Kreditausfälle. CDS sind handelbar und finden genügend institutionelle Abnehmer – keineswegs nur die Österreichischen Bundesbahnen. Andere Banken wiederum refinanzieren den Ankauf solcher langfristiger Asset based Securities kurzfristig auf dem Geldmarkt und gehen damit das Risiko der Fristentransformation ein. Das ist zwar in ruhigen Zeiten meist problemlos möglich, kann aber zur existentiellen Bedrohung werden, wenn der Geldmarkt einmal nicht mehr reibungslos funktioniert.

Allein dieses ja nicht aus der Luft gegriffene Beispiel zeigt, dass ein Risiko durch die Transaktionen von Banken zu Banken und institutionellen Investoren sehr rasch das sechsfache Volumen erreichen kann. Und damit sind wir beim eigentlichen Problem: Das mehrfache Durchhandeln von Krediten und Derivaten bedeutet eben nicht, dass die einzelne Bank nunmehr abgesichert ist, weil den Positionen der Passivseite korrespondierende Positionen auf der Aktivseite gegenüber stehen – wie es bei isolierter Betrachtung einer Einzelbilanz der Fall zu sein scheint –, sondern dass sich das Risiko des gesamten Bankensektors multipliziert, je intensiver mit Risikopositionen zwischen den Banken gehandelt wird.

Verdeutlichen wir uns die geradezu unheimlichen Effekte dieses Multiplikators: Eine Bank, die 2008 durchaus vorsichtig agiert hat, könnte unter anderem folgende Bilanzpositionen aufweisen: Eine Aktivposition in Wertpapieren anerkannter amerikanischer Emittenten, die zusätzlich mit amerikanischen Subprime-Hypotheken besichert und von einer der großen Ratingagenturen mit dem besten aller möglichen Ratings, mit einem AAA, ausgestattet ist. Der eigene Treasury-Bereich unterhält größere Einlagen bei einer internationalen Investmentbank wie etwa Lehman Brothers, und zusätzlich hat man Verbindlichkeiten solcher Großbanken über eine Tochtergesellschaft in einen Geldmarktfonds für institutionelle Großkunden eingebracht, weil die ja auf Sicherheit und hohe Liquidität besonderen Wert legen. Unter den Wertpapieren sind nicht zu knapp Bankaktien enthalten. Der Handel selber ist zur Vorsicht verpflichtet, jede begebene Option muss durch ein korrespondierendes Gegengeschäft abgesichert sein. Ein Teil der Ausleihungen ist auf dem funktionierenden Geldmarkt kurzfristig refinanziert. Und all diese Positionen sind nicht, wie etwa Kredite, nur mit 4, 6 oder 8 % durch Eigenkapital unterlegt, sondern mit einem Drittel.

Diese Bank hätte noch zur Jahresmitte 2008 eine solide Halbjahresbilanz vorweisen können, und keine Aufsicht der Welt hätte an diesen Positionen etwas auszusetzen gehabt. Aber ohne massive Eingriffe der Staaten und Währungsbehörden wäre sie im Oktober pleite gewesen.

Man muss sich solche Szenarien vor Augen halten. Denn daraus ergibt sich eine Reihe von wichtigen Konsequenzen: Erstens, höhere Eigenkapitalvorschriften lösen das Problem nur zum Teil. Was nützt eine Erhöhung des Eigenkapitals je Bank um angenommen 20 %, wenn das Haftungsvolumen (und damit im Worst Case das Gesamtrisiko des Systems) bei jeder Weitergabe eines Kredits oder auch nur eines entsprechenden Derivats um 100 % steigt? Daher zweitens: Das Risiko des Gesamtsystems korreliert unmittelbar mit der Intensität des Handels zwischen Banken mit Produkten, die künftige oder latente Zahlungsversprechen beinhalten. Das bedeutet aber drittens, dass mit der zunehmenden internationalen Verflechtung des Banksystems das weltweite Risiko einer Kettenreaktion noch wesentlich größer geworden ist. Und das zwingt viertens zu dem Schluss, dass eine effizientere Kontrolle nicht allein bei der Konstruktion der jeweiligen Produkte ansetzen kann, sondern die Intensität des Handels mit solchen Produkten zwischen den Banken ebenso zum Kriterium machen muss. Der Baseler Ausschuss hat sich nicht direkt mit Multiplikatoreffekten befasst, er will aber – im Detail noch keineswegs ausformulierte – Mechanismen einführen, die wenigstens die Liquiditätsversorgung auch in Zeiten von Verwerfungen auf dem Kapitalmarkt sichern sollen.

Es ist zu fürchten, dass jede Neukonstruktion der internationalen Bankenaufsicht und Kontrolle, ob sie nun zentral oder dezentral organisiert wird, einen wesentlichen strukturellen Fehler aufweist, wenn sie nicht den hier kurz skizzierten Risken Rechnung trägt. Diese Zeilen hier sollen lediglich dazu beitragen, das Bewusstsein für das Problem zu schärfen. Wie Lösungen dafür konkret aussehen sollen, bedarf noch genauerer Analyse. Aber ein paar Grundgedanken und Lösungsansätze lassen sich vielleicht doch in aller Kürze skizzieren:

Erstens: Ob eine Bankenaufsicht national oder international organisiert wird, ist eine Frage der Macht und der jeweiligen Empfindlichkeiten und ist vermutlich nicht einmal entscheidend für den Erfolg. Wichtig wäre vielmehr ein intensiver Datenaustausch zwischen den jeweiligen Aufsichtsbehörden, um nicht bei der Analyse von Einzelbilanzen stehen zu bleiben, sondern darüber hinaus zu einer besseren Kenntnis von Multiplikatoreffekten zu gelangen. Die kann man nur analysieren, wenn Art und Volumen der Zwischenbanktransaktionen mit solchen Produkten überschaubar werden.

Zweitens: Wenn einzelne Banken mit zu großen Volumina solcher Produkte im Markt sind und damit eine wesentliche Rolle in der Risikokette spielen, dann bergen sie auch ein wesentliches Risikopotential. Auf das kann man verschieden reagieren. Mit höheren Eigenkapitalanforderungen, mit der Verpflichtung zum Deleveraging oder mit strengeren Anforderungen an die Qualität der Risikopositionen solcher Banken. Viele Banken haben aufgrund ihrer Erfahrungen bereits von sich aus mit einem Deleveraging begonnen, sie konzentrieren sich stärker auf das unmittelbar kundenbezogene Geschäft und bauen Zwischenbankverpflichtungen und auch -forderungen ab. Man muss sich mit den Multiplikatoreffekten auseinandersetzen, wenn man mehr will als nur optische Korrekturen.

Drittens: Im Zuge der Ereignisse sind die Ratingagenturen schon bedeutend vorsichtiger geworden. Aber kann das allein der Weisheit letzter Schluss sein? Wäre es nicht vielmehr genau so wichtig, von Ratingagenturen über eine stichtagsbezogene Risikobeurteilung hinaus eine genauere Analyse der konjunkturellen Risken und wo notwendig auch ein Durchspielen verschiedener Szenarien zu verlangen, um außer aktuellem Risiko auch ein solches anzugeben, das beim Eintritt bestimmter Szenarien schlagend wird?

Viertens: Das gesamte Systemrisiko des Bankensektors ist 2008 schlagend geworden, weil eine Preisblase auf einem bestimmten Markt schlagend geworden ist. Ich selbst habe an anderer Stelle ausführlich begründet, dass Preisblasen auf Märkten immer wieder entstehen werden, wenn und solange die erwarteten Erträge höher sind als die Refinanzierungskosten. Und wo immer Preisblasen auftreten, gibt es auch regelmäßig früher oder später eine Fülle von Derivaten, die an die Preisentwicklung auf genau solchen Märkten abstellen. Man wird wohl genauer überlegen müssen, ob man die rechtzeitige Verortung solcher Preisblasen – denn darum wird man auf Dauer nicht herumkommen – den Aufsichtsbehörden überträgt, oder den Ratingagenturen, oder den Ökonomen, oder in Arbeitsteilung allen dreien. Aber man wird darauf genau so reagieren müssen, wie wir gerade oben für den Fall skizziert haben, dass Banken und die mit ihren Produkten verbundenen Multiplikatoreffekte zu groß werden, wenn man nicht Gleiches wie zuletzt wieder erleben will.

Und vielleicht bleibt fünftens auf Dauer nur ein Ausweg, wenn es nicht gelingt, ein wirklich effizientes Risikokontrollsystem zu schaffen: Man trennt Banken, die weiterhin Geschäfte aller Art und damit jeglichen Risikos machen, von solchen, die sich auf Kundengeschäfte konzentrieren und nur wenig Leverage über Zwischenbankgeschäfte aufweisen, und wendet die traditionellen Einlagensicherungssysteme nur auf die letzteren an. Das wäre eine schon recht verzweifelte Maßnahme, quasi als ultima ratio, aber das wäre ein Ausweg für den Fall, dass die Erinnerung an die große Krise und damit die Bereitschaft zu entsprechenden vorsorglichen Maßnahmen zu rasch verschwindet.

Schlussbemerkung: Ein zweites Mal werden wir uns nicht leisten können.

Ich komme zum Schluss. Systemkrisen wie die des Jahres 2008 sind existenzbedrohend, für die Banken, für das gesamte Finanzsystem und für alle modernen Gesellschaften. Allein die letzte Krise hat zu ihrer Bewältigung Mittel erforderlich gemacht, deren Aufbringung einen dramatischen Sprung in der Höhe der Staatsverschuldung der westlichen Industriestaaten mit sich gebracht hat. Ein zweiter solcher Schuldensprung würde das Vertrauen massiv erschüttern und den schon diesmal befürchteten Inflationsschub endgültig Realität werden lassen. Eine entsprechende Verbesserung der Kontrollmechanismen ist daher unerlässlich. Ich habe versucht zu zeigen, dass man dabei nicht allein mit einer Verstärkung der Eigenkapitalvorschriften wird operieren können, dass man bei bestimmten Regelungsmechanismen wie etwa Basel II die konjunkturellen Effekte nicht außer Acht lassen darf, und dass eine effiziente Vorbeugung nicht allein auf der Basis der Kontrolle von Einzelbilanzen möglich ist, sondern es gerade die Multiplikatoreffekte der internationalen Verflechtung sind, mit denen man sich wird auseinandersetzen müssen, wenn man Erfolg haben will.

René Alfons HAIDEN

Von der US-Finanzkrise zur Weltwirtschaftskrise

Gemäß dem Grundsatz „Mit der Weisheit des Rückblickes kann man leicht gescheit sein“ gibt es genügend „Experten“, die angeblich schon seit Jahren auf die sich abzeichnenden Krisenerscheinungen hingewiesen haben. Wenngleich 2007 in Europa allgemein ein gutes Wirtschaftsjahr gewesen ist, haben sich in der Tat in der zweiten Jahreshälfte besonders auf den Kapitalmärkten gewisse Anzeichen einer bevorstehenden Abwärtsentwicklung abgezeichnet, die sich im Jahr darauf deutlich verstärkt haben.

Die US-Immobilienblase

Im Jahre 2007 ist die Weltwirtschaft noch mit 5 % gewachsen, dieser Wert hat sich 2008 auf 3 % reduziert und 2009 wird zum ersten Mal seit der Weltwirtschaftskrise 1929/32 kein Wachstum zu verzeichnen sein, es wird vielmehr ein Rückgang des globalen BIP erwartet.

Auslöser dafür war eigentlich die sogenannte Subprime-Krise in den USA, die katastrophale Auswirkungen auf die amerikanischen Investmentbanken, die Hypothekargläubiger und die Versicherungswirtschaft zur Folge hatte. Die Ausdehnung auf die gesamte Weltwirtschaft ist dadurch bedingt, dass die amerikanischen Hypothekenfinanzierer einen beachtlichen Teil ihrer Forderungen in Wertpapiermodelle mit intransparentem Risiko verpackt und via Finanzintermediäre an Käufer mit unzureichendem Risikobewusstsein weitergereicht haben.

Die Geldgeber haben letzten Endes die Schuldner im wahrsten Sinne des Wortes „aus den Augen verloren“. Materiell bedeutet dies, dass keine Bonitätsprüfung der Kreditnehmer erfolgt ist und das Risiko auf jene Menschen abgeschoben worden ist, die in der Annahme einer sicheren Veranlagung ihr Geld in solche, ihnen bisher völlig fremde Papiere investiert haben.

Diese haben zumindest einen großen Teil ihres Wertes zu jenem Zeitpunkt verloren, als der jeweilige Eigenheimbesitzer nicht mehr in der Lage gewesen ist, den Schuldendienst zu verkraften. Dabei zeigen sich die fatalen Folgen eines Transformationsprozesses, an dessen Ende der letzte Investor allein das gesamte Risiko zu tragen und der ursprüngliche Kreditgeber keinen Ausfall erlitten hat. Die Kritiker der oftmals zu starken Liberalisierung des Weltwirtschaftsgeschehens führen die Globalisierung der Finanzmärkte, den Faktor Gier und fehlende staatliche Regeln als Ursachen für die erwähnte Entwicklung an.

Als Ursachen dieser Entwicklung sind das zu rasche Wachstum des US-Immobilienmarktes, eine übertriebene Niedrigzinspolitik und die beachtlichen Überschüsse an anlagesuchendem Kapital anzuführen. Eine vielfach über die Investition hinausgehende Darlehensgewährung, und das zu überaus niedrigen Zinsen und ohne die in Europa übliche Mitverpflichtung des Darlehensnehmers, haben ganz entscheidend zur aktuellen Krise geführt. Vielfach war auch deren Bonität nicht gegeben, da nach den in Wien im Oktober 2008 gemachten Ausführungen des Generaldirektors im Generalsekretariat des Rates der EU, Klaus Gretschmann, nur ein geringer Teil der Darlehensnehmer über ein ausreichendes Einkommen verfügt hat, die Mehrheit jedoch nicht die Kreditfähigkeit nachweisen konnte.

Die stark steigenden Immobilienpreise haben einen deutlichen Wertzuwachs des Objekts bewirkt. Darauf wurde ein Großteil der Kreditansuchen aufgebaut und dies führte zum ungesunden Wachstum der Konsumkredite und der Kreditkartenschulden, Hausfinanzierungen bis zu 100 %, in nicht wenigen Fällen sogar darüber hinaus – und dies aufgrund einer spekulativen und nicht fundierten Wertsteigerung des Hauses –, haben breiten Bevölkerungsschichten zusätzliche Mittel verschafft und eine scheinbare Erhöhung ihrer Kaufkraft ausgelöst. Die Folgen sind fatal, da der reale Verlust der Subprime-Krise mit 5.000 Mrd. USD geschätzt wird, der virtuelle Verlust, insbesondere an den Börsen, wird sogar mit 30.000 Mrd. USD beziffert.

Schon zu Beginn dieses Jahrzehnts hat der Immobilienmarkt in den USA aufgrund der hohen Geldmenge und der sehr niedrigen Zinsen infolge des Leitzinses der US-Notenbank Federal Reserve (Fed) von 1 % in den Jahren 2001 bis 2004 geboomt. Dadurch hat sich das jährliche Volumen der Hypotheken in den beiden folgenden Jahren auf über 600 Mrd. USD erhöht, hingegen betrug der langjährige Durchschnittswert nur 100 Mrd. USD. Überaus hohe Liquiditätsüberschüsse aus Asien haben eine Anlage auf den Märkten, in erster

Linie in den USA, gesucht. Dazu kamen neue Finanzierungsinstrumente wie die MBS (Mortgage Backed Securities) und die CDO (Collateralized Debt Obligations), das sind Fonds, in denen Kredite unterschiedlicher Qualität gebündelt worden sind. Verstärkt wurde diese Entwicklung durch ein übertriebenes Gewinnstreben und eine übermäßige Expansion der Banken.

Im September 2008 begann der Zusammenbruch namhafter US-amerikanischer Hypotheken- und Investmentbanken, womit das Vertrauensverhältnis der Kunden zu ihren Banken ebenso beeinträchtigt wurde wie jenes der Banken zueinander. Eine wesentliche Folge war die Störung der Märkte, vornehmlich des Geldmarktes, wobei die Abflüsse an einem Tag (17. September 2008) 70 Mrd. USD erreichten.

Vor allem die neuen Produkte im Bereich der Wertpapierveranlagungen waren und sind oftmals noch heute nicht transparent, was nicht zuletzt dank der Überliquidität zu Anlagen verleitet hat, deren Risken nicht eingeschätzt werden konnten und daher in der Folge zu massiven Verlusten sowohl für die Privaten als auch die Finanzinstitute geführt haben.

Diesen Verlusten stehen beachtliche Staatshilfen und auf anderen Wegen aufgebrachtes neues Kapital gegenüber. Allein in der EU erhalten die Banken Staatsgarantien im Volumen von nahezu 2.500 Mrd. EUR und eine direkte Kapitalzufuhr von etwa 400 Mrd. EUR.

Nach den Schätzungen des IWF beträgt der weltweite Abschreibungsbedarf der Banken und Versicherungen fast 4.100 Mrd. USD. Davon entfallen auf die US-Banken 1.352 Mrd. USD und 1.046 Mrd. USD auf die Banken in Westeuropa.

Für Banken in den sogenannten emerging markets liegt die Schätzung bei 796 Mrd. USD; davon entfällt aber überraschenderweise mit 185 Mrd. USD nicht einmal ein Viertel der Abschreibungen auf die Banken in Mittel-, Ost- und Südosteuropa (CESEE). Von den vom IWF geschätzten Abschreibungen im Finanzsektor sind erst rund 33 % bewältigt worden. Sehr beachtlich erscheint auch der Abschreibungsbedarf für Nichtbanken, das sind vornehmlich Versicherungen.

Die Verkraftung der umfangreichen Wertberichtigungen bei Krediten und die Anpassung der Wertpapierportefeuilles sind wichtige Maßnahmen zur Stärkung der Bankbilanzen und zur Sicherung der Funktionsfähigkeit des Finanzsektors. Sie müssen allerdings begleitet werden von Maßnahmen zur Erhöhung der Kaufkraft der privaten Haushalte und zur Finanzierung von Investitionen im Unternehmersektor. Die richtige Mixtur geldpolitischer und fiskalischer Aktivitäten ist die Voraussetzung für die Erreichung des Zieles, nämlich die heimische Wirtschaft wieder auf eine gesunde Entwicklung zu bringen.

Die große Geldfülle und die günstigen Bankzinsen hatten in den USA das Streben nach einem eigenen Haus massiv verstärkt und dadurch auch die Preise für ein Eigenheim fühlbar erhöht, und zwar von Ende der 1990-er Jahre bis 2006 um mehr als das Doppelte. An der Wende von 2006 auf 2007 begann bereits der Markt einzubrechen und diese Tendenz setzte sich verstärkt bis ins Vorjahr fort. Das Ergebnis ist bekannt, namentlich der Zusammenbruch der beiden Hypothekenbankenriesen Fannie Mae und Freddie Mac im Herbst 2008 und in weiterer Folge der Kollaps von Investmentbanken, anderen Finanzinstituten und auch großen Versicherungen wie etwa AIG (American International Group).

In diesem Zusammenhang wird immer wieder auf die sogenannte „Greenspan-Doktrin" verwiesen, d.h. ein praktisch unbegrenzter Mittelzufluss seitens der Notenbank, dazu kommen die riesigen Geldströme aus Asien und den Ölstaaten. Es erfolgte wohl eine Belebung des Wirtschaftswachstums, doch durch die rascher zunehmenden Importe entstand ein Missverhältnis von Geldmenge und Gütervolumen. Das Überangebot an Kapital bewirkte eine rasch wachsende Nachfrage nach Immobilien und Aktien. Das Ergebnis war eine ungezügelte Kreditvergabe, insbesondere wurde der risikopolitische Aspekt völlig vernachlässigt. Dafür waren sowohl ein grenzenloses Gewinnstreben der Aktionäre der Banken als auch eine verfehlte Politik der Entlohnung der Mitarbeiter über Boni verantwortlich.

Durch die großzügige Geldpolitik stiegen die Aktienkurse wie auch die Immobilienpreise rasant an, wodurch auch die Konsumenten zu Investitionen verleitet wurden, die sie durch Kredite finanzierten und die zum Zeitpunkt der Zinserhöhung und des Verlustes des Arbeitsplatzes ein Platzen dieser Blase bewirkten. Nun zeigten sich die beachtlichen Überkapazitäten der US-Wirtschaft, die Arbeitslosigkeit stieg an, die ihrerseits die Kaufkraft breiter Bevölkerungsschichten derart schmälerte, dass sie ihre Kredite nicht mehr zurückzahlen konnten, was wiederum zu den Bankenzusammenbrüchen führte.

In diesem Zusammenhang muss auch das Fehlverhalten der US-Regierung, nämlich die Investmentbank Lehman Brother (Konkurseröffnung am 15. September 2008) nicht zu sanieren, besonders angemerkt werden, weil dadurch gleichsam ein psychologischer Break ausgelöst worden ist, der das Vertrauen der amerikanischen Bürger in ihre wirtschaftliche Zukunft ebenso beeinträchtigt hat wie jenes der übrigen Welt in die USA.

Die US-Wirtschaft – ein Pfeiler der Weltwirtschaft

Die Entwicklung in den USA ist deshalb von globaler Bedeutung, weil
Die Entwicklung in den USA ist deshalb von globaler Bedeutung, weil
die amerikanische Volkswirtschaft die leistungsfähigste aller Staaten und deren Entwicklung für Europa, China und Japan nicht zu unterschätzen ist. Die aktuelle Größenordnung des US-BIP ist mit rund 13.800 Mrd. USD (Europäische Union: 14.400 Mrd. USD) oder über 11.000 Mrd. EUR (EU: rund 11.500 Mrd. EUR) anzugeben, dies entspricht einer Pro-Kopf-Quote an Wertschöpfung von etwa 37.000 EUR (EU: 24.500 EUR). Die US-Wirtschaftsleistung entspricht damit mehr als einem Viertel des globalen BIP.

Demgegenüber ist allerdings darauf hinzuweisen, dass die Staatsverschuldung der USA massiv zugenommen hat, und zwar von 407 Mrd. USD (2000) auf 755 Mrd. USD (2007), dieser Wert entspricht weit mehr als 5 % des BIP. Zum Vergleich ist darauf hinzuweisen, dass in den Euro-Ländern die Neuverschuldung mit 3 % p.a. limitiert worden ist. Der Schuldenstand der Vereinigten Staaten wird mit ca. 11.500 Mrd. USD beziffert oder über 80 % des BIP. Die Zinsenlast erreicht 425 Mrd. $ p. a., das ist die vierthöchste Ausgabenposition im US-Budget. Die Pro-Kopf-Verschuldung beträgt 37.500 USD, ein Rekord seit 1954.

Die eher missliche Lage der US-Wirtschaft kommt auch in einer negativen Außenhandelsbilanz (2007: 755 Mrd. USD) deutlich zum Ausdruck, ein Wert der sieben Mal größer ist als in der EU. Besonders wird die Lage in den USA dadurch gekennzeichnet, dass Ende 2008 insgesamt 18 Mio. Einfamilienhäuser und Wohnungen leer gestanden sind. Es gibt ganze Landstriche, in denen lediglich eine Tafel auffällt, nämlich „for sale“ oder „bank owned“.

Schockierend sind auch die steigenden Arbeitslosenzahlen und in deren Folge die wachsende Zahl an Obdachlosen. Dies führt vielfach dazu, dass am Rande der großen Städte Zeltsiedlungen entstehen, weil immer mehr Familien ihre Häuser und Wohnungen aufgeben müssen, da sie die Lasten der seinerzeitigen Finanzierung nicht mehr tragen können.

Dazu kommt, dass viele Hypothekarkredite verbrieft worden sind, und dank der guten Bewertung sind diese Risken über die ganze Welt verstreut worden. Man spricht auch von ABS (Asset Backed Securities), von CBO (Collateralized Bond Obligations) und von COMO (Collateralized Mortgage Obligations) – allesamt Produkte, die für viele Anleger neu gewesen sind und über die oftmals die Anbieter keine detaillierten Auskünfte geben konnten.

Eine völlig andere Entwicklung zeichnet sich in China ab, einem Land, das seit den 1980-ern Jahren jedes Jahr mit einem neuen Wachstumsrekord auf sich aufmerksam gemacht hat. Ein nicht unwesentlicher Grund dafür ist der immer größer werdende Anteil der privaten Wirtschaft, der in absehbarer Zukunft 75 % erreichen soll. Dies hat unter anderem zur Folge, dass sich daraus negative Konsequenzen ergeben, etwa die Tatsache, dass gegenwärtig die Zahl der Arbeitslosen um Millionen zunimmt. Eine gewisse Schwäche der chinesischen Wirtschaft ist die Tatsache, dass sie zu ungefähr 60 % vom Export in den Westen abhängig ist. China befindet sich auch im Besitz der umfangreichsten Währungsreserven der Welt (im Jahre 2008 lagen sie bereits bei rund 164 % der Importe) und ist mit Abstand der größte Gläubiger der USA. Im Jahre 2005 sind die Weltwährungsreserven mit 4.500 Mrd. USD ausgewiesen worden, davon entfielen 20 % auf China (900 Mrd. USD). Auf acht asiatische Länder (China, Indonesien, Japan, Korea, Malaysia, die Philippinen, Singapur und Thailand) ist mit 2.300 Mrd. USD etwas mehr als die Hälfte aller Währungsreserven entfallen.

Bis 2008 haben sie sich auf mehr als 6.700 Mrd. USD erhöht, davon entfallen auf die US-Währung über 40 % und auf den Euro fast 18 %.

Erfreulicherweise hat sich der Anteil der Euroländer im Jahr 2009 an den Währungsreserven auf 25 % erhöht. Jene von China sind inzwischen auf mehr als 2.000 Mrd. USD angewachsen, was nicht zu verwundern ist, da die chinesische Exportquote 35 % erreicht hat, jene der USA liegt bei nur 10 %. Spitzenreiter war 2007 Deutschland mit 45 %, zu Beginn der 1970-er Jahre war die deutsche Exportquote erst bei 22 % gelegen.

China hält die umfangreichsten Währungsreserven der Welt, von denen 40 % in Dollarschatzscheinen angelegt worden sind; dies entspricht einer Zunahme um 100 % gegenüber Anfang 2007. Es ist verständlich, dass China größtes Interesse an der Werthaltigkeit aller Dollarwerte hat. Deshalb wird China auch alles unternehmen, um das Verhältnis von Dollar und Renminbi stabil zu halten.

Eine gleich bleibende Währungsparität ist auch im Interesse einer guten Entwicklung des Außenhandels zwischen den USA und China gelegen. Gerade die von China in Angriff genommenen Maßnahmen zur Belebung der Wirtschaft und zur Vergrößerung der privaten Nachfrage sind auch für die USA lebenswichtig, weil damit eine Stärkung ihrer Exportwirtschaft herbeigeführt und in weiterer Folge eine Ankurbelung der amerikanischen Wirtschaft bewirkt werden wird.

Wichtige Kennzeichen der chinesischen Wirtschaft sind ein ausgeglichenes Budget, ein geringer öffentlicher Schuldenstand (Staatsschuldenquote 2008 rund 44 % des BIP), eine minimale Verschuldung der Konsumenten und die vierthöchste Zahl an Dollar-Millionären nach den USA, Japan und Deutschland und noch vor Großbritannien.

China wird daher alles unternehmen, um die USA, den wichtigsten Handelspartner Chinas, bei der Bekämpfung der Wirtschaftskrise nach Kräften zu unterstützen, auch deswegen, um die in den vergangenen Jahren eroberten Absatzmärkte in diesem Land nicht zu verlieren.

Die von den USA ausgehende Finanzkrise hat inzwischen in vollem Umfang die Realwirtschaft in allen Ländern und global erfasst und deren Wachstum fühlbar abgeschwächt, so dass der globale outlook des Internationalen Währungsfonds von 5,2 % (2007) auf 3,4 % (2008) zurückgegangen ist und für 2009 erstmals seit 60 Jahren ein Schrumpfen des Wachstums der Weltwirtschaft in der Höhe von mehr als 1 % prognostiziert wird.

Nach der Einschätzung des IWF vom April 2009 wird die Weltwirtschaft in diesem Jahr um 1,3 % schrumpfen (Prognose Jänner 2009: +0,5 %) und erst 2010 wieder eine Wachstumsrate von 1,9 % aufweisen. Allerdings wird dafür als entscheidend eine schnelle Gesundung des Finanzsektors angesehen, da dieser einen weitaus größeren Einfluss auf die gesamtwirtschaftliche Entwicklung hat, als man üblicherweise angenommen hat. Ausdruck dessen sind die Zusammenbrüche der Kapital- und Aktienmärkte sowie eine fühlbare Verringerung der Kreditvergabe, die sich äußerst negativ auf die Realwirtschaft ausgewirkt haben.

Die Bedeutung des IWF hat im Zuge des weltweiten Wirtschaftsabschwungs beachtlich zugenommen, und er wird daher auch oft als internationale „Feuerwehr" gegen Finanzkrisen bezeichnet, da er an finanziell schwächere Staaten sehr zinsgünstig Geld verleiht, beispielsweise an Ungarn, Rumänien, Serbien, Kroatien, Lettland und die Ukraine.

Die OECD erwartet für die Industriestaaten in diesem Jahr einen Rückgang der Wirtschaftsleistung um 4,3 % (noch im November 2008 lautete dieser Wert lediglich -0,4 %).

Die OECD geht auch für 2010 von einem leichten Negativwachstum in der Höhe von 0,1 % aus. Begleitet wird diese Entwicklung von einer – man kann es ohne Übertreibung so formulieren – dramatischen Erhöhung der Arbeitslosenrate, die in den OECD-Ländern 8,4 % (2009) und 9,9 % (2010) erreichen wird. Die Vergleichswerte für die Eurozone liegen sogar bei 10,1 % bzw. 11,7 %. Gemäß der OECD-Prognose wird die Volkswirtschaft in China und Indien um 5 bis 6 % wachsen. Seit den 1980-er Jahren verzeichnet China einen durchschnittlichen Zuwachs seiner Wirtschaft von 9,8 % p.a.

Deutlich sind die Auswirkungen auf den Welthandel, der nach der Prognose der OECD in diesem Jahr um 13,2 % einbrechen wird, aber schon 2010 wird eine leichte Erholung von 1,5 % eintreten.

Die Prognose der Weltbank vom März 2009 geht vom schlimmsten Einbruch der globalen Wirtschaft seit den 1930-er Jahren aus, der mit -1,7 % angegeben wird. Die Reduktion des Welthandels wird mit 6 % vorausgesagt. Es gibt eine Vielzahl von Prognosen, die sich mitunter deutlich unterscheiden. Eines ist ihnen aber gemeinsam, nämlich die tiefgreifendste weltweite Rezession, ein Zusammenbruch der Finanz- und der Exportmärkte sowie eine rasante Zunahme der Arbeitslosenzahlen. Als einziger positiver Wert ist die äußerst niedrige Preissteigerung anzuführen.

Die Lösung dieser Weltwirtschaftskrise ist dringend nötig und wird umso eher erreicht werden, je besser die globale Zusammenarbeit funktioniert und die jeweiligen Konjunkturprogramme und die begleitenden Maßnahmen auf sozialem Gebiet umgesetzt werden.

Für 2010 wird bereits ein globales Wachstum von 1,5 bis 2 % angenommen, für die USA aber nur +0,2 % und für die Eurozone sogar nur 0,1 %. Als Ursache für das geringe Wachstum der Euroländer werden das Wegbrechen der Exporte um etwa 10 %, die umfangreichen Korrekturen auf dem Immobilienmarkt, die fühlbare Schwierigkeit hinsichtlich der Kreditgewährung und der Rückgang der grenzüberschreitenden Kapitalflüsse um 38 % angeführt.

In der EU ist ein massiver Wirtschaftseinbruch zu vermerken, insbesondere infolge sinkender Exporte, einer rasch steigenden Arbeitslosigkeit, sinkender Immobilienpreise, einer fühlbar reduzierten Kreditvergabe, rückläufiger Ausgaben der Konsumenten und deutlich geringeren Investitionen in den Unternehmungen.

Im Vergleich zu den USA sind allerdings etliche positive Faktoren anzuführen:

Die europäischen Banken haben aus der Gewährung von Krediten weniger Verluste erlitten, etwa deshalb weil bei den Hypothekardarlehen der Darlehensnehmer persönlich mitverpflichtet ist. Daher gibt es auch weniger Zwangsversteigerungen.

Die Refinanzierung der Kredite erfolgt vorwiegend über Primäreinlagen der Banken und nicht über den Kapitalmarkt.

In der EU sind jedoch im Vergleich zu den USA nicht so umfangreiche Konjunkturprogramme verabschiedet worden.

Es ist auch eine fühlbare Drosselung der Kreditvergabe festzustellen, einerseits im Hinblick auf Basel II und andererseits aufgrund der fehlenden Vertrauensbasis sowohl innerhalb des Bankensektors als auch gegenüber den Kreditwerbern. Diese betrachten die umfangreiche Dokumentation ihrer Wünsche, die Bearbeitungsdauer und die hohe Zinsbelastung als überaus negativ.

Vielfach wird auch die Kreditgewährung an Kunden in Osteuropa als Negativum bewertet, obwohl alle aktuellen Prognosen erkennen lassen, dass die Wirtschaft in diesen Staaten sich 2009 besser gestalten wird und im Jahre 2010 wieder ein Wachstum erwartet werden kann. Dazu wird auch das EU-Osthilfepaket, das von 25 Mrd. auf 50 Mrd. USD verdoppelt wird, einen wesentlichen Beitrag leisten. Es kann als Ergänzungsfinanzierung zu den Aktivitäten des Währungsfonds angesehen werden.

Große Unterschiede gibt es zwischen der EU und den USA, da in Europa umfangreiche soziale Fangnetze bestehen. Außerdem bremst der Maastricht-Vertrag die öffentliche Verschuldung und es besteht weniger Angst vor Deflation in der EU, daher werden von der EZB auch weniger Maßnahmen zur Förderung der Wirtschaft gesetzt.

Deutschland ist die stärkste Volkswirtschaft in Europa und hat weitaus geringere Probleme bei der Haushaltsfinanzierung im Vergleich zu den USA. Dagegen existieren Schwierigkeiten im Export der EU-Länder, der bekanntlich für die US-amerikanische Wirtschaft keine derartige Bedeutung hat.

Wie in den USA zeigt sich auch in Europa eine Wende der Wirtschaft, beispielsweise wird in der EU 27 für 2009 ein Rückgang auf -3,0 % (2008: +1,3 %) erwartet, wobei in der Eurozone der Abschwung mit -4,2 % wesentlich größer sein wird als in Mittel- und Osteuropa (-3 %).

Die aktuellen Daten lauten für die USA -3 %, Deutschland -6 % und Japan -6,2 %. Durch die drastische Verschlechterung im zweiten Quartal gegenüber den anfangs 2009 veröffentlichten Prognosen haben sich auch die Aussichten für Österreich als wesentlich ungünstiger herausgestellt. weshalb ein Rückgang des BIP um bis zu 4 % nicht ausgeschlossen wird.

2009 ein wirtschaftlicher Abschwung von 2 bis 2,8 %, für Deutschland sogar bis -5 % infolge des weltweiten Einbruchs der Exportmärkte vorhergesagt wird. Für Österreich geht die EU-Kommission davon aus, dass nach einem Wachstum von 1,7 % im Vorjahr, 2009 eine Schrumpfung von 2,0 % eintritt, die Erhöhung im Jahr 2010 wird mit +0,5 % vorhergesagt. Dies wäre sowohl über den Vergleichswerten der EU als auch jenen der Eurozone, zweifellos ist dies auf die enge Kooperation unserer Wirtschaft mit den Ländern Mittel- und Osteuropas zurückzuführen, die in den letzten Monaten des Öfteren ungerechterweise als negativ bewertet worden ist, vor allem von den US-Ratingagenturen, deren Einschätzung aber nicht selten das Ergebnis von Interessenskonflikten ist.

Tatsache ist jedenfalls, dass die Länder in Zentral-, Ost- und Südosteuropa (CESEE) seit vielen Jahren einen beachtlichen Aufschwung ihrer Wirtschaft erleben, zu dem Westeuropa, insbesondere auch Österreich, maßgeblich beigetragen hat. Diese Entwicklung war für die guten Ergebnisse in den EU 15 entscheidend. Wenn auch unsere östlichen Nachbarstaaten im Sog der globalen Wirtschaftsentwicklung eine kurzfristige Atempause einlegen müssen, so wird dieser Region mittel- bis langfristig jedenfalls ein großes Wachstumspotential vorausgesagt.

Besonderes Augenmerk muss in Hinkunft auf Investitionsgüter zur Verbesserung der Umwelt gelegt werden. Dazu zählen der gesamte Energiesektor, wodurch vor allem auch die Handelsbilanz entlastet werden kann, die Verbesserung der Verkehrswege, insbesondere durch den Ausbau der Eisenbahnen, der gesamte Bereich der Ver- und Entsorgung, die Erhöhung der Luftqualität und eine vernünftige Siedlungspolitik, um nur einige der wesentlichen Bereiche anzuführen.

Die fiskalischen und monetären Maßnahmen in den USA sowie die für die Banken und Versicherungen ergriffenen Rettungsaktionen lassen bereits für Ende 2009, anfangs 2010, eine gewisse Erholung der US-Wirtschaft erwarten. Dies kann sich auch positiv für den Dollar auswirken, so dass in etlichen Prognosen bis dahin ein Dollarkurs von bis zu 1,10 zum Euro als nicht unrealistisch angesehen wird. Das Volumen der in den USA bisher beschlossenen Aktivitäten (Kredite, Garantien, Sanierung, Stützungen) wird mit 12.800 Mrd. USD veranschlagt, womit fast eine Jahresleistung der US-Wirtschaft erreicht wird.

Neben diesen finanziellen Maßnahmen ist auch eine weit reichende Neuordnung des US-Finanzsektors beabsichtigt, und zwar durch umfassende Regulierungen und eine fühlbare Verschärfung der Aufsicht.

Änderungsbedarf bei Finanzmarktaufsicht und Ratingagenturen

Eine stärkere Kontrolle der Kreditvergabepraktiken, strengere Vorschriften für das Kreditkartengeschäft sowie staatliche Eingriffe auf den Verbriefungs- und Derivatmärkten stehen auf der Tagesordnung des amerikanischen Finanzministeriums. Beabsichtigt ist auch ein wirksamer Schutz der Konsumenten vor allem im Hinblick auf deren schlechte Erfahrungen mit Hypotheken und auch im Kreditkartenbereich. Diese Überlegungen entsprechen durchwegs den Vorschlägen der Weltbank, die mehr und rechtzeitige Informationen über neue Verfahren und Produkte verlangt. Außerdem fordert sie rechtzeitige Maßnahmen für eine wirksame Finanzmarktregulierung, die für eine gesunde Entwicklung des gesamten Finanzsektors entscheidend ist. Daher ist eine enge Zusammenarbeit zwischen den USA, der EU und Asien von allergrößter Bedeutung.

Sowohl in den USA als auch in Europa liegt die Verantwortung für die wichtigen finanz- und wirtschaftspolitischen Maßnahmen in erster Linie beim Staat und den Notenbanken. Sie müssen die Abstimmung von Geldmenge und Wachstum in einem überaus schwierigen Umfeld vollziehen unter Bedachtnahme auf die öffentliche Schuldenlast und die Kaufkraft der privaten Haushalte; ebenso wichtig ist die Sicherung der Unternehmensfinanzierung und eine sich in gesunden Grenzen bewegende Preisentwicklung. Auch der Gesetzgeber ist gefordert, weil es zweifellos strengerer Regeln für die Finanzmärkte bedarf und auch die nationalen Aufsichtsbehörden ein wirksameres Instrumentarium zur Ordnung der Märkte benötigen.

Eine Grundvoraussetzung ist auch die größtmögliche Transparenz auf den Finanzmärkten und eine genaue Prüfung neuer Produkte und von Veranlagungsmodellen, um zu verhindern, dass die Anleger – wie dies in der Vergangenheit leider weltweit passiert ist – ihre Ersparnisse verlieren. Dazu bedarf es einer intensiven Kooperation aller zuständigen Institutionen sowohl auf nationaler als auch auf internationaler Ebene. Wie sehr durch den Zusammenbruch einer Bank das Vertrauen weltweit verloren gehen kann, zeigt am besten das Beispiel von Lehman Brothers. In solchen Fällen müssen neben den Eigentümern in erster Linie die öffentlichen Hände einspringen, um zu verhindern, dass die Bankkunden ihr Kapital verlieren und darüber hinaus als Steuerzahler zur Sanierung beitragen müssen.

Die Finanzkrise hat sich in erster Linie auf das Bankwesen ausgewirkt; dies kommt unter anderen darin zum Ausdruck, dass sich die

Positionen der Banken verschoben haben. Im Ranking des „Financial Times"-Fachmagazins „The Banker" liegen – eigentlich überraschend – die US-Banken an der Spitze, gemessen an ihrem Kernkapital.

Spitzenreiter ist JP Morgan Chase, gefolgt von der Bank of America und der Citigroup. Erst an vierter Stelle liegt die Royal Bank of Scotland und danach die HSBC, im Vorjahr noch erstplatziert. Diese Reihung gibt Aufschluss über die Finanzkraft der einzelnen Banken.

Es gibt auch eine zweite Messzahl, nämlich nach der Höhe der Bilanzsumme, die eher über das Geschäftsvolumen Aufschluss gibt. Bestgereiht ist die Royal Bank of Scotland, an zweiter Stelle folgt die Deutsche Bank vor der Barclays Bank.

Die EU-Kommission hat Jacques de Larosière, den früheren Vorsitzenden des IWF, beauftragt, Empfehlungen für eine Reform des europäischen Finanzmarktes auszuarbeiten. Nach diesem Bericht sollen die verschiedenen Aufsichtssysteme harmonisiert werden und eine europäische Finanzmarktaufsicht geschaffen werden, die aus den Vertretern der nationalen Aufsichtsbehörden zusammengesetzt sein soll. Es sollte ein „European Risk Council" ins Leben gerufen und bei der EZB angesiedelt werden. Wichtig ist, dass die einschlägigen Komitees der EU-Kommission für die Aufseher der Banken, der Versicherungs- und Pensionsfonds sowie für die Wertpapierregulierung zu einer einzigen Behörde zusammengelegt werden. Die Umsetzung dieser Vorschläge wird sicherlich schwierig sein und lange dauern, da eine der wesentlichen Voraussetzungen die Abgabe von Souveränität der EU-Mitglieder und eine Änderung von EU-Verträgen ist. In der EU gibt es leider zu unterschiedliche nationale Interessen, daher wird es keine zentrale Aufsichtsbehörde für Banken und Versicherungen geben, bestenfalls einen kaum effizienten Dachverband der nationalen Aufsichtsbehörden.

Die Ratingagenturen sollten ausschließlich nach der Bonität einer Bank agieren, jedoch nicht nach oftmals nicht nachvollziehbaren mathematischen Formeln und eigener Meinungsbildung ein Urteil abgeben, ohne die Hintergründe und die Substanz der neuen Anlageprodukte materiell ausreichend zu analysieren. Daraus resultieren jene Bemühungen, die auf eine bessere Koordinierung der Finanzmarktaufsichtsbehörden und strengere Bestimmungen für die Ratingagenturen abzielen.

Wie sehr sie irren, zeigt nun ein Blick in die Vergangenheit bezüglich der US-Firma Evron, da an sie sogar kurz vor dem Auffliegen eines ungeahnten Bilanzskandals noch eine erstklassige Note vergeben worden ist.

Nicht anders war die Beurteilung von Lehman Brothers, da die Leverage Ratio dieser US-Investmentbank Anfang 2008 31 % (Verhältnis von Eigenkapital zu Bilanzaktiva) betragen hat, dies entspricht einer Eigenkapitalquote von rund 3,1 %. Noch wenige Tage vor dem Zusammenbruch dieser Bank erhielt sie von einer der renommierten US-Ratingagentur, ein Triple-A-Rating.

Auch die gegenwärtige Entwicklung auf den Finanzmärkten haben die Ratingagenturen viel zu spät wahrgenommen und die Risikobeurteilungen nach unten revidiert.

Aktuell muss auf die Einschätzung der Risken in Osteuropa verwiesen werden, da daraus ein nicht vorhandenes Klumpenrisiko der österreichischen Banken als Resultat abgelesen worden ist. Keineswegs können die durchaus unterschiedlichen CEE-Länder sozusagen über den Kamm geschoren werden. Vielmehr müssen auch die Positionen der in dieser Region tätigen Banken genau analysiert werden. Die OeNB hat jedenfalls als Währungshüter der Republik Österreich festgestellt, dass die Risken in Osteuropa durchaus beherrschbar sind. Im März 2009 musste Moody bereits einen Rückzug antreten, da man eingesehen hat, dass es nicht gerechtfertigt ist alle CEE-Länder einheitlich zu sehen.

Es ist verständlich, dass die politischen Entscheidungsträger sowohl in den USA als auch in der EU eine Neuregelung für die Ratingagenturen anstreben, dies umso mehr als auf Moodys sowie Standard & Poor's an die 90 % der Bewertung der Weltbanken entfallen. Eine öffentlich-rechtliche Konstruktion ist sicherlich der gegenwärtig privatrechtlichen Orientierung vorzuziehen, da das öffentliche Interesse Vorrang haben muss. Auch die Gründung einer europäischen Ratingagentur ist schon aus wettbewerbsmäßigen Aspekten ins Auge zu fassen, schon deshalb, weil die EU 27 den größten Wirtschaftsblock der Welt mit rund 500 Mio. Menschen repräsentiert.

Die US-Investmentbanken haben ihre Mittel traditionellerweise über den Kapitalmarkt beschafft, diese Quelle ist infolge des Zusammenbruchs des gesamten Finanzwesens versiegt. Ausdruck dessen sind die Entwicklungen des Banken- und Versicherungssektors in den USA. Die Banken haben auch einen Großteil ihrer Ausleihungen gebündelt und als Wertpapiermodelle in die Welt verkauft, dies umso leichter, da die Ratingagenturen dafür beste Zensuren erteilt haben. Es gibt noch einen weiteren Ansatz zur Kritik.

Nach dem IFRS-Rechnungslegungssystem (International Financial Reporting Standards) müssen auch in der EU die Konzernabschlüsse börsenotierter Unternehmen erstellt werden. Entgegen dem traditionellen österreichischen Bilanzrecht (Unternehmensgesetzbuch) gibt es beachtliche Unterschiede bei den Interpretations- und Ermessensspielräumen, bei den Abflüssen sowie vor allem darin, dass es gemäß IFRS verboten ist, stille Reserven zu bilden. Deutliche Differenzen bestehen bei der Höhe der Ausschüttungen und hinsichtlich der erfolgsabhängigen Wertmaßstäbe.

Während die europäischen Unternehmen diese Regeln anwenden, haben die USA die Bewertung von faulen Wertpapieren bereits gelockert. Damit können die amerikanischen Banken ihre Wertpapier-Portefeuilles nach eigenen Modellen bewerten und müssen daher nicht die oftmals deutlich niedrigeren Marktpreise verbuchen. Die US-Banken dürfen bereits vom „Fair Value" (zeitnaher Marktwert) abweichen bei der Bewertung ihrer toxic assets. Nach Expertenmeinung kann diese Vorgangsweise im Durchschnitt zu einer Verbesserung der einschlägigen Bilanzposition um 20 % führen.

Verständlicherweise haben die europäischen Banken ebenfalls eine derartige Regelung gefordert, um ihre faulen Wertpapiere ebenfalls höher bewerten zu können, vorausgesetzt, dass sie diese längerfristig behalten.

Wie sich diese Maßnahme letztlich unter dem Aspekt der Bilanzwahrheit auswirken wird, kann derzeit noch nicht eingeschätzt werden, möglicherweise können die Banken dank besserer Erträge und höherer Eigenmittel in Zukunft dementsprechend notwendige Abwertungen leichter verkraften.

Analog einer europäischen Finanzmarktaufsicht sollte auch eine staatliche Agentur zur Einschätzung der Kreditwürdigkeit von Banken und Finanzprodukten geschaffen werden. Zusätzlich sollte es bestimmte Sanktionen geben, denn die Ratingagenturen sind zu einem nicht geringen Teil mitverantwortlich für die weltweite Krise, als Beispiel sei nur das AAA-Rating für Wertpapierfonds angeführt, die letztlich auf Forderungen an Einfamilienhausbesitzer aufgebaut worden sind, die beim ersten Windstoß gleichsam wie eine Kartenhaus zusammengebrochen sind. Die beiden US-Hypothekenbanken Fannie Mae und Freddie Mac verzeichnen bisher hohe Verluste in Höhe von beinahe 131 Mrd. USD.

Auf der Tagung der EU-Finanzminister im Frühjahr 2009 wurde die Schaffung einer EU-weiten Aufsicht beschlossen, die bereits im Jahr 2010 wirksam werden soll. Es wird wohl keine echte Aufsichtsbehörde sein, sondern ein System, das nationale Instrumente für die Banken-, Versicherungs- und Wertpapieraufsicht miteinander verzahnt und gewährleistet, dass die Aufsicht nach gleichlautenden Regelungen vorgenommen wird. Eine besonders wichtige Aufgabe wird die strenge Prüfung internationaler Finanzprodukte sein, bevor diese auf den Markt kommen. In der Vergangenheit hätte dadurch der Verlust in Milliardenhöhe für Anleger wenn schon nicht vermieden, aber sicherlich deutlich niedriger gehalten werden können.

Erstrebenswert ist eine europäische Finanzmarktaufsicht, die global aufgestellt werden muss und eine hohe Effizienz haben sollte, denn die großen Marktpartner treten schon längst weltweit auf, während die Aufsichtsbehörden auf nationaler Ebene agieren. Wichtig ist das Vertrauen in die Finanzinstitutionen, was vornehmlich durch die staatliche Autorität auf dem Wege über eine wirksame Kontrolle über das Bankwesen erzeugt werden kann. Diese zentrale europäische Aufsicht benötigt klare Kompetenzen, ein rasches Reportingsystem von den Banken zu dieser Behörde, eine weitgehende Transparenz aller wichtigen Vorgänge sowie strenge Zugangsregeln für neue Produkte und Anlagemodelle. Eine gesunde Entwicklung des europäischen Finanz- und Währungswesens ist auch deshalb notwendig, da die Eurozone nach den USA der bedeutendste Wirtschaftsraum ist und sich der Euro neben dem Dollar zur zweiten Weltwährung entwickelt hat.

Neben einer neuen Finanz-Architektur ist die Beseitigung oder zumindest die Eindämmung von sogenannten Steueroasen ein wichtiges Thema von globaler Bedeutung. Einer der Vorkämpfer sind die USA, die aber in ihrem Bundesstaat Delaware selbst über die größte Steueroase mit einem geschätzten Veranlagungsvolumen von 5.000 Mrd. USD verfügen. Das Ergebnis der Finanzkrise ist eine Abschwächung der globalen Konjunktur und eine Ablösung des Investmentbank-Systems der USA. Daher sind politische Entscheidungen zur Rettung der Banken dringlich notwendig, insbesondere durch gesetzliche Regeln, eine gemeinsame Finanzmarktaufsicht auch in Europa, eine eigene Zulassungsstelle für neue Finanzprodukte und eine entsprechende Eigenkapitalausstattung der Banken. Außerdem muss das Vergütungssystem für die Bankmanager rasch geändert werden, da die amerikanischen Investmentbanken im Jahre 2007 30 Mrd. USD an Prämien und für die an der Wallstreet notierten Unternehmungen 2008 immerhin noch 18 Mrd. USD ausbezahlt haben.

Bei einer Rede im Juli 2009 hat der US-Präsident Barack Obama kritisch angemerkt, dass sich weder „die Kultur noch das Verhalten als Konsequenz dessen, was passiert ist, geändert haben“. Er hat daher eine rasche Umsetzung der Regierungsvorschläge zur Verschärfung der Finanzaufsicht verlangt, um die an der Wall Street agierenden Unternehmen von „wilden Risiken“ abzuhalten und den Aktionären ein größeres Mitspracherecht einzuräumen, vorrangig im Hinblick auf die hohen Bonuszahlungen für Manager.

Es ist auch darauf hinzuweisen, dass die Finanzmärkte sich von der Realwirtschaft abgekoppelt haben und ein Großteil der Gewinne veranlagt wird, aber nicht für Investitionen, sondern nur zur weiteren Geldschöpfung. Es bedarf neuer Instrumente für die Pensionsvorsorge und eine Lösung der sogenannten Immobilienblase. Es ist ein Faktum, dass die Finanzmärkte am globalsten und sehr miteinander verschränkt sind.

Es gibt wesentliche Unterschiede zwischen den USA und der EU und es ist auch zu betonen, dass ein europäisches Kontrollsystem für die Finanzmärkte fehlt. Zur Stabilisierung des Finanzsektors und zur Sicherung der Liquidität in den Banken kommt den Notenbanken eine besondere Bedeutung zu. Die Federal Reserve Bank (US-Notenbank üblicherweise als „Fed“ bezeichnet) hat im Frühjahr 2009 ein neues Instrument eingesetzt, das „Quantitative Easing“, d.h. die Fed kauft Staatsanleihen mit einer Laufzeit von zwei bis zehn Jahren in einem Volumen von 300 Mrd. USD innerhalb der nächsten sechs Monate. Das Ziel ist die Sicherung der Kreditvergabe seitens der Banken an die privaten Haushalte sowie an die Unternehmen und dies zu niedrigen Zinsen.

Erfreulicherweise hat sich die Erkenntnis durchgesetzt, dass man die gegenwärtigen wirtschaftlichen Probleme nur dort lösen kann, wo sie ihren Ausgang genommen hat, d.h. im Finanzsektor. Darauf basieren die Bemühungen zur Kräftigung der Banken, damit sie wieder normal Kredite an die Unternehmer und die Konsumenten vergeben können. Besonders wichtig ist dies für die USA, die einen diesbezüglichen Rettungsplan in der Größenordnung von etwa 1.000 Mrd. USD beschlossen haben. In Zusammenarbeit mit privaten und institutionellen Investoren sollen sogenannte „faule“ Kredite der Banken übernommen werden, zweifellos ein entscheidender Schritt zur finanziellen Sanierung. Unterstützt werden diese Bemühungen durch die US-Notenbank, die auf dem Wege der Geldschöpfung Anleihen auf eigene Rechnung kauft, und zwar sowohl vom Staat als auch von Unternehmen. Damit erhalten diese wieder jene längerfristigen Mittel, die sie zur Investitionsfinanzierung benötigen und die letztlich zur Belebung der Wirtschaft beitragen. Diese Aktivitäten sind auch deshalb dringend nötig, weil die privaten Haushalte infolge der Kreditrückzahlung und einer geringen Kaufkraft weniger ausgeben können und eben mehr sparen werden. Der private Konsum spielt in den USA eine wesentlich größere Rolle für das Wirtschaftswachstum, da dessen Anteil am BIP bei 70 % liegt, in Europa sich aber eher um 50 % bewegt. Die aktuelle Entwicklung wird auch dazu führen, dass die Privaten ein größeres Gewicht auf die Altersversorgung legen werden, einerseits als Ergebnis der Verluste im Bereich der Pensionsfonds und andererseits um aus der jüngsten schlechten Erfahrung für eine künftige Abschwächung der Wirtschaft rechtzeitig ein stabiles finanzielles Fundament zu schaffen.

Gerade die gegenwärtige globale Wirtschaftskrise sollte zu manchen ungewöhnlichen Überlegungen anregen, beispielsweise hinsichtlich der Währungspolitik. Experten gehen davon aus, dass es derzeit eigentlich nur vier wesentliche Währungen gibt, nämlich Dollar, Euro, Renminbi und Yen. Daher sollte analog der Eurozone – die noch vor nicht langer Zeit als unrealistisch angesehen worden ist – daran gedacht werden, auf globaler Ebene eine gemeinsame Währung zu schaffen. Dadurch könnte der Welthandel wesentlich belebt und bisherige Krisenquellen beseitigt werden.

Auch ein positiver Einfluss auf die Finanzmärkte und den wichtigen Rohstoffhandel sind denkbar. Zweifellos sind auch positive Auswirkungen gegen die Spekulation zwischen verschiedenen Währungen zu erwarten, wodurch sicherlich auch Verluste für Anleger und Investoren vermieden oder zumindest minimiert werden können.

Manche mögen solche Ideen als chancenlos in Bezug auf ihre Realisierung erachten, doch ohne Visionen und ohne Mut werden solche Vorhaben – wie seinerzeit die Europäische Union, die Erweiterung Europas und die Schaffung einer gemeinsamen Währung – nie eine Chance auf ihre Umsetzung haben.

Daher ist eine internationale Zusammenarbeit einzufordern, um die auf globaler Ebene agierenden systemrelevanten Finanzinstitutionen einer umfassenden Regelung zu unterziehen, auch für die bisher ungeregelten Hedgefonds. Das Ziel dieser Maßnahmen muss eine fundierte Bewertung der Risken sein, sowohl im Interesse der Banken als auch vor allem im Interesse ihrer Kunden.

Viele neue Finanzprodukte und Ansparmodelle haben sich nicht bewährt und die aus den USA stammenden Bilanz- und Eigenkapitalregeln haben ebenfalls negative Auswirkungen zur Folge gehabt, insbesondere durch eine Abkoppelung von der Realwirtschaft.

Nicht nur die öffentliche Hand, die Unternehmungen und der Finanzsektor müssen zur Stabilisierung des Wirtschaftslebens beitragen, sondern ebenso die Unselbstständigen und Konsumenten, mit einem Wort die Bürger des Landes.

Die Zeit des übertriebenen Gewinnstrebens wie des übermäßigen privaten Verbrauchs ist vorbei. Längerfristiges Denken und Handeln, ethisches Management und nachhaltige Planung sind das Erfordernis in der Zukunft. Die Menschen werden lernen müssen, mit ihren Reserven besser hauszuhalten, da die Rohstoffe der Natur und die Energie nicht unerschöpflich sind.

Globalisierung – eine Chance?

Möglich geworden ist diese weltweit wirksame Krise nicht zuletzt dank der Globalisierung, d.h.

- durch den Eintritt von China, Indien sowie der südostasiatischen Staaten in die Weltwirtschaft,
- durch die verkehrsmäßige Anbindung aller Länder und aller Kontinente (typisches Beispiel der Flugverkehr),
- und durch die in den letzten Jahren entwickelten Kommunikationsinstrumente (Internet, E-Mail, Mobiltelefon).

Dadurch ist die Welt zusammengewachsen, und negative oder positive Entwicklungen breiten sich unmittelbar zumeist weltweit aus, kein Wunder im Hinblick auf das globale Exportvolumen von 15.000 Mrd. USD.

Dies gilt insbesondere und vorrangig für die Wirtschaft und damit ist bereits die globale Wirtschaftskrise erklärt. Für Europa gilt das im Besonderen, weil aus der kleinen Montan-Union für Kohle und Stahl seit 2007 die 500-Millionen-Menschen umfassende EU 27 entstanden ist, 16 Mitglieder gehören inzwischen bereits zur Eurozone mit rund 310 Millionen Einwohnern, deren Zahl sich ohne Zweifel in den kommenden fünf Jahren auf fast 400 Millionen in 20 europäischen Ländern erhöhen wird.

Die Ausdehnung der Wirtschaftskrise auf alle Kontinente war auch das Ergebnis eines Vertrauensverlustes breiter Bevölkerungsschichten infolge zu rascher finanzieller Innovationen, insbesondere die Entwicklung neuer Produkte und Anlagemodelle sowie unzureichende Finanzmarkt-Regelungen, die unverständlich lange Dauer für strafrechtlich verfolgbare Handlungen und zumeist nicht adäquate Sanktionen. Die Beurteilung der Bonität von Kreditwerbern vorwiegend auf der Basis mathematischer Formeln und die zu geringe Bedachtnahme auf mittelfristige Prognosen für wirtschaftspolitische Entscheidungen haben ebenfalls zum Verlust des Vertrauens in die Finanzmärkte beigetragen. Positiv anzumerken sind die nun deutlich sichtbar gewordenen Bemühungen der führenden Wirtschaftsnationen zur Lösung dieser Krise.

Der am 2. und 3. April 2009 in London abgehaltene G 20-Gipfel jener Staaten, die zusammen fast 80 % der Weltwirtschaft repräsentieren, hat zur Überraschung mancher Kritiker eine Reihe positiver Ergebnisse gebracht. Nicht zuletzt wurde auch eine Fortsetzung dieser globalen Meetings vereinbart.

Der G 20-Gipfel hat sich darauf geeinigt, keine protektionistischen Maßnahmen zuzulassen, sondern alles zu unternehmen, um die internationale Kooperation zu forcieren, vor allem als „Global Governance“. Bemerkenswert sind allerdings das Bekenntnis zu mehr staatlichen Eingriffen und Regulierungen sowie zu effizienteren internationalen Kontrollinstanzen. Teilnehmer an diesem Gipfel sind sowohl die wichtigsten Wirtschaftsmächte als auch die Schwellenländer, darüber hinaus internationale Institutionen wie die Weltbank, der IWF und die EU. Besondere Bedeutung erlangt der IWF als Kreditgeber für in Not geratene Länder, durch deren Verpflichtung die Sozialausgaben für ärmere Bevölkerungsschichten zu erhöhen.

Die Anteile am IWF, der gegenwärtig 185 Mitglieder zählt, halten die EU mit 32 % (Deutschland 5,9 %, Frankreich und Großbritannien je 4,9 %, Österreich 0,9 %), die USA mit 16,8 % und seit 2008 die Entwicklungsländer mit 42 %.

Künftig wird China zweifellos einer der wichtigsten Teilhaber, da dieses Land im Jahr 2009 erstmals Währungsreserven von über 2.100 Mrd. USD ausweist (dies entspricht 200 % von Japan), und diesem Fonds von den neuen Mittel 40 Mrd. USD zuführt.

Eine der Ursachen für die erste Position Chinas in der Verwaltung von Währungsreserven ist der große Mittelzufluss innerhalb kurzer Zeit, beispielsweise hat die Börse von Shanghai in den ersten Monaten des Jahres 2009 einen Wertzuwachs von 70 % aufzuweisen.

Besonders erwähnenswert ist die Aufstockung der Eigenmittel des IWF durch 250 Mrd. USD an Sonderziehungsrechten, die eigentlich als Kunstwährung anzusehen sind, mit einer Bindung an einen Währungskorb, letztlich eine Art Weltwährung. Manche Experten sehen in diesen Maßnahmen auch den ersten Ansatz, die bisherige Führungsrolle des Dollar zu schwächen. Die neue Rolle des IFW kommt deutlich in den künftigen Schwerpunkten zum Ausdruck, nämlich die Stärkung der Kapitalbasis des Fonds, die wichtigere Rolle bei der Analyse der Volkswirtschaften und der Finanzmärkte sowie die enge Abstimmung mit dem Financial Stability Board zur Erkennung und Vermeidung von Finanzmarktrisken.

Entscheidend für die künftige Entwicklung der Weltwirtschaft ist eine rasche und effiziente Gesundung der Finanzmärkte. Dazu bedarf es zweifellos eines umfangreichen Regelwerks, wobei Finanzminister Josef Pröll in seiner Budgetrede am 21. April 2009 betont hat: „Wir brauchen nicht mehr Regeln, sondern wir brauchen bessere Regeln!"

Außerdem ist für die Gesundung des Finanzsektors unbedingt notwendig, dass sich die Banken von den „faulen" Krediten und vielfach wertlosen Wertpapieren trennen. Gemäß einer Prognose des IWF wird das Volumen „toxischer" Wertpapiere bei den Banken und Versicherungen im Jahre 2009 auf 4.000 Mrd. USD ansteigen, davon entfallen auf die USA über 3.000 Mrd. USD und auf Europa einschließlich Asien 1.000 Mrd. USD.

Im Juli 2009 hat in Italien bereits der zweite G 20-Gipfel stattgefunden und ebenfalls zu konkreten Vorschlägen geführt. Diese umfassen folgende fünf wesentliche Punkte:

1. Rascher Abbau von Handelshemmnissen, z.B. Zöllen.
2. Bereits 2010 soll ein globales Welthandelsabkommen abgeschlossen werden.
3. Gewährung einer finanziellen Hilfestellung für arme Länder in Höhe von 12 Mrd. USD zwecks Verbesserung ihrer landwirtschaftlichen Anbaumethoden.
4. Intensive Bemühungen um den Klimaschutz durch Begrenzung der Erderwärmung auf 2 Grad Celsius. Besonders wichtig ist, dass die Schwellenländer für die Klimaschutzziele gewonnen werden konnten. Die Industrieländer wollen bis 2050 die Treibhausgasemissionen um 80 % reduzieren.
5. Rechtzeitige Vorbereitung auf die Zeit nach der wirtschaftlichen Stabilisierung, insbesondere wenn die Konjunkturpakete greifen, um zu verhindern, dass es zu einer Überhitzung der Wirtschaftsentwicklung kommt und nur unzureichende Aktivitäten zum Schuldenabbau im öffentlichen Bereich unternommen werden.

Schärfere Überwachung der Finanzmärkte durch die Kontrolle der Banken, deren Produkte und vor allem der Hedgefonds, ebenso der Ratingagenturen. Eine internationale Aufsichtsbehörde (Financial Stability Board) soll gemeinsam mit dem IWF Risiken ausloten und entsprechende Maßnahmen vorschlagen. Damit wird ein Frühwarnsystem geschaffen, das die Weltwirtschaft dringend benötigt.

Die neue Rolle des IWF kommt deutlich in den künftigen Schwerpunkten zum Ausdruck, nämlich die Stärkung der Kapitalbasis des

Fonds, die wichtigere Rolle bei der Analyse der Volkswirtschaften und der Finanzmärkte sowie die enge Abstimmung mit dem Financial Stability Board zu Erkennung und Vermeidung von Finanzmarktrisken.

Ebenso zu begrüßen ist das 100-Milliarden-Dollar-Paket für die Weltbank und regionale Entwicklungsbanken. Gerade der IWF und die Weltbank erhalten weltweit gute Zensuren dank ihrer ersprießlichen Tätigkeit.

Insgesamt werden durch die Umsetzung der beschlossenen Maßnahmen beachtliche Mittel bis Ende 2010 der Weltwirtschaft zufließen, wozu noch jene 5.000 Mrd. USD kommen, die aufgrund nationaler Beschlüsse zur Belebung der Weltwirtschaft beitragen werden. Es handelt sich um die größte Stimulierung der Wirtschaft, die jemals weltweit erfolgt ist. Die finanziellen Auswirkungen der Beschlüsse der G 20 sind sicherlich nicht hoch genug einzuschätzen. Ebenso ist die Tatsache hervorzuheben, dass sich die Regierungen dieser Länder in allen fünf Kontinenten zusammengeschlossen haben und auch in Zukunft gemeinsam handeln wollen.

Empfehlenswert erscheinen künftig auch neue, eventuell konservativere Produkte auf den Finanzmärkten, die vor allem nachhaltig und transparent sein müssen. Überdies sollen sie auf einen langfristigen Vermögensaufbau gerichtet werden. Die Zeiten der schnellen, spekulativen Gewinne, die aber oftmals mit hohen, nicht überblickbaren Risken verbunden sind, scheinen für einen längeren Zeitraum vorbei zu sein. Der bekannte Trendforscher Matthias Horx erwartet gute Chancen für jene Unternehmen, die eigenständige Produkte haben, die man mit Innovationskraft versehen kann. Wörtlich meint Horx: „In der Krise sortieren sich die Marktverhältnisse neu. Die Innovateure gewinnen, die alten Riesen verlieren.“ Vorteile können jene Unternehmen – und dies gilt vollumfänglich auch für die Banken – erwarten, die über einen stärkeren Stock an Kunden verfügen und auf dessen Wünsche abgestimmte Produkte anbieten. Dies gilt für die Finanzmärkte sowohl im Bereich der Anlagen als auch bei der Kreditgewährung. Dabei spielt eine große Rolle, dass auf die zu erwartende Entwicklung der Technik und Trends Rücksicht genommen wird. Das sind vordringlich der Energiesektor, das Gesundheitswesen, die Kommunikationswirtschaft, die Umwelttechnik und der weitläufige Bereich der Dienstleistungen.

Literaturverzeichnis

Aiginger, Karl: Finanzkrise: Anlass, Ursachen, Strategien, inklusive Blick nach vorne. Wien, 22. April 2009. WIFO-Vorträge, Nr. 104.

Aiginger, Karl: Die Wettbewerbsfähigkeit Österreichs im Spannungsfeld zwischen Krise und Technologiestrategie. AVCO-Jahrestagung, 7. Mai 2009, Wien.

Androsch, Hannes: Der Krise gemeinsam gegensteuern, in: Europäische Rundschau, 37. Jahrgang, 2009/1.

Beyrer, Markus: Wirtschaftliche Folgen der „großen Krise“ für Österreichs Unternehmen und Arbeitnehmerinnen: Wie kann die Wirtschaftspolitik helfen?, Wien, 15. Mai 2009.

Broucek, Miriam: Europas Krisenlehren für die Finanzmarktkontrolle, in: Zukunft.

Emmerich, Klaus: Milliarden und die Psychologie der Krise. In: Das Magazin der Deutschen Handelskammer in Österreich.

Ettl, Helmut: Bankenpaket und Krisenbewältigung im Internationalen Kontext, Wien, 15. Mai 2009.

Folgar, Erich: Wirtschaftliche Folgen der „großen Krise“ für Österreichs Unternehmen und Arbeitnehmerinnen: Wie kann die Wirtschaftspolitik helfen?, Wien, 15. Mai 2009.

Maier, Martin: Die Chronologie einer Krise, in: Gewinn, Juni 2009.

Nauschnigg, Franz: Krisenbekämpfung in einer globalisierten Welt. Auf dem Weg in eine neue Finanzordnung. Internationales Symposium, Wien, 19. 5. 2009.

Schulmeister, Stephan: Die neue Weltwirtschaftskrise – Ursachen, Folgen, Gegenstrategien, Wien, Mai 2009.

René Alfons HAIDEN

Maßnahmen zur Bewältigung der Finanzkrise in Österreich

Eine aktuelle Analyse der heimischen Wirtschaft

Der österreichische Bundesgesetzgeber hat schon im Vorjahr entsprechende Maßnahmen zur Bewältigung der Finanzkrise in Österreich in die Wege geleitet. Dazu zählen das Interbankmarktstärkungsgesetz und das Finanzmarktstabilitätsgesetz. Im ersteren ist die Errichtung einer Gesellschaft (Clearingstelle) vorgesehen, die aufgrund von Garantien des Bundes den Zwischenbankverkehr wieder beleben soll. Die bisherigen Volumina sind allerdings weit hinter den ursprünglichen Erwartungen zurückgeblieben, was nicht zuletzt auf das fehlende Vertrauensverhältnis innerhalb des Bankensektors zurückzuführen ist.[1]

Das Finanzmarktstabilitätsgesetz zielt auf die Rekapitalisierung von Kreditinstituten und Versicherungsunternehmen ab, und zwar in der Größenordnung bis 15 Mrd. EUR. Diese Mittel sollen den betreffenden Unternehmen vorrangig als Eigenkapital zugeführt werden. Dafür wurde eine eigene Gesellschaft gegründet, die Finanzmarktbeteiligung Aktiengesellschaft des Bundes (FIMBAG), bei der inzwischen schon einige Anträge eingelangt bzw. Gespräche angebahnt worden sind.[2]

Ziel des Finanzmarktstabilitätsgesetzes ist die Eigenkapitalstärkung der Banken, insbesondere des sogenannten Kernkapitals, um die auf den Märkten auftretenden Schwierigkeiten eher meistern zu können. Mit der besseren Eigenkapitalausstattung wird nicht nur ein günstigeres Rating dieser Banken bewirkt, sondern sie übernehmen

---

1 Siehe Beitrag Kernbauer, Die Oesterreichische Clearingbank AG - Aufgaben und Entwicklung von der Gründung bis zur Jahresmitte 2009.

2 Siehe Beitrag „Eigenkapital stärkende Maßnahmen für das österreichische Bankwesen".

auch die Verpflichtung, in einem genau festgelegten Verhältnis – Kredite zu gewähren, vorrangig an Klein- und Mittelbetriebe.

Bei den angeführten gesetzlichen Maßnahmen geht es nicht – wie die landläufige Meinung annimmt – um ein Bankenhilfsprogramm, sondern um die Erhöhung der finanziellen Leistungsfähigkeit der Banken, die für eine umfassendere Kreditgewährung und die Bewältigung der in einigen osteuropäischen Staaten zu erwartenden Abschwächungstendenzen erforderlich ist.

Bei allen gebotenen risikopolitischen Erwägungen ist die Bereitstellung von Mitteln seitens der Banken für die Finanzierung von Investitionen und als Betriebsmittel von großer Bedeutung für die Überwindung der negativen Folgen der internationalen Finanz- und Wirtschaftskrise und für eine positive Entwicklung unserer Wirtschaft in den kommenden Jahren.

Förderungsmaßnahmen der öffentlichen Hand

Im Dezember 2008 ist in der EU ein Konjunkturpapier in der Größenordnung von 200 Mrd. EUR oder über 1,5 % des BIP der EU 27 verabschiedet worden, davon entfallen 170 Mrd. EUR auf einzelstaatliche Maßnahmen und 30 Mrd. EUR werden auf EU-Ebene finanziert.

Auf dem EU-Frühjahrsgipfel 2009 einigte man sich auf eine weitere Förderung von bis zu 5 Mrd. EUR für die Finanzierung von infrastrukturellen Investitionen, für die ländliche Entwicklung und für den Ausbau von Breitbandnetzen. Die bisher in der EU getroffenen Maßnahmen belaufen sich auf 400 Mrd. EUR oder 3,3 % des BIP.

Schon Ende Oktober 2008 hat der österreichische Nationalrat auch ein Konjunkturpaket zur Stärkung des Wirtschaftsstandortes Österreich beschlossen.

Dieses Konjunkturbelebungspaket I umfasst 1 Mrd. EUR für den Mittelstand und das Finanzmarktstabilisierungspaket zur Belebung des Interbankmarktes insbesondere durch die Übernahme von Garantien.

Es gibt auch ein Konjunkturpaket II, vor allem in Form einer Investitionsoffensive dank vorzeitiger Abschreibung, der thermischen Sanierung, von Investitionen der BIG (Bundes-Immobilien-Gesellschaft) sowie der Förderung von Forschung und Entwicklung.

Ziel ist die Sicherung von Arbeitsplätzen, die Finanzierung von Klein- und Mittelbetrieben und das Vorziehen von Infrastrukturinvestitionen, wovon 700 Mio. EUR für die ÖBB in den Jahren 2009 bis 2012 vorgesehen werden.

Neben den bereits angeführten beiden Gesetzen wurde auch eine Änderung des Bankwesen- und des Börsegesetzes vorgenommen. Dazu zählen die Vorschreibung über das Mindesteigenmittelerfordernis hinausgehender Eigenmittelerfordernisse sowie eine staatliche Sicherung von Einlagen natürlicher Personen, eine überaus wichtige Maßnahme, da infolge der Turbulenzen auf den Aktienmärkten die Anleger immer stärker den Weg zu den Spareinlagen und auch zum Bausparen (mit gleichzeitiger Anhebung der jährlichen Maximalansparsumme um 200 EUR auf 1.200 EUR) wählen. Auch die Veranlagung in Bundesschätze findet dank der unbürokratischen Abwicklung und der marktgerechten Verzinsung immer breitere Zustimmung.

Schließlich ist im Vorjahr auch das Konjunkturbelebungsgesetz 2008 zur Stabilisierung und zur Setzung von Wachstumsimpulsen für die heimische Wirtschaft verabschiedet worden. Eine besondere Rolle kommt dabei der Austria Wirtschaftsservice Gesellschaft (AWS) zu. Die diesbezüglichen Instrumente umfassen unter anderem die Schaffung eines Mittelstandsfonds, die Erhöhung der bestehenden Haftungsrahmen und die Darlehensgewährung für Vorhaben im Bereich der Forschung und Technologie.

Mit diesen Maßnahmen von knapp 3 Mrd. EUR wird die Wirtschaft spürbare Impulse erhalten. Dazu kommen dank der Steuerreform 3,2 Mrd. EUR, die die Kaufkraft und den Konsum in Österreich stärken werden.

Die Steuerreform umfasst 2,2 Mrd. EUR durch eine Tarifentlastung, 500 Mio. EUR für die Familien und fast 600 Mio. EUR in Form einer vorzeitigen, degressiven Abschreibung für Unternehmen für 2009 und 2010, ein nicht unwesentlicher Anreiz zur Durchführung von Investitionen.

Das zweite Konjunkturpaket im Volumen von 1,9 Mrd. EUR soll vordringlich die gesamtwirtschaftliche Nachfrage stärken. Sehr wesentlich ist die Belebung der betrieblichen Investitionen, die durch die Abschreibung von 30 % auf bewegliche Wirtschaftsgüter sicherlich bewirkt werden wird.

Das Volumen der vom Bund und den Ländern beschlossenen Maßnahmen liegt mit rd. 6 Mrd. EUR bei etwa 2 % des BIP und damit innerhalb der EU nach Spanien (2009) bzw. Deutschland (2010) jeweils an hervorragender zweiter Stelle. Nimmt man beide Jahre zusammen erreicht Österreich sogar die erste Position. Damit können schätzungsweise zwischen 20.000 und 30.000 Arbeitsplätze gesichert werden.

Ein besonderer Schwerpunkt ist die Förderung der Klein- und Mittelbetriebe, die weit mehr als 99 % aller Unternehmen in Österreich ausmachen, fast zwei Drittel der Beschäftigten aufweisen, einen Anteil an der Wertschöpfung von fast 60 % haben und rund 84 % aller Lehrlinge ausbilden. Der Rechnungshof hat seinerzeit in einem Bericht darauf hingewiesen, dass diese Betriebe in Relation zu ihrem jeweiligen Umsatz und ihrer Kapitalausstattung eine größere Steuerleistung erbringen als die Großbetriebe.

Für die Klein- und Mittelbetriebe wird beim AWS ein Mittelstandsfonds zur Beteiligung an solchen Betrieben für die Dauer von zehn Jahren und in einer Größenordnung von 300.000 EUR bis 1 Mio. EUR im Einzelfall eingerichtet. Aus den Mitteln der Europäischen Investitionsbank und des Europäischen Investitionsfonds sollen maximal 1,4 Mrd. EUR bis 2010 zur Verfügung gestellt werden, damit diese Betriebe in der Lage sind, ihre Investitionen zu finanzieren.

Darüber hinaus sollen diese Bemühungen durch eine massive Erhöhung der bereits gesetzlich fixierten Garantie- und Haftungsrahmen von 2,9 auf 5,2 Mrd. EUR unterstützt und dadurch die Kreditgewährung seitens der Banken eher ermöglicht werden. Ein besonderes Ziel ist die Internationalisierung der Klein- und Mittelbetriebe, um ihnen bei Exporten von Gütern und Dienstleistungen eine entsprechende Hilfestellung zu bieten.

Bisher hat die Bundesregierung zwei Konjunkturpakete und eine Steuerreform verabschiedet, dazu kommen zwei Arbeitsmarktpakete, die eine flexible Regelung bezüglich der Kurzarbeit ermöglichen und viele Maßnahmen zur höheren Qualifizierung der Unselbstständigen sowie für die Arbeitsstiftungen beinhalten – ein Gesamtausgaberahmen von 220 Mio. EUR –, so dass man auf Bundesebene sicherlich von einem Volumen an die 7 Mrd. EUR sprechen kann, das ist deutlich mehr als jene 2 % vom BIP, die auf EU-Ebene gleichsam als Richtschnur empfohlen worden sind.

Dazu kommen das Banken- und Industriepaket sowie alle jene Maßnahmen, die in den Bundesländern sowie im Bereich des AWS, der Kammern (beispielsweise jene 50 Mio. EUR, die von der Wirtschaftskammer Österreich (WKÖ) und dem Wirtschaftsministerium unter dem Titel „Go international“ umgesetzt werden) gesetzt worden sind.[3]

3 Siehe Beitrag Koren: Export – Flaggschiff der österreichischen Wirtschaft.

An direkter und indirekter Förderung wird man – alles zusammengenommen – auf ein Volumen von fast 100 Mrd. EUR kommen, die den Zweck haben, die Schrumpfung der österreichischen Wirtschaft abzubremsen und neue Anreize vor allem für den unternehmerischen Sektor zu bieten.

Psychologisch wichtig war und ist insbesondere die Sicherung aller Einlagen von Privaten, denn nur durch eine Stärkung des Vertrauens der Menschen werden sie zur Aufwärtsentwicklung der österreichischen Wirtschaft beitragen.

Ganz wichtig ist auch die Forcierung von Forschung und Entwicklung, die Höherqualifizierung der Beschäftigten und umweltrelevante Investitionen, denn dadurch wird vor allem die Wettbewerbsfähigkeit Österreichs erhöht.

Die Übernahme von Haftungen seitens des Bundes für große regionale Leitbetriebe im Volumen von 10 Mrd. EUR, ein neues ERP-Kleinkreditprogramm, die Erhöhung des Haftungsrahmens für Klein- und Mittelbetriebe beim AWS auf 5 Mrd. EUR, die Bereitstellung von 200 Mio. EUR als Darlehen der Europäischen Investitionsbank, die Schaffung eines Mittelstandsfonds zur Stärkung des Eigenkapitals von Unternehmen, dies sind einige der wesentlichen Maßnahmen zur Förderung der Eigenkapitalbildung, zur Erleichterung der Fremdfinanzierung und zur Schaffung größerer Investitionsanreize.

Ein besonderer Schwerpunkt muss auf die Hilfestellung für die Klein- und Mittelbetriebe gelegt werden, da sie in der Regel als Familienbetriebe tätig sind, deren Eigentümer langfristig planen. Die großen Kapitalgesellschaften agieren dagegen primär nach dem Shareholder-Value-Prinzip und sind zumeist auf kurzfristige Gewinnmaximierung orientiert. Daher bedeutet eine Verbesserung der finanziellen Basis der Familienbetriebe auch eine Verbesserung der gesamtwirtschaftlichen Entwicklung.

Gerade für die Klein- und Mittelbetriebe kann oft mit relativ geringen Beträgen eine wertvolle Aktivität gesetzt werden. Als geradezu maßgeschneidertes Beispiel kann die thermische Sanierung angeführt werden, für die Mittel in der Größenordnung von 100 Mio. EUR vorgesehen werden.

Als Zielgruppe wurden Ein- und Zweifamilienhäuser, Wohnungseigentümer, Mieter und erstmalig auch Unternehmen definiert. Die Förderung für Private wurde mit 20 % der Sanierungskosten (maximal 25.000 EUR) somit 5.000 EUR fixiert, die Klein- und Mittelbetriebe erhalten sogar bis zu 40 % der Investitionen zurück. Die Mittel dafür waren allerdings nach rund zehn Wochen erschöpft.

Zu den Mitteln des Bundes gibt es in den Bundesländern noch weitere Förderungen, z. B. in Wien wird je nach der Qualität der thermischen Verbesserung ein nicht rückzahlbarer Zuschuss zwischen 50 bis 150 EUR je m^2 Wohnfläche sowie ein Landesdarlehen von 300 EUR gewährt.

Die thermische Sanierung wird schätzungsweise Investitionen in Höhe von 650 Mio. EUR bewirken und damit zur Sicherung von 6.000 Arbeitsplätzen beitragen. Es handelt sich um eine überaus wirkungsvolle Maßnahme, die dank der damit verbundenen Aufträge vor allem personalintensive Branchen der Bauwirtschaft zugute kommt, wodurch Arbeitsplätze gesichert werden. Außerdem wird dank der Verringerung der CO_2-Emissionen eine Verbesserung der Umwelt und eine Senkung der Heizkosten bewirkt und schließlich kann auch die Abhängigkeit von fossilen Energieträgern verringert werden.

Während die zur Belebung der Konjunktur notwendigen Maßnahmen eigentlich sehr rasch beschlossen worden sind, lässt die praktische Umsetzung auf sich warten. Nach Schätzungen von Experten wird im Jahre 2009 nur ein Teil der vorgesehenen Mittel wirksam werden, dazu kommen möglicherweise rd. 10 Mrd. EUR zur Stabilisierung des Finanzmarktes, konkret waren bis Sommer 2009 aber erst 7,25 Mrd. EUR mit Banken verhandelt. Festzuhalten ist auch, dass etwa 60 bis 70 % der konjunkturellen Aktivitäten auf die Stärkung der Nachfrage ausgerichtet sind.

Notwendig erscheinen einerseits eine deutliche Beschleunigung dieser Maßnahmen und andererseits eine verstärkte Förderung von Investitionen, vor allem im infrastrukturellen Bereich, da davon die gesamte Wirtschaft langfristig profitiert. Auch dem Export von Gütern und Dienstleistungen müsste ein größeres Augenmerk gewidmet werden.

Ende Juli 2009 hat Wirtschaftsminister Reinhold Mitterlehner darauf hingewiesen, dass die von der Bundesregierung initiierten Maßnahmen (Bund und Länder fast 12 Mrd. EUR, davon entfallen fast 10 Mrd. EUR auf den Bund, und zwar dank Steuerreform, Ausweitung der Infrastrukturinvestitionen, Senkung der Finanzierungskosten der Unternehmen sowie Erhaltung des öffentlichen Konsums und der Subventionen) zur Belebung der heimischen Wirtschaft sehr wesentlich zu deren Stabilisierung beigetragen haben.

Bund und Länder wenden insgesamt 4,2 % des BIP in den Jahren 2009 und 2010 auf, dadurch kann der Abschwung um etwa 1,9 % (2009 und exklusive die Auswirkungen ausländischer Konjunkturpakete) gemindert und ein Beschäftigungseffekt für diese beiden Jahre von fast 42.000 Arbeitsplätzen erzielt werden.

Darin zeigt sich sehr deutlich die internationale Kooperation, ebenso ist dies eine positive Auswirkung der sonst eher negativ beurteilten Globalisierung. Für Österreich ergeben sich eine geringere Schrumpfung der Wirtschaft (laut WIFO 3,4 %, ohne Gegenmaßnahmen aber -5,3 %) und eine – wenn auch nur leichte – Entspannung auf dem Arbeitsmarkt.

Die Bundesrepublik Deutschland ist nach wie vor der bedeutendste Wirtschaftsfaktor Österreichs vor allem sowohl als Exportmarkt für die heimische Industrie als auch im Bereich des Tourismus. Daher haben die in unserem Nachbarland beschlossenen Maßnahmen eine ganz besondere Bedeutung für die Zukunft der österreichischen Wirtschaft. Am 17. Oktober 2008 erfolgte die Verabschiedung des Finanzmarkt-Stabilisierungsgesetzes durch den Bundestag. Dadurch wurde ein sogenannter Finanzmarktstabilisierungsfonds eingerichtet, der über Mittel bis zu 480 Mrd. EUR verfügt. Dieser Fonds wird von einer öffentlich-rechtlichen Institution (Finanzmarktstabilisierungsanstalt) verwaltet, die ihrerseits vom Finanzministerium gemanagt wird. Davon können konkret bis zu 70 Mrd. EUR für EU-Einschüsse und Risikotransfers sowie 20 Mrd. EUR für umgesetzte Verluste gewährt werden. Begünstigt sind Banken in Deutschland sowie Versicherungen, Pensionskassen und Investmentfonds.

Primär gewährt dieser Fonds Garantien für Refinanzierungsinstrumente zur Unterstützung bei Liquiditätsengpässen und zur Erleichterung der Kapitalmarktrefinanzierung für Banken.

Die Laufzeit dieser Garantien ist limitiert mit Ende 2012, und dafür sind die marktüblichen Gebühren zu zahlen. Das Gesamtvolumen dieser Garantien ist mit 400 Mrd. EUR begrenzt.

Analog zu Österreich kann sich dieser Fonds an Banken beteiligen, wobei das Volumen mit 10 Mrd. EUR je Bank bzw. Bankengruppe begrenzt ist.

Der Fonds kann auch mit Risken behaftete assets der Banken (z.B. Wertpapiere, Kredite) gegen deutsche Staatsanleihen erwerben, soweit diese Risikopositionen vor dem 13. Oktober 2009 übernommen worden sind. Dafür sind insgesamt 80 Mrd. EUR vorgesehen, pro Bank maximal 5 Mrd. EUR.

Die Einrichtung dieses Fonds erfolgte mit der Zielsetzung, die negativen Auswirkungen der weltweiten Finanzmarktkrise auf das deutsche Finanzsystem abzuwehren oder soweit als möglich abzuschwächen. Der Staatseinfluss im Bankensektor ist auch deswegen notwendig, um eine Ausweitung des Misstrauens breiter Bevölkerungsschichten zu vermeiden. Dazu können in erster Linie gesetzliche Maßnahmen und die Politik der Notenbank wesentlich beitragen.

In Deutschland soll ein eigener Fonds (SOFFIN) zur Rettung der Banken eingerichtet worden, der mit 200 Mrd. USD für faule Wertpapiere von Banken bürgen soll. Jede Bank soll ihre schlechten Anlagen im Wertpapierbereich in eine eigene Bad-Bank auslagern. Bisherige Schätzungen gehen dahin, dass voraussichtlich drei bis vier private Banken diese Lösung in Anspruch nehmen werden.

Öffentliche Verschuldung – eher ein Problem der Zukunft

So wichtig die öffentliche Förderung ist, so hat sie auch langfristige, negative Auswirkungen auf das Budget.

Nach einer Berechnung der Europäischen Zentralbank (EZB) werden die Staatsschulden in fast allen europäischen Ländern bis 2013 deutlich steigen. Dies gilt für Österreich ebenso wie für Deutschland, Frankreich, Russland und die Schweiz. Hinsichtlich des Anteils am Bruttoinlandsprodukt (BIP) werden diese Staaten – ausgenommen Russland – die in der Eurozone festgelegte Grenze für die Staatsverschuldung von 60 % überschreiten. Festzuhalten ist, dass etliche mittel- und osteuropäische Länder (Tschechische Republik, Polen, Rumänien, Slowakei, Ukraine) ebenfalls unter diesem Wert liegen werden.

Österreich wird bis 2013 an die 80 %-Grenze der öffentlichen Verschuldung herankommen, Frankreich fast 90 %, Deutschland liegt knapp darüber und die USA werden deutlich über 80 % erreichen. Für Ungarn wird ein Schuldenstand von über 70 % des BIP vorausgesagt.

In Österreich werden die öffentlichen Schulden (2000: 138 Mrd. EUR) von 176 Mrd. EUR (2008) auf 192 Mrd. (2009), im Jahr 2010 auf 207 Mrd. EUR und schließlich 2013 auf 247 Mrd. EUR steigen. Dies entspricht einer Pro-Kopf-Verschuldung von 24.617 EUR, was eine Zunahme um 40 % gegenüber 2008 und um 70 % gegenüber 2000 bedeutet.

In Österreich werden die öffentlichen Schulden insbesondere infolge der Weltwirtschaftskrise in den nächsten Jahren von bisher weniger als 60 % auf 80 % des BIP ansteigen. Allerdings sind ein nicht unwesentlicher Faktor dieser Entwicklung strukturelle Probleme, da notwendige Reformen in der Verwaltung, im Gesundheitswesen und im Bildungssektor noch immer nicht umgesetzt worden sind. An sogenannten „Wahlzuckerln“ sind im Herbst 2008 Beschlüsse gefasst worden, die sich nunmehr mit über 1 Mrd. EUR niederschlagen.

Dazu zählen die Abschaffung der Studiengebühren, die Erhöhung der Pensionen und die Verlängerung der sogenannten Hacklerregelung. Mit einer Steuer- und Abgabenquote von 42 % hat Österreich nur mehr einen geringen Spielraum, das Defizit wird sich bis 2010 bereits auf 5,8 % des BIP erhöhen (2009: 4,5 %). Festzuhalten ist, dass das Budgetdefizit im Jahr 1995 5,8 % und der damalige Schuldenstand 68,3 % des BIP erreicht haben.

Ein Mitte 2009 veröffentlichter Vergleich zeigt, dass der Schuldenstand in 16 EU-Ländern (ohne Großbritannien, Irland und Schweden, aber einschließlich Malta, Slowakei, Slowenien und Zypern) 2009 77,7 % erreichen wird (2008: 69,3 %). Der Schuldendienst wird sich sprunghaft von 1,9 % (2008) auf 5,3 % (2009) erhöhen. Aus dieser Gegenüberstellung geht aber auch hervor, dass sich Österreich relativ gut gehalten hat. Ungeachtet dessen sind Vorschläge für Mehreinnahmen und spürbare Minderausgaben sowie eine möglichst gerechte Verteilung dieser Maßnahmen innerhalb des öffentlichen Bereichs sowie aus der Sicht der betroffenen Bürger unerlässlich.

Die Zinsenbelastung könnte – abhängig vom jeweiligen Zinsniveau – bis 2013 auf 10 bis 12 Mrd. EUR ansteigen. In diesem Zusammenhang wird sehr oft darauf hingewiesen, dass die Budgets aller inländischen Universitäten 2,5 Mrd. EUR ausmachen. Schon aus dieser Belastung ist klar ersichtlich, dass ein nachhaltiger Sanierungsplan erforderlich ist. Dies umso mehr als bei einem nominellen Wachstum des BIP von 4 % p.a. (im Durchschnitt 2007 bis 2010 allerdings nur knapp über 2 %) und einer jährlichen Neuverschuldung um 1 % insgesamt zehn Jahre nötig sein werden, um die in der Eurozone festgelegte Verschuldungsgrenze der öffentlichen Hand von 60 % des BIP wieder zu erreichen.

Zur Konjunkturbelebung sind im zunehmenden Maße Förderungen erforderlich, gleichzeitig bewirkt die Wirtschaftskrise einen fühlbaren Rückgang der Steuern, vor allem der Mehrwert- sowie der Lohn- und Einkommensteuer. Die Kosten für einen Arbeitslosen werden im Jahr auf 30.000 EUR geschätzt, so dass im Hinblick auf die Zunahme der arbeitsuchenden Menschen in Österreich bis Ende 2010 um 100.000 Betroffene mit Mehrkosten von bis zu 3 Mrd. EUR zu rechnen sein wird.

Ein Rückgang des BIP um 1 % bewirkt nach einer Faustregel eine Mehrbelastung für das Budget von 1,3 Mrd. EUR, d.h. bei einem Schrumpfen der heimischen Wirtschaft im Jahr 2009 um etwa 4 % errechnet sich eine budgetäre Belastung von mehr als 5 Mrd. EUR.

Ein um 1 % niedrigeres Wachstum der Wirtschaft bedeutet auch 20.000 Arbeitslose mehr und höhere Gesamtkosten von 600 Mio. EUR. Bei dem für heuer vorausgesagten Abschwung um 4 % kann sich eine um 2,4 Mrd. EUR höhere Belastung ergeben. Dazu zeigt der Länderbericht der Organisation für wirtschaftliche Zusammenarbeit und Entwicklung (OECD) für Österreich 2009, dass ein Arbeitsloser im Durchschnitt 55 % seines bisherigen Einkommens erhält.

Die OECD ist 1961 gegründet worden, sie umfasst inzwischen 30 Mitglieder, die sich um die wirtschaftliche Zusammenarbeit und Entwicklung weltweit bemühen. Die Organisation repräsentiert bereits 60 % des globalen BIP. Die aktuellen Prognosen hinsichtlich der öffentlichen Verschuldung sind noch angestiegen, da beispielsweise für 2010 nach der Frühjahrsprognose der EU-Kommission der Budgetsaldo der öffentlichen Haushalte im Jahre 2010 -5,3 % erreichen wird, nach der Prognose des WIFO vom 26. Juni 2009 wird der Finanzierungssaldo des Staates laut Maastricht-Definition mit -5,8 % erwartet.

Unabhängig, welche der Vorhersagen zutreffen wird, müssen sowohl auf der Ausgaben- wie auch auf der Einnahmenseite umfangreiche Maßnahmen ergriffen werden, um den Schuldenstand wie den Schuldendienst wieder auf jenes Niveau zurückzuführen, das gesamtwirtschaftlich vertretbar ist und den Regeln in der Eurozone entspricht. Eine Sanierung durch Steuererhöhungen erscheint kontraproduktiv, da dadurch der Konsum negativ betroffen und die letzte Stütze der Konjunktur geschwächt wird.

Primär muss das Budget auf dem Weg über eine Reduktion der Ausgaben saniert werden, dabei ist aber die Mitwirkung der Bundesländer, der Gemeinden, der Kammern und der Sozialversicherungen unerlässlich. Es sollte auch das gesamte Förderwesen einer genaueren Analyse unterworfen werden, da sich über Jahrzehnte mitunter Fehlentwicklungen ergeben haben. Allerdings werden derartige Förderungen nicht selten als wohl erworbene Rechte angesehen.

Nach einer Einschätzung des Rechnungshofes könnte durch eine umfassende Reform der öffentlichen Verwaltung ein Einsparungspotential von nahezu 3 Mrd. EUR bewirkt werden. Schwerpunkte sind sowohl das Gesundheitswesen als auch der Bildungsbereich.

Neben der Ausgabenreduktion wird sicherlich auch eine Erhöhung bestimmter Steuern zu überlegen sein, um auf europäischer, noch besser auf globaler Ebene keine neuen Wettbewerbsverzerrungen auszulösen.

In diesem Zusammenhang wird immer von einer Finanztransaktionssteuer gesprochen (auch Tobinsteuer genannt), weil diese in geringer Höhe (weniger als 1 %, eventuell sogar nur 1 ‰) dank einer beachtlichen Bemessungsgrundlage zu beträchtlichen Einnahmen führen könnte (als Bemessungsgrundlage wird jede Finanztransaktion herangezogen, beispielsweise der Kauf und Verkauf von Wertpapieren). Bei allen Maßnahmen zur Sanierung des öffentlichen Budgets ist zu berücksichtigen, dass 1 Mrd. EUR an Ausgaben für den öffentlichen Konsum für die Beschäftigung von 17.000 Menschen sorgt.

Bankenpaket zur Stabilisierung des Finanzmarktes

Zur Stabilisierung des österreichischen Bankenwesens hat die Bundesregierung im Frühjahr 2009 das sogenannte Bankenpaket verabschiedet, das vor allem die Stärkung des Eigenkapitals vorsieht. Für diese finanziellen Mittel müssen die jeweiligen Institute allerdings beträchtliche Zinsen (8 bzw. 9,3 %) bezahlen und zudem etwa ein Drittel der beantragten öffentlichen Mittel selbst aufbringen.

Überdies ist vorgesehen, dass die Banken ihre Kreditvergaben forcieren, insbesondere für die Klein- und Mittelbetriebe, und zwar in doppelter Höhe der zugeführten Budgetmittel. Diese Bedingung ist im Hinblick auf die vor allem von Unternehmungen gemeldeten Schwierigkeiten bei der Aufnahme von Krediten, deren Prolongation oder Aufstockung zweifellos notwendig.

Erfüllen die Banken die Auflagen nicht, müssen sie hohe Strafen in Kauf nehmen. Es sind auch entsprechende Regeln für die Entlohnung der Bankmanager vorgesehen, insbesondere für jene Jahre, in denen keine Dividende gezahlt wird. Über alle diese Bestimmungen entscheidet die FIMBAG, die auch Banken-ÖIAG genannt wird.

Den Banken kommt in jeder Volkswirtschaft eine zentrale Rolle zu, da sie für die sichere und Ertrag bringende Anlage von Geldern, für die Durchführung des Zahlungsverkehrs im In- und Ausland, die

Gewährung von Krediten an die privaten Haushalte, die Unternehmen und die öffentliche Hand sowie letztlich für die Abwicklung der immer komplexer werdenden Finanzdienstleistungen verantwortlich sind.

Dieses Bankenpaket besteht aus einem staatlichen Garantierahmen in Höhe von 65 Mrd. EUR für Ausleihungen der Banken und 15 Mrd. EUR in Form von Beteiligungskapital dieser Institute. Dieses dient dazu, das sogenannte Kernkapital (gegenwärtig lt. BWG 4 %) auf mindestens 8 %, eher bis 10 % zu erhöhen, um die finanzielle Kapazität der Banken im Hinblick auf die Auswirkungen der weltweiten Finanzkrise zu erhalten oder sogar zu verbessern und schließlich die Geldwirtschaft zu stabilisieren.

Die Eigenmittelausstattung der Banken ist in Österreich durchaus zufrieden stellend, da die Oesterreichische Nationalbank (OeNB) diese Eigenmittel Ende 2008 mit 88,3 Mrd. EUR ausweist. Davon entfallen auf das Kernkapital 66,9 Mrd. EUR. Die Eigenmittelquote (solvency ratio) beträgt damit 17,23 % und ist bis April 2009 sogar auf 17,93 % gestiegen.

Nach den Daten der OeNB erreichten die Kredite an inländische Nichtbanken im April 2009 rd. 309 Mrd. EUR, das sind um 2,5 Mrd. EUR weniger als Ende 2008, im Vergleichszeitraum 2008 wurde dagegen ein Plus von 2,7 Mrd. EUR ausgewiesen. Die analogen Werte für die inländischen Unternehmen betrugen +0,9 bzw. +2,5 Mrd. EUR und für die privaten Haushalte -1,6 Mrd. EUR bzw. +1,0 Mrd. EUR.

Aussagekräftiger ist die Jahreszuwachsrate, die für den Unternehmenssektor zum aktuellen Berichtstermin bei 4,6 %, im Vorjahr aber noch bei 7,4 % betragen hat. Erwähnenswert ist die Tatsache, dass von dem Neukreditvolumen an Unternehmen 78 % auf Kredite mit einer Laufzeit bis 6 Monate entfallen. Damit können keine Investitionen finanziert werden und auch als Betriebsmittel ist dieser kurze Zeitraum nicht geeignet, eine zumindest mittelfristige Planung vorzunehmen.

Die fehlende fristengerechte Finanzierung hat zur Folge, dass Investitionen und Vorhaben im betrieblichen Bereich nicht realisiert werden. Der Zugang zum Anleihemarkt steht nicht vielen Unternehmen offen (Emissionsvolumen an corporate bonds in den ersten vier Monaten 2009 nur 8 Mrd. EUR). Dazu kommt, dass es praktisch keine Neuemissionen über den Aktienmarkt gibt.

In den ersten sechs Monaten 2009 sind an Unternehmen lediglich 9 Mrd. EUR an neuen Kreditrahmen vergeben worden, wesentlich weniger als in den Vergleichszeiträumen der Vorjahre. Interessant ist auch die Größenstruktur der vergebenen Kredite, da in dieser Periode 4,9 Mrd. EUR an Krediten bis zu jeweils 1 Mio. EUR entfallen, hingegen 38,3 Mrd. EUR auf Kredite über 1 Mio. EUR.

Im zweiten Quartal 2009 haben die Banken ihre Vergaberichtlinien weiter verschärft, und sie rechnen auch für das dritte Quartal mit restriktiveren Standards für die Kreditgewährung an ihre Firmenkunden. Eine ähnliche Entwicklung zeichnet sich im Privatkundengeschäft ab.

Bis Ende Juli 2009 haben fünf Banken für 6,4 Mrd. EUR Finanzhilfe angemeldet. Offen ist noch die Bank Austria, so dass maximal mit einer Inanspruchnahme von etwa 9 Mrd. EUR gerechnet wird. Bis Ende 2008 sind an vier große österreichische Bankengruppen Mittel zu ihrer Eigenkapitalstärkung vergeben worden, wodurch deren Kernkapitalquote (Tier-1-Ratio) von 7,9 % auf 9,8 % verbessert worden ist. Zu diesem Zeitpunkt waren Garantien für Bankemissionen im Volumen von 15,6 Mrd. EUR vergeben worden. Damit ist die Liquidität der Banken erhöht worden und ihre Risikotragfähigkeit konnte wesentlich gestärkt werden.

Aus all diesen Maßnahmen kann für den Bund etwa für die nächsten fünf Jahre mit einem Bruttoertrag von 3,3 Mrd. EUR gerechnet werden, rund die Hälfte davon sind als Refinanzierungskosten abzuziehen, so dass sich ein Nettoergebnis für den Fiskus von annähernd 300 Mrd. EUR p.a. erwarten lässt.

Für 2009 wurde ursprünglich ein Betrag von 384 Mio. EUR an Zinsen für die Eigenmittelhilfe erwartet, der allerdings aufgrund der negativen Ergebnisse von zwei betroffenen Banken deutlich niedriger ausfallen wird.

Für ein volles Kalenderjahr sollte die Republik Österreich aus der Eigenmittelzufuhr an die fünf Banken (Erste Group, RZB, Volksbank AG, Hypo Group und BAWAG) einen Betrag von 536 Mio. EUR lukrieren, unter der Annahme einer Aufstockung um 2 Mrd. EUR für die Bank Austria wären es 696 Mio. EUR, dies allerdings unter der Voraussetzung, dass kein Dividendenausfall erfolgt. Auf der Basis von 3 % Refinanzierungskosten errechnen sich Nettoeinnahmen von rd. 440 Mio. EUR p.a.

Hinsichtlich der Beantwortung der Frage, ob die bereitgestellten 15 Mrd. EUR ausreichen werden, gibt es große Widersprüche. Sowohl Ratingagenturen als auch Analysten glauben dies nicht, da sie mit Ausfällen bei den Krediten in Osteuropa rechnen. Eine genaue Analyse dieser Ausleihungen ebenso wie der gegenwärtigen Anforderungen seitens der Banken lassen allerdings den Schluss zu, dass keine weiteren Kapitalmaßnahmen notwendig sind.

Allerdings haben sich die Chefs der Notenbanken der 27 wichtigsten Länder im Spätsommer 2009 darauf geeinigt, die Kapitaldecke der Banken gesetzlich anzuheben (voraussichtlich auf mindestens 6 %) und als Kernkapital in Hinkunft nur Stammaktien und Gewinnrücklagen anzuerkennen. Dazu kommt, dass die Banken im Bereich des Wertpapierhandels auf eigene Rechnung doppelt so viel und für den Verkauf von Wertpapieren auf der Basis der Bündelung von Krediten zu deren Unterlegung mit Eigenkapital den dreifachen Wert anschaffen müssen.

Darüber kann sicherlich erst nach Vorliegen der Bilanzen für das Jahr 2009 eine endgültige Entscheidung getroffen werden. Jedenfalls haben die vier größten heimischen Banken für das erste Quartal 2009 einen Überschuss vor Steuern in Höhe von fast 1,1 Mrd. EUR gemeldet. Ihre Bilanzsumme erreichte zum 31. März 2009 rd. 624 Mrd. EUR, und sie beschäftigten im In- und Ausland über 192.000 Mitarbeiter.

Im Jahre 2008 wurden die Risikovorsorgen der 50 größten europäischen Banken mit 128 Mrd. EUR angegeben, nach Meinung von Experten durchaus ausreichend. In den USA haben die Banken inzwischen in einem ersten Schritt Staatshilfen in Höhe von 68 Mrd. USD an den Staat zurückgezahlt. Die US-Banken haben gegenüber den europäischen Instituten auch den Vorteil, dass die Bilanzierungsregeln hinsichtlich der Bewertung von „faulen Wertpapieren" aufgeweicht worden sind, so dass sie zum zeitnahen Marktwert, dem sogenannten „Fair Value", abweichen können.

Nach Schätzung von Analysten können die US-Banken daher ein um 20 % verbessertes Nettoergebnis für das erste Quartal 2009 ausweisen. Hingegen stehen die europäischen Banken infolge der Anwendung der Regeln nach den International Financial Reporting Standards (IFRS) stärker unter Abwertungsdruck und benötigen daher auch mehr Eigenkapital.

Ein Problem ist zweifellos die Kreditvergabe seitens der Banken, da sowohl von den Unternehmern als auch von den Privaten von großen Schwierigkeiten berichtet wird.

Diese beziehen sich auf die Beibringung von Sicherheiten und deren materielle Bewertung, die Dokumentation der Kreditanträge, die oftmals lange Dauer ihrer Bearbeitung und nicht zuletzt auf die Konditionen, besonders die immer höheren Aufschläge.

Es ist zu hoffen, dass die Kreditgewährung der Banken dank der von der Regierung ergriffenen Maßnahmen zur Stärkung ihres Eigenkapitals und zur Verbesserung der Liquidität jenes Niveau erreicht, das notwendig ist, um betriebliche Investitionen und Anschaffungen der privaten Haushalte zu finanzieren.

Von dem erwähnten Garantierahmen in Höhe von 100 Mrd. EUR sind 10 Mrd. EUR gleichsam als Schutzschirm für die Einlagensicherung reserviert und weitere 10 Mrd. EUR sollen zur Absicherung von Krediten an Industriebetriebe verwendet werden. Obwohl keine Gefahr für die bei den heimischen Banken angesparten Gelder besteht, kann die erwähnte Einlagensicherung einen wesentlichen Beitrag zum Vertrauen der Menschen in die heimische Finanzwirtschaft leisten.

Eine Anfang 2009 vom Linzer Meinungsforschungsinstitut „Spectra" unter 1.000 Personen durchgeführte Umfrage über die Beliebtheit der verschiedenen Anlageformen zeigt das Sparbuch mit 60 % deutlich an der Spitze, gefolgt vom Bausparen mit 50 %, Grundstücken und Immobilien mit 30 % sowie Häusern und Wohnungen mit 28 %. Verständlicherweise stark abgefallen sind Wertpapierfonds um 15 % sowie Aktien und Anleihen um jeweils -8 %. Zusammen haben sich nur 10 % der Befragten für diese Anlagen ausgesprochen.

Deutlicher Gewinner bei dieser Befragung ist die Anlage in Gold, die 24 % der Österreicher als beliebteste Anlageform bezeichnen. Dies darf nicht verwundern, da beispielsweise nach dem Zusammenbruch der großen US-Investmentbank Lehman Brothers die Goldkäufe so stark zugenommen haben, dass Lieferengpässe zu verzeichnen waren.

Der World-Gold-Council hat berichtet, dass im vierten Quartal 2008 das Auftragsvolumen für Gold weltweit 399 Tonnen erreicht hat, was einer Zunahme um 182 % gegenüber dem Vorjahrsvergleichszeitraum entspricht. Zu Gold nehmen die Anleger in Krisenzeiten Zuflucht, langfristig zeigen vor allem Statistiken aus den USA, dass der Wertzuwachs bei dieser Anlage gering ist, ganz im Gegensatz zu den Aktien.

Seit 1971 ist der Goldpreis durchschnittlich um 9,5 % (in EUR) pro Jahr gestiegen. Im Herbst 2008 wurde die 1.000 USD-Grenze für eine Feinunze (= 31,1 Gramm) überschritten und nach den aktuellen Prognosen wird für 2010 ein Wert von 1.300 USD und für 2015 sogar ein solcher von bis zu 2.300 USD prognostiziert. In diesem Zusammenhang ist darauf hinzuweisen, dass Gold gänzlich von der Mehrwertsteuer befreit ist. Der größte Goldproduzent war traditionellerweise Südafrika, ist aber inzwischen von China auf den zweiten Platz verdrängt worden.

Ergänzend sind einige aus der Sicht der Banken noch immer nicht gelöste Probleme zu erwähnen: dazu zählt die in der gesamten EU einmalige Kreditvertragsgebühr, die für alle Kreditnehmer eine fühlbare Belastung von 0,8 bis 1,5 % bringt, ebenso sollte die Eintragungsgebühr bei Hypothekarkrediten gesenkt und die 1 %-ige Gesellschaftssteuer abgeschafft werden.

Basel II – Fluch oder Segen?

Besonderer Kritik sind die vor einigen Jahren EU-weit getroffenen Maßnahmen (EU-Richtlinie vom 11. Oktober 2005) unter dem Titel „Basel II" ausgesetzt, da sie gerade in einer Zeit eines wirtschaftlichen Abschwungs diesen verstärken, da die Kreditvergabe-Richtlinie prozyklisch wirkt.

Es entbehrt dabei nicht einer gewissen Pikanterie, dass die von den USA initiierte Neuregelung für die Kreditvergabe (Basel II) bisher nur von den europäischen Banken umgesetzt worden ist, was sich aber möglicherweise dank der anspruchsvolleren Unterlegung von Krediten und anderer Finanzinstrumente mit Eigenkapital in Richtung geringerer Ausfälle der Banken positiv auswirken wird.

Hingegen gilt Basel II bis heute nicht für die amerikanischen Banken und – was schwerer wiegt – auch nicht für Hedgefonds sowie andere hochriskante Produkte (z.B. structured finance-Produkte, Leerverkäufe, Derivate).

Die oftmals verschärften Bedingungen für die Gewährung von Krediten, für die Erhöhung bestehender Rahmen sowie auch deren Prolongation haben zweifellos zur sogenannten Kreditklemme beigetragen. Besonders kritisiert wird eine eher mathematisierte Kreditvergabe an Stelle einer stärkeren und vor allem realitätsbezogenen Bedachtnahme auf die sogenannten soft facts, besser als Kreditwürdigkeit der jeweiligen Kreditwerber bezeichnet. Von diesen werden die Sicherheitenerfordernisse, die umfangreiche Dokumentation ihres Antrages und die lange Dauer für eine Bewilligung als große Belastung empfunden. Obwohl die Zinsen dank der Maßnahmen der Europäischen Zentralbank (EZB) deutlich gesunken sind, verspüren das viele Kreditnehmer vor allem im Bereich der Klein- und Mittelbetriebe kaum, da die sogenannten Risikoaufschläge massiv angehoben worden sind. Es gibt nicht wenige Fälle, in denen bis zu 450 Basispunkte verrechnet werden. Vor allem bei längerfristigen Krediten (über fünf Jahre) sind diese Aufschläge überdurchschnittlich hoch. Nicht selten werden von manchen Banken verfügbare Kreditrahmen gesperrt, mitunter ohne Rücksprache mit den Kreditnehmern, was für Unternehmer existenzgefährdend sein kann.

Einerseits ist es verständlich, dass die Banken die Kreditvergabe gerade in den letzten Monaten fühlbar restriktiver handhaben, andererseits sind vor allem die Klein- und Mittelbetriebe davon stärker betroffen, da sie über zu wenig Eigenkapital verfügen und zumeist auch die verlangten Sicherheiten nicht beibringen können. Daher wird auch immer stärker die Forderung erhoben, die Gewährung von Krediten unter 1 Mio. EUR weniger streng zu beurteilen. In verstärktem Maße sollten zudem die Möglichkeiten einer Inanspruchnahme von Garantien und Haftungen des AWS genutzt werden.

Die Anwendung des Standardansatzes bedeutet nur eine 6 %-ige Eigenmittelunterlegung und daher sollte eine Anhebung der seinerzeit festgelegten Obergrenze für Kreditansuchen bis 1 Mio. EUR erfolgen. Es werden auch zunehmend andere Erleichterungen für Kredite an die Klein- und Mittelbetriebe verlangt, etwa eine Ausdehnung der Zahlungsverzugskriterien über die 90 Tage hinaus und der Bearbeitung der Anträge sollten die letzten drei Bilanzen zu Grunde gelegt werden, d.h. von 2006 bis 2008, da eine Entscheidung auf Basis der letzten Bilanz, etwa 2008 sicherlich zur Ablehnung führen wird. Diese und andere Maßnahmen sollten zeitlich befristet werden, um den Kreditvergabespielraum der Banken zu vergrößern.

Zur heutigen Problematik haben zweifellos auch die Ratingagenturen beigetragen, da sie nicht selten bisher bestens eingestufte Unternehmen plötzlich radikal schlechter bewertet haben. Die Kreditgewährung ist auch in vielen anderen europäischen Ländern zu einem wirtschaftspolitischen Problem ersten Ranges geworden, so dass auch seitens maßgeblicher Vertreter der EU eine Lockerung der Vorschriften nach Basel II erwogen wird. Einen weiteren Problembereich stellen die International Financial Reporting Standards (IFRS) dar, die auf dem Prinzip der Bewertung nach dem aktuellen Wert (Fair Value) basieren. Bei Finanzanlagen ergeben sich in Zeiten eines fühlbaren wirtschaftlichen Abschwungs, wie wir ihn derzeit erleben, in den Bilanzen der Banken und der Konzerne beträchtliche Verluste. Daher wird eine rasche Reform dieser Regeln verlangt, vordringlich bei der Behandlung des Firmenwertes, da das IFRS keine laufende Wertberichtigung zulässt.

Mittel- und Osteuropa als zweiter Heimmarkt für Österreich

Die Auslandsverbindlichkeiten der mittel- und osteuropäischen Länder (CEE-Länder - Central and Eastern Europe) gegenüber den westlichen Banken werden mit 1.200 Mrd. EUR ausgewiesen, so dass der Anteil der heimischen Banken 25 % beträgt, was einem Spitzenwert entspricht. In den für Österreich ausgewiesenen Kreditvolumen sind allerdings auch Ausleihungen österreichischer Banken in mehrheitlichem Auslandsbesitz enthalten (Bank Austria, BAWAG-P.S.K., Hypo Alpe Adria), die in der Statistik dem Eigentümerland zugerechnet werden, überdies sind in diesen Beträgen auch alle lokalen Verbindlichkeiten der Tochterbanken in diesen Staaten enthalten.

Von den 300 Mrd. EUR Kredite unserer Banken sind mehr als 60 % lokale Forderungen; das sind immerhin 180 Mrd. EUR. Die Kundeneinlagen dieser Tochterbanken erreichen mehr als 130 Mrd. EUR. Bei einer überschlägigen risikopolitischen Analyse errechnet sich für Österreichs Banken ein Wert von etwa 170 Mrd. EUR. Gemäß OeNB erreicht das Gesamtexposure der heimischen Banken in der Gruppe der zentral-, ost- und südosteuropäischen Staaten den CESEE-Ländern, (Central Eastern and South Eastern Europe) 199 Mrd. EUR oder rd. 20 % aller EU-Banken.

Auf rein österreichische Banken (ohne Bank Austria, BAWAG P.S.K. und Hypo Alpe Adria) entfallen 230 Mrd. EUR an Krediten, das sind nahezu 80 % des BIP.

Alle Kredite westlicher Banken an Kunden in den CEE-Ländern (1.200 Mrd. EUR) erreichen lediglich 5 % ihrer Auslandsforderungen (24.000 Mrd. EUR), wobei für einzelne Länder in Westeuropa gewisse Schwerpunkte aufzuzeigen sind, z.B. Irland (745 Mrd. EUR), Spanien (850 Mrd. EUR), Großbritannien (3.000 Mrd. EUR) und die USA (4.700 Mrd. EUR). Die Risken bezüglich der einzelnen Kreditnehmer werden nicht unterschieden, ein großer Fehler, denn der CEE-Bereich umfasst mehr als ein Dutzend Länder, von denen zehn bereits Mitglied der EU sind.

Aus österreichischer Perspektive ist noch zu ergänzen, dass ein Viertel der Exporte auf diese Region entfällt. Diesem Faktor ist ein beachtlicher Leistungsbilanzüberschuss zu verdanken, ebenso ein höheres BIP als ohne Ostöffnung, und schließlich sind auch deutlich positive Auswirkungen auf den österreichischen Arbeitsmarkt festzustellen.

Nächst größte Kreditgeber sind Belgien und Schweden mit rd. 20 %, weniger als 10 % verzeichnen Deutschland, Italien, Frankreich und Großbritannien. Der Finanzierungsbedarf dieser Region bis Ende 2010 wird mit 180 Mrd. USD angegeben, wovon die Hälfte seitens des Internationalen Währungsfonds (IWF) finanziert werden könnte, der Rest müsste von den ursprünglichen EU 15 gewährt werden.

Diese Kredite sollen für die Investitionsfinanzierung und für die Erschließung neuer, wichtiger Märkte verwendet werden. Immerhin stammen 80 % der Kredite an die CESEE-Länder von den EU-Mitgliedern. Seit 1989 sind insgesamt 400 Mrd. EUR in die zehn neuen EU-Mitgliedsländer (Bulgarien, Tschechische Republik, Estland, Ungarn, Lettland, Litauen, Polen, Rumänien, Slowakei und Slowenien) investiert worden, davon entfallen 8 % auf Österreich und 13 % auf Deutschland.

Den Forderungen der österreichischen Banken steht immerhin ein Handelsbilanzüberschuss der EU von mehr als 60 Mrd. EUR gegenüber, davon entfallen immerhin fast 10 % auf Österreich. Etwa ein Drittel dieses Überschusses (19,5 Mrd. EUR) kommt Deutschland zugute, weswegen die negativen Beurteilungen Osteuropas seitens hochrangiger Vertreter dieses Landes umso unverständlicher sind. Zu ergänzen ist, dass zwei Drittel des Engagements der österreichischen Banken in den CESEE-Ländern auf EU-Mitgliedstaaten entfallen. Von den sogenannten Ostkrediten westlicher Banken entfallen nach aktueller Information mehr als 62 % aller Kredite an osteuropäische Kunden auf Österreich, Deutschland, Italien und Frankreich. Namhafte Finanzierungen weisen auch die Niederlande (8,1 %) aus.

Zwei positive Kriterien sind anzuführen, nämlich die Mehrheit dieser Kredite heimischer Banken ist lokal refinanziert und die Verschuldung der privaten Haushalte in dieser Region ist wesentlich niedriger als in Österreich. Als Beispiel sei auf Rumänien (922 EUR) hingewiesen, während ein Haushalt in Irland mit durchschnittlich 14.500 EUR belastet ist.

Die falsche internationale Einschätzung (keine Rücksicht auf die Primäreinlagen, keine Differenzierung nach Ländern) hat dazu geführt, dass Österreich im Februar 2009 bei Bundesanleihen Aufschläge von 1,36 % akzeptieren musste, die bis April dieses Jahres erfreulicherweise auf 0,9 % und bis Mitte 2009 auf 0,7 % reduziert worden sind.

Die Erhaltung der Stabilität von Osteuropa ist besonders wichtig, schließlich haben die CEE-Länder 125 Mio. Einwohner, einschließlich

Russland, Ukraine, Weißrussland und Moldawien sind es 352 Mio. Menschen. Damit ist diese Region ein besonders bedeutsamer wirtschaftlicher Faktor für die EU, aber auch die übrige Welt. Es ist unerlässlich, die politische Sicherheit zu gewährleisten, um die demokratischen Strukturen zu festigen. Nur durch leistungsfähige Volkswirtschaften kann diese politische Stabilität gesichert werden.

Auch in Europa zeigt sich eine Wende der Wirtschaft; beispielsweise wird in der EU 27 für 2009 ein Rückgang des Wirtschaftswachstums auf -3,0 % (2008: +1,3 %) erwartet, wobei in der Eurozone der Abschwung sogar mit -4,2 % wesentlich größer sein wird als in Mittel- und Osteuropa (-3,9 %).

In Polen wird auch 2009 ein Wachstum (0,8 bis 1,5 %) erwartet, in den meisten osteuropäischen EU-Staaten bewegt sich der Abschwung zwischen 3 und 5 %, nur Rumänien und Ungarn liegen noch darunter. Im kommenden Jahr wird bereits ein Zuwachs des BIP von rd. 1,5 % als möglich angesehen, 2011 werden Zuwachsraten von 3 % erwartet.

Eine der Ursachen dieser Prognose ist die Tatsache, dass sich die Leistungsbilanzen der mittel- und osteuropäischen Länder rasch verbessern werden und zwar infolge der fast halbierten Importe, eine Folge der deutlich gesunkenen Inlandsnachfrage und der rückläufigen Energiepreise.

In diesen Ländern dürfte die Erholung früher und deutlicher erfolgen, da gemäß der Prognose des IWF für 2010 bereits ein Wachstum von +2,5 % angenommen wird, in der Eurozone lediglich von +0,2 %. Verantwortlich sind vor allem die großen EU-Mitgliedsländer Deutschland, Frankreich und Großbritannien, für die 2009 ein wirtschaftlicher Abschwung von -2 bis -2,8 % für Deutschland sogar bis -5 % infolge des weltweiten Einbruchs der Exportmärkte vorhergesagt wird. Für Österreich geht die EU-Kommission davon aus, dass nach einem Wachstum von 1,7 % im Vorjahr, 2009 eine Schrumpfung von 2,0 % eintritt, die Erhöhung im Jahr 2010 wird mit +0,5 % vorhergesagt. Dies läge über den Vergleichswerten sowohl der EU gesamt als auch der Eurozone und wäre zweifellos auf die enge Kooperation der österreichischen Wirtschaft mit den Ländern Mittel- und Osteuropas zurückzuführen, die in den letzten Monaten des Öfteren ungerechterweise als negativ bewertet worden ist, vor allem von den US-Ratingagenturen, deren Einschätzung aber nicht selten das Ergebnis von Interessenskonflikten ist.

Tatsache ist jedenfalls, dass die Staaten in Zentral-, Ost- und Südosteuropa (CESEE) seit vielen Jahren einen beachtlichen Aufschwung ihrer Wirtschaft erleben, zu dem Westeuropa, insbesondere auch Österreich, maßgeblich beigetragen haben.

Aus der letztverfügbaren Statistik der OeNB hinsichtlich der Direktinvestitionen geht hervor, dass deren Volumen Ende 2007 mit fast 103 Mrd. EUR erstmalig die 100 Mrd. EUR-Schallmauer durchbrochen hat. 1069 österreichische Investoren haben zu diesem Stichtag fast 3.700 strategische Beteiligungen an Firmen im Ausland unterhalten, in denen 573.000 Arbeitsplätze gezählt worden sind und deren Bilanzvolumen mit 9,7 Mrd. EUR ausgewiesen wurde.

Von den in Europa durchgeführten Investitionen (92,5 Mrd. EUR) entfallen 51,1 Mrd. EUR oder über 55 % auf Mittel- und Osteuropa (das sind 19 Länder, davon zehn EU-Mitglieder) und nur 30,5 Mrd. EUR oder 33 % auf die EU 15. Von den zehn größten Investitionsmärkten der heimischen Unternehmen sind bereits fünf Länder, die zu den CEE-Staaten zählen, von denen vier EU-Mitglieder sind. Die zweite und dritte Position nehmen die Tschechische Republik und Ungarn ein.

Diese Entwicklung war für die guten Ergebnisse in Österreich wie auch in den EU-15-Ländern entscheidend. Wenn auch unsere östlichen Nachbarländer im Sog der globalen Wirtschaftsentwicklung eine Atempause einlegen müssen, so wird dieser Region mittel- bis langfristig jedenfalls ein großes Wachstumspotential vorausgesagt.

Auch die finanzwirtschaftliche Durchdringung sei erwähnt, z.B. ist der Anteil des Kreditvolumens am BIP im Vergleich zu Westeuropa noch relativ gering und bewegt sich in vielen CEE-Ländern zwischen 40 und 50 %, während dieser Wert in Österreich bei etwa 110 % liegt.

Für Österreich sind die Länder Mittel-, Ost- und Südosteuropas von besonderer Bedeutung, nicht nur weil sie gleichsam den zweiten Heimmarkt darstellen, sondern weil die Menschen in dieser Region jahrhundertelange geschichtliche Erfahrungen verbinden.

Die Wirtschaftskrise hat auch unseren Nachbarländern zum Teil arg zugesetzt, dies gilt vornehmlich für die Länder des Baltikum, für Ungarn, Rumänien und die Ukraine. Die Entwicklung des BIP dieser Staaten ist 2009 wesentlich schlechter ausgefallen und auch für 2010 werden sie schlechtere Ergebnisse melden als im Durchschnitt der EU 10.

Dadurch wird natürlich auch Österreich in Mitleidenschaft gezogen, da die heimische Wirtschaft von allen westlichen Staaten den höchsten Anteil der Ostexporte aufweist. Im Jahre 2008 entfiel auf die seit 2004 der EU beigetretenen zehn CEE-Länder sowie Malta und

Zypern ein Exportvolumen von 21 Mrd. EUR oder fast 18 % des heimischen Außenhandels, über 50 % aller Auslandsinvestitionen sind in dieser Region getätigt worden. Diese enge wirtschaftliche Verflechtung hat positive Auswirkungen auf unser Land, und zwar durch die Sicherung und Schaffung von über 130.000 Arbeitsplätzen, ein größeres Wirtschaftswachstum um 0,5 % bis zu 1 % p.a. (daher ist das BIP um rd. 17 Mrd. EUR stärker gewachsen) und schließlich eine Erhöhung des Einkommens von 6 %.

Selbst eine überschlägige Analyse der österreichischen Wirtschaft und ihrer Verflechtung mit Osteuropa lässt diese Entwicklung erkennen. Umso unverständlicher ist es, dass sich bei anerkannten Institutionen wie dem IWF und seinem im Frühjahr 2009 veröffentlichten „Global Financial Stability Report 2009" durch Doppelzählungen und Eingabefehler hinsichtlich des Ostrisikos von Österreich Differenzen in Höhe von mehreren 100 Mrd. EUR ergeben haben.

Eklatant falsch waren die Einschätzung der Tschechischen Republik, der Ukraine und von Estland, da man das Verhältnis ihrer Auslandsschulden zu den Währungsreserven völlig falsch ermittelt hat, so dass die daraus resultierenden Auslandsschulden auf 40 % der jeweiligen Währungsreserven korrigiert werden mussten. Dadurch war zeitweise sogar das Top-Rating Österreichs gefährdet, jedenfalls hat es für die Republik infolge ungerechtfertigter Aufschläge bei Krediten und Anleihen zu Belastungen geführt, und auch den inländischen Banken hat dieser Fehler bares Geld gekostet, da die Risikoaufschläge im internationalen Geschäft dadurch deutlich über dem Durchschnitt gelegen sind.

Die EU hat erfreulicherweise positive Akzente gesetzt, einerseits durch die Anhebung ihres Förderungspakets unter dem Titel „Zahlungsbilanzhilfe für die osteuropäischen Länder" für diese Region von 25 auf 50 Mrd. EUR, andererseits durch die Strukturhilfen in der Größenordnung von 105 Mrd. EUR.

Eine Differenzierung nach dem Risiko der betroffenen Länder ist allerdings Voraussetzung einer realen Beurteilung. Eine wichtige Rolle spielt die Finanzierung österreichischer Exporte, die üblicherweise von der Oesterreichischen Kontrollbank (OeKB) mit einer Haftung ausgestattet werden. Ende 2008 waren seitens der Oesterreichischen Kontrollbank über 44 Mrd. EUR an Haftungen vergeben, davon weniger als ein Viertel (10,8 Mrd. EUR) in Osteuropa, einschließlich Russland (3 Mrd. EUR) und Ukraine (2,3 Mrd. EUR). Die aus diesen Exportsicherungen resultierenden Risken werden seitens der Kontrollbank als beherrschbar bezeichnet. Gerade der Export ist einer der tragenden Pfeiler der heimischen Wirtschaft, da er zu 59 % zu deren Leistung beiträgt.

Ende 2008 hat die EU-Kommission dankenswerterweise Vorschläge zur Regulierung der Ratingagenturen gemacht, die durchaus geeignet erscheinen, solche eklatante Fehleinschätzungen, wie sie vor einiger Zeit bezüglich Osteuropa erfolgt sind, in Hinkunft zu vermeiden. Es ist zu hoffen, dass die Umsetzung dieser Vorschläge möglichst rasch vor sich geht, insbesondere sollte eine europäische Ratingagentur geschaffen werden, die dem kontinentalen Wirtschaftsgeschehen nicht nur räumlich näher ist, sondern zur Beurteilung der Situation im Zusammenwirken mit den einzelnen Ländern und fachlich versierten Repräsentanten der privaten Wirtschaft und dem Finanzsektor sicherlich besser geeignet erscheint. Hintergrund dessen sind eine sehr unterschiedliche Struktur der Wirtschaft, eine völlig andere Rolle des Staates und ein sehr verschiedenes Beziehungsgeflecht von Unternehmer und ihren Mitarbeitern.

Die Industrie als Motor der Wirtschaft

Neben den Banken ist der Industriesektor im besonderen Maße von der Abschwächung der Weltwirtschaft betroffen, da ein Großteil der Industrieprodukte exportiert wird. Daher verlangen die Vertreter dieses wichtigen Zweiges, den man nicht zu unrecht als Motor der Wirtschaft bezeichnet, geeignete Maßnahmen von der Bundesregierung, den Sozialpartnern und den Banken.

Anstelle der gewünschten Industrieanleihen mit Staatsgarantie werden diesem wichtigen Wirtschaftszweig seitens der Republik Österreich im Rahmen des Unternehmen-Liquiditätsstärkungsgesetz (ULSG) Haftungen für Kredite im Gesamtvolumen von 10 Mrd. EUR angeboten. Voraussetzung sind jeweils über 250 Mitarbeiter, eine Umsatzgröße von mindestens 50 Mio. EUR und eine gesunde wirtschaftliche Basis zum Stichtag 30. Juni 2008.

Dadurch können sowohl notwendige Investitionen finanziert als auch bessere Konditionen erwartet werden. Die Absicherung erfolgt allerdings nur in einem Rahmen von 30 bis 70 % des Kredits, für den Rest müssen seitens des Kreditnehmers Sicherheiten beigebracht werden bzw. muss die jeweilige Bank einen Teil des Risikos übernehmen. Die Abwicklung dieser Kreditaktion soll über die Oesterreichische Kontrollbank erfolgen. Sie hat die Bonität der Kreditnehmer zu prüfen und der Republik Österreich via Gutachter die Haftungsübernahme zu empfehlen. Darüber hinaus stellt sie die notwendigen liquiden Mittel zur Verfügung, womit die Kreditvergabe durch die Banken gesichert erscheint.

Bei diesen Krediten wird eine Größenordnung im Einzelfall im zwei- bis dreistelligen Bereich angedacht. Vor allem hofft man dadurch auch auf die rasche Realisierung der zum Erliegen gekommenen Vergabe von Konsortialkrediten. Hinsichtlich der geplanten Auflagen, nämlich Beschränkung der Managergehälter und der Dividendenausschüttungen, gibt es Bedenken der Industrie.

Bis Ende Juli 2009 wurden bereits 100 Anfragen im Volumen von 4,5 Mrd. EUR gestellt. Obwohl sie erst im August 2009 gestartet werden wird, kann die Aktion als eine Reaktion im Hinblick auf die unzureichende Gewährung von langfristigen und vor allem großvolumigen Krediten seitens der Banken angesehen werden. Dies ist auch eine der wesentlichen Ursachen für den Einbruch der Investitionen um 9 % (2009). Die Investitionen werden sich wohl auf 2 % (2010) verbessern, allerdings wird die Investitionsquote erst in etwa fünf Jahren wieder den Wert von 2008 erreichen.

Die Vorschläge bezüglich Dividenden- und Ausschüttungspolitik sowie der Gewährung von Prämien können oftmals einer genaueren Betrachtung nicht standhalten, da sie letztlich einen Eingriff in privatrechtliche Vertragswerke bedeuten. Man kann eventuell die Gewährung von Dividendenzahlungen an bestimmte Parameter bedingen, dabei ist aber zu bedenken, dass der Aktionär seine Mittel unter anderem gerade wegen der zu erwartenden Dividenden neben einer erhofften Kurssteigerung dem jeweiligen Unternehmen zur Verfügung stellt. Erfahrungsgemäß sucht das Kapital immer den Weg zum besten Wirten.

Die Begrenzung der Einkommen von Managern stößt zweifellos auf positives Echo in der Öffentlichkeit. Dies gilt in erster Linie für jene Betriebsführer, die erfolglos agiert haben und beim Ausscheiden reichlich belohnt worden sind, dafür gilt der Fachausdruck „golden handshake“. Man muss bei allen oftmals gebotenen Maßnahmen auf die geltenden Verträge Bedacht nehmen, anzusetzen wäre aber bei den Prämien, Bonuszahlungen und stock options. Dadurch wurden nicht selten betriebliche Entscheidungen bewirkt, die sich negativ für das betreffende Unternehmen auswirken, aber Vorteile für den Manager gebracht haben.

Vor allem die kurzfristige Planung für maximal ein Jahr, nicht selten nur für ein Quartal, muss entschieden abgelehnt werden. Eine mehrjährige Periode von etwa drei bis fünf Jahren sollte vielmehr für die oben angeführten finanziellen Sonderleistungen an Manager als Grundlage fixiert werden. Nur bei einem nachhaltigen Erfolg sind derartige Zuwendungen vertretbar, schon auch deshalb, um eine gesunde soziale Symmetrie zu gewährleisten. Dieses Ziel kann für Österreich dank der gut funktionierenden Sozialpartnerschaft und geeigneten Maßnahmen der politischen Entscheidungsträger sicherlich erreicht werden.

Die Wirtschaft an der Wende

Die ersten Anzeichen einer Abschwächung der Wirtschaft sind bereits Ende 2007, Anfang 2008 aufgetreten, möglicherweise ist der Höhepunkt im ersten Halbjahr 2009 eingetreten. Dank der weltweit umgesetzten Maßnahmen zeigt sich in Ansätzen eine gewisse Stabilisierung auf den internationalen Finanzmärkten. Ungeachtet dessen werden sich deutliche Spuren in den Bilanzen der Banken für 2009 finden, da sie sowohl Bewertungsverluste im Handelsergebnis als auch Wertberechtigungen bei ihren Krediten sowie die Anpassung ihrer Wertpapierportefeuilles zu verkraften haben werden. Bei den österreichischen Banken ist die konsolidierte Gesamtkapitalrentabilität von 0,74 % (2007) auf magere 0,09 % (2008) zurückgegangen. Für 2009 kann unschwer ein negatives Ergebnis vorausgesagt werden.

Die günstigen Stress-Tests der OeNB lassen die Erkenntnis zu, dass sich die Kapitalquoten aller größeren Banken über der Mindestanforderung bewegen und daher kein weiterer Kapitalbedarf besteht.

Nach dem Ergebnis dieser Tests halten die sechs größten Banken Kreditausfälle in Österreich bis 10 % und in Osteuropa sogar bis 20 % aus. Es ist auch wenig bekannt, dass die heimischen Banken ihr Engagement in Mittel- und Osteuropa im Jahre 2009 um 5 % verringern.

Auch die Vertreter des IWF haben in ihrem Bericht vom 30. Juni 2009 das von der Bundesregierung umgesetzte Paket positiv beurteilt und darauf hingewiesen, dass ausreichende Ressourcen im Bankensektor vorhanden sind. Die rasche Expansion des Finanzsektors nach Mittel- und Osteuropa hat wohl größere Risken und Anfälligkeiten mit sich gebracht, diese Aktivitäten waren aber auch mit beachtlichen Vorteilen verbunden.

Die EZB hat an 1.120 Banken 442 Mrd. EUR in Form von 12-Monats-Geldern zur Verfügung gestellt, darunter befinden sich auch alle österreichischen Großbanken.

Eine im Juli 2009 im „Financial-Times"-Fachmagazin „The Banker" veröffentlichtes Banken-Ranking nach der Größe ihres Kernkapitals lässt erkennen, dass unter den Top-1000 immerhin 18 österreichische Banken aufscheinen. Als beste Bank aus Österreich wird die Bank Austria auf Position 62 gereiht, gefolgt von der Raiffeisen Zentralbank (Nr. 85), Erste Group (88), Hypo Group Alpe Adria (178) und der Volksbank AG (200).

Österreich hat bessere ökonomische Ergebnisse aufzuweisen als die Eurozone sowohl in Bezug auf Wachstum als auch die Beschäftigung. Erwähnenswert ist jedenfalls die Tatsache, dass die österreichische Wirtschaftsleistung heute preisbereinigt beim Achtfachen der Wirtschaftsleistung zur Zeit der Weltwirtschaftskrise liegt. 1929 und danach erreichte der Konjunktureinbruch etwa 22 %, die Arbeitslosenrate lag bei 25 %.

Die Aktienkurse waren gemäß einer Berechnung von Standard & Poor vom zweiten Quartal 1929 bis zum Vergleichszeitraum 1932 um 82 % gesunken, in den USA erreicht dieser Wert in der aktuellen Krise -50 % (Vergleichszeitraum Anfang 2007 zu Anfang 2009); für Österreich wird dieser Rückgang mit 60 % beziffert (Vergleichszeitraum Juli 2007 zu Juli 2009). Der Austrian Traded Index (ATX) vom 13. Juli 2009 erreicht damit den Wert von Mitte der 1990-er Jahre. Allerdings ist zu betonen, dass sich der ATX innerhalb von nur vier Jahren (2004 bis 2007) nahezu verfünffacht und mit 5.000 Punkten den bisherigen Rekordwert erreicht hat. Der Deutsche Aktienindex (DAX) hat sich im selben Zeitraum etwas mehr als verdreifacht.

Bei allen Unterschiedlichkeiten wird sich jedoch die gegenwärtige Wirtschaftskrise zweifellos zum größten Einbruch nach jenem in den 1930-er Jahren entwickeln. Allerdings hat die Weltwirtschaft von 2002 bis 2008 eine Wachstumsrate von 25 % aufzuweisen, was nicht zuletzt auf die mittel- und osteuropäische Region sowie die beiden bevölkerungsreichsten Länder China und Indien zurückzuführen ist. Dazu kommt, dass die globale Kooperation sowohl der politischen Entscheidungsträger als auch der Wirtschaftswissenschaften überraschend gut funktioniert.

Abschließend soll noch ein kurzer Blick auf die gegenwärtige Situation der österreichischen Wirtschaft geworfen werden. Die endgültigen Zahlen für 2008 zeigen, dass das BIP um 11,1 Mrd. EUR oder 2 % (bisherige Annahme +1,8 %) auf rund 282 Mrd. EUR gewachsen ist. Für 2009 wird real ein Rückgang um 3,4 % (nominell -1,9 %) auf 236 Mrd. EUR erwartet, für 2010 soll sich das BIP um 0,5 % auf

237 Mrd. EUR erhöhen (nominell 281 Mrd. EUR) und entspricht damit nahezu dem Wert von 2008, real errechnet sich allerdings eine Differenz von mehr als 3 %.

Ende Juli 2009 geht die OeNB davon aus, dass sich die Konjunktur langsam stabilisieren wird, dies zeigt sich deutlich in den Quartalszahlen (2. Quartal reales BIP -0,9 %, 3. Quartal: -0,3 %).

Es ist sicherlich schwierig eine annähernd zutreffende Prognose abzugeben. Eines kann aber als gegeben erachtet werden: dass nämlich die Wirtschaftslage in Österreich besser ist als in der EU. Denn seit 2002 gibt es jährlich steigende Leistungsbilanzüberschüsse (2008 ein Überschuss von 1 Mrd. EUR). Die internationale Vermögenslage des Landes ist solide, die Lohnstückkosten haben sich in den vergangenen zehn Jahren nur um 0,7 % p.a. erhöht, die heimische Arbeitslosenrate bewegt sich an etwa dritter Stelle innerhalb der EU und die Sparquote der privaten Haushalte bewegt sich seit 2006 in Richtung 12 %. Vom österreichischen Finanzvermögen sind zwei Drittel in Westeuropa veranlagt, nur 20 % entfallen auf die mittel- und osteuropäischen Staaten. Nach der Wertschöpfung pro Kopf wie auch nach dem privaten Geldvermögen liegt Österreich in Europa an der vierten, wenn nicht schon an der dritten Stelle. Weltweit wird Österreich als das siebentreichste Land eingestuft. Allerdings ist die Struktur des Vermögens nicht als gesund (sozial) zu bezeichnen, weil etwa 10 % der Bürger über fast zwei Drittel des Vermögens verfügen, so dass den übrigen 90 % nur etwas mehr als ein Drittel verbleibt. Weltweit ist die Situation kaum anders, da 10 % der Weltbevölkerung 85 % des Weltvermögens besitzen.

Aus einer im Juli 2009 von der OeNB veröffentlichten Statistik über das Finanzverhalten der privaten Haushalte geht hervor, dass per Ende März 2009 deren Geldvermögen über 419 Mrd. EUR erreicht hat, das sind exakt 150 % des BIP. Das Sicherheitsstreben der Anleger zeigt sich in der Struktur des Zuwachses, da zwei Drittel in den ersten drei Monaten dieses Jahres auf Spareinlagen entfallen, während die Anlagen im Wertpapierbereich um 800 Mrd. EUR abgebaut worden sind.

Sicher ist zweifellos, dass das Wachstum in den kommenden Jahren niedriger sein wird, die Banken und Unternehmen mehr Eigenkapital benötigen, die Kreditaufnahme mit Rücksicht auf die größere Sensibilität im Hinblick auf das damit verbundene Risiko schwieriger ist, mehr und vor allem wirksamere Regelungen für die Finanzmärkte zu erwarten sind, dies gilt für neue Anlagemodelle ebenso wie für neue Anlageprodukte, für die Sicherung eines gesunden Wachstums von Finanzinstituten, die Tätigkeit von Ratingagenturen sowie die Weitergabe von Risken und damit die Trennung der Investoren von den Schuldnern.

Ganz wichtig ist auch eine Entlohnung des Faktors Arbeit, die sich an der effektiven und nachhaltigen Leistung orientiert.

Literaturverzeichnis

Aiginger Karl: Finanzkrise: Anlaß, Ursachen, Strategien, inklusive Blick nach vorne. WIFO-Vorträge Nr. 104, Wien, 20. April 2009.

Aiginger Karl: Die Wettbewerbsfähigkeit Österreichs im Spannungsfeld zwischen Krise und Technologiestrategie. AVCO-Jahrestagung. Wien, 7. Mai 2009.

Bruckbauer Stefan: Hat sich Österreich übernommen?, in: Report 01/2009 Bank Austria.

Brinkbäumer Klaus, Hauke Goos, Frank Hornig, Udo Ludwig, Christoph Pauly: Gorillas Spiel, in: Der Spiegel, 11/2009.

Bundesministerium für Finanzen: Budget 2009/2010, Wien, April 2009.

Bundesministerium für Wirtschaft, Familie und Jugend: Wirtschaftsbericht Österreich 2009, Wien, Juni 2009.

Europäische Kommission: Staatliche Beihilfenregelung Nr. 557/2008, Österreich.

Europäische Kommission: Maßnahmen nach dem Finanzmarktstabilitäts- und dem Interbankmarktstärkungsgesetz für Kreditinstitute und Versicherungsunternehmen in Österreich, Brüssel, 9.12.2008.

IMF Preliminary Conclusions of the Mission, Vienna, June 30. 2009.

Ittner Andreas: Das österreichische Bankenpaket – Design, Herausforderung und erste Lehren aus der Umsetzung. 37. Volkswirtschaftliche Tagung, 15. Mai 2009.

Institut für Strategie und Sicherheitspolitik der Landes-Verteidigungsakademie Wien: Von der Finanzkrise zur globalen Wirtschaftskrise, 1/09 der Reihe Info Aktuell zur Sicherheitspolitik, Februar 2009.

IV-Positionen: Die Krise macht keine Ferien", Wien Juli-August 2009.

Matznetter Christoph: Protokoll des wirtschaftlichen Gesprächs, Wien Mai 2009.

Münz Rainer: The Austrian Bank Package in Perspective. Erste Group, May 15, 2009.

Österreichisches Institut für Wirtschaftsforschung: Starke Wettbewerbspolitik und Finanzinnovationen als Voraussetzung für rasch wachsende, dynamische Unternehmen, Wien, 2. Jänner 2009.

Österreichisches Institut für Wirtschaftsforschung: Prognose für 2009 und 2010: Maßnahmen zur Konjunkturstabilisierung zeigen erste Wirkung, Wien, 26. Juni 2009.

Oesterreichische Nationalbank: Österreichische Bankenentwicklung im Spiegel der Finanzmarktkrise, Wien, 26. März 2008.

Oesterreichische Nationalbank: Außenwirtschaftliche Erfolge in turbulenten Zeiten, Wien, 30. April 2009.

Oesterreichische Nationalbank: Rückgang der österreichischen Güterexporte um mehr als 20 % in den ersten vier Monaten des Jahres 2009, Wien, 15. Mai 2009.

Oesterreichische Nationalbank: Wirtschaftskrise führt zu tiefer Rezession in Österreich - Stabilisierung Ende des Jahres erwartet, Wien, 4. Juni 2009.

Oesterreichische Nationalbank: Kreditmonitor: April bringt leichte Rückgänge bei Krediten an Unternehmen und Private, Wien, 1. Juli 2009.

Oesterreichische Nationalbank: Globale Rezession und internationale Finanzmarktkrise fordern auch das österreichische Finanzsystem, Wien, 6. Juli 2009.

Oesterreichische Nationalbank: Zwischen Sicherheitsgedanken und Zuversicht - Finanzverhalten privater Haushalte, Wien, 15. Juli 2009.

Oesterreichische Nationalbank: Direktinvestitionen durchbrechen die 100-Mrd.-EURO-Schallmauer, Wien 16. Juli 2009.

Schwaiger Rosemarie: Nach der Not das Elend, in: Profil 28, Wien, 6. Juli 2009.

Staatsschuldenausschuss: Bericht über die öffentlichen Finanzen 2008, Wien, 2009.

Strzyzowski Stephan: Fit für die Zukunft, in: die Wirtschaft Nr. 4, April 2009.

Verein für Gesellschafts- und Wirtschaftswissenschaften: Reform der Internationalen Finanzarchitektur, Wien, Mai 2009.

Wirtschaftskammer Österreich: Wirtschaftsbarometer Austria, Wien, Juni 2009.

Hans HOFINGER

Die Zukunft der genossenschaftlichen Volksbanken

Aus dem Ursprung die Zukunft gestalten

Einleitung

Österreich hat bis heute eine starke genossenschaftliche Tradition – auch im ersten Jahrzehnt des 21. Jahrhunderts ist jeder zweite Österreicher Genossenschaftsmitglied. Genossenschaften sind aus dem Alltagsleben der Österreicher und Österreicherinnen nicht wegzudenken. Sie sind heute führende wirtschaftliche Größen im Bankenbereich, in der Wohnungswirtschaft, im landwirtschaftlichen Bereich (Lagerhaus-Molkereibereich und Verwertungsgenossenschaften bäuerlicher Güter) und z.B. mit der Austria Presse Agentur APA und Intersport die Nummer 1 in Branchen wie Informationsdienstleistung oder Sportartikel-Einzelhandel. Die letztgenannten Genossenschaften gehören dem Schulze-Delitzsch-Verbund an, genau wie weitere rd. 100 Waren-, Dienstleistungs- und Produktivgenossenschaften und neuerdings auch soziale Genossenschaften[1].

Als erste Kredit-Genossenschaft nach dem System Schulze-Delitzsch auf dem Gebiet des heutigen Österreich wurde der Aushilfskassenverein in Klagenfurt gegründet – und zwar im Jahr 1851 nach vierjährigen Vorarbeiten. Diese erste Volksbank existiert noch heute – als Volksbank, Gewerbe- und Handelsbank Kärnten AG. Der Österreichische Genossenschaftsverband (Schulze-Delitzsch), der Dachverband der Volksbanken, wurde 1872 gegründet, die Österreichische Volksbanken-AG (ÖVAG), das Spitzeninstitut, besteht seit 1922 als „Österreichische Zentralgenossenschaftskasse registrierte

---

1 Eine ausführliche Darstellung der Sozialgenossenschaften findet sich im ÖGV-Jahresbericht 2008, Wien 2009, S. 28 ff. Zu erwähnen ist auch die Kooperation des ÖGV mit den Konsumgenossenschaften, vgl. dazu *Karner, Andrea*, Konsumgenossenschaften und Genossenschaftsverband, in: Gewerbliche Genossenschaft 7/2002, Wien 2002, S. 47.

Genossenschaft mit beschränkter Haftung", die 1974 als Sacheinlage in die Österreichische Volksbanken-AG eingebracht wurde.[2]

1. Spezifika des Geschäftsmodells „genossenschaftliche Volksbank"

1.1. Die DNA von Genossenschaften

Der Zweck einer Genossenschaft ist in § 1 Abs. 1 GenG verankert und liegt „im Wesentlichen" in „der Förderung des Erwerbes oder der Wirtschaft" der Mitglieder. Damit die Mitglieder (Genossenschafter) ihr wirtschaftliches Ziel erreichen können, haben sie einen gemeinschaftlichen Geschäftsbetrieb gebildet. Die Doppelnatur (Identitätsprinzip) liegt in der Unterscheidung zwischen der Genossenschaft als Personenzusammenschluss mit genossenschaftlichem Geschäftsbetrieb einerseits und der Genossenschaft als Personenvereinigung andererseits[3]. Es besteht daher eine Leistungsbeziehung und zugleich eine Mitgliedschaftsbeziehung.[4]

Auch wenn das „Wohl des Unternehmens" im Genossenschaftsgesetz nicht ausdrücklich geregelt ist, hat die Genossenschaft darauf Bedacht zu nehmen, betriebswirtschaftlich zu kalkulieren und die Geschäftsführung an betriebswirtschaftlichen Maßstäben zu orientieren, um ihrem Förderauftrag überhaupt dauerhaft gerecht zu werden, anderenfalls wäre der Geschäftsbetrieb der Genossenschaft in seinem Bestand gefährdet. Insofern widerspricht das Wohl des Unternehmers nicht der Erwartungshaltung des Genossenschaftsmitgliedes: Die langfristige Absicherung von wirtschaftlichen Vorteilen im Rahmen der Leistungsbeziehung bedingt betriebswirtschaftliche Leistungsstärke.

Betrachtet man die Genossenschaft als kooperative Organisation, die auf Selbsthilfe, Selbstverantwortung und Selbstverwaltung basiert, dann lässt sich daraus eine wechselseitige Verantwortung ableiten,

2 Ausführlich zur Geschichte des Volksbanken-Verbundes: *Hofinger, Hans* in: Frasl, Haiden, Taus (Hrsg.), Österreichs Kreditwirtschaft. Von der Reichsmark über den Schilling zum Euro, Wien 2007.

3 *Hofinger / Weiß*, Ermunterung zur Genossenschaft, Wien 1984, S. 43.

4 Eine ausführliche Darstellung des Förderauftrages findet sich bei *Hofinger, Hans*, Der Förderungsauftrag als strategische Zielsetzung der Genossenschaften, in: Gewerbliche Genossenschaft 4-5/1990, Wien 1990, S. 2 ff., und in *Hofinger, Hans*, Reformvorschlag für den Förderauftrag, in: Gewerbliche Genossenschaft 8/2001, Wien 2001, S. 2 ff.

die über das Identitätsprinzip besteht, im Förderungsauftrag rechtlich verankert ist und im Rahmen der Selbstorganschaft entsprechende Kontrolle erfährt. Die Genossenschaft ist daher die geeignete Rechtsform, um eine langfristige Leistungsbeziehung zwischen Kooperationspartnern juristisch zu regeln. Der Leistungsinhalt der Förderungsgeschäfte selbst kann sehr vielfältig sein. Der gesetzliche Förderauftrag, der bereits 1873 in § 1 Abs 1 GenG aufgenommen wurde, lässt sich über die betriebswirtschaftliche Unternehmenskonzeption hinaus auch als ein umfassender wirtschafts-, gesellschafts-, demokratiepolitischer und moralisch-kultureller Auftrag verstehen, der die ideelle Grundhaltung der Genossenschaft und das Bewusstsein bzw. die Geisteshaltung der in ihr tätigen Menschen (Mitglieder, Funktionäre, Geschäftsleiter, aber auch Mitarbeiter) bestimmen sollte.

Der Förderauftrag enthält daher ein Strategiekonzept, das den Menschen und nicht das Kapital in den Mittelpunkt des betrieblichen Handelns stellt. In diesem Sinne ist die Gesellschaftsform der Genossenschaft schließlich mehr als eine bloße Vereinigung wirtschaftlicher, finanzieller, ja sogar ethischer Kräfte, denn für *Schulze-Delitzsch,* den Gründervater der Volksbanken, sind Verantwortlichkeit und Freiheit die sich gegenseitig bedingenden Grundsäulen der sittlichen, politischen und wirtschaftlichen Welt. Wenn der Mensch im Mittelpunkt steht, dann ist auch Vertrauen ein Wesensmerkmal der genossenschaftlichen Kooperation, das sich ohne die Übernahme von Verantwortung langfristig nicht aufrecht erhalten lässt, denn langfristige Beziehungen müssen erlebbar, erfahrbar und nachvollziehbar sein. Da die Mitglieder der Genossenschaft entsprechend dem Identitätsprinzip die Möglichkeit besitzen, die Leistungen des Genossenschaftsbetriebes eigenverantwortlich zu gestalten, hat das Management daher die verantwortungsvolle Aufgabe, die Mitglieder bei der sinnvollen Wahrnehmung ihrer Eigentümerrechte zu unterstützen.

Es gehört schließlich nicht zuletzt zur (betriebs-)wirtschaftlichen Verantwortung des Managements, die Einflussmöglichkeiten der Mitglieder auch in der Praxis zu gewährleisten. Nur im Dialog zwischen Management und Mitglied können die Bedürfnisse der Mitglieder vom Management erhoben und Förderziele gemeinsam festgelegt werden, um die Konkurrenzfähigkeit mittelständischer Betriebe in Zeiten des zunehmenden Fusions- und Konzentrationsdrucks zu stärken. Genossenschaften tragen daher zur Erhaltung der mittelständischen Wirtschaft bei und leisten damit nicht nur einen Beitrag zur Sicherung von Arbeitsplätzen, sondern auch zur Festigung der Markt- und Wettbewerbsordnung. Im genossenschaftlichen Verbund erfüllen die Volksbanken unmittelbar ihre Rolle zur Erhaltung der Funktionsfähigkeit des österreichischen Bankwesens und stärken damit das Vertrauen der Öffentlichkeit in die Stabilität der Wirtschaft.

1.2. Die Primärbanken, die regionalen Volksbanken

Die Volksbanken sind in Österreich flächendeckend regional verankert. Mit einem Kundenanteil von 10 % (österreichische Bevölkerung ab 15 Jahre) gewährleisten 62 Volksbanken (zusammen mit dem Raiffeisensektor rund 50 % Kundenanteil) mit 550 Geschäftsstellen eine flächendeckende Versorgung mit Finanzdienstleistungsprodukten, vor allem auch in ländlichen Regionen und in Bezirksstädten. Genossenschaftsbanken, wie es die Volksbanken sind, sichern die finanzielle Nahversorgung auch in Gebieten, die von Großbanken verlassen werden.

Die Eigentümer der Volksbanken sind die Kunden vor Ort. Insgesamt haben die Volksbanken 503.000 Miteigentümer, die zum Verbund gehörende Bausparkasse ABV weitere 141.000 Miteigentümer. Volksbanken befinden sich im breit gestreuten Eigentum der Bevölkerung und sind daher „wahre" Privatbanken.

Die Förderung der mittelständischen Miteigentümer und Kunden und ihre aktive Unterstützung in allen finanziellen Fragen bestimmt die Geschäftspolitik der Volksbanken. Lokale/regionale Verankerung und Kundennähe sind wesentliche Identifikationsmerkmale. Volksbanken sind als Mittelstandsbanken nicht nur für das lokale Geschäftsleben, sondern auch für die volkswirtschaftlich wichtige Aufgabe, die Wirtschaft mit Finanzdienstleistungen zu versorgen, unverzichtbar.

Genossenschaftsbanken haben den zusätzlichen Vorteil, dass die Bank in der Region den Leuten vor Ort gehört und sie als Kunden zugleich die Versorgung mit Finanzdienstleistungen damit absichern können (Identitätsprinzip). Es ist somit keine Abhängigkeit von Finanzdienstleistungsanbietern gegeben, die von heute auf morgen entdecken bzw. entscheiden, dass ihre Tätigkeit in einer bestimmten Region nicht mehr die geforderte oder als Ziel angepeilte Rendite für einen Kapitalgeber bringt, sondern es kann in Verfolgung des Förderauftrags der Mitglieder auch eine Finanzierung erfolgen, die eine Kommerzbank aus betriebswirtschaftlicher Sicht nicht mehr machen würde.

Kommerzbanken sehen ihre Stärken in der alleinigen Verfolgung des Shareholder-Value-Prinzips. Sie verfolgen im Gegensatz zu Genossenschaftsbanken oder Sparkassen eine reine Gewinnmaximierung, um den Investor „bei Laune zu halten". Die von Analysten und

Investoren angestrebte kurzfristige Gewinnmaximierung ist in der jetzigen Krise gescheitert.

Unbeeindruckt vom Strategie-„Zick-Zack" mancher Großbanken (Rückzug/Teilrückzug aus dem angeblich nicht lohnenden Retailgeschäft, Rückzug aus dem Filialgeschäft, Rückzug aus der KMU-Finanzierung mit jeweils folgender Kehrtwendung) sichern die Volksbanken seit 150 Jahren nachhaltig die Finanzierung des Mittelstandes, des Rückgrats der österreichischen Wirtschaft.

1.3. Geschäftsmodell von EU-Parlament anerkannt

Die 4.500 europäischen Genossenschaftsbanken haben einen Marktanteil von 20 %. 140 Millionen Kunden, 47 Millionen Mitglieder, 730.000 Mitarbeiter. Das Europäische Parlament anerkennt die Spezifika unseres Geschäftsmodells.

Die Parlamentarier verabschiedeten am 5. Juni 2008 den Pittella-Bericht[5], in dem sie ausdrücklich feststellten, dass Genossenschaftsbanken einen wichtigen Beitrag zur Finanzierung der lokalen Wirtschaft, zur Erschließung des regionalen Entwicklungspotentials und zum Zugang zu den Finanzdienstleistungen für alle Verbraucher leisten.

Das Europäische Parlament unterstrich auch schon im Jahr davor die Vorteile der Zusammenarbeit von Kreditinstituten in dezentralen Netzwerken für Wirtschaft und Verbraucher in den Regionen. Die EU-Kommission war in ihrem im Jänner 2007 veröffentlichten Abschlussbericht zur Sektoruntersuchung im Retail-Bankgeschäft[6] davon ausgegangen, dass bestimmte Aspekte der Kooperation zwischen dezentral vernetzten Banken den Wettbewerb beschränken und den Eintritt neuer Marktteilnehmer verhindern könnten.

In dem am selben Tag verabschiedeten Karas-Bericht[7] zum Finanzdienstleistungsmarkt für Privatkunden wird die Koexistenz verschiedener Anbieter in der EU mit ihren unterschiedlichen Rechtsformen und Geschäftsmodellen sowie deren Beitrag zur europäischen sozialen Marktwirtschaft und zur Stabilität des Finanzsystems gewürdigt.

---

5 Europäisches Parlament (2008), Bericht über den Wettbewerb: Untersuchung des Retail-Bankgeschäfts (2007/2201 (INI)).

6 Europäisches Parlament (2007), Bericht über den Wettbewerb: Untersuchung des Retail-Bankgeschäfts (2007/2201 (INI)). Vgl. auch: Cooperative Banks and Financial Stability, IMF Working Paper WP/07/2.

7 Europäisches Parlament (2008), Änderungsanträge 1-86, Entwurf eines Berichts, Änderungsantrag 66.

Das IMF-Arbeitspapier[8] ist in seinen Aussagen mehrdeutig. Sein Fazit, wonach Genossenschaftsbanken für stabiler eingeschätzt werden als (nicht-genossenschaftlich verfasste) Geschäftsbanken, kann von uns nur begrüßt werden. Beuthien et al. stellen in ihren „Anmerkungen zu diversen internationalen Entwicklungen" fest: „Nachdenklich mag aber die weitere, pauschale Feststellung machen, *dass dort, wo Geschäftsbanken ohnehin schon schwach sind, sie noch schwächer sind, wenn es vor Ort/ in der Region eine hohe Präsenz von Genossenschaftsbanken gibt.* Ist das als Kompliment oder als – offene oder versteckte – Kampfansage an die genossenschaftliche Förderwirtschaft und/oder ihr spezielles Verbundsystem zu werten? Das hängt ab von den identifizierten bzw. behaupteten Ursachen und erschließt sich erst bei näherer Analyse des Arbeitspapiers. Zentrale Aussagen sind dort: Genossenschaftsbanken weisen eine größere Stabilität auf, da die Volatilität ihrer Renditen deutlich geringer ist als bei Geschäftsbanken. Grund hierfür sei, dass sie in schlechten Geschäftsjahren nicht wie eine Geschäftsbank ihren Gewinnausweis verringern müssen, sondern die Förderleistungen gegenüber ihren Mitgliedern als Puffer verwenden können. Darüber hinaus sorge das Sicherungssystem innerhalb des genossenschaftlichen Bankenverbunds für einen zusätzlichen Stabilitätsfaktor. Die größere Stabilität der Genossenschaftsbanken gegenüber den Geschäftsbanken ist danach also vorrangig in einer anderen Zielstellung begründet. Während die Geschäftsbanken gewinnorientiert seien, verfolgten Genossenschaftsbanken das Ziel der Fördermaximierung gegenüber ihren Mitgliedern."[9]

Die Bewertung des Europäischen Parlaments allerdings zeigt, dass man in EU-Europa erkannt hat, wie wichtig dezentrale genossenschaftliche Bankengruppen für die Regionen sind und dass ihre Existenz vielerorts überhaupt erst den Wettbewerb im Bankgeschäft ermöglicht.

8 Cooperative Banks and Financial Stability, IMF Working Paper WP/07/2.

9 *Beuthien, Volker, Hanrath, Stephanie, Weber, Heinz-Otto*, Mitglieder-Fördermanagement in Genossenschaftsbanken. Analysen, Erläuterungen und Gestaltungsempfehlungen aus ökonomischer, rechtlicher und steuerlicher Sicht, Göttingen 2008, S. 24.

2. Finanzkrise – Wirtschaftskrise – Vertrauenskrise

Das waren die Themen, die uns 2008 und 2009 bewegt haben. Man kann es noch dramatischer formulieren: Es war und ist eine Welt-Finanzkrise, aus der eine Welt-Wirtschaftskrise wurde. Und diese Krise hat uns selbst schmerzlich getroffen – Stichworte: Kommunalkredit und Österreichische Volksbanken-AG (ÖVAG).

Manche Kommentatoren haben behauptet, dass es keine Liquiditätskrise gegeben habe, sondern „*nur*" eine Vertrauenskrise, da die Liquidität bei der Europäischen Zentralbank „geparkt" war. Möglicherweise hat dies für Großbanken der Dimension „to big to fail" gegolten. Ganz klar kann gesagt werden, dass es sich um eine Vertrauenskrise zwischen den Großbanken (ge-)handelt (hat) und nicht um eine Vertrauenskrise bei den Regionalbanken. Bei den Regionalbanken hat es keine Vertrauenskrise gegeben, weil Geschäftsleiter und Mitarbeiter ihre Kunden und Mitglieder kennen und weil unsere Regionalbanken keine Kredite vergeben an Leute, die sie nicht kennen. Kunden und Mitglieder wiederum vertrauen „ihren" Geschäftsleitern, FilialleiterInnen und BeraterInnen. Das belegen die Ergebnisse der Kundenzufriedenheits-Messungen von GfK eindeutig: Die dezentralen Sektoren liegen seit Jahren im Spitzenfeld der Kundenzufriedenheit. Konkret sind die Volksbanken seit über einem Jahrzehnt Sieger in der Kundenzufriedenheit und haben in den letzten beiden Jahren die Nummer 1-Position im „Recommender-Award" des Finanzmarketingverbandes errungen.

2.1. Die Ursachen der Krise

Sind wir erst am Anfang oder haben wir das Gröbste schon überstanden? Wir alle können nur Mutmaßungen anstellen, an welchem Punkt im zeitlichen Verlauf der Krise wir uns derzeit befinden. Ist es überhaupt eine einzige Krise oder überlagern sich mehrere Konjunkturzyklen mit unterschiedlich langen Verläufen? Trotz vieler unbeantworteter Fragen lassen sich bereits einige Ursachen der Krise angeben.

Die Ursachen für diese Welt-Krise können u.a. auf drei Ebenen geortet werden:

2.1.1. *Die moralisch-ethische Ebene*[10]

Auf dieser Ebene kommt das große G „ins Spiel". Der „Spiegel" hat es in seiner Titelgeschichte treffend „Das Prinzip GIER" benannt[11]. Das System der Boni für manche Topmanagergehälter mancher internationaler Großunternehmen hat „in die falsche Richtung geführt und Kurzfristmentalität, übertriebene Risikofreudigkeit, Anspruchsdenken und letztlich Geldgier gefördert."[12], hat die Neue Zürcher Zeitung vor einiger Zeit richtig erkannt. Gertrud Höhler sagt treffend, „Gier ist entgleistes Verlangen"[13].

2.1.2. *Die ökonomische Ebene*

2.1.2.1. *Eine Kultur des zügellosen Liberalismus*

Eine weitere Ebene ist die ökonomische. Dabei ist zuvorderst auf die Kultur hinzuweisen, die das alles ermöglicht hat, eine Kultur des zügellosen Liberalismus, einer zügellosen Marktwirtschaft, die nur den reinen Shareholder-Value im Auge hatte, ohne jede moralische Verantwortung.

Diese Kultur hat sich auch Plattformen zur Umsetzung ihrer Vorstellungen geschaffen wie den Washingtoner Consensus[14] und das GATT-Abkommen[15].

Fredmund Malik sagt dazu: „Die heutige Situation ist die Folge einer völlig fehlgeleiteten Unternehmensführung aufgrund des Shareholder-Value-Denkens, das impliziert, Unternehmen seien da, um reiche Leute noch reicher zu machen. So kam es zu falschen Bankenstrate-

---

10 In dem Aufsatz „Regula Benedicti und Ökosoziale Marktwirtschaft" in: Gewerbliche Genossenschaft 2/2009, Wien 2009, S. 8 ff., zeige ich, dass mit der Suche nach dem rechten Maß, mit dem Maßhalten im Sinne der Regeln des Hl. Benedikt, eine klare Abgrenzung zu Betrug, Gier und Habsucht und damit eine ethische Plattform gefunden werden kann.

11 Vgl. „Spiegel" Nr. 20 vom 11. Mai 2009.

12 *Amstutz, Max D.*, Am System der Boni ist vieles faul, in: Neue Zürcher Zeitung, 28. Oktober 2008, S. 13.

13 *Höhler, Gertrud*, Jenseits der Gier. Vom Luxus des Teilens, Berlin 2005, S. 21.

14 1990 wurden im Washingtoner Consensus vom Internationalen Währungsfonds und von der Weltbank wirtschaftspolitische Maßnahmen vorgeschlagen, die Regierungen zur Förderung von wirtschaftlicher Stabilität und Wachstum durchführen sollen.

15 Das **G**eneral **A**greement on **T**ariffs and **T**rade (Allgemeines Zoll- und Handelsabkommen) aus dem Jahr 1947 legt fest, welche Zölle und andere Handelshindernisse abgebaut werden müssen.

gien, kurzfristigem Denken, das zu schlechter Personalpolitik führte und geldgetriebene Manager an die Spitze der Unternehmen brachte.“[16]

Gier und Größenwahn, Habgier und Realitätsverlust haben das entscheidende Kapital der Geld- und Kapitalmärkte – nämlich Vertrauen und Glaubwürdigkeit – radikal in Frage gestellt.

2.1.2.2. Bevorteilung einzelner Anspruchsgruppen

In den letzten Jahren wurde vergessen, dass einzelne Anspruchsgruppen nicht übervorteilt werden dürfen. Die marktwirtschaftliche Balance soll gewahrt bleiben.

Gerade bei der Gewinnverteilung bzw. bei der Verteilung des unternehmerischen Erfolges zwischen Investoren = Eigentümer, Mitarbeiter und Kunden ist eine entsprechende Balance erforderlich. Einzelne Anspruchsgruppen dürfen daher ihre Ansprüche nicht zu Lasten anderer Gruppen überziehen. Gewinnstreben per se ist legitim und nicht unanständig. Worauf es ankommt: Wie werden Gewinne erzielt und wie werden sie verteilt?[17] Worauf es auch ankommt: Entsteht Schaden oder Nutzen für Dritte? Denn mit Gewinnen können Innovationen gefördert, Arbeitsplätze gesichert, persönliche Entwicklungen finanziert und eine Unternehmenskultur gefestigt werden, die das Wohl des Mitarbeiters zum Ziel haben.

2.1.2.3. Prozyklizität durch IFRS und Basel II

Weitere Ursachen sind

- die Bilanzierungsregeln IFRS, die ausschließlich auf Shareholder-Value-Prinzipien ausgerichtet sind und nur die Interessen der Investoren berücksichtigen, nicht jedoch den Unternehmenszweck von Genossenschaften, aber auch nicht von österreichischen Aktiengesellschaften. Die Vorschriften des HGB entsprechen den österreichischen Rechtsformen besser.
- die prozyklischen Basel II-Bestimmungen. „Basel II verstärkt die(se) Kontraktion der Bilanzen ein weiteres Mal, in dem es

16 „Das Debakel kommt erst“, Interview mit Fredmund Malik, in: Weltwoche Nr. 45 vom 6. November 2008, S. 54.

17 Vgl. dazu *Hofinger, Hans*, Regula Benedicti und Ökosoziale Marktwirtschaft, in: Gewerbliche Genossenschaft 2/2009, Wien 2009, S. 16 und auch den Bericht von *Steindl, Clemens*, Gewinn versus Gewissen. Sind Ethik und Gewinn vereinbar?, in: Gewerbliche Genossenschaft 9/2007, Wien 2009, S. 22-24 über den Vortrag von H. Hofinger in Altenburg.

> nach dem IRB-Ansatz fordert, dass ... regulatorisch veranlasste Deckungslücken mit zusätzlichen Eigenmitteln aufgefüllt werden. Solche Eigenmittel sind in der Krise aber nur schwer erhältlich – sodass die letztlich wiederum krisenverschärfende Antwort nur lauten kann: weitere Kreditzurückhaltung, weiterer Verkauf von Assets mit Inkaufnahme neuer Wertberichtigungen und zusätzlicher Eigenmittelschäden“[18].

2.3. Die institutionelle Ebene

Nobelpreisträger Joseph Stiglitz sieht die Ursachen für die Finanzkrise als Ausfluss längerfristiger makroökonomischer Entwicklungen. Seiner Ansicht nach „wurde die Asienkrise 1997/98 vom Internationalen Währungsfonds falsch angepackt. Aufgrund ihrer damaligen schlechten Erfahrungen haben die Schwellenländer Asiens riesige Devisenreserven als Versicherung angehäuft; sie flossen als Finanzanlagen in die USA zurück und halfen dort, das riesige Bilanzdefizit zu finanzieren“. [19]

2.3.1. Flutung der Märkte mit billigem Zentralbank-Geld

Die FED überflutete in der Ära von Alan Greenspan die Märkte mit billigem Geld, um selbst geschaffene Blasen wie die Internet-Blase von 2000/2001 und die Auswirkungen von 9/11 abzuflachen[20]. Die Folge: Eine verzweifelte Suche nach Überrenditen, die zu einer enormen Zunahme von sich gegenseitig aufschaukelnden Risken führte, deren negative Auswirkungen auf die US-Ökonomie und die globale Wirtschaft man nicht verstand. So entwickelte sich der Markt für Credit Default Swaps (CDS)[21] im Jahr 2000 von 100 Mrd. USD bis zum Sommer 2007, dem Höhepunkt dieses Marktes, auf 62 Billionen USD.[22]

---

18 *Stadler, Wilfried*, Wie konnte das geschehen? Zu den systemischen Ursachen der Finanzmarktkrise, in: conturen 1/09, Brunn/Geb. bei Wien, S. 26 f.

19 Interview mit Joseph Stiglitz, „Neue Regulierungsbehörden sollen Exzesse verhindern“, in Neue Zürcher Zeitung, 6.September 2008, S. 13.

20 Ausführlich dazu *Hofinger, Hans, Fritzl, Hermann*, Prolegomena zur Bewertung der Finanzkrise und der Staatseingriffe, in: Gewerbliche Genossenschaft 9-10/2008, Wien 2008, S. 2 ff sowie zur Suprime-Krise im Lichte der Hayek'schen Konjunktur- und Geldtheorie, ebenda, S. 10-11.

21 Ausführlich zu Funktion, Bedeutung und Informationsgehalt von CDS die Deutsche Bundesbank in ihrem Monatsbericht vom Dezember 2004.

22 *Foroohar, Rana*, A New Age of Global Capitalism Starts Now, in: Newsweek, October 13, 2008, S. 27.

Das entspricht drei Viertel des Volumens aller Anleihen.[23] Die so wie der US-Staat ebenfalls gigantisch überschuldeten US-Haushalte glaubten, sich aufgrund des billigen Geldes die Überschuldung dauerhaft leisten zu können.

2.3.2. Fehlende Rahmenbedingungen und Regeln

Märkte können nicht aus sich heraus ins Gleichgewicht kommen, wenn die Rahmenbedingungen und Regeln nicht stimmen.

- 2004 hat die Börsenaufsicht SEC bei Investmentbanken die traditionelle Begrenzung von 12:1 im Verhältnis Fremdkapital zu Eigenkapital aufgehoben. Im Herbst 2008 hatte Morgan Stanley einen Leverage-Wert von 33:1 sowie Goldman Sachs und Merrill Lynch von je 28:1.[24]
- Keinerlei Regulierung für einen zunehmend größeren Teil der Finanzwirtschaft, eine **Schatten-Finanzwirtschaft in Form von Hedgefonds und Private-Equity-Gesellschaften**, die wettbewerbsverzerrend aus Steuer-Oasen operieren können. Obwohl bereits 1997 die Transaktionen des Nobelpreisträger-Hedgefonds LTCM das Welt-Finanzsystem nahe an den Abgrund gebracht hatten, erfolgte keine Regulierung der Hedgefonds und Private Equity-Gesellschaften.
- Keine Beaufsichtigung der Ratingagenturen bzw. keine Vorschriften für die Beaufsichtigung der Ratingagenturen.

2.4. Die Krise verändert die Rahmenbedingungen und die Akteure

Die Weltwirtschaftskrise verändert das Bankgeschäft und die Realwirtschaft. Wir können nicht so tun, als ob nach Ende der Krise alles wieder so sein wird wie vorher. Die Welt wird anders sein:

- Die Industrie wird geschwächt
- Der Dienstleistungssektor gestärkt
- Banken werden konservativer sein
- Einige Mitbewerber wird es nicht mehr geben
- Bei Industrieprodukten werden wir weiterhin deflationäre,

---

23 *Andritzky, Jochen*, Die Finanzmarktkrise stellt Kreditderivate auf den Prüfstand, in: Neue Zürcher Zeitung, 30. September 2008, S. 13.

24 *Foroohar, Rana*, A New Age of Global Capitalism Starts Now, in : Newsweek, October 13, 2008, S. 26 f.

- Im Dienstleistungssektor inflationäre Tendenzen sehen
- Die Arbeitslosigkeit wird stark zunehmen
- Ein Turbo-Steuersystem zum Abbau der Staatsschulden ist zu erwarten

Wann das Ende der Krise erreicht sein wird, lässt sich derzeit noch nicht absehen, obwohl sich einige Hoffnungsschimmer zeigen. In einer vernetzten Welt kann von unerwarteter Seite ein Problem auftauchen und wellenartig eine Vielzahl von Akteuren erfassen. Wir werden daher noch einige volatile Auf- und Abwärtsbewegungen an den Märkten erleben. Es kann noch einige Hochschaubahnfahrten geben, bevor es ruhiger wird. Es kann auch gut sein, dass wir uns auf den Märkten auf eine langjährige Seitwärtsbewegung einstellen müssen.

3. „Aus Missio wird die gestaltende Kraft der Visio" – Überlegungen zur Zukunft des Volksbanken-Verbundes

Die Bilanzsumme der Volksbank-Gruppe betrug 2008 71,3 Mrd. EUR. Die Volksbank-Gruppe beschäftigte europaweit 14.000 Mitarbeiter, davon 7.050 Mitarbeiter in Österreich.

Die 62 **Volksbanken** (Primärstufe) sind regionale Genossenschaftsbanken mit einer 160-jährigen Tradition, verstehen sich als finanzielle Nahversorger und weisen österreichweit ein dichtes Bankstellennetz auf. Die rechtlich selbstständigen Volksbanken stehen im Eigentum von einer halben Million Österreicherinnen und Österreichern. Jede einzelne Volksbank ist eine Regionalbank mit starker lokaler Verankerung und betreut vor Ort als Universalbank ihre Kernzielgruppen Klein- und Mittelbetriebe und Privatkunden.

Die **Österreichische Volksbanken-AG (ÖVAG)** ist das Spitzeninstitut der Volksbanken und ist mehrheitlich im Eigentum der regionalen Volksbanken. Weitere Eigentümer sind die DZ-Bank, das Spitzeninstitut des deutschen Genossenschaftssektors, mit 25 % und einer Aktie, die Ergo-Versicherung, eine Tochter der Münchener Rückversicherung, die in Österreich unter dem Markennamen „Victoria-Volksbanken" auftritt, mit 10 % und die RZB, das Spitzeninstitut von Raiffeisen, mit 6,1 %, und 0,7 % befinden sich in Streubesitz.

Als Spitzeninstitut ist die ÖVAG für das Liquiditätsmanagement, die Konsortialkredite, die Emission von Wertpapieren u.v.m. zuständig. Der **ÖVAG-Konzern** beinhaltet Unternehmen quer durch die Finanzbranche mit den Segmenten Unternehmen, Immobilien, Retail im In- und Ausland sowie Treasury.

Die **Volksbank International**, an der die Mitglieder der Internationalen Volksbanken-Vereinigung (CIBP) BFBP aus Frankreich und DZ-Bank sowie WGZ-Bank aus Deutschland beteiligt sind, ist in Mittel- und Osteuropa in folgenden Ländern vertreten: Slowakei, Tschechien, Ungarn, Slowenien, Kroatien, Rumänien, Bosnien-Herzegowina, Serbien und Ukraine.

3.1. Redimensionierung und Restrukturierung des ÖVAG-Konzerns

Staatlich unterstützte Banken müssen sich auf strikte Auflagen der EU-Wettbewerbsaufsicht gefasst machen. Maßgebend sind dabei drei Grundsätze: Erstens müssen staatlich unterstützte Banken langfristig ohne weitere Hilfe des Staates rentabel arbeiten können. Zweitens müssen sich staatlich unterstützte Banken und ihre Eigentümer angemessen an den Umstrukturierungskosten beteiligen. Und drittens müssen Maßnahmen ergriffen werden, um Wettbewerbsverzerrungen auf dem Binnenmarkt zu begrenzen[25].

Wir haben uns auf die geänderten Rahmenbedingungen eingestellt und personelle und strategische Konsequenzen gezogen.

3.1.1. Redimensionierung durch Abgabe der Kommunalkredit

Die Kommunalkredit Austria war eine Spezialbank für die Finanzierung der öffentlichen Hand, insbesondere der Gemeinden und Länder mit einem Investitionsvolumen von rd. 1 Mrd. EUR pro Jahr. Das Fördermanagement der Bank wurde von 100 % der heimischen Gemeinden genützt. Zudem war die Kommunalkredit führend in der Finanzierung der Bundesländer und einer der wichtigsten Partner für öffentlichkeitsnahe Unternehmungen. Weiters fungierte die Kommunalkredit als Treuhänder und Manager für den Umwelt- und Wasserwirtschaftsfonds der Republik Österreich sowie als Agentur für sämtliche Umweltförderungen (Investitionsvolumen rd. 1 Mrd. EUR pro Jahr).

Die Kommunalkredit stand zu 50,78 % im Eigentum der ÖVAG, zu 49 % im Eigentum von Dexia und zu 0,22 % im Eigentum des Österreichischen Gemeindebundes.

25 Pressemitteilung der EU-Kommission vom 23. Juli 2009: Staatliche Beihilfen: Kommission veröffentlicht Erläuterungen zu Umstrukturierungsbeihilfen für Banken.

Das Geschäftsmodell der Kommunalkredit – langfristige Kredite kurzfristig und aufgrund des guten Ratings günstig zu refinanzieren – funktionierte in der Finanzmarktkrise nicht mehr. Mit der Republik Österreich als Gesellschafter sollten sowohl das Rating stabilisiert als auch die Refinanzierungskosten optimiert werden und daher wurde die Bank abgegeben.

Die Abgabe der Kommunalkredit um einen symbolischen Euro und diverse Abschreibungen wie die Europolis durch das Spitzeninstitut wirkten sich auf die Ergebnisse der gesamten Gruppe deutlich aus. So betrug die Bilanzsumme des ÖVAG-Konzerns im Jahr 2007 noch 78,6 Mrd. EUR und kürzte sich durch die Abgabe der Kommunalkredit um ein Drittel auf 52,9 Mrd. EUR im Jahr 2008. Die Abgabe der Kommunalkredit war nicht nur ein schmerzlicher finanzieller Verlust, sondern auch ein persönlicher Verlust.

3.1.2. Neue Balance zwischen ÖVAG und Primärstufe

Die Volksbank-Gruppe ist ein dezentraler, föderaler und auf dem Prinzip der Subsidiarität aufgebauter genossenschaftlicher Verbund, an dessen Spitze die Volksbanken, nicht die ÖVAG, stehen. Die Muttergesellschaften sind die Volksbanken. Die Österreichische Volksbanken-AG (ÖVAG) ist als genossenschaftliche AG eine Tochtergesellschaft. An die ÖVAG ist der genossenschaftliche Konzern angegliedert.

Der Förderauftrag der ÖVAG ist klar und eindeutig definiert. Er ist die Erfüllung und Umsetzung der Spitzeninstitutsfunktion, wie sie in Gesetzen (z.B. BWG), in der Satzung der ÖVAG, in Geschäftsordnungen, aber auch in der Satzung des ÖGV oder in den „Grundsätzen ordnungsgemäßer Geschäftsführung“ (GOG) normiert sind.

In concreto bedeutet das, dass die förderwirtschaftlichen Spitzeninstitutsaufgaben den anderen Geschäftsbereichen vorgehen. Das neue Geschäftsmodell der ÖVAG kann als „vorausschauende Rückbesinnung“ bezeichnet werden[26], da es eine Rückbesinnung auf die Spitzeninstitutsaufgaben[27] geben wird:

---

26 „coincidenc oppositorum“ nach dem spätmittelalterlichen deutschen Theologen Nicolaus Cusanus.

27 Vgl. zur Spitzeninstitutsfunktion der ÖVAG ausführlich *Hofinger, Hans*, Die ÖVAG und ihr genossenschaftlicher Konzern. Spitzeninstitutsfitness geht vor Börsenfitness, in: Gewerbliche Genossenschaft 9/2006, Wien 2006, S. 2 ff.

- Konsortialkredite
- Treasury
- Wertpapierbereich
- Verbund-IT / Organisation und Verbundmarketing
- Zahlungsverkehr

Diese Spitzeninstitutsfunktionen sollen in Koordination mit dem Österreichischen Genossenschaftsverband (Schulze-Delitzsch), dem Dachverband der Volksbanken, und unter Vermeidung von Zweigleisigkeiten erfolgen.

Die Kommerzbank-Funktion der ÖVAG ist eine subsidiäre Kernaufgabe auf den beiden Geschäftsfeldern

- Corporates
- Internationales Geschäft

Die enge Verbindung von regionalen Volksbanken und ihrem Spitzeninstitut ÖVAG ist für den Markterfolg der gesamten Gruppe entscheidend. Die regionalen Volksbanken sind u.a. im Liquiditätsmanagement und als Produktlieferant auf die ÖVAG angewiesen. Daher war es ganz logisch, im Sinne des genossenschaftlichen Prinzips der Selbsthilfe ein Modell zu entwickeln, das die Eigentümer eng und solidarisch an der Kapitalaufbringung für die ÖVAG einbindet. Ganz im Sinne der EU-Kommission, die ja eine angemessene Beteiligung der Eigentümer an der Restrukturierung vorsieht. Dieses „Modell der Regionen" geht davon aus, dass die Kernaufgabe der ÖVAG ihre Funktion als Spitzeninstitut ist, d.h. die Servicierung der regionalen Volksbanken steht an oberster Stelle.

Daher sollen die Retailbanken der ÖVAG – die Volksbank Wien, die VB Linz-Mühlviertel und die Ärztebank – von den regionalen Volksbanken aus der ÖVAG herausgekauft werden. Die drei genannten Banken sollen dann ehestmöglich ihre Kunden als Miteigentümer und Investoren gewinnen und die Beteiligungen der Volksbanken reduzieren.

Weiters sollen aus dem Konzern der ÖVAG die Immo-Bank und die VB Factoring in den Verbund eingegliedert werden – diese sollen im Eigentum aller Volksbanken stehen und in enger Zusammenarbeit mit der ÖVAG und den Volksbanken österreichweit operieren. Diese beiden Banken sollen ebenfalls von den regionalen Banken aus der ÖVAG herausgekauft werden.

Laut interner Bewertung dürften die fünf Banken 220 bis 230 Mio. EUR Wert sein. Damit dürfte sich die ÖVAG etwa 250 Mio. EUR an

Kernkapital ersparen. Die kumulierte Bilanzsumme der fünf Banken betrug 4,9 Mrd. EUR per Ende 2008 – ein Herauskauf würde die Bilanzsumme des ÖVAG-Konzerns um diesen Wert verringern und dem genossenschaftlichen Identitätsprinzip entsprechen. Darüber hinaus wäre mit den neuen Größenordnungen von Primärstufe und ÖVAG eine neue Balance zwischen Spitzeninstitut und Primärstufe erreicht.

Die fünf Institute – Volksbank Wien, Volksbank Linz, Ärztebank, die VB Factoring und die Immo Bank – könnten selber wieder Anteile am Spitzeninstitut zeichnen bzw. PS-Scheine übernehmen und so dazu beitragen, dass der Volksbanksektor möglichst rasch das staatliche Partizipationskapital zurückzahlen kann.

Der Staat hat 1 Mrd. EUR PS-Kapital gezeichnet, das von der ÖVAG in drei Tranchen 2012, 2015 und 2018 zurückgezahlt werden muss. Sollte dies nicht möglich sein, hätte der Staat ein Wandlungsrecht, könnte also als Eigentümer einsteigen, allerdings frühestens 2012, wenn die erste Tranche über 300 Mio. EUR fällig wird.

Ziel ist es, das staatliche Geld, das mit 9,3 % verzinst ist, so rasch wie möglich zurückzuzahlen und den 58 %-igen Anteil der Primärbanken an der ÖVAG zu halten.

3.2. Neustrukturierung der ÖVAG – Investkredit

Derzeit werden drei Varianten diskutiert:

- eine hundertprozentige wirtschaftliche Einbindung der Investkredit in die Volksbanken-AG;
- die Fusion zwischen ÖVAG und Investkredit;
- die Rückführung der Spitzeninstitutsfunktionen, die die Investkredit übernommen hat, wie z.B. das Konsortialgeschäft in die ÖVAG.

Die Bewertung der Varianten ist im Gange, wobei neben sektorpolitischen Überlegungen vor allem auch betriebswirtschaftliche Überlegungen in Hinblick auf die Kernkapitalsituation eine wichtige Rolle spielen.

3.3. Volksbank International als Kundenbegleiter in MOE

Die Volksbank International hat die Aufgabe der Kundenbegleitung, nicht nur für die österreichischen Volksbanken, sondern für alle CIBP-Mitgliedsländer und sie übernimmt in den MOE-Ländern die Retailbanken-Funktion. Wir sind auch überzeugt, dass mit genossenschaftlichen Prinzipien das Kundengeschäft in den MOE-Ländern belebt werden kann. Den Kunden der österreichischen Volksbanken, aber auch der gesamten internationalen Volksbanken-Familie stehen mit den VBI-Banken Partner zur Verfügung, welche die gleiche Unternehmensphilosophie, -kultur und Geschäftspolitik verfolgen sowie die gleiche Kundenstruktur aufweisen wie die jeweiligen Volksbanken. Dies führt einerseits zu einer optimalen Betreuung der Kunden, andererseits auch zu Kosteneinsparungen und zu Synergieeffekten.

Mit den „International Desks" – den mehrsprachigen Kommerzkundenbetreuern – hat die VBI eine erste Anlaufstelle für ihre internationalen Kunden geschaffen. Grundgedanke ist es, dem Kunden eines Landes auch in anderen Staaten „Heimatgefühl" zu vermitteln und die Sicherheit, mit einer Bank gleicher Philosophie, gleicher Geschäftsausrichtung und Produktpalette wie bei seiner Heimatbank auch im Ausland zu „banken".

Ziel der VBI ist es, den Kunden entsprechend seiner Länderinteressen optimal vorbereitet an die Partnerbank des „Ziellandes" zu vermitteln und ihn zu begleiten. Er erhält eine umfangreiche Beratung in seinen Finanzgeschäften, aber auch Kerninformationen über steuerliche Besonderheiten, Förderprogramme, lokale Eigenheiten, mögliche Partner etc.

3.4. Volksbank-Quadrat Bank AG (VB^2): Eigenmittelaufbringung und Beteiligung am Verbund

Als erste dezentrale Bankengruppe in Österreich haben die Volksbanken 2005 ihren Kunden eine Beteiligung an ihren Aktivitäten in Form eines PS-Scheines, des Volksbank-Erfolgsanteils, angeboten. Mit dem Erwerb von Volksbank-Erfolgsanteilen der Volksbank-Quadrat Bank AG wurde jeder Investor indirekt Miteigentümer bei den Volksbanken der Gruppe, dem Spitzeninstitut ÖVAG sowie deren zahlreichen Tochtergesellschaften im In- und Ausland. Bis zur Emission von VB^2-PS war für Interessenten nur die Beteiligung an einer einzelnen Volksbank möglich und zwar vor allem über den Erwerb von Genossenschaftsanteilen.[28]

Die VB^2 plant für die nächste Zukunft weitere Emissionen, um Kunden und Mitglieder stärker am Gesamtverbund zu beteiligen.

28 Vgl. dazu ausführlich *Hofinger, Hans, Borns, Rainer*, Neue Wege der Eigenmittelaufbringung. Volksbank-Quadrat Bank AG und Partizipationskapital, in: Gewerbliche Genossenschaft 4/2006, Wien 2006, S. 2 ff.

3.5. „Livebank“: Erschließung zusätzlicher Potentiale

Mit einer Direktbank können zusätzliche Potentiale erschlossen werden. Die Volksbank Kufstein führt als Projektführer des Sektors eine Direktbank, die „Livebank“, die seit längerer Zeit erfolgreich am Markt präsent ist. Im Zuge der Restrukturierung der ÖVAG bietet sich die Eingliederung der Livebank in den ÖVAG-Konzern an oder die Anbindung an eine Volksbank. In beiden Varianten könnte eine Mehrmarkenstrategie „gefahren“ werden. Dabei sollen alle Primärbanken auf freiwilliger Basis liquiditäts-, kosten- und ertragsbeteiligt werden, nach einem einfachen Schlüssel, nämlich der Zuteilung des Kunden zu einer Volksbank nach den Postleitzahlen des Einzugsgebietes der Bank. Dieses Livebank-Modell entspricht sowohl dem genossenschaftlichen Subsidiaritätsprinzip als auch dem Regionalitätsprinzip: Subsidiär ist das Modell, weil ein Verbundunternehmen die Vertriebsfunktion für alle angeschlossenen Volksbanken besser wahrnehmen könnte; es entspricht dem Regionalitätsprinzip, da die Liquidität wieder in die Region zurückfließt, aus der der Kunde kommt.

3.6. Volksbank-Primärstufe: Genossenschaftsbanken sind populär, weil sie kundennah sind

Die gegenwärtige Situation zeigt die essentielle Bedeutung der genossenschaftlichen Bankensäule mit einem von den übrigen Bankengruppen abweichenden Geschäftsmodell.

Die internationale Oliver Wyman-Studie[29], beauftragt von der European Association of Co-operative Banks (EACB), belegt die Zukunftsfähigkeit des genossenschaftlichen Geschäftsmodells. Genossenschaftsbanken punkten mit Kundennähe, Leistung und Sicherheit; sie sind die finanziellen Nahversorger. Bei der Qualität der Bankdienstleistungen spielen sie im europäischen Vergleich ganz vorne mit.

Genossenschaftsbanken bringen in ihrem Konzept und in ihrer Strategie zum Ausdruck, dass sie neben der Verantwortung für die Eigentümer und Kunden auch die Verantwortung für die Mitarbeiter haben – bis hin zur Verantwortung für die Region[30].

---

29 Die Studie „Cooperative Bank:Customer Champion“ steht im Original auf der Website von Oliver Wyman Consulting zum Download zur Verfügung: http://oliverwyman.com/pdf_files/OW_en_2008_Cooperative Bank.pdf. Ein Interview mit einem der Hauptautoren, Mark Weil, findet sich im ÖGV-Jahresbericht 2007, S. 16 f.

30 Vgl. dazu detaillierter *Hofinger, Hans*, Member-Value-Mangement: Der

Das heißt nicht, dass die Mitarbeiter bei den Genossenschaftsbanken eine Art „Arbeitsplatzgarantie“ haben. In wirtschaftlich schwierigen Zeiten kann es zu Mitarbeiterfreisetzungen kommen, aber es soll nicht zu Mitarbeiterfreisetzungen kommen, wenn es nur um gewisse ROE-Ziele geht.

Es muss unbestritten sein, dass auch die genossenschaftlichen Regionalbanken entsprechende Erträge erwirtschaften können. Nicht umsonst hat sich der österreichische Volksbankensektor in den Grundsätzen ordnungsgemäßer Geschäftsführung als betriebswirtschaftliches Ziel eine nachhaltige Ertragskraft von 1 %, gemessen an der Bilanzsumme, gesetzt.

Der Gewinn ist Voraussetzung, um die Interessen aller Anspruchsgruppen befriedigen zu können.

Genossenschaftsbanken haben zumeist eine höhere Stellendichte als ihre kommerziellen Mitbewerber und versorgen weniger Kunden pro Stelle. Das mögen manche als Ineffizienz auslegen, aber es belegt, dass Genossenschaftsbanken im wahrsten Sinn des Wortes „zugänglicher“ sind als andere und dass sie sich mehr Zeit für ihre Kunden und Mitglieder nehmen. Die erwähnte Livebank ist dazu als Ergänzung anzusehen.

Sie sind auch sehr aktiv in der Unterstützung ihrer jeweiligen Region und geben als Arbeitgeber, Ausbilder und Steuerzahler sowie durch Unterstützung und Sponsoring verschiedenster Vereine und Aktivitäten ihrer Region und damit ihren Mitglieder-Kunden eine Menge zurück, was wieder zu einem engen Vertrauensband zwischen Bank und Region führt.

3.6.1. Genossenschaftsbanken überwinden die Informationsasymmetrie

Genossenschaftsbanken sind Kinder der Informationsasymmetrie zwischen Bank und Kunden. Im 19. Jahrhundert, als Banken über Kunden geringer Bonität wie Gewerbetreibende oder Großteile der ländlichen Bevölkerung keine genügenden Informationen hatten, war die Gründung von Genossenschaften, verbunden mit interner sozialer Kontrolle, der einzige Weg, wie Menschen mit geringer Bonität zu Finanzierungen kommen konnten.

Förderauftrag als Element der genossenschaftlichen Managementverantwortung, insbesondere S. 6 ff., in: *Rauter, Anton E., Schmidt, Michael* (Hrsg.), Management in Profit- und Non-Profit-Organisationen, Wien/Frankfurt 2001, insbesondere S. 6 ff.

Vorher waren sie im wahrsten Sinn des Wortes ausgeschlossen

- aufgrund mangelnder Transport- und Kommunikationsinfrastruktur,
- aufgrund der Informationsasymmetrie,
- aufgrund der rechtlichen Grundlagen,
- aufgrund der hohen Zinsen.

Genossenschaftsbanken haben dieses Marktversagen korrigiert und Menschen mit Bankprodukten versorgt, die vorher davon ausgeschlossen waren.

Die Informationsasymmetrie ist heute wieder da: Allerdings genau umgekehrt – je komplizierter die Bankprodukte werden, um so geringer ist die Informations„macht“ des Kunden. Einige Beispiele: Banken kennen die Vergangenheit ihrer Kunden, sie haben hochmoderne Analyse- und Prognoseinstrumente, sie teilen sich Daten über die Kreditrisken von Kunden, sie haben das Kredit-Scoring auf Basis von Verhaltensweisen.

3.6.2. Große Chancen für Genossenschaftsbanken

Die Chancen für Genossenschaftsbanken sind gerade jetzt groß. Die Finanzindustrie steht aufgrund der jüngsten Entwicklungen als Industrie mit einem schlechten Image da – Gier der Manager, millionenhohe Prämien sind wesentliche Kritikpunkte.

Bankprodukte werden immer komplexer und damit immer schwerer durchschaubar, die Volatilität nimmt zu – das führt zur mehrmals angesprochenen Informationsasymmetrie.

Genossenschaftsbanken zeigen einen anderen Weg, einen konsumentenorientierten Weg. Sie können Fragen nach Ethik und Ökologie glaubhaft beantworten. Die derzeitigen ökonomischen Rahmenbedingungen sind auch dem konservativen Weg der Genossenschaftsbanken förderlich: sie sind ein sicherer Hafen für Spareinlagen und traditionelle Investments, die ja auf Sicherheit und Langfristigkeit ausgerichtet sind.

Die Volksbank-Primärstufe ist weitgehend krisenresistent aufgestellt. Unsere Marke wird als jung und dynamisch empfunden – das zeigen interne Marktforschungsergebnisse.

Genossenschaftsbanken halten – unbeeindruckt von kurzfristigen Strategieentscheidungen anderer Häuser – an ihrer langfristigen Ausrichtung fest und tragen hierdurch entscheidend zur Sicherstellung der Kreditversorgung des Mittelstands bei.

Unser Geschäftsmodell wird aktueller denn je: Wenn weit entfernte Finanzkonglomerate ihre geschäftlichen Aktivitäten nur noch nach dem Prinzip der Profitmaximierung steuern und die Anliegen der Menschen in den Regionen vor Ort nicht mehr berücksichtigen können, sie den unmittelbaren Kontakt zu ihnen verlieren, so liegt es wieder im ureigenen Interesse der Menschen, sich in Verfolgung eines gemeinsamen wirtschaftlichen Ziels, nämlich der Sicherung der finanziellen Nahversorgung, zusammenzuschließen.

Abschließend noch die wesentlichen Leistungen einer Regionalbank für ihre Region:

- Die Entscheidungen werden in der Region getroffen.
- Das Kapital wird im Wesentlichen in der Region aufgebracht.
- Die Liquidität wird aus der Region beschafft.
- Die Kredite werden im Wesentlichen in der Region vergeben. Dadurch wird der regionale Geldkreislauf gestützt.
- Regionen, Kommunen, regionale Unternehmen und Vereine werden unterstützt – von der Feuerwehr über das Rotes Kreuz bis hin zu Kultur- und Sportveranstaltungen.

Das ist gelebte regionale Partnerschaft im Sinne unseres Leitbildes.

Fazit

Wir haben uns über mehr als 150 Jahre in schwersten wirtschaftlichen Krisen und in zwei Weltkriegen bewährt. Wir werden gemeinsam – Primärbanken, Spitzeninstitut und ÖGV – auch diese Weltwirtschaftskrise meistern.

Wir werden selbst bestimmt und selbst organisiert ein wichtiger Stützpfeiler finanzieller Grundversorgung des österreichischen Mittelstandes bleiben und auch weiterhin für Wettbewerb sorgen.

Nach dem Übermaß an Gier besteht nun die Gefahr einer Neid-Gesellschaft.[31] Die Reichen, die Banken und Versicherungen, der Staat – sie sollen zahlen, die sollen es richten. Das höre ich immer wieder. Damit wir die Krise schöpferisch bewältigen können – im Sinne der Freiheit und Verantwortung, wie Schulze-Delitzsch sie versteht –, müssen alle Anspruchsgruppen mitdenken, mitarbeiten und gemeinsam schöpferisch tätig werden.

31 Vgl. dazu: *Hofinger, Hans*, Regula Benedicti und Ökosoziale Marktwirtschaft, Die Gewerbliche Genossenschaft 2/2009, Wien 2009, S. 11 ff.

Der große liberale Ökonom und Nobelpreisträger Friedrich August von Hayek hat immer wieder darauf hingewiesen, dass: „Freiheit ohne tief eingewurzelte moralische Überzeugungen niemals Bestand hat und dass Zwang nur dort auf ein Mindestmaß herabgesetzt werden kann, wo zu erwarten ist, dass die Individuen sich in der Regel freiwillig nach gewissen Grundsätzen richten“[32]. Das scheint mir eine entscheidende Richtlinie für das Handeln in und nach dieser Krisenzeit zu sein.

Bankgeschäft ist und bleibt Vertrauenssache. Das zeigt die jetzige Weltwirtschaftskrise überdeutlich. Unser Motto lautet nicht umsonst: „Vertrauen verbindet“.

Das genossenschaftliche Businessmodell bietet eine unnachahmliche Balance der Erfordernisse moderner, globalisierter Marktwirtschaft und humaner Werte. Das macht uns einzigartig und das wird uns auch in Zukunft attraktiv machen. Allerdings werden wir verstärkt die Aufgabe zu erfüllen haben, die Stärken und Vorteile unseres Modells für die Lebensqualität der Menschen zu kommunizieren – unseren Kunden und Mitgliedern genauso wie unseren Mitarbeitern, prospektiven Kunden und auch der Finanzaufsicht im jeweiligen Land und bei der EU.

32 *Hayek, Friedrich August von*, Die Verfassung der Freiheit, Neuausgabe Tübingen 2005, S. 83.

Michael IKRATH

Die Zukunft der Sparkassen in der österreichischen Kreditwirtschaft[1]

Das Jahr 1997 als Meilenstein und Wendepunkt

Wer die aktuelle Situation und Position der österreichischen Sparkassengruppe verstehen will, muss ihre Geschichte seit dem Jahr 1997 kennen. Dieses Jahr war für diese wichtige Bankengruppe Österreichs ein Meilenstein und ein Wendepunkt zugleich. Am 12. Jänner erwarb die Bank Austria, die dank ihres Vorgängerinstitutes „Zentralsparkasse" damals noch eine Sparkasse war, überraschend die im Staatsbesitz befindliche Creditanstalt-Bankverein, die größte Aktienbank des Landes. Überraschend deshalb, weil sie erst kurz vor der Übernahme sozusagen handstreichartig als Kaufinteressent aufgetreten war. Bis dahin war in einem jahrelangen Privatisierungsprozess ein Konsortium, das sich rund um die andere Wiener Großsparkasse, nämlich die „Erste österreichische Spar-Casse", gebildet hatte, der favorisierte Übernahmekandidat gewesen. Zweifellos gaben für diese Entscheidung nicht so sehr wirtschaftliche als politische Gründe den Ausschlag[2].

Die Bank Austria war damals über ihre Anteilsverwaltungssparkasse AVZ auch Mehrheitseigentümer der GiroCredit, des Spitzeninstituts des Sparkassensektors. Aus wettbewerbspolitischen Erwägungen musste die Bank Austria diese Aktienmehrheit an die „Erste österreichische Spar-Casse" abtreten, deren soeben erst bestellter Vorstandsvorsitzender Andreas Treichl innerhalb weniger Monate die Fusion der beiden Institute zur Erste Bank der Oesterreichischen Sparkassen schaffte, die damit das neue Spitzeninstitut des Sparkas-

1 Der Autor dankt den Herren Milan Frühbauer und Alfred Paleczny für sachdienliche Hinweise.

2 Siehe dazu: Österreichischer Sparkassenverband: Die Sparkassen – Verantwortung für Wirtschaft und Gesellschaft. Wien 2005, S. 95 f. und 116 f.

sensektors wurde. Diese Fusion war insofern geboten, weil sich seit vielen Jahren abzeichnete, dass ein Nebeneinander von drei großen Wiener Instituten innerhalb des Sparkassensektors keine Zukunftsperspektive bot.

Die Bank Austria zog sich ab 1997 schrittweise aus dem Sparkassensektor zurück und trat schließlich im Oktober 2004 aus dem Sparkassenverband aus. Sie blieb aber bis zum heutigen Tag Mitglied des Fachverbandes der Sparkassen in der Wirtschaftskammer Österreich. Aus Gründen der Begriffsklarheit werden die Erste Bank und die Sparkassen in der Folge als Sparkassengruppe bezeichnet, der Begriff Sparkassensektor würde in der Kammerdefinition noch theoretisch die Bank Austria mit einschließen. Die Bank Austria entfernte sich geschäftspolitisch in der Folge aber völlig vom Sparkassenmodell und wurde unter ihrem damaligen Vorstandsvorsitzenden Gerhard Randa eine internationale Großbank, wenngleich die weitere Entwicklung ganz anders verlief, als es der Vorstand wohl damals geplant hatte.

Die Erste Bank verfolgte in den Jahren ab 1997 eine Doppelstrategie: Einerseits wollte sie als neues Spitzeninstitut die Sparkassengruppe, die durch jahrzehntelange Strukturdiskussionen von einem einheitlichen Erscheinungsbild und einer einheitlichen Geschäftspolitik weit entfernt war, wieder zu einer schlagkräftigen Finanzgruppe machen und anderseits die Ostöffnung zu einer Erweiterung des Heimmarktes in die ehemals kommunistischen Länder Zentral- und Osteuropas nutzen. Es waren mutige Konzepte, die Andreas Treichl damals seinen Sparkassenkollegen präsentierte und welche die Erste Bank in den folgenden Jahren gemeinsam mit den Sparkassen sehr erfolgreich umsetzen konnte. Die Idee einer auf dem klassischen Sparkassengeschäft aufbauenden Retailbank mit führender Position in den Märkten Mittel-, Ost- und Südosteuropas erwies sich als das richtige Konzept zum richtigen Zeitpunkt.

Das Jahr 1997 und die Folgen

Seit dem Inkrafttreten des Kreditwesengesetzes und des Sparkassengesetzes im Jahr 1979 waren bis zu jenem Jahr 1997 90 Sparkassen fusioniert worden. 21 von ihnen schlossen sich mit der „Erste österreichischen Spar-Casse“ zusammen, die damit und mit einigen neugegründeten Filialen eine österreichweit tätige Bank wurde. Die Überraschung war groß, als die Erste Bank als Vorleistung für die Neuformierung einer schlagkräftigen Sparkassengruppe bereits 1999 mit einer Marktstellenbereinigung begann und ihre Filialen unter dem

Motto „Ein Ort – eine Sparkasse“ den Bundesländersparkassen übertrug und ihr Geschäftsgebiet auf Ostösterreich beschränkte. Es war zwar keine Rückkehr zum traditionellen Regionalitätsprinzip, das im Übrigen immer auf freiwilliger und nie auf gesetzlicher Basis umgesetzt wurde, aber es war ein wichtiger Schritt für eine konfliktfreie Zusammenarbeit zwischen den regionalen Sparkassen und ihrem Spitzeninstitut sowie eine entscheidende Voraussetzung für die Bildung des angestrebten Haftungsverbundes.

Der erste Haftungsverbund trat am 1. Jänner 2002 in Kraft und hatte zwei Ziele: Zum einen sollte er den Kunden der Sparkassen ihre Einlagen über die gesetzliche Einlagensicherung hinaus garantieren, zum anderen sollte er durch ein gemeinsames Früherkennungssystem und eine einheitliche Risikopolitik wirtschaftliche Schwierigkeiten seiner Mitglieder hintanhalten. Dieser erste Haftungsverbund wurde nach einem Rechtsstreit, den pikanterweise die Bank Austria und ihre nachmaligen ausländischen Eigentümer gegen die Sparkassengruppe führten, schließlich nach fünf Jahren und unzähligen Verfahren sowie Verhandlungen und Rechtsklärungen in Österreich und in der EU zu einem neuen Kooperations- und Haftungsverbund weiterentwickelt, auf den noch genauer eingegangen wird.

Das nächste Ziel der neuen Zusammenarbeit in der Sparkassengruppe war ein gemeinsamer Marktauftritt. Da alle drei Wiener Sparkasseninstitute in den Bundesländern marktaktiv und damit Mitbewerber waren, konnte ein einheitliches Erscheinungsbild weder in der Werbung noch in der Zweigstellengestaltung erreicht werden. Das rote Sparkassen-S wurde von den Wiener Instituten und von einem Teil der anderen Sparkassen sowohl aus konkurrenzpolitischen Gründen als auch aus irrationalem „Kantönligeist“ nicht verwendet. Nun aber hatten sich die Voraussetzungen drastisch verändert. Die Erste Bank übernahm dieses Logo in ihre Bildmarke und ab 1999 traten alle Sparkassen mit gemeinsamem Corporate Design und einheitlicher Bildmarke auf.[3] Hand in Hand mit dieser Rückkehr zur Gemeinsamkeit in der Markt- und Marketingpolitik erfuhr die gemeinnützige Gründungsidee der Sparkassen eine identitätsstiftende Renaissance.

Im neuen Jahrzehnt konnten nun zahlreiche Maßnahmen gesetzt werden, deren Ziel die Schaffung eines partnerschaftlichen Verbundes weiterhin eigenständiger Sparkassen war, der den Kunden ge-

3 Einzige Ausnahme dieses gemeinsamen Marktauftritts war die Steiermärkische Sparkasse, die das neue CD erst einige Jahre später übernahm.

meinsame Vertriebswege und weitgehend abgestimmte Produkte bieten konnte. Allerdings war die konsequente Realisierung der aus dem Verbund zu erzielenden Kostensynergien und Vorteile für die Kunden bis zur Klärung der aufsichts- und kartellrechtlichen Fragen auf nationaler und EU-Ebene beeinträchtigt. Immerhin gelang es im Jahr 2003 durch eine gemeinsame EDV-Plattform die Grundlage für einheitliche Standardprozesse und die Möglichkeit der gemeinsamen Planung und Entwicklung in der Sparkassengruppe zu schaffen. Unter dem Titel „Multi-Channel-Management" wurde für die Sparkassenkunden eine Vielzahl von alternativen, meist elektronischen Vertriebswegen geschaffen, wobei als oberstes Prinzip die freie Kundenwahl des Kontozugangs über die Zweigstelle oder über den PC verfolgt wurde. Im Sinne der Sparkassentradition wurden die Betreuung, die Beratung und die Produktion wieder auf den Kunden und seine individuellen Bedürfnisse ausgerichtet und finden im Selbstverständnis und Versprechen „In jeder Beziehung zählen die Menschen" ihren Ausdruck.

Das Konzept Mitteleuropa

Eine weitere Kernstrategie der Sparkassengruppe, die ebenfalls von Andreas Treichl sehr offensiv verfolgt wurde, war die Erweiterung des Heimmarktes. Bereits 1999 erfolgte der Kauf der tschechischen Sparkasse Česká spořitelna, dem in relativ raschen weiteren Schritten der Erwerb von Sparkassen und Retailbanken in der Slowakei, in Ungarn, Slowenien, Kroatien, Rumänien und der Ukraine folgte – vornehmlich im Zuge von Privatisierungsverfahren. Teilweise beteiligten sich an diesen neuen Tochtergesellschaften auch einzelne Landeshauptstadtsparkassen, die damit ihren Geschäftsbereich – nicht zuletzt zugunsten ihrer Kunden – auf neue Regionalmärkte ausweiten konnten. Inzwischen ist die Sparkassengruppe vor allem dank der Erste Bank zum führenden Finanzdienstleister für den Mittelstand in Zentral- und Osteuropa geworden und betreut in zehn Ländern, unter Einschluss Österreichs, rund 17 Millionen Kunden.

Die Neuausrichtung in Österreich sowie die Positionierung der Sparkassengruppe als starker und wichtiger Geschäftspartner für Private sowie kleine und mittlere Unternehmen im erweiterten Heimmarkt war somit gelungen. Nun aber stand die wohl härteste Bewährungsprobe der Nachkriegsgeschichte vor der Türe – die internationale Finanzkrise.

Geschäftsmodell der Zukunft

Die Jahre 2008 und 2009 werden wohl als Zäsur in mehrfacher Hinsicht in die neuere Wirtschaftsgeschichte eingehen. Die längerfristigen Statistiken und die diversen Ländervergleiche werden bei fast jeder Zahlenreihe in diesen beiden Jahren einen signifikanten Knick ausweisen. Ob Realwirtschaft oder Finanzwirtschaft, wahrscheinlich wird das Jahr 2009 auch zur Basis einer neuen wirtschaftspolitischen „Zeitrechnung“ werden. Ähnlich wie das Jahr 1948 nach der Währungsreform oder das Jahr 1995, ab dessen Beginn Österreich zur Europäischen Union gehörte.

Was die Finanzwirtschaft im Besonderen betrifft, so zeichnet sich der Beginn einer neuen Ära ab und die kriseninduzierten Veränderungsprozesse dürften uns noch eine Zeit in Atem halten. Eine simple Rückkehr zum „business as usual“ wird es nicht geben können. Die sich vorsichtig abzeichnende Entwicklung von den globalen Turbulenzen zur Wiedererlangung der Normalität wird von beträchtlichen Strukturveränderungen begleitet sein. Die Zeit der alles könnenden und alles anbietenden „Einheitsbank“, die riesige, intransparente und offenkundig auch unlenkbare globale Konglomerate schuf, scheint vorerst vorbei zu sein. Im Zuge der in der Gesellschaft, in der Politik und in der Finanzwirtschaft ausgelösten Wertediskussion bemühen sich die dezentralen Sektoren der Kreditwirtschaft wieder verstärkt, ihre Unterscheidungsmerkmale zu den Mitbewerbern hervorzukehren, ihre traditionellen Stärken zu betonen und sich auf sie zu konzentrieren.

Das österreichische Beratungsunternehmen „emotion banking“ schreibt in seinem jüngst erschienenen Bankbarometer 09: „Die Krise hat vor allem die großen international agierenden Häuser in Bedrängnis gebracht und bei den Kunden den Wunsch nach überschaubaren Unternehmen hervorgerufen. Klein, aber fein, so lautet das Motto. Die mittelständischen Regionalbanken konnten einen Vertrauensbonus lukrieren und den Kunden ein Gefühl der Sicherheit vermitteln.“[4] Auch das Meinungsforschungsinstitut „market“ in Linz hat bei seinen Umfragen in den letzten Monaten eindeutig ermittelt, dass dezentrale Sektoren aus der Sicht der Kunden mit wesentlich besseren Vertrauenswerten die Finanzkrise überwunden haben als die

4 Siehe „emotion banking-Bankbarometer“, in: Österreichische Sparkassenzeitung, Nr. 7-8/2009, S. 8.

Aktienbanken und Investmenthäuser.[5] Zuletzt hat auch das in Brüssel ansässige „Centre für European Policy Studies" (CEPS) dem pluralistischen Finanzmarkt mit unterschiedlichen Banksektoren, unterschiedlichen Eigentümerstrukturen und Geschäftsmodellen große Bedeutung für eine funktionierende Wirtschaft zugeschrieben. Den Sparkassen wird vom CEPS in dieser Studie ein besonders gutes Zeugnis ausgestellt, weil sie die Gemeinwohlorientierung hochhalten und gleichzeitig die Profitabilität nicht vernachlässigen.[6]

Ohne in Beschönigungen verfallen zu wollen: Die österreichischen Sparkassen haben die Krise gut gemeistert. Das konsequente Bekenntnis zum Retailbanking, das übrigens auch für das gesamte CEE-Engagement gilt, hat sich für die Institute und ihre Kunden als ein sehr belastbares Modell für schwierige Zeiten erwiesen.

Die in der Krise deutlich erkennbar gewordenen Stärken der österreichischen Sparkassen werden in den nächsten Jahren die drei Eckpfeiler der künftigen Entwicklung darstellen.

- Der Kooperations- und Haftungsverbund bietet eine flächendeckende Präsenz eines dezentral organisierten Verbundes selbstständiger Sparkassen. Er ist besser geeignet Vertrauen der Kunden auch in bewegten Zeiten rasch zu stabilisieren, als dies bei den zentralistisch agierenden Kreditinstituten der Fall ist. Die persönliche Kenntnis der Entscheidungsträger und der unmittelbare Zugang zu ihnen sowie die starke Einbettung in der Region und in der regionalen Wirtschaft schaffen Bindungen, Erfahrungen und Wissensstände, auf die überregionale Filialbanken mit weit entfernten Zentralen nicht in dieser Form zurückgreifen können. Die Kunden suchen nun vor allem wieder Sicherheit. Sie möchten wissen, wem sie ihr „Geldleben" anvertrauen – die Sparer und Anleger wollen wissen, in welche Hände sie ihr Geld zur Verwahrung und Vermehrung geben, und die Kreditnehmer, wem sie ihr wirtschaftliches Schicksal ausliefern.
- Die Konzentration auf das Retailbanking bedeutet, dass sich die Sparkassen konsequent am Kundenbedürfnis orientieren. Sie werden die Kundeneinlagen primär auch weiterhin zur Kreditvergabe verwenden und gerade in wirtschaftlichen Krisenphasen alles daran setzen, ihren Kunden als Hausbank ein zuverlässi-

5 Siehe „Verlässlicher Partner", in: Österreichische Sparkassenzeitung, Nr. 12/2008, S. 5.

6 Siehe „Vorzugszeugnis für Sparkassen", in: Österreichische Sparkassenzeitung, Nr.7-8/2009, S. 11.

ger und treuer Partner zu sein. Mit dieser Strategie streben sie die Markt- und Qualitätsführerschaft an.

- Das grundlegendste Unterscheidungsmerkmal zu den Mitbewerbern bleibt aber das Gründungs-Gen der Sparkassen, ihre Pflicht zur Gemeinwohlorientierung. Für die Sparkassen stellt die Übernahme gesellschaftlicher Verantwortung gelebte Unternehmenspraxis dar – gegenüber Kunden, Mitarbeitern sowie den Menschen der Regionen, in denen sie tätig sind. Anders als Filialbanken, die Filialen beliebig schließen und die Region verlassen können, sind Sparkassen mit der Entwicklung ihrer Regionen schicksalhaft verbunden, da sie über keine alternativen Märkte verfügen.

Das erfolgreiche Retailbank-Modell

Eines ist klar: Der Krisenverlauf hat mit atemberaubender Deutlichkeit gezeigt, dass die klassische Retailbank in Zeiten einer weltweiten Finanzkrise – mit bisher nicht gekannten Volatilitäten auf den Kapitalmärkten und einer zeitweise völligen Austrocknung der Refinanzierung über Zwischenbank-Ausleihungen – den global agierenden Kommerz- und Investmentbanken überlegen ist.

Die Stärken der Retailbank sind ihre fest verankerte, regionale Präsenz, die solide Refinanzierung durch die Primäreinlagen einer breiten Kundenschicht sowie ein ebenfalls sehr breit gestreutes Kreditengagement. Entscheidend ist dabei das Vertrauen in die Sicherheit der Einlagen, der Hauptschlagader des Retailgeschäftes. Weltweit operierende Bankkonzerne sind hingegen auf die Refinanzierungsmöglichkeiten zwischen den Kreditinstituten angewiesen. Die jüngsten Ereignisse haben deutlich gezeigt: Es war interessanterweise wesentlich rascher möglich das Vertrauen der Privatkunden in „ihre" Sparkassen als das Vertrauen der Finanzinstitute untereinander zu erhalten oder wieder herzustellen. Während die Einlagensicherheit des Haftungsverbundes mit der nachfolgenden Bundesgarantie praktisch binnen weniger Tage die Verunsicherung der Sparer an den Bankschaltern beseitigt hatte und ein größerer Abfluss von Spareinlagen auf diese Weise verhindert werden konnte, dauerte es wesentlich länger, bis die Zwischenbank-Märkte wieder einigermaßen normal funktionierten. Dazu waren umfangreiche Aktivitäten der Notenbanken notwendig, die für Monate die Funktionsweise des Finanzierungskreislaufes in Eigenregie sicherstellen mussten.

Eine der strukturellen Konsequenzen der Finanzkrise dürfte es daher sein, dass den traditionellen Geschäftsmodellen wieder mehr Bedeutung zukommen wird. Noch vor Jahresfrist galt nicht zuletzt auch auf EU-Ebene das klassische Sparkassengeschäft als altmodisch, langweilig und fast schon uninteressant. Das Erfinden und Handeln immer neuer renditestarker, wenn auch intransparenter Wertpapier- und Investmentbankprodukte wurde hingegen als „sexy“ und einzig zukunftsträchtig bezeichnet. Nun tritt mit einem Schlag wieder die Fähigkeit, den Austausch von Waren und Dienstleistungen zu finanzieren, die Realwirtschaft also mit den erforderlichen Krediten zu versorgen, in den Vordergrund (Stichwort „Kreditklemme“).

Genau das ist die Kernkompetenz der österreichischen Sparkassen für das erfolgreiche Bestehen in der Krise. Traditionell auf ein sehr hohes Primärmittelaufkommen gestützt, besitzen sie ohne Zweifel – wie es Andreas Treichl ausdrückt – „das bessere Geschäftsmodell für schlechtere Zeiten“.[7]

Ausbau der Marktpositionen

Die in der Krise bewiesenen Stärken sind jedoch kein Ruhekissen, sondern Basis für eine dynamische Weiterentwicklung der österreichischen Sparkassen. Das mittelfristige Ziel der Erlangung der Marktführerschaft ist dabei der Fokus geschäftspolitischer Überlegungen und Strategien. Die 54 in Österreich tätigen Sparkassen haben sich darauf verständigt, jährlich 100.000 Neukunden zu gewinnen. Das ist in einem wettbewerbsintensiven und in vielen Produktgruppen der Finanzdienstleistungen durchaus als gesättigt geltenden Markt auch ohne die durch die Finanzkrise bewirkten Verwerfungen ein ehrgeiziges Unterfangen.

Grundlagen für diese Marktoffensive sind:

- Der als Krisenfolge allseits feststellbare Trend zu Sicherheit, zu „einfachen“ Produkten und zu kundenorientierten Dienstleistungen in der Kreditwirtschaft insgesamt kommt speziell den Sparkassen zugute. Sie haben in Produktgestaltung und Dienstleistungsangebot weder auf der Haben- noch auf der Sollseite der Bilanz je die „Bodenhaftung“ verloren. Wenn die Prognosen stimmen, dass die Mehrheit der Sparer und Anleger in den kommenden Jahren eindeutig konservativeres Verhalten an den

7 Halbjahrespressekonferenz 2009 der Erste Group. Im Internet unter www.erstegroup.com.

Tag legen werden, dann sind die Sparkassen für diese Menschen der erste und auch glaubwürdigste Ansprechpartner.

- Die Finanzkrise hat vor allem den großen Bankkonzernen, Investmentbanken und Hedgefonds ebenso aber den Ratingagenturen einen massiven Vertrauens- und Imageverluste beschert. Das Pendel schlägt nunmehr in die Gegenrichtung: Jetzt verfügen offensichtlich jene Kreditinstitute über einen entscheidenden Vertrauensvorteil, die eine starke regionale Verankerung ausweisen und die gleichsam die Funktion eines verlässlichen, kreditwirtschaftlichen „Nahversorgers" ausüben. Eine Stärke, die zu den wichtigsten Aktiva der heimischen Sparkassen zählt.
- Die extreme Form der Ertragsmaximierung durch global operierende, in ihrer Struktur als anonym geltende Bankengruppen mit teilweise undurchschaubaren und undurchsichtigen Geschäftsmodellen wird als eine zentrale Ursache des Desasters der Finanzmärkte angesehen und ist unter vehemente Kritik geraten. Diese Grundsatzdiskussion über die Verantwortung von Finanzunternehmen und des modernen Bankmanagements hat erst begonnen. Sie stellt einen Teil der Marktwirtschafts- und Kapitalismuskritik dar, die uns auch in Österreich – selbst nach dem erfolgreichen Überwinden der Finanzkrise – als Grundsatzdebatte beschäftigen wird. Die Gesellschaft, die sich nun gezwungen sieht, mit ihren Steuermitteln den Zusammenbruch der Finanzwirtschaft zu verhindern, wird künftig gesellschaftlich verantwortliches Handeln von Banken und deren Management als „Gegenleistung" konsequent und vehement einfordern und die Entscheidung darüber nicht mehr in der Freiwilligkeit der Unternehmen belassen.

CSR als Wettbewerbsvorteil

Eine Hauptstoßrichtung des Sparkassengeschäfts wird daher die Gestaltung eines sinnvollen Zusammenwirkens einer rentabilitätsorientierten Geschäftspolitik und einer gelebten Corporate Social Responsibility (CSR) gegenüber den Kunden, den Mitarbeitern und der „res publica" sein. Es weist viel darauf hin, dass nur Banken, für die CSR kein Lippenbekenntnis, sondern gelebte Unternehmenskultur ist, seitens der Kunden in den nächsten Jahren das notwendige Vertrauen und die erforderliche Akzeptanz als Partner ihres Geldlebens finden werden. Für die Sparkassengruppe ist das Leben mit gesellschaftlicher Verantwortung nichts Neues, sie ist bereits im Gründungsauftrag enthalten. Ihre inhaltliche Ausformung hat sich aber gegenüber den drei Zielgruppen stark verändert und wird in den nächsten Jahren weitere Entwicklungen erfahren.

Verantwortung gegenüber Kunden

Die ersten Sparkassen waren – historisch betrachtet – für die Angehörigen der „unterprivilegierten Klassen“ ab dem Jahr 1819 gegründet worden, d.h. man wollte jenen den Zugang zu den elementaren Bankprodukten Sparen und Hypothekarkredit öffnen, die sich bei den damaligen Bankhäusern nicht einmal über die Schwelle gewagt hätten. Den Sparkassen kam so mehr die Funktion einer Sozialeinrichtung als eines Geldhauses zu.[8] Auch wenn diese ursprünglichen Beschränkungen bereits Mitte des 19. Jahrhunderts fielen, standen für die Sparkassen auch in der Folge der Kunde und seine finanziellen und sozialen Bedürfnisse im Mittelpunkt und nicht die Gewinnmaximierung aus den Bankgeschäften. Das aktuelle Bekenntnis „In jeder Beziehung zählen die Menschen“ ist Ausdruck dieser 190-jährigen Geschäftsphilosophie und -politik. Sie gewinnt gerade jetzt im Schatten der Finanzkrise neuerlich enorme Bedeutung.

Es gibt zahlreiche Ansatzpunkte für Banken, Vertrauen von Kunden zu gewinnen. Der wichtigste ist die persönliche Partnerschaft zwischen Kunden und Betreuern. Hier haben Sparkassen die immense Stärke, dass sie ein flächendeckendes Netz von Zweigstellen in allen Bundesländern besitzen, wodurch sie nun die regionale Nähe nützen und gleichzeitig den Kunden die Vorteile daraus eröffnen können. Dies wird vor allem bei der Finanzierung der Privaten, der Klein- und Mittelbetriebe, des kleinvolumigen Wohnbaus, der Gemeinden und ihren wirtschaftlichen Unternehmen und bei der Betreuung der Freien Berufe zum Tragen kommen. Ein weiterer wichtiger Bereich ist die Vorsorge für das Alter und für die gegebenenfalls notwendige Pflege. Für alle diese Themenfelder wurden und werden spezifische Konzepte entwickelt. Das Angebot erweiterter Beratungszeiten losgelöst von den Kassenöffnungszeiten, transparentere Produktinformationen und die Beschränkung auf den Verkauf von Produkten, die der „Berater und der Kunde auch verstehen“, werden die Maxime der Kundenbeziehung und der Vertrauenssicherung bleiben.

8 Österreichischer Sparkassenverband: Die Sparkassen – Verantwortung für Wirtschaft und Gesellschaft, Wien 2005, S. 40 f.

Insgesamt hat die Kreditwirtschaft einen beträchtlichen Vertrauensverlust hinnehmen müssen. Der Verzicht auf flockiges Marketing-Vokabular, bunte Wohlfühl-Werbung, komplexes Produkt-Design und deren Ersatz durch Sachinformation, kompetente persönliche Beratung, schnelle und transparente Entscheidung sowie einfache und bedürfnisgerechte Produkte ist für die Sparkassen der Weg aus der Not der Finanzkrise, neue und zugleich alte Tugenden des Bankgeschäftes wieder zu gewinnen.

Klare Zielsetzungen für die Marktoffensive

Die Produktpolitik der Sparkassen wird sich in den kommenden Jahren schwerpunktmäßig den jugendlichen Kunden sowie der Generation 60 plus widmen. Junge Menschen sollen Schritt für Schritt mit der Breite des Produkt- und Dienstleistungsangebotes vertraut gemacht werden, um zu Stammkunden der Sparkassen zu avancieren. Vor allem in der langfristigen Lebensvorsorge sowie in der Übernahme bestimmter Risiken liegt hier ein Ansatzpunkt der Offensive, denn alle einschlägigen demoskopischen Befunde zeigen es sehr klar: Eine wachsende Zahl der Jugendlichen ist sich diverser Risiken bewusster denn je. Das reicht von der Erkenntnis, dass Investitionen in Familie und Wohnen zu einem Teil eigenmittelgestützt erfolgen sollten bis zur frühzeitigen Vorsorge für Alter und Pflege.

Für diese Themen stellen die Sparkassen seit geraumer Zeit einen besonders kompetenten Partner dar. Die intensive Zusammenarbeit mit der Vienna Insurance Group (Wiener Städtische) in Österreich und in vielen CEE-Ländern versetzen die Sparkassen in die Lage, den Kunden ein breit gefächertes und individuell anpassbares Angebot an Risikovorsorge für praktisch alle Eventualitäten des Daseins anbieten zu können.

Die ältere Generation wiederum braucht ebenfalls eine Reihe von maßgeschneiderten Angeboten für ein geldsorgenfreies Leben während der Jahrzehnte im Ruhestand. In diesem Zusammenhang sind die Transformation von Sparvermögen in regelmäßige Eigenvorsorge, additiv zur gesetzlichen Pensionsversicherung, aber auch die Pflegevorsorge zentrale Themen. Denn vor allem auf die Leistungsträger in unserer Gesellschaft kommt beim Übergang in die Pension eine wachsende Versorgungslücke zu, die im Pflegefall besonders gravierend sein kann. In diesem Marktsegment werden die Sparkassen den hohen Kompetenzbonus, den sie sich in dieser Altersgruppe seit Jahrzehnten erworben haben, in überzeugende Produkte sowie in zielgruppengerechte Dienstleistungsangebote umsetzen. Denn gerade bei der Generation 60 plus spielen Solidität, Seriosität und persönliche Kommunikation die entscheidende Rolle.

Aus ihrer gesellschaftlichen Verantwortung nehmen sich die Sparkassen auch jener Menschen an, die aus wirtschaftlichen Gründen gewöhnlich kein Girokonto mehr erhalten. Mit der „Zweite Sparkasse", die ausschließlich dafür gegründet wurde, diesen Menschen durch die Bereitstellung eines begünstigten Girokontos die Rückkehr in das Wirtschafts- und somit Gesellschaftsleben zu ermöglichen, wurde ein Meilenstein im Sinne der Hilfe zur Selbsthilfe gesetzt.

Verantwortung gegenüber Mitarbeitern

Auch da ist die Wurzel bereits im 19. Jahrhundert zu finden, als die Mitarbeiter der Sparkassen als „Beamte" zahlreiche Privilegien besaßen und der Gewinn der Institute zum Teil auch für personalpolitische Maßnahmen verwendet wurde, um die Arbeitsbedingungen zu verbessern und besondere Sozialleistungen zu schaffen. Wenn auch betriebswirtschaftliche und marktpolitische Erfordernisse bewirkten, dass der „Sparkassenbeamte" längst der Vergangenheit angehört, so blieb der Kern dieser sozialen Verantwortung des Arbeitgebers Sparkasse doch erhalten. Angesichts der knapper werdenden qualifizierten Fach- und Führungskräfte werden unter dem Begriff „Employer Branding" seit einigen Jahren unternehmensstrategische Maßnahmen gesetzt, um die Sparkassen als attraktive Arbeitgeber zu positionieren und ihre Wettbewerbsfähigkeit auf dem Arbeitsmarkt zu erhalten. Neben attraktiven leistungsbezogenen Gehältern wird ein breites Spektrum an fach- und persönlichkeitsbezogenen Weiterbildungen angeboten. Ebenso wichtig ist es für eine zunehmende Zahl von Mitarbeitern, dass durch eine Flexibilisierung von Arbeitszeit und Organisation die Vereinbarkeit zwischen Familie und Beruf sowie ihre Work-Life-Balance Unterstützung findet. Dazu werden vielfältige gesundheitliche Präventionsmaßnahmen und Freizeitaktivitäten offeriert. Die Erfahrungen zeigen, dass sich in diesen Fällen soziale Verantwortung und betriebswirtschaftliche Investition ideal ergänzen, denn als Ergebnis findet der Kunde jene motivierten Partner vor, die er in einer Sparkasse erwartet und die gleichermaßen den Wettbewerbsvorteil einer Sparkasse in der Zukunft noch mehr als in der Vergangenheit ausmachen müssen.

Verantwortung gegenüber der Öffentlichkeit

Bereits die ersten Sparkassen haben einen Teil ihres Gewinns wohltätigen, gemeinnützigen und kirchlichen Zwecken gewidmet. Hiezu waren sie nach ihren Satzungen verpflichtet. Auch wenn diese formale Verpflichtung heute so nicht mehr besteht, bekennen sich die Sparkassen auch hier zu ihrer Vergangenheit. In einem eigenen „Gemeinwohlbericht" legen sie Jahr für Jahr hierüber Rechenschaft ab. So wurden 2008 rund 25 Mio. EUR ausschließlich zur Unterstützung für soziale, kulturelle und sportliche Initiativen in den Regionen zur Verfügung gestellt.[9] Damit erfüllen die Sparkassen den ihnen auferlegten Grundsatz, dass sie einen Teil des Gewinns, den sie aus ihren regionalen Marktaktivitäten ziehen, der Region wieder zurückgeben.

Die traditionelle, vom Gründungsauftrag abgeleitete, gemeinnützige Ausrichtung des Sparkassenmodells stellt eine enorm starke Karte in der Diskussion um die künftige Wahrnehmung und Sicherstellung unternehmerischer Verantwortung dar. Denn die Sparkassen können so jahrein, jahraus an hunderten von Projekten quer durch das Land nachweisen, dass ein nicht unerheblicher Teil der erwirtschafteten Erträge der Allgemeinheit in mannigfacher Form zugute kommt. Ob „Zweite Sparkasse" oder „Helping Hands"[10], auch im Tagesgeschäft stellt die Sparkassengruppe immer wieder unter Beweis, dass sie sich nicht nur dem „normalen Kunden", sondern vor allem jenen, die wirtschaftliche Unterstützung zur Überwindung persönlicher Schwächeperioden benötigen, verbunden und verpflichtet fühlt.

In der Umsetzung dieser Verantwortung spielen die Sparkassen-Stiftungen eine wichtige Rolle. Sie fungieren als Aktionäre ihrer Sparkasse. Aus den Dividendenerträgen der Sparkasse werden schwergewichtig die gemeinnützigen Aufgaben in der jeweiligen Region abgedeckt. Durch die Errichtung einer Stiftung verbinden sich die Sparkassen engagiert mit der Region. Sie fördert die vielfältigen Aktivitäten der Bürger und leistet „Hilfe zur Selbsthilfe". Die Stiftung stellt in einer modernen Organisationsform die Erfüllung der gemeinnützigen Verpflichtung der Sparkassen sicher, während sich die Sparkassen-Aktiengesellschaft auf das Bankgeschäft, ihre Kunden und den Wettbewerb konzentrieren kann.

---

9 Der Gemeinwohlbericht befindet sich unter www.sparkassenverband.at im Internet.

10 Helping Hands ist eine Initiative der Sparkassen im Rahmen ihrer s Österreich Initiative, die bei plötzlich auftretender Arbeitslosigkeit zu einem Erlass der Kontogebühren führt.

Die gesellschaftliche Verantwortung muss aber in die Geschäftspolitik Eingang finden. Natürlich kann keine Bank im internationalen Wettbewerb ausschließlich nach ethischen und nachhaltigen Kriterien tätig sein, außer sie arbeitet in der Nische der Mikrofinanzierungen wie die Grameen Bank des Nobelpreisträgers Mohammad Yunnus oder für eine ganz genau definierte Zielgruppe wie die „Zweite Sparkasse". Für die Kunden müssen aber neben dem wirtschaftlichen Erfolg einer Bank, der zweifellos das primäre Ziel jedes Unternehmens, daher selbstverständlich auch eines Kreditinstituts, darstellen muss, auch nachhaltige Aspekte erkennbar sein. Dazu einige Beispiele:

- Die Sparkassen und ihre Bausparkasse forcieren derzeit im Rahmen ihrer Wohnbaufinanzierung die thermische Sanierung, um damit einen Beitrag einerseits zur Schaffung neuer Arbeitsplätze und anderseits zur Reduktion der CO_2-Emissionen zu leisten.
- Die ERSTE Sparinvest emittiert im Rahmen ihrer Investmentfonds auch ethisch-orientierte Fonds, um Kunden, für die neben Ertrag, Risiko und Laufzeit auch die Nachhaltigkeit ein Veranlagungskriterium ist, alternative Anlageformen anbieten zu können.
- Wie schon erwähnt stellt die Jugend eine wichtige Zielgruppe dar und jugendspezifische Produkte werden wegen des harten Wettbewerbs um diese Altersgruppe zunehmende Bedeutung gewinnen. Gleichzeitig forcieren die Sparkassen die „financial education", also die Ausbildung zu einem verantwortungsvollen Umgang mit Geld. Gemeinsam mit Schuldnerberatungsstellen und den Schulen werden Lehrbehelfe und Referenten eingesetzt, um Risikobewusstsein zu schaffen, Zusammenhänge erkennbar zu machen, Verschuldungsfallen aufzuzeigen und Hilfestellung zu geben.

Der Kooperations- und Haftungsverbund

Die Voraussetzung für alle Sparkassen, auch für die kleinsten ihrer Kunden die gesamte Produktpalette zu wettbewerbsfähigen Preisen anzubieten, ihnen optimales Service zu gewährleisten, im Wettbewerb erfolgreich zu sein und ihren gemeinnützigen Auftrag zu erfüllen, liegt im Verbund. Der Effektivität des neuen Kooperations- und Haftungsverbunds, der nunmehr mit einer Ausnahme alle Sparkassen umfasst, wird deshalb extrem große Bedeutung bei der Bewältigung der Zukunft zukommen. Er definiert sich als partnerschaftlicher Verbund regional verankerter, selbständiger Sparkassen, der durch eine gemeinsame Produktion, einen einheitlichen Marktauftritt, eine akkordierte Risikopolitik, ein abgestimmtes Liquiditätsmanagement sowie gemeinsame Standards im Controlling die Marktstellung der Sparkassen ausbauen will und wird.

Seine erste Bewährungsprobe war die gemeinsame Bewältigung der Liquiditätskrise im heurigen Jahr. Kurzfristige Probleme bei einigen Sparkassen konnten rasch abgefedert werden, die Möglichkeit der Haftungsübernahme sowie der Zuführung von Fremd- und Eigenmitteln werden auch in Hinkunft Garantien dafür sein, dass die Einlagen der Kunden bei ihren Sparkassen zu 100 Prozent sicher sind. Gerade die aktuelle Krise hat gezeigt, wie wichtig es ist, den Kunden das Gefühl der Sicherheit aller Spareinlagen zu vermitteln.

In den nächsten Jahren wird der Kooperations- und Haftungsverbund die alternativen Vertriebswege und die gemeinsame Produktpolitik weiter ausbauen. Selbst für den Kunden der kleinsten Sparkasse wird so sichergestellt sein, dass er von seinem „Nahversorger" die gleichen Produkte und Finanzdienstleistungen und ein ebenso exzellentes Service erhält wie bei den Großsparkassen und Großbanken. Vergleichbar ist das mit dem traditionellen, von seinen Gästen geschätzten ersten Gasthaus am Platz, das auch in der Lage ist, die gesamte Speisekarte eines Drei-Hauben-Restaurant in der gleichen Qualität und zu einem fairen Preis anzubieten – wenn der Gast darauf Lust hat.

Ausblick

Auch die österreichischen Sparkassen sind in der Krise nicht vom Ertragsdruck und von erhöhter Risikovorsorge verschont geblieben. Aber sie verfügen über alle Voraussetzungen – vom Geschäftsmodell über die Verbundstruktur bis zur seit ihrer Gründung gelebten Gemeinwohlorientierung –, um für ihre Kunden ein zuverlässiger und kompetenter Partner durch die Krise zu sein und für die Menschen ihrer Regionen der solide und engagierte Partner zu bleiben. Aus dieser Befähigung und der enormen neuen Stärke, welche die Sparkassengruppe seit 1997 gewonnen hat, ist es gerechtfertigt, mit großer Zuversicht in die Zukunft zu blicken – für die Sparkassen, für ihre Kunden, für ihre Mitarbeiter und für ihre Aktionäre.

Marianne KAGER

EU-Bankenmarkt

1. Einleitung: Die Bedeutung von Regulierung und Infrastruktur

Die letzen 20 Jahre haben die Bankenstrukturen in der ganzen Welt grundlegend geändert. Aus einst national abgeschlossenen Märkten sind globale geworden. Damit hat sich nicht nur das Angebot an Bankdienstleistungen geändert, sondern auch die Nachfrage. Angebotsseitig ist sowohl die Zahl der Banken, die heute wenn nicht global, so zumindest international tätig sind, als auch die Vielfalt der angebotenen Produkte ungemein gestiegen. Nachfrageseitig sind die Kunden auch in ihren Veranlagungswünschen differenzierter geworden. Dies liegt einerseits am Angebot selbst, andererseits an der besseren Information und – last but not least – auch am höheren Vermögen der Kunden im Privatkundensegment.

Die Liberalisierung des Marktes hat aber auch den Wettbewerb ganz wesentlich geprägt. Es gibt keinen Zweifel, dass in vielen Segmenten des Marktes der Wettbewerb eine Effizienzsteigerung hervorgerufen und im ökonomischen Sinn wohlfahrtssteigernd gewirkt hat. Allerdings gibt es nicht zuletzt aufgrund der Erfahrungen aus der letzten weltweiten Finanzkrise zunehmend Stimmen, die darauf verweisen, dass es in regulierten Märkten – wie es die Finanzmärkte einmal sind – durchaus einen trade-off zwischen Wettbewerb und Finanzmarktstabilität geben mag.[1] Der Wettbewerb, der mit der Liberalisierung zweifelsohne zugenommen hat, hat verschiedenste Aspekte, die in ihrer Wirkung durchaus unterschiedlich sein können. Wettbewerb beeinflusst nicht nur die Entwicklung und die Produktivität des Finanzsektors sowie den Zugang zu den Finanzdienstleistungen für die Haushalte und die Unternehmen, sondern er kann sich auch auf die Stabilität des Finanzsektors auswirken. Die weltweite Liberalisierung

1 *Claessens, St.*: Competition in the Financial sector: Overview of Competition Policies, IMF Working Paper 09/45.

des Finanzsektors hat aber auch eine Internationalisierung des Regulierungssystems erfordert[2]. Auf internationaler Ebene ist dies mit dem Basler Regulierungsaccord geschehen; so wurde Basel I bereits im Jahr 1992 effektiv und hat mit Basel II einen weiteren großen qualitativen Schritt in der Vereinheitlichung von internationalen Aufsichtsregeln gesetzt, auch wenn es sich hier „lediglich" um die aufsichtsrechtliche Regulierung i.e.S. handelt.

Je offener (internationaler) der Zugang zu den Finanzmärkten ist, bzw. je integrierter Finanzmärkte sein sollen – wie das dem Binnenmarktkonzept der EU entspricht –, desto weniger wird man allein mit einer aufsichtsrechtlichen Regulierung i.e.S. das Auslangen finden.

Ganz generell kann man die Regulierungserfordernisse für liberalisierte/integrierte Finanzmärkte in drei Kategorien unterscheiden[3]:

1. Aufsichtsrechtliche Regulierung i.e.S.: Hier handelt es sich um Vorschriften, die die Sicherheit des Finanzsystems garantieren sollen, wie z.B. Vorschriften hinsichtlich der Solvabilität, der Eigenmittel, der Großveranlagungen, der Einlagensicherung, der Konsolidierung, des Beteiligungserwerbs etc.
2. Vorschriften, die den Umfang des Bankgeschäftes bzw. die Art der Geschäftsführung betreffen, z.B. ein Trennbanken- oder Universalbankensystem, direkte Preisregelungen, regionale Beschränkungen wie das Regionalitätsprinzip der dt. Sparkassen etc.
3. Vorschriften über Produktgestaltung, Information, Veröffentlichungsvorschriften, Bewertungsvorschriften etc.

Auf internationaler Ebene ist eine nennenswerte Harmonisierung im Falle Punkt 1 mit Basel II zumindest für international tätige Banken erfolgt. Andere Harmonisierungsaspekte gibt es in Teilbereichen, wie z.B. bei den internationalen Rechnungslegungsstandards oder bestimmten Veröffentlichungsvorschriften. Was den EU-Binnenmarkt betrifft, so hat man bald erkannt, dass die Integration des EU-Finanzmarktes allein durch die Harmonisierung der aufsichtsrechtlichen Regelungen i.e.S. weder einen integrierten Finanzmarkt noch ein level playing field schaffen kann. Die Notwendigkeit des Handelns wurde insbesondere nach der Einführung des Euro noch dringender. Man hat daher mit dem Financial Action Service Plan eine groß angelegte

2 CEPRE 2009: Macro Stability and Financial Regulation: Key Issues for the G20, edited by M. Dewatripont et al.

3 CEPR Discussion Paper Nr. 4212, Gual, J.: Integration of the EU Banking Market.

Initiative der „regulativen Integration" des EU-Finanzmarktes gestartet. Insgesamt wurden im Rahmen des FSAP 42 Maßnahmen (Richtlinien, Regulierungen, Empfehlungen etc.) von der EU verabschiedet.

II. Die EU-Integration der Finanzmärkte: Gemeinsame Rahmenbedingungen und pan-europäische Infrastruktur

1. Gemeinsame Rahmenbedingungen

Mit dem EU-Binnenmarktkonzept und der Schaffung der wenige Jahre später erfolgten Währungsunion stand man betreffend der Integration der Finanzmärkte vor der Herausforderung, für die an sich national geregelten und beaufsichtigten Finanzmärkte ein umfassendes harmonisiertes Regulierungskonzept und eine intensivere Kooperation zwischen den nationalen Aufsichtsbehörden zu schaffen. Eine an sich schwierige Aufgabe, da es in Europa bis heute keine einheitliche Regelung dafür gibt, WER, WAS, WIE beaufsichtigt. Die Kompetenzen der bzw. die Kompetenzverteilung zwischen den zuständigen nationalen Behörden sowie die gesetzestechnische Regelung von Aufsichtsnormen (Legalprinzip versus mit der Aufsichtsbehörde vereinbarte individuelle Standards) sind in den Mitgliedstaaten mehr als unterschiedlich.

Für die Finanzindustrie bedeutet das Binnenmarktkonzept im Wesentlichen:

- Die Zulassung in einem Mitgliedstaat genügt, um sich in anderen Mitgliedstaaten niederzulassen oder im freien Dienstleistungsverkehr tätig zu werden.
- Um im Inter-EU-Wettbewerb einigermaßen gleiche Bedingungen zu schaffen und die Sicherheit des Finanzwesens zu gewährleisten, sind sowohl aufsichtsrechtliche Regelungen als auch Finanzdienstleistungsprodukte einem Mindestumfang an Harmonisierung zu unterwerfen.
- Die gewählten Instrumente waren i.d.R. die Mindestharmonisierung mittels Rahmenrichtlinien und gegenseitige Anerkennung der jeweils nationalen Standards. Unter Mindestharmonisierung versteht man entweder Minimalstandards, die von den Mitgliedstaaten in den nationalen Vorschriften nicht unterschritten werden dürfen, oder Definition eines gewissen Rahmens, innerhalb dessen sich die nationalen Vorschriften bewegen müssen.

Die Mindestharmonisierung hat gegenüber anderen Instrumenten den entscheidenden Vorteil, dass sie relativ flexibel handhabbar ist und dass man auf nationale Eigenheiten des Finanzsektors besser Rücksicht nehmen kann, d.h. Regulierungsvorschläge sind somit in der EU politisch leichter durchsetzbar.

Der eindeutige Nachteil ist, dass das level playing field, welches das Binnenmarktkonzept ja gewährleisten sollte, durch das Zulassen unterschiedlicher Regulierungsstandards und vieler nationaler Ausnahmeregelungen erheblich gestört werden kann. Außerdem haben national unterschiedliche Regelungen die Integration der Finanzmärkte weiter behindert. Im Aufsichtsrecht i.e.S. hat dies bei den Banken zu durchaus unterschiedlichen Kostenbelastungen geführt. Sofern es sich um Regelungen der Produktharmonisierung bzw. der Informationspflichten gegenüber Kunden und Öffentlichkeit handelt, ist auch das EU-weite Inverkehrsetzen von Produkten behindert, was 15 Jahre nach dem Inkrafttreten des Binnenmarktes – und trotz Währungsunion in 14 Mitgliedstaaten – für die Integration des Retailsektors noch immer ein maßgeblicher Hemmschuh ist.

Die **erste Phase** der EU-Harmonisierung betraf vor allem aufsichtsrechtliche Regelungen i.e.S., Mindestharmonisierung für Eigenmittel, Solvabilität, Großkredite, Einlagensicherung usw.

Die Einführung des Euro, die einen Integrationsschub in der gesamten EU mit sich brachte, und die zunehmende Integration der Produktmärkte verdeutlichte, dass einerseits die alleinige Harmonisierung des Aufsichtsrechtes i.e.S. nicht ausreichte und andererseits mit dem Instrument der Mindestharmonisierung allein nicht das Auslangen gefunden werden konnte.

In der **zweiten Phase** hat dann die EU-Kommission mit dem **Financial Action Plan 1999** eine umfangreiche Harmonisierung nicht nur aufsichtsrechtlicher Vorschriften, sondern auch von Informationspflichten und Maßnahmen zur Produktharmonisierung angekündigt und bis 2004 auch großteils umgesetzt. Ferner wurde der Rechtssetzungsprozess der EU reformiert, Rahmenrichtlinien im Komitologieverfahren (Mitsprache des Parlaments) und Ausführungsbestimmungen durch die Kommission unter Beiziehung eigens geschaffener aufsichtsrechtlicher Gremien auf europäischer Ebene (Lamfalussy-Prozess) etabliert. Die Aufgabe dieser Gremien besteht darin, für eine möglichst einheitliche Umsetzung der Rahmengesetzgebung zu sorgen.

Die **dritte Harmonisierungsphase** richtet sich auf eine besser koordinierte bzw. eine einheitliche Beaufsichtigung von EU-weiten

Finanzkonzernen. Mit der Internationalisierung der Banken in der EU (siehe unten) wurde das Problem sichtbar, dass sich die Mindestharmonisierung auch im Aufsichtsrecht i.e.S. weder für multinationale Konzerne noch generell für eine effiziente Beaufsichtigung systemrelevanter Risiken als ausreichend erweist. Unterschiedliche Standards und Mehrfachmeldungen sind für die Banken ein Kostenfaktor, wogegen für die nationalen Aufsichtsbehörden die mangelnde Information über den Gesamtkonzern unter Umständen zu systemischen Risiken führt. Die von der EU eingesetzte Kommission unter dem Vorsitz von Jacques de Larosière hat nunmehr sowohl Vorschläge zur Minimierung des Makrorisikos (systemische Risiken für das EU-Bankensystem) als auch Vorschläge für die Beaufsichtigung für das Mikrorisiko (Solvabilität einzelner Banken) unterbreitet. Eine bessere Koordination und eine verbindliche Vorgangsweise für das Makrorisiko unter Vorsitz der EZB scheinen nunmehr politisch vereinbart und ein durchaus gangbarer Weg zu sein. Die Kooperation und die Harmonisierung auf der Mikroebene, d.h. welche Aufsichtsbehörde (home oder host Supervisor) wofür zuständig ist und welcher Jurisdiktion ein Konzernunternehmen unterliegt, dürften schon aus rechtlichen Gründen viel schwieriger zu realisieren sein. Denn selbst wenn die Aufsichtsbehörde, die für das Tochterinstitut zuständig ist, ihre Kompetenz der Beaufsichtigung an die Aufsichtsbehörde des Mutterinstituts delegieren sollte, ist das Tochterunternehmen (als Einzelunternehmen oder Subkonzern) nach wie vor gemäß den Standards im Sitzland des Tochterunternehmens zu prüfen. Das heißt: eine Vereinfachung von Reporting und Bilanzierungsvorschriften sowie konzerneinheitliche sonstige aufsichtsrechtliche Vorschriften sind damit noch nicht gegeben. Die zuständigen Behörden eines Mitgliedstaates könnten zwar rein rechtlich die Überprüfung der Einhaltung seiner Rechtsstandards der zuständigen Behörde eines anderen Mitgliedstaates übertragen (delegation of tasks), doch man ist sich weitgehend darüber einig, dass die Anwendung von Rechtsnormen eines anderen Mitgliedstaates anstatt der eigenen auf ein Unternehmen, auch wenn es Tochterunternehmen eines in einem anderen Mitgliedstaat zugelassenen Mutterinstituts ist, einer „delegation of competences" durch einen Mitgliedstaat gleichkäme, was rechtlich nur bei einer Novellierung des EU-Vertrages möglich wäre, was politisch derzeit eine Illusion ist.[4]

4 Siehe auch ELEC, Cahier Comte Boel Nr. 12: Financial Supervision in Europe: Do we need a New Architecture?, Beiträge von D. Schoenmaker und S. Oosterloo sowie M. Kager, 2007.

Aber auch ökonomisch wäre damit ebenso wenig das erwünschte level playing field erreicht. Ganz im Gegenteil. In solch einem Fall wären z.B. die großen Banken in Tschechien, allesamt Töchter internationaler Bankkonzerne, jeweils anderen aufsichtsrechtlichen Normen (z.B. jenen von Frankreich, Österreich oder Belgien) unterworfen, obwohl sie in Tschechien selbst in unmittelbarer Konkurrenz zueinander stehen. Hier rächt sich, dass man im Aufsichtsrecht so lange am Prinzip der Mindestharmonisierung festgehalten hat. Mit Recht fordert daher auch die de Larosière-Kommission ein einheitliches Rule Book für das Bankaufsichtsrecht der EU.

Last but not least muss noch erwähnt werden, dass gerade die letzte Krise des Finanzmarktes gezeigt hat, dass das EU-Regelwerk noch ganz entscheidende weiße Flecken in der Harmonisierung aufweist. Einer dieser ausschließlich nach wie vor rein national geregelten – aber nichts desto trotz zentralen – Bereiche der Aufsicht sind die Liquiditätsvorschriften für Banken. Sie unterliegen nach wie vor rein nationalen Regelungen. Dies hervorzuheben ist schon aus dem Grund geboten, da gemäß dem Bankenaufsichtsrecht eine Bank dann insolvent ist, wenn sie über eine unzureichende Liquidität verfügt. Eine weitere Schwierigkeit, die insbesondere für die Beaufsichtigung internationaler Konzerne mit Tochterunternehmen in anderen Mitgliedstaaten der Europäischen Union gilt, besteht in der Frage des lender of last resort und der Einlagensicherung. Formal entscheiden derzeit im Falle von Schwierigkeiten die zuständigen Behörden jenes Landes, in dem ein internationales Finanzinstitut seinen Hauptsitz hat, über dessen Fortbestand. Eine solche Entscheidung hat unter Umständen erhebliche Auswirkungen auf das/die Finanzsystem(e) in jenen Ländern, in denen die Tochterinstitute ihren Sitz haben. Dies ist dann besonders gravierend, wenn ein solches Tochterinstitut in seinem Sitzstaat ein für das Finanzsystem dieses Landes systemrelevantes Institut ist. Hier soll nunmehr eine bessere Abstimmung zwischen den zuständigen Behörden stattfinden. Angesichts der aktuellen Finanzkrise wird derzeit die Erstellung verbindlicher europäischer Leitlinien zur „Crisis Resolution“ diskutiert, die dann von entsprechenden gemeinsamen Aufsicht-„Collegs“ zu Notfallsplänen ausgearbeitet werden. Dennoch bleibt die Frage, wer welche Kosten trägt, eine zentrale Problemstellung. Ein weiterer Aspekt ist die Einlagensicherung, die in der EU, da Mindestharmonisierung, in den einzelnen Mitgliedstaaten recht unterschiedlich geregelt ist. Tochterunternehmen internationaler Banken unterliegen der Einlagensicherungsregelung des „Gastlandes“. Sind ausländische Banken in einem Gastland systemrelevante Banken, so ist die Mitsprache des Gastlandes im

Falle von Schwierigkeiten des Mutterinstituts schon aus diesem Grund angebracht. Hier hat die Politik auf die Interessen der Steuerzahler und Gläubiger zu achten. Ferner haben aber auch alle anderen nationalen Banken, die Mitglieder der jeweils betroffenen Einlagensicherungseinrichtung sind, ein legitimes Interesse an einer Mitsprache bzw. Vertretung im „winding up"-Prozess.

Für die weitere Integration und Konvergenz des europäischen Bankensystems sind dies nicht zu unterschätzende Problemfelder. Die europäische Politik wird nicht umhin können, ihr Regulierungsgebäude neu zu strukturieren.

Wir wissen, dass einerseits die Regulierung mit Mindeststandards nicht immer für die Integration und Konvergenz des Finanzsystems ausreichend ist; andererseits ist aber auch die Maximalharmonisierung nicht die allein zielführende Strategie, da sie zu wenig auf national tradierte Eigenheiten Rücksicht nimmt, bzw. dort, wo das Aufsichtsrecht mit anderen Rechtsbereichen „verbunden ist" (z.B. Schuldrecht, Konsumentenschutz etc.), ebenfalls umfangreiche Harmonisierungen dieser Rechtsbereiche notwendig würden.

Die Strategie kann daher nur sein: Maximalharmonisierung i.e. einheitlicher EU-weiter Standard dort, wo notwendig, Minimalharmonisierung dort, wo möglich. Man wird langfristig nicht umhinkommen, eine Liste jener Normen zu erarbeiten, die einer Maximalharmonisierung unterliegen müssen, sowie jener Normen, für die eine Mindestharmonisierung genügt und bei denen man nationale Eigenheiten berücksichtigen kann. Das Beispiel der Kapitaladäquanzrichtlinie von 2006 mit mehr als hundert nationalen Wahlrechten in Kernbereichen des Aufsichtsrechts ist sicher kein Vorbild.

2. Infrastruktur: Backbone integrierter Märkte

Ein integrierter Finanzmarkt ohne entsprechende integrierte Infrastruktur ist schwer vorstellbar, in einem einheitlichen Währungsraum aber schlicht eine Unmöglichkeit. Mit der Einführung des Euro wurde daher auch die Notwendigkeit einer paneuropäischen Infrastruktur besonders deutlich, die sich aber dann in der Folge nicht nur auf den Euroraum konzentriert, sondern in manchen Segmenten für alle Mitgliedstaaten zur Verfügung steht.

Nach zehn Jahren Euro ist das Vorhandensein pan-europäischer Infrastruktureinrichtungen in den einzelnen Finanzmarktsegmenten noch immer reichlich unterschiedlich. Andererseits ist evident, dass das Niveau der Integration in hohem Maße vom Vorhandensein einer entsprechenden pan-europäischen Infrastruktur abhängig ist.

Chart 1: Integration und Infrastruktur

Marktsegment	Integrationsniveau	Infrastruktur
Geldmarkt: - Interbankmarkt (unbesichert) - Interbankmarkt (REPO, besichert)	nahezu perfekt fortgeschritten	voll integriert Sicherheiten: fragmentarisch
Wertpapiere / Anleihenmarkt - Staatsanleihen - Unternehmensanleihen	sehr fortgeschritten durchschnittlich	fragmentiert fragmentiert
Aktienmarkt	gering	sehr fragmentiert
Bankenmarkt -"wholesale" -Kapitalmarkttransaktionen -Retailmarkt	sehr fortgeschritten fortgeschritten sehr gering	voll integriert fragmentiert sehr fragmentiert

Quelle:ECB; Monthly Bulletin, May 2008

Insbesondere war die Schaffung pan-europäischer Zahlungsverkehrssysteme und standardisierter Regelungen für das Clearing und Settlement von Wertpapiertransaktionen eine wichtige Voraussetzung für die Integration und Konvergenz nationaler Märkte.

2.1. Zahlungsverkehrssysteme

Bis 1999 gab es in Europa 21 (!) „large value payment systems", heute sind es drei Systeme, eine enorme Bereinigung des Marktes zugunsten transnationaler Systeme. Target und Euro1 beherrschen eigentlich den Zahlungsverkehrsmarkt. Target 2, das von der EZB angebotene System, wickelt heute fast 90 % des Wertes und 60 % des Volumens der Transaktionen ab. Der tägliche Umsatz von Target 2 beträgt im Durchschnitt 2.400 Mrd. EUR pro Tag, der bisherige Spitzenwert war 3.387 Mrd. EUR.

Die damit verbundenen Preisreduktionen sind erheblich und erhöhen die Effizienz des Bankensystems.[5]

Bedient Target den „wholesale market“ in der EU, so ist SEPA für den Retailzahlungsverkehr konzipiert und im Herbst 2008 in Betrieb gegangen. SEPA ist ein standardisiertes Zahlungsverkehrssystem, das für den Benutzer bei seinen Überweisungen keinen ersichtlichen Unterschied mehr zwischen Inlands- und EU-Überweisungen aufweist.

2.2. Clearing und Settlement

Aber nicht nur im Zahlungsverkehr sind effiziente pan-europäische Systeme entstanden, sondern auch die bestehenden Netzwerklinks zwischen den Wertpapier-Settlement-Systemen konnten geschlossen werden. So führte bereits im Jahr 1999 das Eurosystem ein gemeinsames Verfahren für den grenzüberschreitenden Transfer von Sicherheiten ein. Über dieses CCBM-System wird mittlerweile ein Volumen von mehr als 560 Mrd. EUR abgewickelt, was einem Marktanteil von knapp 40 % im Eurosystem entspricht. In weiterer Folge soll das CCMB 2 eine einheitliche Plattform für inländische wie ausländische Sicherheiten werden.

Große Fortschritte in Richtung einer einheitlichen europäischen Infrastruktur hat es auch als Folge der Implementierung der Wertpapierdienstleistungs-Richtlinie (MIFID, 2007) gegeben. Seit 2007 sind eine Reihe neuer Handelsplätze sogenannter pan-europäischer Multi Trading Facilities entstanden (z.B. Chi-X, Turquoise, Nasdaq OMX Europe), die die Integration und Effizienz der europäischen Wertpapierhandelsinfrastruktur entscheidend gestärkt haben. Die EU-Kommission schätzt, dass zwischen 2007 und 2008 die europäischen Börsen 25 % ihres Marktanteils am Aktienhandel an alternative Handelsplätze verloren haben, was einer Revolution auf diesem Markt gleichkommt. Zeitgleich mit der Umsetzung der MIFID sind aber auch pan-europäische Clearing- und Settlement-Strukturen entstanden. Euroclear hat seine Konsolidierung mit weiteren Übernahmen fortgesetzt und unter der Führung von Clearstream hat eine Gruppe von sieben zentralen Wertpapierverwahrstellen eine zentrale Informations- und Abwicklungsplattform gegründet, um die Effizienz im transnationalen Clearing von Wertpapiertransaktionen zu erhöhen. Die Effizienzsteigerungen bzw. Kostensenkungen, die durch die Installation dieser pan-europäischen Infrastruktureinrichtungen in kürzester

5 ECB: Monthly Bulletin 05/2008; 10th Anniversary of the ECB.

Zeit eingetreten sind, sind enorm. So schätzt z.B. die Londoner Börse, dass innerhalb von zwei Jahren (2006–2008) die Gebühren für das Wertpapierclearing um 60 % (!) zurückgegangen sind. Ähnliches wird von LCH. Clearnet berichtet, die die Gebühren um mehr als 50 % reduziert haben soll.[6]

Diese Beispiele zeigen, dass die Integration des europäischen Finanzmarktes nicht nur entsprechender regulativer Maßnahmen i.w.S. bedarf, sondern auch eine entsprechende pan-europäische Infrastruktur gegeben sein muss. Die nächsten Jahre werden zeigen, ob mit der Implementierung von SEPA, dem pan-europäischen Zahlungssystem für den Retailmarkt, ein eben solcher Integrationseffekt zu erzielen ist.

III. Der europäische Finanzmarkt

Die letzten zehn Jahre haben im europäischen Finanzmarkt grundlegende Umwälzungen hervorgebracht. Zum einen waren diese Trends eine Konsequenz aus der internationalen Liberalisierung der Finanzmärkte gepaart mit neuen Technologien zum anderen – wie in obigem Abschnitt gezeigt –, die Folge des Binnenmarktes, der Euroeinführung und der Errichtung einer pan-europäischen Infrastruktur für Finanzdienstleistungen.

Die Trends der letzten zehn Jahre könnten wie folgt charakterisiert werden:

- Integration der Märkte:
  - Profitabilität und Effizienzsteigerung
  - Angleichung von Zinsen und Produkten
- cross border-Konsolidierung der Banken
- Internationalisierung der nationalen Märkte
- Konvergenz der Geld- und Kapitalmärkte

1. Weltweite Bedeutung des EU-Finanzmarktes

Der EU-Finanzmarkt ist gemeinsam mit jenem der USA und Japans der key player im Angebot von Finanzdienstleistungen. Mehr als 50 % der weltweiten Bilanzsumme von Banken entfällt auf die EU, im Vergleich dazu kommen auf die USA und Asien jeweils nur 14 %. Eben-

6 ECB: MonthlyBuletin 05/2008; 10th Anniversary of the ECB.

so vereinigt die EU ca. 50 % des Handels mit Fremdwährungen auf sich.

Laut einem Bericht der Londoner City aus 2008 entfallen ca. ein Drittel des weltweiten „wholsale markets" auf die 27 EU-Staaten.

Chart 2: EU-Anteil am Weltfinanzsystem

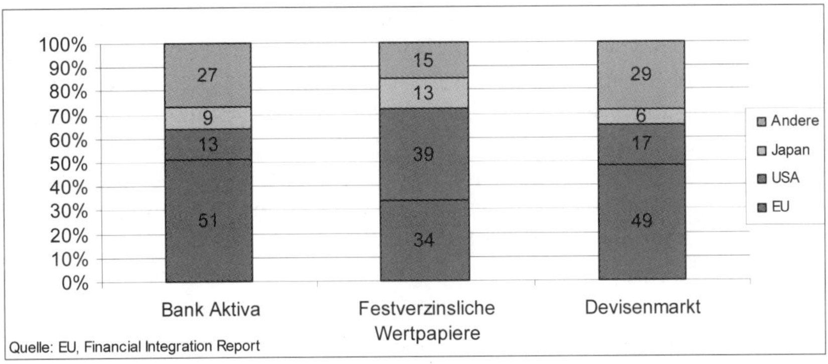

- Auch in Teilmärkten hat der EU-Finanzmarkt eine dominierende Stellung erreicht. Überraschend ist auch die Führungsrolle der EU im Private Equity Market, wenn man sich die jährlichen Initial Public Offerings (IPO's) anschaut. Waren das 2001 noch ca. 30 Mrd. EUR in der EU und 40 Mrd. EUR in den USA, so hat sich das Verhältnis in den letzten Jahren umgekehrt. Die IPO's waren in der EU mit 90 Mrd. EUR 2007 ungefähr doppelt so hoch wie in den USA. Es erstaunt auch, dass rund die Hälfte dieser Emissionen von Unternehmen außerhalb der EU stammen. Dies mag ein Zeichen einer höheren Effizienz der EU-Kapitalmärkte sein, ein Teil dieser Zunahme dürfte aber auch auf die regulativen Beschränkungen des Sarbanes-Oxley-Aktes in den USA zurückzuführen sein, der zu restriktiveren Vorschriften sowohl für börsennotierte Unternehmen als auch für Börsen selbst geführt hat.[7]
- Auch in Marktsegmenten wie der Investment-Fonds-Industrie hat die EU mittlerweile stark aufgeholt. Von den weltweit 15,9 Billionen EUR (2007) an Fondsvolumen entfallen auf europäische Fonds 34 % (USA: 47 %), im Vergleich dazu verfügt Japan lediglich über 3 %.[8]

7 EU Commission: European Financial Integration Report 2008.
8 Ebendort.

- In Summe ist der europäische Finanzmarkt ein riesiger, international tätiger Wirtschaftsektor, die aggregierte Bilanzsumme der EU-Banken beträgt mehr als 40.000 Mrd. EUR.[9]

Abstrahiert man von der Finanzkrise der letzten zwei Jahre, so muss man auch konstatieren, dass der europäische Finanzsektor im letzten Jahrzehnt einen enormen Aufschwung erlebt hat. Er ist nicht nur schneller gewachsen als der Rest der Wirtschaft, die Banken in Europa blicken auch auf eine lange Phase außerordentlicher Prosperität und Profitabilität. Der return on equity der westeuropäischen Banken hat sich von knapp 8 % 1994, also zu Beginn des Binnenmarktes, auf nahezu 17 % im Jahr 2006 mehr als verdoppelt, jener der neuen Mitgliedstaaten ist sogar auf über 20 % geklettert[10]. Gleichzeitig hat sich die Kosten-/Ertragsrelation wesentlich verbessert. Neben allgemeinen konjunkturellen Faktoren haben dazu zwei Faktoren wesentlich beigetragen: das eine sind operative und strukturelle Verbesserungen, die zu einer wesentlichen Reduktion der Kosten geführt haben, das andere liegt sicherlich an der zunehmenden Integration und Harmonisierung des EU-Marktes. In Summe ist daher die Kosten-/Ertragsrelation der Banken in den alten Mitgliedstaaten (EU 15) von 66 % 1994 auf knapp 58 % 2006 gefallen.

2. Integration der Märkte Effizienzsteigerung

Wie oben bereits dargestellt, hat der Binnenmarkt mit seiner Harmonisierung der regulativen Erfordernisse und der Installierung einer pan-europäischen Infrastruktur ganz erheblich zur Integration und Konvergenz der Märkte beigetragen.

Die langfristigen Wohlfahrtsgewinne, die aus dieser Finanzmarktintegration entstehen werden auf ein Plus von 1,1 % des BIP der Europäischen Union geschätzt,[11] wobei der Effekt in den einzelnen Mitgliedstaaten durchaus unterschiedlich ist und von 0,5 % bis 2 % reicht.

Der Grad der Integration ist in den einzelnen Marktsegmenten durchaus unterschiedlich und reicht von einer vollkommenen Preiskonvergenz mit integrierter pan-europäischer Infrastruktur auf den Interbankmärkten über relativ gut integrierte wholesale-Märkte bis nach wie vor stark segmentierte Retailmärkte.

9 EZB, eigene Berechnungen.
10 EU Commission: Financial Integration Report 2008.
11 Deutsche Bank (DB) Research, EU- Monitor 45, 2008.

Chart 3: Integrationsindikatoren

	Interbankmärkte	Wholesale	Retail
Preise	harmonisiert	überdurchschnittlich harmonisiert	unterdurchschnittlich harmonisiert
Grenzüberschreitende Dienstleistungen	durchschnittlich integriert	durchschnittlich verfügbar	nicht integriert
Pan-europäische Infrastruktur	vollkommen integriert	überdurchschnittlich integriert	durchschnittlich integriert
Produktverfügbarkeit	vollkommen vorhanden	überdurchschnittlich vorhanden	durchschnittlich vorhanden

Quelle: DB Research: EU Monitor 54

Chart 4 : Standardabweichung zehnjähriger Staatsanleihen, Euroländer

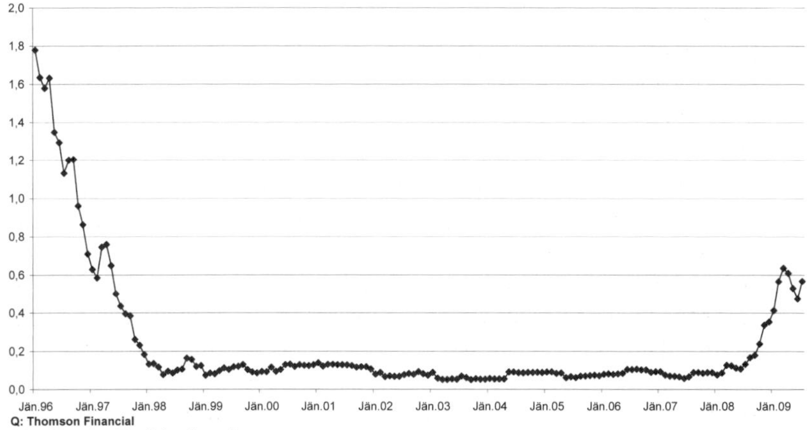

Q: Thomson Financial

*** ohne Slowenien, Slowakei und Luxemburg**

Die Integration der Märke hat notabene auch eine Angleichung der Zins- und Produktstruktur gebracht.

- Der Euro-Geldmarkt hat unmittelbar nach der Einführung des Euro zu einer fast perfekten Integration dieses Marktes geführt. Die Standardabweichung des Eonia (Interbanken Geldmarktzinssatzes) zwischen den einzelnen Mitgliedstaaten des Euro-Raumes fiel auf nahezu Null.[12]

12 ECB: Financial Integration in Europe, April 2009.

- Der Bondmarkt profitierte nicht nur von der allgemeinen wirtschaftlichen Konvergenz in der Eurozone (z.B. geringere Inflationsdifferentiale), sondern auch vom Wegfall von Wechselkursrisiken und vom Wegfall hoher operativer Kosten im cross border-Geschäft (Infrastruktureffekte) durch die Schaffung gemeinsamer Handelsplattformen.
- Die Integration der Finanzmärkte zeigte sich aber auch an der Zunahme der cross border portfolio investments im Zuge der Euro-Einführung. So stieg der Anteil von in der Eurozone emittierten Wertpapieren an den gesamten internationalen Portfolioinvestitionen, die von den jeweils in den Euro-Mitgliedstaaten ansässigen Deviseninländern gehalten werden seit 1997 um 16 Prozentpunkte bei den Aktien und insgesamt um fast 60 (!)[13] Prozentpunkte bei den festverzinslichen Wertpapieren. D.h. bisher gezeichnete Dollar- oder Yen-Anleihen wurden nun durch Euro-Anleihen eines Emittenten aus einem anderen Euro-Land substituiert. Aber auch in jenen EU-Mitgliedsländern, in denen der Eruo als Währung nicht eingeführt worden ist, hat eine Substitution von anderen internationalen Anleihen zu Euro-Anleihen stattgefunden. So stieg der Anteil in Dänemark, Schweden und im Vereinigten Königreich von insgesamt 20 % 1997 auf 40 % 2006.[14]
- Der bisher am wenigsten integrierte Markt ist der Retailmarkt. Die Ursachen liegen teilweise in der oben beschriebenen mangelnden Harmonisierung der Retailprodukte, wodurch ein cross border-Angebot erschwert wird, aber auch in den Nachfragepräferenzen und dem mangelnden Marktüberblick der Konsumenten. Die Standardabweichung der Zinsen für Konsumentenkredite ist zehn Jahre nach der Einführung des Euro selbst in der Eurozone noch immer sehr hoch und schwankt um die zwei Prozentpunkte.[15]

Ebenso ist die Gebührenstruktur im EU-Retailmarkt noch weit entfernt von irgendeiner Homogenität. Die nationalen Durchschnittspreise für alltägliche Bankdienstleistungen weichen zwischen den einzelnen Mitgliedsstaaten noch immer um 32 % (Eurozone) bzw. 38 % (restliche Mitgliedstaaten der EU) voneinander ab.[16]

13 EU Commission: European Financial Integration Report 2008.
14 ECB: Monthly Bulletin, 05/2008; 10th Anniversary of the ECB.
15 Ebendort.
16 Ebendort.

3. Konsolidierung und cross border-Expansion

Ein weiterer Trend der letzten Jahre war die Konsolidierung des Bankenmarktes im Sinne dessen, dass „Größe zählt". Außerdem beschränkte sich die Konsolidierung nicht auf die nationalen Märkte, sondern ging in hohem Maße grenzüberschreitend vonstatten. Die treibenden Motive für die Konsolidierung liegen u.a. in der Erzielung von Skalenerträgen und der effektiveren Nutzung von Produkten und Prozessen. Dazu kommen noch strategische Fragen wie Markteinfluss und Expansion in neue Wachstumsmärkte durch den Kauf von Marktanteilen, wie das zweifelsohne in den neuen Mitgliedstaaten der Fall war.

Die Konsolidierung brachte es mit sich, dass die Zahl der Banken in der EU 15 in den letzen zehn Jahren signifikant zurückging. Die Zahl der Kreditinstitute fiel zwischen 1997 und 2006 von 9624 auf 6926, was immerhin einer Abnahme von fast 30 % entspricht. Im Vergleich dazu stieg im gleichen Zeitraum der Anteil an der Bilanzsumme der weltweit 25 größten Banken an den 1000 größten Banken der Welt von 28 auf 42 %, was die internationale Konzentration des Bankensektors nur unterstreicht.[17]

Zwar ist die Bankenkonzentration innerhalb der EU sehr unterschiedlich und reicht von extrem hohen Konzentrationsraten (gemessen am Anteil der TOP 5-Banken) von über 80 % in Belgien oder den Niederlanden und in vielen neuen Mitgliedstaaten, ist aber andererseits in Ländern wie Deutschland oder Italien nach wie vor sehr gering (zwischen 20 und 25 %), was mit nationalen tradierten Bankenstrukturen wie z.B. dem Genossenschafts- und Sparkassenwesen in Deutschland zusammenhängt. Nichts desto trotz ist aber in der EU 15 in den Jahren zwischen 1997 und 2006 das hier verwendete Konzentrationsmaß von 48 auf 54 % angestiegen.

17 DB Research, EU-Monitor 54.

Chart 5: Anteil der ausländischen Töchter und Bankfilialen am Bankgeschäft in Europa (in % der Bilanzsumme)

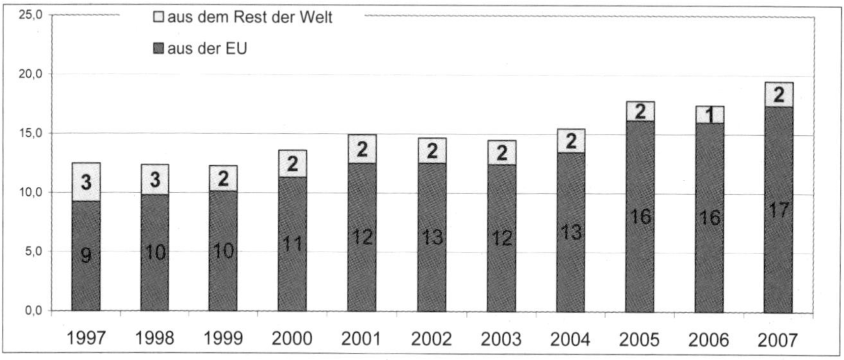

4. Internationalisierung

Ein weiterer Trend der letzten Jahre war die Internationalisierung des Bankensektors. Die Konsolidierung hat sich nämlich nicht auf die nationalen Märkte beschränkt, sondern gleichzeitig die Expansion nach Außen und hier insbesondere in die anderen Mitgliedstaaten mit sich gebracht. So stieg der Anteil von EU-Banken in anderen EU-Mitgliedstaaten zwischen 2001 und 2007 lt. Berechnungen der EZB von 15 auf 20 %. Die wichtigsten Beweggründe hierfür waren wohl die Suche nach neuen Wachstumsquellen (Beispiel hierfür ist auch die Expansion der österreichischen Banken nach Osteuropa) und die Diversifizierung der Ertragsstruktur.

Chart 6: Cross Border M&A Transaktionen in der EU

	Rang	Wert / Mrd:Euro	Jahr	Investor	Land	Ziel	Land
	1	71,8	2007	RBS, Fortis Santander	UK, BE ES	ABN Amro	NL
	2	15,4	2005	Unicredit	IT	HVB	DE
	3	13,9	2004	Santander	ES	Abbey	UK
	4	11,2	2000	HSBC	UK, BE	Crédit Commercial	FR
	5	9,0	2006	BNP Paribas	FR	BNL	IT
	6	7,2	2000	HVB	DE	Bank Austria	AT
	7	5,9	2005	ABN Amro	NL	Antonveneta	IT
	8	5,7	2007	Hypo Real Estate	DE	Depfa	IE
	9	4,8	2000	Merita Nordbanken	SE	Unidanmark	DK
	10	4,1	1998	ING	NL	BBL	BE
Summe		149					

Quelle: DB Research, EU_Monitor 45

Chart 7: Ertragsverteilung der Top 20-Banken Europas nach Regionen

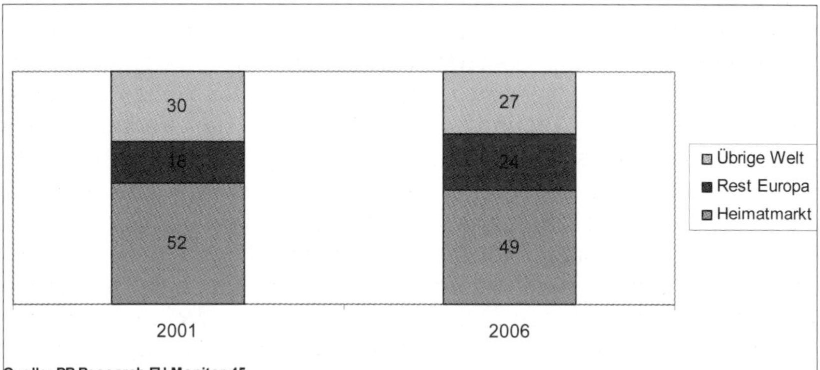

Quelle: DB Research, EU-Monitor 45

Die EU-Kommission zeigt in ihrem Integrationsbericht 2008, dass die regionale Verteilung der Erträge sich ganz eindeutig zugunsten der anderen EU-Mitgliedstaaten verschoben hat. Wurden 2001 „nur" 18 % der Erträge in anderen EU-Ländern erwirtschaftet, waren es 2007 ca. 25 %, während die Erträge im „Rest der Welt" von knapp 30 auf ca. 25 % zurückgingen.

Ein weiteres Indiz für EU-interne Intensivierung der cross border-Geschäfte ist aus den zunehmenden cross border M&A Aktivitäten des Finanzsektors zu sehen. Die zehn größten grenzüberschreitenden M&A Transaktionen von EU 15-Banken innerhalb der EU 15 hatten zwischen 1998 und 2007 ein Volumen von 150 Mrd. EUR, die der EU 15-Banken in den neuen Mitgliedsländern in Mittel- und Osteuropa geschätzte 60 Mrd. EUR. Der Anteil stieg vor allem in Ländern, deren Bankensystem bis dahin nur einen geringen Internationalisierungsgrad aufzuweisen hatte, wie in Italien, Deutschland oder auch Österreich, wo ausländische Bankkonzerne mittlerweile einen Marktanteil von ca. 20 % haben. Im Gegenzug haben aber auch die österreichischen Banken selbst mit ihrer Osteuropastrategie einen großen Internationalisierungsschub durchgemacht.

5. Konvergenz der Geld- und Kapitalmärkte

Jahrzehntelang gab es eine klare Unterscheidung zwischen Bank- und Kapitalmarkt basiertem Geschäftsmodell. Hier das kontinentaleuropäische Universalbankensystem, dort das anglo-amerikanische Trennbankensystem. In den letzten Jahren konnte man zunehmend den Trend zu einer stärkeren Verflechtung beider Systeme feststellen, was sowohl die Aktivseite als auch die Passivseite der Bank-Finanzinstitute betroffen hat.

Aktivseite: Deutlicher Ausdruck dessen ist z.B. die zunehmende Verbriefung von Krediten. Anstatt des traditionellen „originate and hold", d.h. Kredite an Kunden zu vergeben und das Halten derselben in der Bilanz bis zur Tilgung, wurde dies durch den Verkauf ganzer Kreditportfolios in Form von Wertpapieren abgelöst. Das neue Modell hieß „originate and distribute", das Zeitalter der Kreditderivate war angebrochen. Die ursprünglich logische Idee, die durchaus für Kunden, Banken und Anleger von Vorteil zu sein schien, hat sich schließlich als Bumerang erwiesen und zur größten Finanzkrise der Geschichte geführt. Dennoch muss man sagen, dass das Konzept einer Verbindung von traditionellem Bankgeschäft und Wertpapiergeschäft eine bestechende Idee ist. Das Problem war nur, dass die gegenseitige Versicherung von Risiken mittels sogenannter „credit default swaps" die Risiken an sich nicht beseitigt, sondern nur an andere Marktteilnehmer weiterreicht. Außerdem hat man die Risikoreduktion, die durch das Bündeln von verschiedenen Krediten an sich entsteht, bei Weitem überschätzt, da diese Kredite in der Regel einem Segment (z.B. Hypothekarkredite an Private) angehören. Die darauf basierenden Wertpapieremissionen waren daher keine risikolosen Papiere, sondern im Gegenteil mit einem erheblichen „Klumpenrisiko" behaftet. Außerdem hat man einfach zu wenig auf die im traditionellen Bankgeschäft übliche laufende Kreditkontrolle geachtet. Die eine Seite hat das Risiko verkauft, die andere Seite, d.h. die Investoren in diese Wertpapiere, haben aber weiterhin auf die Kreditüberwachung der Verkäufer vertraut. Am Höhepunkt der Verbriefungswelle 2006 gab es ein weltweites Neugeschäftsvolumen von 2.000 Mrd. EUR.[18]

Passivseite: Aber auch auf der Passivseite der Bankbilanzen hat sich der Trend zur Disintermediation verstärkt. Der Bankkunde beschränkt sich nicht mehr auf Veranlagungsprodukte wie Sparbuch und eventuell eine Staats- oder Bankenanleihe, sondern diversifiziert in verschiedenste Wertpapierprodukte. Das Einlagengeschäft wurde vom Fondsgeschäft abgelöst, der Vertrieb der Produkte verblieb in der Bank, die Produkte selbst werden in den Fondstöchtern der Banken generiert oder zugekauft.

In Summe hat sich in ganz Europa eine Disintermediation sowohl auf der Aktivseite als auch auf der Passivseite der Bilanz durchge-

18 DB Research, EU-Monitor 54, S. 20.

setzt; es ist daher auch nicht verwunderlich, dass das Zinseinkommen der Banken im Vergleich zum Nicht-Zinseinkommen in den letzten Jahren ständig an Bedeutung verloren hat. Mit Ausnahme von Großbritannien, wo schon immer das Trennbankensystem das gängige Geschäftsmodell war, haben die Nicht-Zinserträge in Prozent der Gesamterträge stark zugenommen. So stiegen sie beispielsweise in Deutschland von 20 % 1996 auf 50 % 2006, in Österreich von 41 % auf 57 %.[19]

6. Schlussfolgerungen und Zusammenfassung

Ziel dieses Beitrags war es einen Überblick über die Entwicklung der Finanzmärkte in den letzten 15 Jahren zu geben, sowohl das regulatorische Umfeld und die Infrastruktur betreffend als auch hinsichtlich der Trends in der Entwicklung des Bankensektors an sich. Es wurde bewusst die Krise des Finanzsystems, die 2008 ihren Höhepunkt erreicht hat und wohl die schwerste Krise seit 1929 ist, ausgespart, da es hier um die Darstellung langfristiger Trends gegangen ist.

Die Krise hat allerdings mit voller Wucht deutlich gemacht, dass das derzeitig bestehende Aufsichtsrecht weder dem Anspruch der Gewährleistung einer Finanzstabilität noch den Anforderungen für ein mittlerweile globales Bankwesen genügt. Die Krise hat auch gezeigt, dass weder die jahrelang von diversen Finanzkreisen propagierte „self regulation“ funktioniert, noch dass ein Regulierungssystem, das auf EU-Ebene mit dem Instrument der Mindestharmonisierung operiert, in einer Welt mit zunehmend integrierten Märkte, in der die Banken EU-weit oder global operieren, ausreicht. Weder kann mit dieser Mindestharmonisierung eine ausreichende Finanzmarktstabilität auf EU-weiter Basis sichergestellt werden, d.h. die nationale Aufsicht reicht nicht aus, um die grenzüberschreitende Ansteckung mit systemischen Krisensymptomen zu vermeiden, noch kann dieses Regulierungssystem ein ausreichendes „level playing field“ für die Marktteilnehmer sicherstellen.

Die EU hat darauf reagiert und der de Larosière-Bericht[20] schlägt in 31 Empfehlungen eine komplette Überarbeitung des Aufsichtssystems vor. Im Wesentlichen geht es dabei sowohl um eine bessere und verbindliche Koordination der Aufsichtsbehörden als auch um

19 Oesterreichische Nationalbank: Ertragslage der Kreditinstitute, eigene Berechnungen.

20 De Larosière Report: The High Level Group on Financial Supervision, chaired by de Larosière, Brussels Feb. 2009.

EU-weit einheitlichere Aufsichtsvorschriften sowie um eine stringentere Umsetzung.

Was die Entwicklung der Finanzmärkte in den letzten 15 Jahren angeht, so wurden die wesentlichsten Trends aufgezeigt. Neben der Tatsache, dass der Finanzsektor in den letzten 15 Jahren ein sehr starkes Wachstum aufwies und bei Weitem profitabler war als andere Sektoren, ist wohl das herausragende Kennzeichen der letzten Jahre, dass ein überwiegend national ausgerichteter Sektor international, ja global wurde. Die Konsolidierung des Finanzsektors hat sich nicht nur auf nationaler Ebene zugetragen, sondern vorwiegend grenzüberschreitend. Ebenso hat sich die Bilanzstruktur der Banken grundlegend geändert. Allerdings hat auch hier die Krise gelehrt, dass mit komplexeren Strukturen und Produkten auch die Anforderungen an das Risikomanagement und die Transparenz deutlich gewachsen sind. Und eines sollte die Krise auch gezeigt haben, dass im Finanzgeschäft ebenso die Langfristigkeit und Nachhaltigkeit zählt und nicht nur die kurzfristige Gewinnmaximierung. Last but not least sollten wir aber aus der Krise auch gelernt haben, dass das wichtigste Asset der Banken noch immer das Vertrauen der Kunden ist.

Verwendete Literatur

CEPR: Macrostability and Financial Regulation: Key Isssues for the G20, edited by M. Dewatripont et al.

CEPR Discussion Paper Nr. 4212, Gual, J.: Integration of the EU Banking Market.

Claessens, Stijn: Competition in the Financial Sector: Overview of Competition Policies, IMF Working Paper WP/09/.

Deutsche Bank Research, EU-Monitor 63, Schäfer St.: EU Retail Banking: Wie kann man Integration messen.

De Larosière Report: The High Level Group on Financial Supervision, chaired by de Larosière, Brussels Feb. 2009.

Deutsche Bank Research, EU-Monitor 54, Schildbach J.: Banken in Europa: Die stille (R)evolution.

ECB: Financial Integrationin Europe, April 2009.

ECB: Monthly Bulletin: 10th Anniversary of the ECB; 05/2008.

ELEC: Cahier Comte Boel, Nr. 12, Financial Supervision in Europe: Do we need a New Architecture, Beiträge von D. Schoenmaker und S. Oosterloo sowie M. Kager.

EU Commission: European Financial Integration Report 2008, Commission Staff Working Document, Brussels 2009.

EU Kommission: Weißbuch zur Finanzdienstleistungspolitik für die Jahre 2005-2010, KOM (225) 629 EU Commission, Economic Papers Nr. 271; 01/2007 endgültig, Ilzkovitz Fabienne, Dierx, Adriaan, Kovacs, Viktoria, Sousa, Nuno: Steps towards a deeper economic integration: the Internal Market in the 21st century; A contribution to the single Market review.

Oesterreichische Nationalbank: Statistische Monatshefte.

Johann KERNBAUER

Die Oesterreichische Clearingbank AG

Aufgaben und Entwicklung von der Gründung bis zur Jahresmitte 2009

Einleitung

Der österreichische Nationalrat hat am 20. Oktober 2008 das Bundesgetz zur Stärkung des Interbankmarktes (Interbankmarktstärkungsgesetz – IBSG) und das Bundesgesetz über Maßnahmen zur Sicherung der Stabilität des Finanzmarktes (Finanzmarktstabilitätsgesetz – FinStaG) beschlossen[1] und damit sehr rasch auf die sich vertiefende Krise des internationalen Finanzsystems reagiert. Die Maßnahmen des Interbankmarktstärkungsgesetzes zielen auf die Belebung des Geldmarktes und die Erleichterung der Emission von Bankanleihen unter Garantie der Republik Österreich ab.

Das Finanzmarktstabilitätsgesetz ermächtigt den Finanzminister zur Rekapitalisierung von inländischen Banken und Versicherungen, „zur Behebung einer beträchtlichen Störung im Wirtschaftsleben Österreichs, zur Sicherstellung des gesamtwirtschaftlichen Gleichgewichts sowie zum Zweck des Schutzes der österreichischen Volkswirtschaft".[2] Das maximale Finanzierungsvolumen (Garantieübernahmen eingeschlossen) für IBSG und FinStaG wurde mit 100 Mrd. EUR festgelegt, ein Betrag, der rd. 35 % des nominellen Brutto-Inlandsprodukts 2008 oder etwa 143 % der Ausgaben des Budgetvoranschlags 2008 entspricht.

Was hat die Regierung und das Parlament bewogen, für österreichische Finanzinstitute Finanzmittel in diesem einmalig großen Ausmaß zur Verfügung zu stellen? Um diese Frage zu beantworten,

1 Beide Gesetze sind am 26. Oktober 2008 mit der Veröffentlichung im Bundesgesetzblatt Nr.136/2008 in Kraft getreten.

2 § 1 Abs 1 FinStaG.

müssen wir zunächst einen Blick auf die Entwicklung des internationalen Finanzmarkts im Jahr 2008 werfen.

Am 15. September 2008 musste Lehman Brothers Inc., eine der größten Investmentbanken der USA, Insolvenz anmelden. Damit erreichte die Krise des US-amerikanischen Finanzsystems, die sich schon zu einer globalen Finanzkrise ausgeweitet hatte, ihren vorläufigen Höhepunkt. Wenn es möglich ist, so dachten viele Marktteilnehmer, dass eine große, mit unzähligen Geschäftspartnern im In- und Ausland verbundene Investmentbank zahlungsunfähig wird, von den zuständigen Behörden in den USA nicht gestützt wird, welches Finanzinstitut ist dann noch vertrauenswürdig, wer muss als nächster den Weg zum Konkursgericht antreten?[3]

Die unmittelbare Folge dieser Insolvenz war eine universelle Vertrauenskrise zwischen Banken, der Geldmarkt, der Markt für kurzfristige Kredite zwischen Banken, hörte gleichsam zum Existieren auf. Nur zu verständlich ist, dass Investoren Aktien und von Banken begebene Wertpapiere weitgehend mieden. Die Risikoaversion, die schon seit dem Jahr 2007 allmählich gestiegen war, erreichte einen neuen Höhepunkt.

Die Ursprünge der Finanzkrise liegen in der massiven Überteuerung der Preise von Vermögensgütern, in der „Verschleierung" des Risikos durch innovative Finanzinstrumente und im Versagen des unternehmensinternen und des externen (Aufsichtsbehörden, Ratingagenturen, Wirtschaftsprüfer) Risikomanagements.[4]

Die wichtigsten Stationen in der Entstehung der spekulativen Blase auf den Finanzmärkten können kurz folgendermaßen charakterisiert werden:

- In den Jahren von 1995 bis 2006 stiegen die Hauspreise in den USA in jedem Jahr in stärkerem Ausmaß als das Haushaltseinkommen und viele erwarteten ein immer weiteres Steigen.
- Die Kreditgewährung wurde nach dem Jahr 2000 an Schuldner schlechter Bonität (subprime!) stark ausgeweitet, u.a. durch die Verwendung „innovativer" Kreditformen mit deutlich reduzierten Zinssätzen in der Anfangsperiode der Kreditlaufzeit, Verzicht

3 Anfang September 2008 wurden die beiden größten Hypothekenbanken der USA, Fannie Mae und Freddie Mac, verstaatlicht, was die Erwartung bestärkte, dass alle großen, „systemrelevanten" Institute durch die öffentliche Hand vor der Zahlungsunfähigkeit bewahrt werden. Umso größer war die Enttäuschung, als Lehman Brothers fallen gelassen wurde.

4 *Martin Baily et al.*, The Origins of the Financial Crisis, Brookings, November 2008.

auf eine Anzahlung oder mit der Möglichkeit, die Zinszahlungen der ersten Tilgungsperioden dem Kapital zuzuschlagen.

- Innovative Verbriefungstechniken (securitisation – mit Kreditforderungen besicherte Wertpapiere) ermöglichten es (Hypothekar-)Banken, ihre Forderungen zu verkaufen und damit Eigenmittel für die Vergabe weiterer Kredite zu erhalten.
- Die Ratingagenturen vergaben für strukturierte Kredite Bewertungen, die das inhärente Risiko, wie sich zu spät herausstellte, zu niedrig einschätzten.
- Investoren versuchten teilweise ihre Veranlagungen in strukturierten Krediten abzusichern durch den Erwerb von Versicherungspolizzen oder CDS (Credit Default Swaps), Instrumente, die sich aber in der Krise als nicht immer werthaltig herausstellten.
- Die reichliche Liquiditätsversorgung durch die US-Notenbank, das niedrige Zinsniveau und das Fehlen einer effektiven Aufsicht ermöglichten ein Fortdauern dieser Entwicklung über viele Jahre hindurch.
- Als im Jahr 2007 die Ausfallsraten bei Hypothekarforderungen deutlich anstiegen, breiteten sich Zweifel an der Angemessenheit der Risikoaufschläge bei vielen Wertpapieren aus, Ratingagenturen schätzten die Werthaltigkeit strukturierter Anleihen schlechter ein, was die Refinanzierung kurzfristiger Verbindlichkeiten immer schwieriger machte. Nach dem Kollaps von Lehman Brothers kam die Geschäftstätigkeit auf dem Markt für kurzfristige Kredite weitgehend zum Erliegen.

Die Finanzkrise, die in den USA ihren Ausgang genommen hatte, hatte im September 2008 auch das europäische Bankensystem mit voller Wucht erfasst.[5] Vor dem Hintergrund dieser Entwicklung be-

5 Northern Rock, die englische Hypothekarbank, hatte schon im September 2007 Liquiditätshilfe von der Bank von England benötigt. Sie musste später verstaatlicht werden, um einen Run auf die Bank, der auf andere Teile des englischen Bankensystems hätte übergreifen können, zu stoppen. Zu den anderen, prominenten Opfern der Finanzkrise zählen HBOS (Halifax Bank of Scotland) und Bradford und Bingley, zwei englische Hypothekenbanken, die belgisch-niederländisch-luxemburgische Fortis-Gruppe, die belgisch-französische DEXIA und die Hypo Real Estate AG, eine Immobilienfinanzierungsbank in München. Auch die größten isländischen Banken wurden zahlungsunfähig, der Staat Island selbst konnte nur durch internationale Finanzhilfe vor dem Staatsbankrott gerettet werden. Zur Chronologie der Finanzkrise siehe Swiss National Bank, Financial Stability Report, June 2009, S. 19-23.

schloss die österreichische Regierung das „Bankenhilfspaket“, das, wie bereits eingangs erwähnt, nach der Beschlussfassung im Parlament am 26. Oktober 2009 in Kraft trat. Teil dieses Bankenhilfspakets war die Gründung der Oesterreichischen Clearingbank.

Die Oesterreichische Clearingbank AG

Die Oesterreichische Clearingbank AG (OeCAG) wurde von den österreichischen Großbanken am 27. Oktober 2008 gegründet. Sie erhielt am 12. November 2008 eine Bankkonzession von der Finanzmarktaufsicht (FMA) und nahm unmittelbar darauf ihre Geschäftstätigkeit auf. Die rasche Aufnahme des Geschäftsbetriebs war insbesondere deshalb möglich, da die Oesterreichische Kontrollbank AG im Rahmen eines Dienstleistungs- und Geschäftsbesorgungsvertrags der OeCAG ihre personellen und sachlichen Ressourcen zur banktechnischen Abwicklung ihrer Transaktionen zur Verfügung stellte.

Das Interbankmarktstärkungsgesetz hatte den Finanzminister zur Stärkung des Vertrauens in den Interbankenmarkt ermächtigt, „gegenüber einer Gesellschaft, die zu dem ausschließlichen Zweck eingerichtet ist, im eigenen Namen und auf eigene Rechnung von Kreditinstituten oder Versicherungsunternehmen im Wege des Interbankmarktes Mittel auszuleihen und diese Mittel im Wege des Interbankmarktes an andere Kreditinstitute und Versicherungsunternehmen im eigenen Namen und auf eigene Rechnung zu verleihen:

1. eine befristete Haftung für Forderungsausfälle aus derartigen Geschäften und
2. für eine solche Gesellschaft Haftungen – wie insbesondere Garantien oder Bürgschaften – für konkrete Verbindlichkeiten zu übernehmen.
   Eigentümer dieser Gesellschaft können nur Kreditinstitute, Versicherungsunternehmen oder deren gesetzliche Interessenvertretungen auf Fachverbandsebene sein.“[6]

Die OeCAG wurde mit einem Grundkapital von 160 Mio. EUR ausgestattet. Zuzüglich einer gebundenen Kapitalrücklage von 20 Mio. EUR betragen die Eigenmittel 180 Mio. EUR. Die Eigenmittel wurden zunächst von folgenden Banken aufgebracht: RZB AG, Erste Group Bank AG, UniCredit Bank Austria AG, Hypo-Banken-Holding Gesellschaft m.b.H., BAWAG P.S.K. Bank für Arbeit und Wirtschaft und Österreichische Postsparkasse AG und 3-Banken Beteiligung Gesell-

6 § 1 Abs 1 IBSG.

schaft m.b.H. In weiterer Folge beteiligten sich noch zehn weitere Banken an der OeCAG.[7] Die Anteile der einzelnen Eigentümer am Aktienkapital der OeCAG wurden nach dem relativen Anteil der einzelnen Bank am Gesamtstand der Forderungen österreichischer Banken an inländische Nichtbanken (Stichtag: 30. September 2008) bemessen. Versicherungsunternehmen machten von der Möglichkeit des Beteiligungserwerbs keinen Gebrauch.

Die im IBSG enthaltene Ermächtigung des Finanzministers, namens der Republik Österreich Garantien oder Bürgschaften für die OeCAG zu übernehmen, wurde in der Haftungsvereinbarung vom 17. November 2008 konkretisiert. Darin verpflichtet sich der Bund für den Fall, dass durch Forderungsausfälle die gesetzlichen Eigenmittelerfordernisse der OeCAG unterschritten werden, der OeCAG den Unterschiedsbetrag bis zu einer Höhe von 4 Mrd. EUR zu ersetzen. Die Haftungserklärung deckt Forderungsausfälle, die bis spätestens 31. Dezember 2010 entstanden sind und aus bis zum 31. Dezember 2009 abgeschlossenen Geschäften resultieren. Als Haftungsentgelt wurden 0,5 % des durchschnittlichen aktivseitigen Finanzierungsvolumens, maximal jedoch von der Haftungshöchstsumme, vereinbart.

Die Haftungsvereinbarung enthält zahlreiche Auflagen und behält dem Bund die Genehmigung einiger mit der Geschäftsgebarung der OeCAG im Zusammenhang stehenden Maßnahmen vor und droht bei Verletzung dieser Auflagen strenge Vertragsstrafen an. Darüber hinaus hat die OeCAG umfassende Auskunfts- und Rechnungslegungspflichten gegenüber dem Bund übernommen.

Das IBSG und die Haftungsvereinbarung zwischen dem Bund und der OeCAG waren vom Bund der EU-Kommission zu notifizieren. Der Bund und die OeCAG gingen dabei von der Annahme aus, dass bei gesamtwirtschaftlicher Betrachtung die auf dem IBSG basierenden Maßnahmen entweder keine Beihilfe oder jedenfalls eine genehmigungsfähige staatliche Beihilfe im Sinne des Artikel 87 EG-Vertrag und Artikel 61 EWR-Abkommen darstellen.[8] In der Entscheidung vom 9. Dezember 2008 stellte die Europäische Kommission[9] fest, dass

7 Zur aktuellen Eigentümerstruktur siehe www.clearingbank.at.

8 Die EU-Kommission hatte Leitlinien „The application of state aid rules to measures taken in relation to financial institutions in the context of the current global financial crisis“ erlassen, denen das IBSG und die Haftungsvereinbarung nach Meinung des BMF und der OeCAG entsprachen.

9 „Staatliche Beihilfenregelung Nr. N 557/2008, Österreich Maßnahmen nach dem Finanzmarktstabilitäts- und Interbankmarktstärkungsgesetz für Kreditinstitute und Versicherungsunternehmen in Österreich“.

diese Maßnahmen eine staatliche Beihilfenregelung darstellen, aber mit dem EG-Vertrag (Art 87 Abs 3 lit b) vereinbar sind und dass deshalb die Kommission keine Einwände erhebt. Die Genehmigung gilt für sechs Monate, eine Verlängerung muss bei der Kommission beantragt werden.

Im IBSG[10] und auch in der Entscheidung der Kommission wird verlangt, dass die OeCAG ihre Leistungen allen Banken nach gleichen Grundsätzen, objektiven marktüblichen Kriterien folgend, anbietet. Demnach hat die OeCAG für jede österreichische Bank ein an objektiven, nachvollziehbaren Kriterien orientiertes Kreditlimit definiert.[11] Um die Verzinsung, die Aufnahme und die Vergabe von Mitteln zu objektivieren, hat die OeCAG eine elektronische Clearingplattform eingerichtet, auf der Angebot und Nachfrage nach kurzfristigen Finanzmitteln und die Zinsvorstellungen der teilnehmenden Institute in Übereinstimmung gebracht werden. Da die OeCAG im Interesse der Risikoreduktion keine offenen Positionen hält, müssen jederzeit Einlagen und Kredite nach Fristigkeit und währungsmäßig übereinstimmen.

Von der Aufnahme der Geschäftstätigkeit Mitte November 2008 bis Ende Februar 2009 wurde das Meistausführungsprinzip angewendet, um auf der Clearingplattform die Einlagen-, Kredit- und Zinswünsche der Teilnehmer abzugleichen. Banken und Versicherungsunternehmen, die der OeCAG Mittel zur Verfügung stellten, gaben auf der Plattform zu den definierten Auktionsterminen für die von der OeCAG festgelegten Fristigkeiten (Laufzeiten) die angebotenen Beträge und die von ihnen gewünschte Mindestverzinsung bekannt. Potentielle Kreditnehmer meldeten ihrerseits den Mittelbedarf und den maximalen Zinssatz, den sie für Kredite der OeCAG zu zahlen bereit waren. Der Algorithmus des Auktionsmodells berechnete nach dem Ende der Auktion den einheitlichen Zinssatz, zu dem das größte Transaktionsvolumen unter den definierten Parametern abgewickelt werden konnte.

Seit März 2009 wird eine neue Zuteilungsregel für die Auktionen verwendet. Nunmehr werden die aufgenommenen und die nachgefragten Mittel zu den von den Teilnehmern bekanntgegebenen Sätzen verzinst. Die Volumina werden durch die Nebenbedingung begrenzt, dass die Summe der gezahlten Zinsen der Summe der Aktivzinsen entspricht.

Das von der OeCAG österreichischen Instituten zur Verfügung gestellte Kreditvolumen betrug zum Jahresende 2008 rd. 1,3 Mrd. EUR. Im ersten Halbjahr 2009 stieg das Finanzierungsvolumen zunächst

10 § 1 Abs 2 IBSG.

11 Diese Limite liegen auch der Bemessung der Großkreditgrenzen gem. § 27 BWG zu Grunde.

bis auf 4,7 Mrd. EUR, um dann bis Ende Juni 2009 wiederum auf 2,5 Mrd. EUR zurückzufallen.

Die Eigenmittelausstattung der OeCAG reicht aus, nach den Eigenkapitalvorschriften des Bankwesengesetzes ein Finanzierungsvolumen mit einer Laufzeit von einem Jahr weniger einen Tag von rd. 10 Mrd. EUR zu unterlegen. Warum wurde die Oesterreichische Clearingbank von Banken und Versicherungsunternehmen nicht, wie ursprünglich von vielen erwartet, in größerem Umfang in Anspruch genommen?

Zur Beantwortung dieser Frage ist zunächst ein Blick auf die Zins- und Refinanzierungspolitik der Europäischen Zentralbank zu werfen, die mit ihren Instrumenten die Entwicklung auf dem Euro-Geldmarkt wesentlich beeinflusst.

Zur Zins- und Refinanzierungspolitik der Europäischen Zentralbank

Die Europäische Zentralbank (EZB) hatte im Juli 2008 angesichts einer Inflationsrate von 4 % ihren Hauptrefinanzierungssatz von 4 % auf 4,25 % erhöht, um ihre feste Entschlossenheit zu betonen, die Preissteigerungsrate unter den Zielwert von 2 % zu bringen. Ab Oktober 2008 senkte die EZB dann in sieben Schritten den Zinssatz auf 1 % und erhöhte gleichzeitig die Liquiditätsbereitstellung für die Banken des Euroraums, um der sich intensivierenden Finanz- und Wirtschaftskrise geldpolitisch zu begegnen. (Grafik 1)

Grafik 1 EZB-Refinanzierungssatz und Euro-Geldmarkt-Zinssatz (3-M-Euribor)

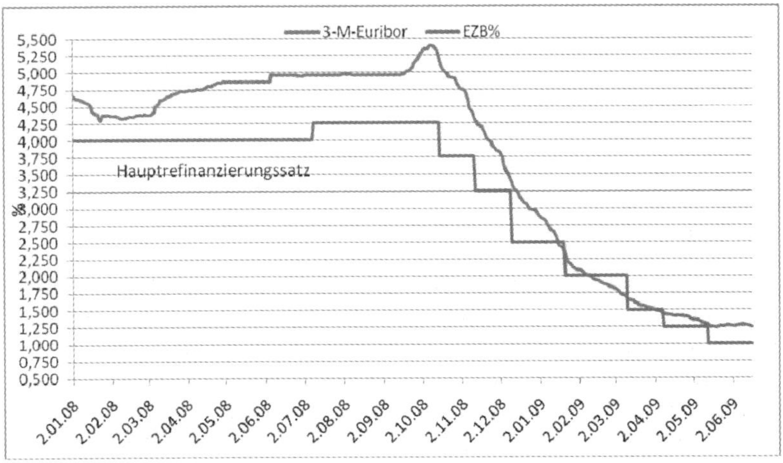

Quelle: EZB, Euribor

Wie bereits erwähnt, stieg nach dem Zusammenbruch der US-Investmentbank Lehman Brothers die Risikoaversion der Finanzmarktteilnehmer stark an. Die Refinanzierung kurzfristiger Kredite und Wertpapiere (Commercial Paper) kam weitgehend zum Erliegen, der Geldmarkt war de facto ausgetrocknet. Während unter normalen Marktbedingungen Banken mit kurzfristigen Liquiditätsüberschüsssen Kredite an Banken vergeben, die kurzfristige Liquidität suchen, war das Misstrauen zwischen den Marktteilnehmern im Herbst 2008 so groß, dass dieser Teil des Finanzmarktes praktisch nicht mehr existierte. Die EZB übernahm in dieser Situation die komplette Finanzierung der Banken mit Liquiditätsbedarf, Banken mit Liquiditätsüberschüssen veranlagten diese bei der EZB („sicherer Hafen"). (Grafik 2)

Grafik 2 Offenmarktoperationen und Einlagenfazilität der EZB (1. Jänner 2008 bis 30. Juni 2009)

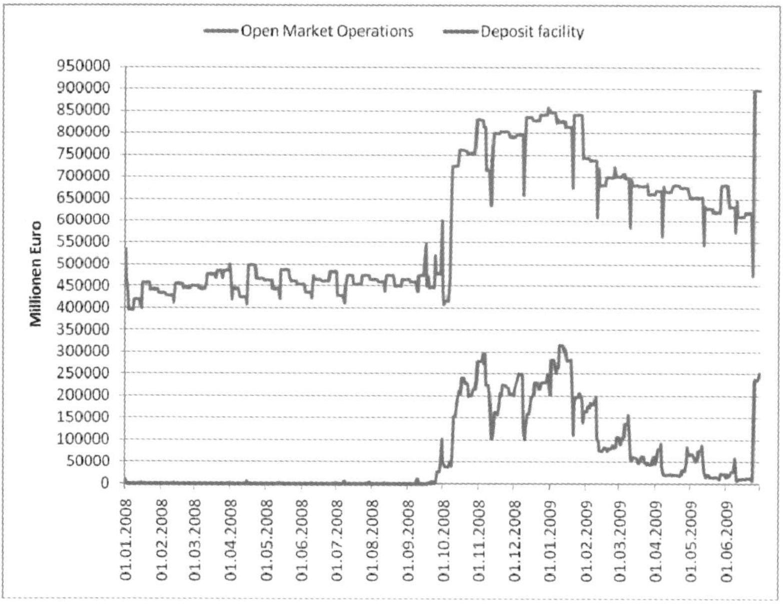

Quelle: EZB

Der Graph „Offenmarktpositionen" (Open Market Operations) zeigt die Summe der liquiden Mittel (des Notenbankgeldes), das die EZB den Banken des Euroraums zur Verfügung gestellt hat. Ab Mitte September 2008 stieg dieser Wert von durchschnittlich 450 Mrd. EUR auf 850 Mrd. EUR an, im Laufe des Jahres 2009 ging die Refinanzierung der Banken bei der EZB wiederum zurück. Ein Großteil der von der EZB beanspruchten zusätzlichen Mittel wurde von den Banken wiederum bei der EZB veranlagt, zu einem Zinssatz, der bis zu 1 % unter den Refinanzierungskosten lag: Aufnahme und Veranlagung von liquiden Mitteln bei der EZB hatten den Geldmarkt ersetzt, das Misstrauen zwischen den Banken war auf einem historischen Höchststand.

Die EZB senkte ab Oktober 2008 nicht nur den Zinssatz, sie erleichterte auch den Zugang zu ihren Refinanzierungsfazilitäten, indem sie einen weiteren Kreis an Wertpapieren als Besicherung akzeptierte und darüber hinaus den Banken auch längerfristige Kredite zur Verfügung stellte. Seit 15. Oktober 2008 wird der wöchentliche Hauptrefinanzierungstender der EZB zu einem fixen Zinssatz bei voller Zuteilung der nachgefragten Mittel durchgeführt. Seit Ende Oktober 2008 werden von der EZB auch Kredite mit einer Laufzeit von drei und sechs Monaten zu einem Fixzinssatz bei voller Zuteilung angeboten. Darüber hinaus bietet die EZB auch US-Dollar-Liquidität im Wege von Wechselkurs-Swaps an[12]. Diese zunächst zeitlich begrenzten Maßnahmen wurden zuletzt bis zum Jahresende 2009 verlängert. Am 7. Mai 2009 hat die EZB darüber hinaus beschlossen, ab Juni auch Kredite mit einer Laufzeit von einem Jahr zu dem herrschenden Zinssatz von 1 % bereit zu stellen. Als zusätzliche Maßnahme wird die EZB auch besicherte Anleihen bis zu einem Betrag von 60 Mrd. EUR erwerben, um das langfristige Zinsniveau niedrig zu halten.

Die Europäische Zentralbank hat auch bei der Bereitstellung von Jahresgeld am 24. Juni 2009 den nachgefragten Bedarf voll befriedigt und dem Markt 442 Mrd. EUR zu einem Zinssatz von 1 % zur Verfügung gestellt. Der überwiegende Teil dieser Mittel wurde umgehend bei der EZB wiederveranlagt (Zinssatz 0,25 %, täglich fällig).

Wie Grafik 2 zeigt, sind in den letzten Monaten vor dieser außerordentlichen Maßnahme vom Juni 2009 die Einlagen von Banken des Euroraums bei der EZB deutlich zurückgegangen, ein Zeichen, dass sich die Lage auf dem Geldmarkt allmählich normalisiert. Das Vertrauen in die Zahlungsfähigkeit der Gegenparteien im kurzfristigen

---

12 Europäische Banken waren in den Jahren 2000 bis 2007 in großem Maßstab Dollarverbindlichkeiten eingegangen. Nach Schätzung der Bank für Internationalen Zahlungsausgleich betrugen die US-Dollar-Nettoverbindlichkeiten europäischer Banken Mitte 2007 rd. 800 Mrd. USD. Als die US-Finanzkrise die Refinanzierung fälliger Dollarverbindlichkeiten erschwerte bzw. unmöglich machte, stellte die EZB Eurobanken auf der Grundlage eines Swap-Abkommens mit der Federal Reserve Bank auch kurzfristige US-Dollarkredite zur Verfügung. Siehe *Patric McGuire, Goetz von Peter*, The US dollar shortage in global banking, BIS Quarterly Review, March 2009, S. 47-63 und BIZ, 79. Jahresbericht, S. 60-63.

Kreditgeschäft ist teilweise wieder hergestellt, auch weil Regierungen und Notenbanken in den letzten Monaten immer wieder betont haben, dass systemrelevante Banken erforderlichenfalls mit öffentlichen Mitteln unterstützt werden. Auch die Inanspruchnahme der EZB-Refinanzierungsfazilität hat im Laufe des Jahres 2009 abgenommen, von rd. 850 Mrd. Euro im Jänner auf etwas mehr als 600 Mrd. Euro im Juni. Dennoch liegt das Refinanzierungsvolumen noch deutlich über dem Niveau von vor dem Ausbruch der akuten Finanzkrise im September 2008, wohl auch deshalb, weil ein Teil der benötigten US-Dollarrefinanzierung von Eurobanken über die EZB erfolgt.

Die Zinssenkungen und die reichliche Liquiditätsversorgung des Marktes durch die EZB, die aus wirtschaftspolitischen Erwägungen notwendig waren, hatten für die OeCAG zur Folge, dass die von ihr angebotenen Mittel im Allgemeinen teurer waren als die Kredite der EZB. Wie aus Grafik 3 ersichtlich ist, lag der Hauptrefinanzierungszinssatz der EZB praktisch immer unter den Sätzen auf dem Geldmarkt. Berücksichtigt man ferner, dass in die Aktivzinssätze der OeCAG die Haftungsprovision und die Kostenmarge einzurechnen sind, dann ist es erklärbar, dass die Inanspruchnahme der OeCAG durch österreichische Banken in den letzten Monaten rückläufig war. Banken, die über ausreichende Wertpapierbestände verfügen, die sie zur Sicherstellung von EZB-Krediten verwenden können, werden bei den gegebenen Relationen zwischen den Geldmarktsätzen und den Kosten eines Notenbankkredits die EZB in Anspruch nehmen.

Grafik 3 EZB-Refinanzierungssatz und Euro-Geldmarkt-Zinssätze

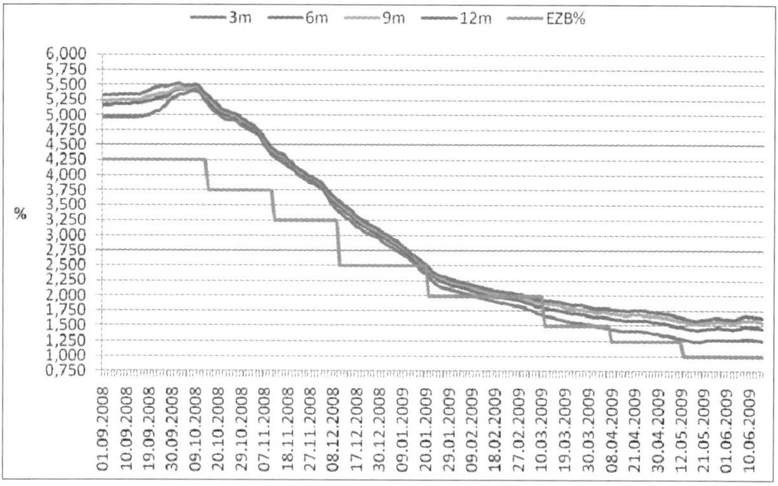

Quelle: EZB, Euribor

Ausblick

Mit Schreiben vom 30. Juni 2009 hat die Europäische Kommission der Verlängerung der Maßnahmen Österreichs für Kreditinstitute und Versicherungsunternehmen bis zum Jahresende zugestimmt. „Da die Finanzkrise weiter anhält", heißt es in diesem Schreiben an den österreichischen Bundesminister für europäische und internationale Angelegenheiten, „zieht die Kommission den Schluss, dass eine Verlängerung der Regelung nach Artikel 87 Absatz 3 Buchstabe b EG-Vertrag gerechtfertigt ist".[13]

Die akute Liquiditätskrise ist durch die reichliche Liquiditätsversorgung des Marktes durch die EZB in Form von Krediten an die Eurobanken mit Laufzeiten von einem, drei, sechs und zwölf Monaten vorerst gebannt. Deshalb ist zu erwarten, dass die OeCAG in den nächsten Wochen und Monaten in geringerem Ausmaß in Anspruch genommen werden wird, in erster Linie wohl nur von Banken, die nicht über einen hinreichend großen Besitz an solchen Wertpapieren verfügen, die die EZB als Sicherstellung für ihre Kredite akzeptiert.

Die EU-Kommission aber auch andere offizielle Institutionen und private Beobachter erwarten, dass die Bilanzen europäischer Banken in den nächsten Quartalen durch Wertberichtigungen auf Kreditforderungen und Abschreibungen auf Wertpapiere stark belastet werden. Es ist nicht auszuschließen, dass in Einzelfällen auch die Solvabilität von Instituten in Zweifel gezogen wird, was rasch wiederum zu einem Anstieg der Risikoaversion führen könnte. Aus diesen Gründen hat auch die österreichische Regierung eine Verlängerung des „Schutzschirms" für Finanzinstitute bis zum Jahresende 2009 beantragt und, wie erwähnt, auch genehmigt bekommen. Es ist zu hoffen, dass die ersten Anzeichen einer Trendwende der wirtschaftlichen Entwicklung, die derzeit nur in einer Verlangsamung des Schrumpfungsprozesses von Exporten und Investitionen bestehen, bei einem weiteren Anstieg der Arbeitslosigkeit und von Unternehmensinsolvenzen, bis zum Jahresende 2009 einem optimistischeren Ausblick weichen. Davon wird es abhängen, ob eine weitere Verlängerung der Maßnahmen zur Bewältigung der Finanzkrise erforderlich sein wird.

13 Europäische Kommission, Staatliche Beihilfe N 352/2009. Verlängerung der Beihilfenregelung N 557/2008 „Maßnahmen für Kreditinstitute und Versicherungsunternehmen in Österreich".

Walter KOREN

Export – Flaggschiff der österreichischen Wirtschaft

Österreich hat es als kleines Land geschafft, zu einem Vorbild in Europa zu werden und zählt heute zu den reichsten Ländern der Welt. Die Kombination aus Demokratie, ökosozialer Marktwirtschaft und dem österreichischen Spezifikum der Sozialpartnerschaft hat Österreich zu einem der wirtschaftlich, politisch und sozial stabilsten Länder der Welt gemacht. Niedrige Arbeitslosigkeit, soziale Sicherheit und eine hohe Lebensqualität charakterisieren das Wirtschaftsklima Österreichs.

Export: der Wohlstandsfaktor Österreichs

Einen wichtigen Teil dazu hat die österreichische Exportwirtschaft beigetragen. Mittlerweile ist der Export das „Flagschiff“ der österreichischen Wirtschaft. Österreichs Exporte haben sich in den vergangenen zehn Jahren mehr als verdoppelt und Österreich verdient sechs von zehn Euro außerhalb seiner Landesgrenzen – auch in den derzeit wirtschaftlich turbulenten Zeiten. Das zeigt, wie wichtig der Export ist. Der Export ist DER Wohlstandsfaktor Österreichs und eine Hauptsäule des österreichischen Wirtschafts- und Sozialsystems.

Unser Markt ist die Welt

Österreichs Unternehmen haben früh erkannt, dass für den nachhaltigen Unternehmenserfolg der Schritt über die Landesgrenzen hinaus nötig ist. „Unser Markt ist die Welt“, so könnte man das Motto der rot-weiß-roten Exporteure bezeichnen. Österreich hat dabei in der Vergangenheit sehr von seinem eigenen EU-Beitritt sowie in der Folge von der EU-Osterweiterung profitiert. Deutschland ist zwar nach wie vor der wichtigste Handelspartner Österreichs und wird es mit Sicherheit auch mittel- bis langfristig bleiben, aber Ost- und Südosteuropa sind „erweiterte Heimmärkte“ für österreichische Unternehmen geworden. Mehrere Faktoren sind dafür verantwortlich. Einerseits konnte

Österreich auch zur Zeit des Kommunismus mit diesen Staaten gute wirtschaftliche Beziehungen unterhalten, andererseits verbinden uns mit der Region eine Jahrhunderte alte gemeinsame Vergangenheit sowie eine ähnliche Mentalität, die nicht nur die wirtschaftlichen, sondern auch die zwischenmenschlichen Beziehungen mit Geschäftspartnern von dort erleichtern. Nicht umsonst gehört Österreich in allen Ländern Ost- und Südosteuropas zu den Top-Auslandsinvestoren – in vielen Staaten sind wir sogar die Nummer eins. Ich bin auch davon überzeugt, dass gerade Osteuropa weiterhin eine der wichtigsten Hoffnungsregionen für die österreichische Wirtschaft bleiben wird, zumal der Nachholbedarf in dieser Region nach wie vor immens ist.

Osteuropa braucht dafür Westeuropa, wie auch Westeuropa Osteuropa braucht. Der „Westen“ darf daher den „Osten“ nicht im Stich lassen.

Österreich als Tor nach Osten

Österreichs Rolle als traditionelles Tor nach Ost- und Südosteuropa zeigt sich aber auch daran, dass über 300 multinationale Konzerne ihre Aktivitäten auf diesen Wachstumsmärkten von Österreich aus koordinieren. Im Mittelpunkt des neuen Europas gelegen, überzeugt Österreich sozusagen als Drehscheibe zwischen West und Ost, Nord und Süd. Aufgrund der zentralen Lage können die Vorteile des EU-Binnenmarktes optimal genützt werden – aber nicht nur diese. Österreich und seine Unternehmen verbindet eben auch eine enge Beziehung zu jenen europäischen Ländern, die noch nicht Mitglied der Europäischen Union sind.

Erfolgsstory Export wird weitergehen

Rückblickend betrachtet war die Entwicklung der österreichischen Exportwirtschaft in den letzten 30 Jahren eine Erfolgsstory, die ihresgleichen sucht. Zweifelsohne hat die Weltwirtschaftskrise auch die heimische Exportwirtschaft in Mitleidenschaft gezogen, aber nichts Wesentliches an der Tatsache geändert, dass nach wie vor rund 60 % unseres BIP durch den Export erwirtschaftet werden und jeder zweite Arbeitsplatz direkt oder indirekt vom Export abhängig ist. Aufgrund der sinkenden Nachfrage auf den Weltmärkten erlebt aber auch die in den letzten Jahren erfolgsverwöhnte heimische Exportwirtschaft ein „Sturmtief“. Jetzt gilt es daher umso mehr, unser „Flaggschiff Export“ sicher aus diesem Sturmtief zu steuern und rasch wieder auf Erfolgskurs zu bringen.

Ärmel aufkrempeln

In turbulenten Zeiten wie diesen heißt es daher, die Ärmel aufzukrempeln und mit vereinten Kräften alles daran zu setzen, die Exportwirtschaft wieder rasch aus dem roten Bereich herauszuholen. Denn auch wenn Österreichs wichtigste Handelspartner wie Deutschland, Italien oder die USA mit Problemen zu kämpfen haben, gibt es genug „Hoffnungsmärkte" mit viel Wachstumspotenzial für Österreichs Exporteure. Auch müssen wir ein wenig an unserem Selbstbewusstsein arbeiten. Wir unterschätzen uns oft selbst. Viele österreichische Firmen sind Nischenweltmeister und wissen es nicht. Österreichische Unternehmen punkten im globalen Wettbewerb mit Qualität und eben diesen Nischenprodukten. Wir können keinen Kostenwettbewerb gewinnen, aber mit Top-Produkten, herausragender Technologie und ausgezeichneten Dienstleistungen sehr wohl international ganz vorne mitspielen.

Position am Weltmarkt festigen

Nicht jammern, handeln lautet die Devise. Ziel ist, dass die heimischen Unternehmen ihre Position in den Außenmärkten festigen: Es gilt, uns vom kleiner werdenden Weltwirtschaftskuchen ein größeres Stück abzuschneiden und somit Marktanteile zu gewinnen. Es ist daher notwendig, die österreichischen Exporteure mit dem notwendigen Rüstzeug auszustatten, damit sie ihre Position auf den Weltmärkten behaupten können. Der Komplettausstatter dabei ist die AUSSENWIRTSCHAFT ÖSTERREICH (AWO) mit ihren weltweit über 100 Stützpunkten sowie unzähligen Experten und Beratern im In- und Ausland. Mit unseren Maßnahmen und der Unterstützung durch die Fördermittel der Bundesregierung in der Internationalisierungsoffensive „go international" wollen wir in den kommenden zwei Jahren 2.000 zusätzlichen Unternehmen den Schritt in die Exportwirtschaft ermöglichen und somit die Anzahl der Exporteure auf 40.000 erhöhen.

Trotz Krise in den Auslandmärkten bleiben

Ein weiteres Ziel ist, dass jene Unternehmen, die schon im Export tätig sind, trotz der Krise in den Auslandsmärkten bleiben und ihre Position dort festigen. Zudem wollen wir Firmen gerade jetzt dabei unterstützen, in neue, zukunftsträchtige Märkte einzutreten. Eine Streuung der internationalen Geschäftstätigkeit ist für den dauerhaften Erfolg von Exporteuren von enormer Bedeutung, um etwaige

Rückgänge in einzelnen Märkten aufzufangen. Wir müssen gerade im Export dorthin, wo die Post wieder abgehen wird – etwa in den Staaten Ost- und Südosteuropas, in den GUS-Ländern oder in den Staaten des Nahen und Mittleren Ostens sowie vor allem in Asien. Für den Weg dorthin bieten wir den österreichischen Unternehmen jährlich über 900 exportrelevante Veranstaltungen im In- und Ausland. Wir stellen für alle Märkte das richtige Rüstzeug bereit, um erfolgreich im Ausland tätig zu sein, nehmen potenzielle Exporteure sozusagen „an der Hand" und führen sie in die Auslandsmärkte.

Flexibilität ist gefragt

Auch wenn der Schwerpunkt der österreichischen Exportwirtschaft in Europa liegt, so ist erfreulicherweise zu beobachten, wie immer mehr österreichische Unternehmen ihre Geschäftstätigkeit ausweiten – und das weltweit. Schließlich wird die Welt immer mehr zum globalen Marktplatz und das Tempo der vom Markt diktierten Veränderungen durch neue Technologien und neue Anbieter wird noch mehr zunehmen. Gefragt ist die Flexibilität, sich auf neue Herausforderungen richtig einstellen zu können. In Osteuropa haben wir bewiesen, dass wir das können, das sollte uns Mut machen. Österreichische Produkte sind Spitzenklasse, es fehlt manchmal jedoch am Marketing in den jeweiligen Märkten. Auch da unterstützen wir als AWO die Unternehmen mit unserem weltweiten Netzwerk, mit unseren Spezialisten vor Ort. Ich bin stolz darauf, dass die AUSSENWIRTSCHAFT ÖSTERREICH maßgeblich an den bisherigen Exporterfolgen der österreichischen Wirtschaft beteiligt ist. Wir bündeln unsere Kompetenzen, stellen Kontakte her und bieten unser Know-how allen österreichischen Unternehmen an, die ihren Unternehmenserfolg im Export erweitern wollen. Die AWO trägt als Internationalisierungsagentur der österreichischen Wirtschaft maßgeblich dazu bei, dass österreichische Firmen mit geeigneten ausländischen Partnern und Kooperationen, die in einem globalen Markt unabkömmlich sind, im internationalen Wettbewerb den entscheidenden Schritt voraus sind. Wir unterstützen alle heimischen Firmen, damit sie auf den Exportzug aufzuspringen vermögen.

Eigenkapital stärkende Maßnahmen für das österreichische Bankwesen

Mag. Erwin J. Frasl sprach mit den Vorständen der Finanzmarktbeteiligung Aktiengesellschaft des Bundes (FIMBAG), Dr. Klaus Liebscher und Adolf Wala, über die Wirksamkeit der staatlichen Finanzhilfen für das österreichische Bankensystem und den am Ende der Finanzkrise geplanten Rückzug des Staates auf seine Funktion als Ordnungshüter des Bankensystems.

Erwin J. FRASL: Das österreichische Bankenhilfspaket wurde in Rekordzeit geschnürt. Der Schock der Lehman-Pleite, der innerhalb des Welt-Finanzsystems eine Vertrauenskrise bisher nie dagewesenen Ausmaßes auslöste, war Mitte September 2008. Und bereits am 26. Oktober 2008 lag ein fertiges Gesetz vor. Nicht einmal sechs Wochen vom Anlassfall bis zur Verlautbarung im Bundesgesetzblatt für ein 100 Mrd. EUR schweres Gesetzeswerk ist eine gewaltige Leistung. War die Notlage der österreichischen Banken wirklich so drückend?

Klaus LIEBSCHER: Notlage der Banken ist nicht das richtige Wort. Das gesamte sogenannte Banken-Paket ist ja eine Summe von Einzelmaßnahmen, die insgesamt das Vertrauen der Bevölkerung in das Banken- und Finanzsystem absichern und das Vertrauen der Banken untereinander wieder herstellen sollte. Ziel war es einerseits, Einlagenabzüge zu vermeiden, dazu diente insbesondere die Ausweitung der Einlagensicherung, und andererseits einen funktionierenden Zwischenbank-Geld- und Kapitalmarkt durch Garantiemaßnahmen sowie in weiterer Folge auch durch die temporäre Zuführung von Eigenkapital durch den Staat wieder herzustellen. Wenn es um Vertrauen geht, ist jedenfalls rasches und gleichzeitig besonnenes Handeln geboten. Funktionsfähige Banken sind für die Wirtschaft unentbehrlich. Darüber hinaus war es auch erforderlich, für die österreichischen Banken gleiche Wettbewerbsbedingungen gegenüber ihren internationalen Konkurrenten zu schaffen.

Erwin J. FRASL: Haben andere Parlamente auch so schnell reagiert?

Klaus LIEBSCHER: Nicht nur in Österreich haben Regierung und Gesetzgeber sehr schnell reagiert, sondern überall in Europa und ebenso in den USA. Noch schneller waren aber die Notenbanken, und zwar sowohl die Europäische Zentralbank (EZB) und das **Federal Reserve System** (FED) als auch z.B. die Bank of England. Sie hatten schon viel früher in erheblichem Umfang und in untereinander abgestimmter Weise Liquidität zur Aufrechterhaltung der Zahlungsströme zur Verfügung gestellt. Bereits im August 2007 – Stichwort Subprime-Krise – musste in einer dringlichen konzertierten Aktion das Volumen der Offenmarktoperationen in den USA vorübergehend um bis zu 30 Mrd. USD aufgestockt und zeitgleich damit die Refinanzierung der Banken im **Europäischen System der Zentralbanken** (ESZB) um rd. 80 Mrd. Euro ausgeweitet werden. Für die kurzfristige Koordination zur Lösung der Liquiditätsprobleme im September 2008 und danach gab es also bereits eingespielte Mechanismen.

Erwin J. FRASL: Nach der Beschlussfassung über das Gesetzespaket, mit dem u.a. das FinStaG, das Finanzmarktstabilitätsgesetz, beschlossen wurde, das wiederum die Grundlage für die Schaffung „Ihrer" FIMBAG – der als Tochtergesellschaft der ÖIAG errichteten Finanzmarktbeteiligung Aktiengesellschaft des Bundes – war, dauerte es aber doch noch bis Dezember, ehe erste Maßnahmen auf Basis dieses Gesetzeswerkes gesetzt werden konnten. Dafür war nicht zuletzt das Erfordernis einer Zustimmung der Europäischen Kommission mitverantwortlich. Welche Rolle kommt eigentlich Brüssel in diesem Zusammenhang zu?

Adolf WALA: Brüssel wird manchmal als unbequem empfunden, spielt aber eine wichtige Rolle, weil die Europäische Kommission über gleiche Bedingungen für den freien Wettbewerb im Gemeinsamen Binnenmarkt zu wachen hat. Staatliche Maßnahmen zu Gunsten bestimmter Unternehmen und Branchen können ja, wenn nicht in allen Ländern gleichartige Spielregeln zur Anwendung kommen, leicht zu Wettbewerbsvorteilen für die Begünstigten führen.

Erwin J. FRASL: Ja, aber was heißt das konkret?

Adolf WALA: Um ungerechtfertigte nationale Vorteile zu vermeiden, musste das gesamte österreichische Bankenpaket (wie dies auch bei vergleichbaren Programmen anderer Länder der Fall war) der EU-Kommission zur Genehmigung vorgelegt werden. Als Voraussetzung für diese Zustimmung, war von vornherein darauf zu achten, dass die Konditionen für die einzelnen Maßnahmen möglichst marktnahe festgelegt, also Subventionseffekte, vermieden werden. Marktnahe heißt auch, wirtschaftlich gesunden Banken günstigere Konditionen zu bieten als finanziell gefährdeten Instituten und außerdem letzteren auch plausible Restrukturierungspläne abzuverlangen sowie die Einhaltung solcher Pläne zu überwachen. In jedem Fall ist eine möglichst schnelle Beendigung der Staatshilfe anzustreben.

Erwin J. FRASL: Bleiben wir einmal bei den wirtschaftlich gesunden Banken. Man kann sich ja durchaus fragen, warum solche überhaupt Unterstützung aus einem staatlichen Bankenhilfspaket erhalten, mit öffentlichen Geldern sozusagen „gesünder als gesund" gemacht werden sollen?

Adolf *WALA*: Dr. Liebscher hat zuerst von der Bewahrung oder Wiederherstellung von Vertrauen gesprochen. Ein sichtbares Zeichen dafür, dass einem Finanzinstitut, das überwiegend mit ihm anvertrautem, fremdem Geld arbeitet, Vertrauen entgegengebracht werden kann, ist nun einmal eine solide Eigenkapitalbasis als Grundlage für die Abdeckung der in diesem Geschäft unvermeidbaren Risken. Dafür gibt es aufsichtsrechtlich festgelegte und überwachte Mindestvorschriften für die Eigenkapitalausstattung.

Erwin J. FRASL: Das ist auch in normalen wirtschaftlichen Zeiten so. Was ist also das Besondere?

Adolf WALA: In schwierigen Zeiten achten aber Kunden, Investoren und Analysten und natürlich auch Wirtschaftsjournalisten stärker darauf, dass der Risikopolster einer Bank größer ist als das gesetzlich unbedingt erforderliche Minimum. Eines der Hauptziele der Bankenpakete in allen Ländern, die solche geschnürt haben, ist es daher tatsächlich, für wirtschaftlich gesunde Banken Voraussetzungen zu schaffen, die es ihnen erlauben, eine breitere Eigenkapitalbasis zu haben und auch „herzuzeigen". Und dieses Ziel zu erreichen, obwohl die Eigenkapitalbildung aus Eigenem derzeit erschwert ist, weil infolge des wirtschaftlichen Umfeldes nur geringere Erträge erzielt werden können.

Klaus LIEBSCHER: Ein weiterer Grund, wirtschaftlich gesunden Banken eine Verstärkung der Eigenkapitalbasis anzubieten, ist das Bestreben aller Länder, dem wirtschaftlichen Abschwung dadurch entgegenzuwirken, dass die Kauf- und Investitionsnachfrage von Unternehmen, aber auch von Privaten nicht zusätzlich durch eine „Kreditklemme" beeinträchtigt wird. Mehr Eigenkapital bedeutet nicht nur ein wirksameres Risikopolster, sondern schafft auch Spielraum für neue Kreditvergaben, für die ja aufgrund der aufsichtsrechtlichen Rahmenbedingungen eine entsprechende Unterlegung mit Eigenkapital erforderlich ist. Eben diese neuen Kreditvergaben spielen in den Überlegungen aller Regierungen zur Wiederbelebung der Konjunktur eine wesentliche Rolle.

Erwin J. FRASL: Hat eigentlich jede Bank die Möglichkeit, auf diese Art ihre Eigenkapitalbasis zu verbreitern?

Klaus LIEBSCHER: Die Maßnahmen werden nur für systemrelevante – vereinfachend gesagt für große – Banken angeboten. Der Grund dafür ist, dass in diesem Fall für wirksame Kapitalmaßnahmen Beträge in einer Größenordnung erforderlich sind, die praktisch nur vom Staat beschafft werden können.

Erwin J. FRASL: Aber schafft das nicht eine krasse Benachteiligung für kleinere Institute?

Klaus LIEBSCHER: Diese Befürchtung trifft aus zwei Gründen nicht zu: Einmal, weil ja bei den staatlichen Kapitalmaßnahmen marktkonforme Konditionen zur Anwendung kommen. Und zweitens, weil kleinere Banken die erforderlichen geringeren Beträge durchaus am Markt erhalten können, manchmal – dafür gibt es schon einige Beispiele – sogar zu günstigeren Konditionen.

Erwin J. FRASL: Das vom Staat den Banken zur Verfügung gestellte Eigenkapital ist sogenanntes Partizipationskapital. Dieses kostet einerseits den Banken relativ hohe Zinsen und bietet andererseits dem Staat kaum Mitspracherechte, und zwar bei gleichzeitigem Risiko keine Zinsen zu erhalten oder sogar Verluste mit tragen zu müssen. Ist diese Form der Staatsbeteiligung der Weisheit letzter Schluss?

Adolf WALA: Es liegt mir fern, über „der Weisheit letzten Schluss“ zu philosophieren; ich kann nur die etwaigen Alternativen aufzeigen. Deren gibt es nur wenige und eigentlich bleibt lediglich die Übernahme von Stammaktien im Zuge einer Kapitalerhöhung übrig. Das wäre aber eine teilweise Verstaatlichung von Banken, die nach meinem Wissensstand weder die Regierung anstrebt, noch eine Wunschvorstellung irgendeiner Bank oder Bankengruppe ist.

Erwin J. FRASL: Das Partizipationskapital sichert ja nicht einmal eine jährliche Dividende ab. D.h. man ist als Inhaber eines Partizipationsscheins ziemlich rechtlos, oder?

Adolf WALA: Partizipationskapital, eine Art stimmrechtsloser Vorzugsaktien, ist eine Eigenkapitalform, die im österreichischen Bankenrecht vorgesehen und eine seit weit mehr als einem Jahrzehnt übliche Praxis ist. Es zählt auf das Eigenkapital im engeren Sinn

(„Tier 1"), die vereinbarte Verzinsung – korrekt müsste man sagen der damit verbundene Dividendenanspruch – kann nicht mit Zinsen auf begebene Bankschuldverschreibungen verglichen werden, die eben Verbindlichkeiten und nicht Eigenkapital darstellen. Und eine Eigenkapitalverzinsung von 8 % oder 9,3 % p.a. hat eigentlich noch niemand als unbillig empfunden, mir sind viel höhere öffentlich vertretene Renditenerwartungen in Erinnerung.

Bleibt der Nachteil für den Bund, in Verlustjahren der betroffenen Banken keine Dividende zu erhalten (was ja auch ein Motiv für die Festsetzung des Zinssatzes war, den man in Gewinnjahren zu erzielen erwartet) oder sogar Kapital zu verlieren. Dazu gibt es aber keine Alternative, wenn es der wohl begründete politische Wille ist, Eigenkapital, das letztlich Risikokapital ist, bereitzustellen.

Erwin J. FRASL: In den Medien konnte man immer wieder Meldungen finden, eine Bank würde sich „Staatskapital abholen" oder den Staat „einladen, Partizipationskapital zu zeichnen". Wie einfach und selbstverständlich ist es eigentlich für „Ihre" systemrelevanten Banken, in diesem „Selbstbedienungsladen" einzukaufen?

Klaus LIEBSCHER: Da würde ich Ihnen empfehlen, mit einigen jener Bankdirektoren, Anwälte, Wirtschaftsprüfer oder auch Behördenvertreter zu sprechen, die derartige Verhandlungen schon geführt haben. Für die einzelnen Banken vergleichbare Bedingungen festzulegen und gleichzeitig auf die unterschiedlichen strukturellen Gegebenheiten im österreichischen Bankwesen Bedacht zu nehmen, ist eine gewaltige Herausforderung für alle Beteiligten.

Immerhin sprechen wir von Eigenkapital in Milliardenhöhe, dessen Vergabe von den zuständigen Behörden vor dem österreichischen Bürger und Steuerzahler zu verantworten ist, für die Vergabe gibt es Rahmenbedingungen, über deren Einhaltung die EU-Kommission Rechenschaft einfordert. Von „Selbstbedienung" sind wir jedenfalls meilenweit entfernt.

Erwin J. FRASL: Wie funktioniert die Mittelvergabe eigentlich im Detail?

Adolf WALA: Federführend ist das Finanzministerium, vertreten durch die zuständige Sektions- bzw. Gruppenleitung und durch die Finanzprokuratur als, sozusagen, Rechtsanwalt des Bundes. Die Banken führen auf dieser Ebene Vorgespräche, in denen sie ihren Mittelbedarf sowie die mit der Kapitalmaßnahme verbundenen Ziele und Möglichkeiten darzulegen haben.

Der nächste Schritt ist unter Einbindung des jeweiligen Bank-(Wirtschafts-)Prüfers die Übermittlung eines „Informationspaketes“ an die Oesterreichische Nationalbank. Die OeNB ist in diesem Stadium als Sachverständiger für den Bund tätig, insbesondere zur Feststellung, ob die betreffende Bank als „wirtschaftlich gesund“ oder als „distressed“ zu qualifizieren ist. Wie schon erwähnt, ist dieser Unterschied für das weitere Vorgehen und für die Festlegung der Bedingungen von entscheidender Bedeutung. Wesentlicher Bestandteil des Notenbank-Gutachtens ist selbstverständlich auch die Einschätzung der Möglichkeiten zur planmäßigen Bedienung und späteren Rückführung des bereitgestellten Staatskapitals.

Die auf dieser Grundlage zu führenden Verhandlungen münden in einer Grundsatzvereinbarung, in Emissionsbedingungen, einer Zeichnungsvereinbarung und etwaigen weiteren vertraglichen (z.B. Options-)Vereinbarungen zwischen der Republik Österreich und der Bank. In weiterer Folge werden die Partizipationsscheine namens der Republik Österreich gezeichnet und die Mittel durch das Finanzministerium flüssig gestellt.

Erwin J. FRASL: Ich vermisse in dieser Zusammenfassung „Ihre“ FIMBAG. Wann und wie kommen eigentlich Sie ins Spiel?

Klaus LIEBSCHER: Wir sind in dieser Phase schon mitten drin, wenn auch nicht im „Driver's Seat“.

Natürlich werden wir vom Finanzministerium und von der Finanzprokuratur in die Vertragsverhandlungen schon in einem sehr frühen Stadium eingebunden, weil wir ja später mit der zweckentsprechenden Administration der vom Staat zur Verfügung gestellten Beträge und vor allem mit der Überwachung der Einhaltung der vereinbarten Bedingungen und Auflagen befasst sind.

Faktum ist, dass die begebenen Partizipationsscheine (es gibt im Übrigen in Einzelfällen auch andere Varianten der Kapitalbereitstellung, auf die ich hier bewusst nicht näher eingehen möchte) zunächst vom Bund gezeichnet und erst in weiterer Folge auf Basis einer speziellen Übertragungsvereinbarung an die FIMBAG übertragen werden.

Adolf WALA: Was dann kommt, ist „Knochenarbeit“. Jede der sogenannten Grundsatzvereinbarungen ist mit etwa 10 Auflagen verbunden, die beispielsweise vom Ausmaß der anzustrebenden Kreditausweitung bis zur Festlegung der Bonifikationssysteme (nicht nur für den Bankvorstand, sondern auch für die darunter liegenden Hierarchieebenen) reichen. Die Einhaltung dieser Auflagen zu überwachen, das „Monitoring“, ist Aufgabe der FIMBAG, ebenso die Sanktionierung allfälliger Verstöße durch Vertragsstrafen.

Eine der ersten Aufgaben ist die Entgegennahme und kritische Würdigung eines im Falle von Kapitalbereitstellungen für „gesunde Banken“ geforderten Nachhaltigkeitsberichts („Viability Report“) oder bei Vorliegen eines Restrukturierungsplanes, dessen Beurteilung vor der erforderlichen Weiterleitung an die EU-Kommission. Hier geht es für die FIMBAG darum, die Beschreibung des vorliegenden oder zu verändernden Geschäftsmodells und die davon abzuleitenden Schlussfolgerungen zu plausibilisieren, nicht zuletzt in Hinblick auf die Bedienung und spätere Rückführung der jeweiligen Kapitalmaßnahme. Dieser Nachhaltigkeitsbericht (oder der Restrukturierungsplan) bildet auch die „Null-Linie“ für das weitere Monitoring.

Erwin J. FRASL: Sie haben die möglichst rasche Beendigung der Kapitalbeteiligung des Bundes angesprochen. Wie schätzen Sie davon ausgehend die Aussichten für eine Abschichtung dieser Beteiligungen und damit die „Rest-Lebenszeit“ Ihrer Firma ein?

Adolf WALA: Reden wir über das Überschreiten der Brücke, sobald wir den Fluss erreicht haben.

Hier spielen die Entwicklungen des Bankgeschäftes in einem Umfeld eine Rolle, dessen weitere Entwicklung wir derzeit noch nur sehr eingeschränkt einzuschätzen vermögen. Beispiele: Konjunkturentwicklung in Deutschland, Osteuropa, Österreich und in der Welt – diese Reihenfolge ist keineswegs zufällig gewählt. Weiters die vom vorher Gesagten keineswegs unabhängige Entwicklung der Märkte für Rohstoffe und Finanzprodukte, die Weiterentwicklung der regulativen Rahmenbedingungen und so weiter.

Die Art der künftigen Abschichtung, nämlich Rücklösung durch die Emittentin oder Platzierung auf dem Kapitalmarkt in irgendeiner der dafür theoretisch denkbaren Möglichkeiten wird nicht nur vom dann gegebenen finanziellen Zustand der betreffenden Bank, sondern auch von den allgemeinen Kapitalmarktverhältnissen abhängen.

Klaus LIEBSCHER: Eines steht jedenfalls fest, nämlich das zu erwartende Bestreben jeder der betroffenen Banken, das Staatskapital so schnell wie möglich wieder loszuwerden. Dies nicht nur wegen des – ohnedies nur eingeschränkten – Staatseinflusses oder wegen lästiger Berichtspflichten, sondern auch wegen von vornherein vorgesehener sogenannter „Step-up“-Regelungen, die nach einigen Jahren die Kosten des Partizipationskapitals progressiv (und irgendwann einmal in einem prohibitiven Ausmaß) ansteigen lassen.

Erwin J. FRASL: In anderen Ländern und nach meinem Eindruck auch in Brüssel werden die Bankenhilfspakete als eine Chance verstanden, nicht mehr zeitgemäße Strukturen in der jeweiligen nationalen Bankenlandschaft zu verändern und mehr zukunftssicher zu gestalten. Verfolgt auch die FIMBAG eine Strategie in einer derartigen Richtung?

Klaus LIEBSCHER: Die FIMBAG hat einen gesetzlichen Auftrag zu erfüllen. Eine Zielvorgabe für uns in der von Ihnen angesprochenen Richtung finde ich dort nicht. Unabhängig davon sollten derartige Überlegungen allerdings auch in Österreich nicht ausgeschlossen werden.

Erwin J. FRASL: Noch eine Frage zur operativen Ausgestaltung der FIMBAG: Wie sieht Ihre Firma eigentlich aus?

Adolf WALA: Lassen Sie mich sagen, eine schlanke Organisationsstruktur: Wir sprechen von etwa zehn Mitarbeitern inklusive Vorstand. Beim Monitoring in Bezug auf die Entwicklung der einzelnen Banken greifen wir mit deren Zustimmung weitgehend auf Daten zurück, die in der Oesterreichischen Nationalbank vorhanden sind. Das verringert nicht zuletzt auch den Verwaltungsaufwand der Banken, weil Doppelmeldungen so weit als möglich vermieden werden. Wir erhalten auch sonst noch personelle und technische Unterstützung seitens der Notenbank, die uns zwar auf Euro und Cent genau und inklusive Mehrwertsteuer in Rechnung gestellt wird, für die wir aber trotzdem dankbar sind; ich erwähne nur die Stichworte Datenschutz und Datensicherheit.

Erwin J. FRASL: Werden jene 15 Mrd. EUR, die nach dem FinStaG für Kapitalmaßnahmen vorgesehen sind, die in irgend einer Form in den Zuständigkeitsbereich der FIMBAG fallen, ausreichend sein, oder rechnen Sie mit einer Aufstockungsnotwendigkeit?

Klaus LIEBSCHER: Nach der derzeitigen Einschätzung – Spätsommer 2009 – wird der für diesen Zweck gesetzlich vorgegebene Rahmen von 15 Mrd. EUR zunächst einmal zu etwa zwei Drittel ausgenützt werden. Indikationen für einen weiteren Mittelbedarf liegen uns derzeit nicht vor.

Erwin J. FRASL: Danke für das Gespräch.

Peter MOOSLECHNER

Das österreichische Bankensystem in der globalen Finanz- und Wirtschaftskrise

Blickte man aus der Perspektive des Jahres 2007 zurück auf die Entwicklung des österreichischen Bankwesens der vergangenen Jahrzehnte, so war diese – vielleicht sogar entgegen vieler Einschätzungen – geprägt von einem beträchtlichen und in vieler Hinsicht erfolgreichen Strukturwandel. Eine Strategie der Marktliberalisierung, der Integration der österreichischen Banken in den EU-Banken-Binnenmarkt und ein erweitertes Angebot an Finanzprodukten haben die Marktstrukturen grundlegend verändert. Die Erfolge auf dem „erweiterten Heimmarkt" Ost- und Südosteuropa stellen dabei sicherlich den markantesten Erfolg dar. Unterstrichen wurden diese Einschätzungen durch die Ergebnisse des Financial Sector Assessment Program (FSAP) des IMF, in dem dieser in den Jahren 2003/2004 die österreichischen Finanzmärkte umfassend evaluiert hat.[1]

2009 leben wir in einer völlig anderen wirtschaftspolitischen Welt. Weltweit wurden die Wachstumserwartungen deutlich nach unten revidiert und an den Finanzmärkten herrscht anhaltende Krisenstimmung. Finanzmärkte, die noch vor Kurzem zum Kernbereich des Finanzsystems gezählt wurden, existieren oder funktionieren nicht mehr. Führende Finanzinstitute verzeichnen massive Verluste, mehrere der größten Player sind von der internationalen Landkarte verschwunden. Überall wurden Bankenrettungspakete geschnürt, um die Finanzierung der Realwirtschaft unter diesen schwierigen Rahmenbedingungen sicherzustellen und einen vollständigen Zusammenbruch des Finanzsystems zu verhindern. Dieses Umfeld einer in diesem Ausmaß bisher nicht gekannten globalen Finanzmarktkrise bringt eine der größten Herausforderungen für die Finanzmarktstabilität in Österreich mit sich. Die internationale Finanzmarktkrise und die durch

1 Siehe dazu im Detail OeNB Finanzmarktstabilitätsbericht Nr. 7 (2004), S. 39 ff sowie *Mooslechner* (2005).

sie verursachte realwirtschaftliche Krise beeinträchtigen die Ertragssituation der Banken und haben bereits zu einer Verschlechterung der Kreditqualität und zu steigenden Wertberichtigungen geführt. Gleichzeitig geriet das Engagement der österreichischen Banken in den CESEE-Ländern zunehmend in das Zentrum der kritischen internationalen Aufmerksamkeit.

Die sicherlich entscheidende Strukturveränderung für den österreichischen Bankenmarkt trat mit der Öffnung der osteuropäischen Märkte Anfang der 1990-er Jahre ein. Was zunächst nur als vage strategische Chance erschienen sein mag und mit Reminiszenzen bezogen auf historische Verbindungen diskutiert wurde, entwickelte sich seither nicht nur zu einer Erfolgsstory, sondern auch zu einem wesentlichen Faktor der Ertragskraft des österreichischen Bankensystems. Gegen durchaus massive Konkurrenz weit größerer internationaler Banken konnte das Konzept vom erweiterten Heimmarkt in Osteuropa umgesetzt werden. Die österreichischen Banken zählen heute zu den führenden Instituten auf den osteuropäischen Märkten der neuen EU-Mitgliedstaaten und in den südosteuropäischen Ländern. Langfristig versprechen diese Märkte erhebliches Wachstumspotential und erscheinen insbesondere in Richtung Südosteuropa noch weiter ausbaubar.

Wie alles gekommen ist?

Auch zwei Jahre nach dem Beginn der globalen Finanzkrise ist es sicherlich noch zu früh für ein fundiertes Verständnis der Ereignisse und ihrer tieferen Ursachen. Aber Faktoren wie die Deregulierung der Finanzmärkte, die Bedeutungszunahme neuer Finanzintermediäre, eine Atomisierung des Risikos bzw. die unklare Allokation der Risiken sowie geringes Risikobewusstsein haben sicherlich zur Entstehung dieser schwierigen Situation beigetragen. Heute als problematisch anerkannte Rechnungslegungsvorschriften und Regulierungsdefizite haben zusammen mit falschen Incentives weitere Elemente beigesteuert. Das relevante Ursachenbündel beinhaltet weiters überhitzte Immobilienmärkte ebenso wie zu optimistische Erwartungen, Probleme in der Kreditvergabepraxis sowie komplexe und intransparente Risikotransferinstrumente. Lediglich Auslöser waren schließlich Kreditausfälle bei US-amerikanischen Subprime-Krediten plus sinkende Immobilienpreise und Ratingherabstufungen bei Risikotransferinstrumenten, die durch ihren Verbriefungscharakter globale Auswirkungen zur Folge hatten.

Die *Verbriefung von Bankkrediten* war ein wesentliches auslösendes Moment dafür, dass sich die Krise so rasch und unerwartet international ausbreitete. Anstelle der erwarteten Diversifizierung des Risikos blieb dieses dem Bankensystem erhalten, gleichzeitig wurde aber das Kreditschöpfungspotential erheblich ausgeweitet. Dies war jedoch nur deshalb möglich, weil im Kern schlechte Risken (z.B. Subprime-Kredite) in scheinbar erstklassige Aktiva transformiert wurden. Das Originate-and-Distribute-Modell – der Transfer von Kreditrisken aus der Bankbilanz – führte letztlich dazu, dass die Kredit vergebende Bank die Bonität des Kreditkunden aus den Augen verlor.

Ratingagenturen wird neuerlich eine wesentliche Rolle zugeschrieben, da sie mit der Vergabe unrealistisch guter Ratings verbriefter Wertpapiere den Marktteilnehmern ein viel zu niedriges Risiko der Veranlagung signalisiert haben. Problematisch ist schließlich auch die breite Verwendung des Ratings dieser Agenturen, wie z.B. in der Risikobewertung von Bankenaktiva im Rahmen von Basel II. Zusätzlich wird das Prinzip der Bewertung der Aktiva zu aktuellen Marktpreisen (*„Fair Value"*), das sich erst im Zuge der Internationalisierung der Rechnungslegungsstandards in den letzten Jahren durchgesetzt hat, als krisenverschärfend kritisiert und mittlerweile auch für jene Aktiva, für die es derzeit keine aktiven Märkte gibt, außer Kraft gesetzt.

Schließlich landeten zahlreiche strukturierte Produkte in Zweckgesellschaften. Der Umstand, dass diese als unregulierte Schattenbanken Risiken einer *Fristentransformation* systemgefährdenden Ausmaßes eingegangen sind, hat wesentlich zur Verschärfung der Krise beigetragen. Die Übertragung der Finanzkrise auf die Realwirtschaft wurde durch die – erst heute anerkannten – prozyklischen Wirkungen der Eigenmittelvorschriften verschärft. In Summe erzwingt dies im konjunkturellen Abschwung ein weiteres Deleveraging.

Aus dem Zusammenwirken all dieser Faktoren weisen die Finanzmärkte auch heute noch einen bisher nicht gekannten Grad an Unsicherheit auf. Zu den ungewöhnlichen Besonderheiten gehören insbesondere die anhaltenden Probleme in der Liquiditätsbereitstellung zwischen Banken sowie die Nichtexistenz traditioneller Märkte, die früher wichtige (Re-)Finanzierungsquellen für Banken, aber auch für (größere) Unternehmen waren.

Am Beginn der ganzen Geschichte stehen markante strukturelle Verhaltensänderungen von Finanzmarktteilnehmern: Die Suche nach (noch) höheren Renditen, die Erwartung anhaltender Bewertungsgewinne, die Vernachlässigung von Risken sowie die sich aus dem Zusammenspiel dieser Faktoren ergebenden Verhaltensweisen der

Marktteilnehmer durchgehend über alle Stufen der Krisenkette. Auf der untersten Ebene – am Beispiel „Subprime“ – war es die Kombination der Erwartung immer weiter steigender Hauspreise, günstige Finanzierungskonditionen zum Einstieg und – ganz zentral – die Weitergabe der damit verbundenen Risken an „andere“, an Finanzinstitutionen und Investoren, die weit weg von den bestimmenden Risken des Finanzierungsgeschäfts sind. Das war ausschlaggebend für die Entstehung einer Konstellation, die äußerst anfällig für kleine Veränderungen in den grundlegenden Rahmenbedingungen war.

Auf der Finanzierungsebene war die sofortige Weitergabe der damit verbundenen Risken an andere Investoren in Form von Kreditderivaten und Asset Backed Securities der entscheidende Faktor. Verpackt in oberflächlich sicher erscheinende (und entsprechend „geratete“) Pakete wurden diese Risken von internationalen Finanzinvestoren übernommen, die auf der Suche nach höheren (Eigenkapital-) Renditen waren und sich für die zu Grunde liegenden Risken nicht mehr interessierten. Attraktiv war dabei auch, dass viele dieser Geschäfte außerhalb der Bilanz bleiben konnten und so mit einem sonst nicht möglichen Fremdfinanzierungsgrad ausgestattet wurden – eine eindeutige Umgehung des Kerns der regulativen Logik der Finanzmärkte.

Schlussendlich bildete sich eine Situation heraus, in der kein Marktteilnehmer mehr über den Überblick über die Verteilung der grundlegenden Risken verfügte und ein kleiner Anstoß genügte, das rasante Wachstum nach diesem Modell zum Stillstand zu bringen. Wie meist in Finanzkrisen ist am Ende derartiger Prozesse Liquiditätsknappheit der entscheidende Faktor. Angesichts der völlig unklaren Risikoverteilung war die notwendige Refinanzierung von Positionen plötzlich nicht mehr möglich. Darüber hinaus kam die Liquiditätsbereitstellung innerhalb des Bankensystems ins Stocken, und bis heute funktioniert der wichtige Interbankengeldmarkt nicht in der eigentlich erforderlichen Weise. Sollte es aber nicht zum völligen Zusammenbruch des Finanzsystems kommen, mussten die finanzierenden Banken die außerbilanziellen Forderungen wieder in ihre Bilanzen nehmen, was massive Bewertungsverluste bei steigender Eigenkapitalbelastung und niedrigeren Erträgen bedeutete.

Die Finanzmarktkrise und die realwirtschaftliche Eintrübung haben die Ertragssituation der Banken deutlich beeinträchtigt. Vor allem Bewertungsverluste im Handelsergebnis und höhere Wertberichtigungen haben die Profitabilität vermindert, auch wenn das österreichische Bankensystem im Jahr 2008 noch einen – wenn auch deutlich geschrumpften – Gewinn verzeichnen konnte. Weiterhin kompensieren dabei die Erträge aus dem CESEE-Geschäft die Ergebnisrückgänge in anderen Bereichen. Angesichts des eingetrübten konjunkturellen Ausblicks hat sich jedoch die Risikoaversion gegenüber dieser Region an den internationalen Finanzmärkten stark erhöht. Das Engagement der österreichischen Banken in den CESEE-Ländern geriet zunehmend in das Zentrum der kritischen internationalen Aufmerksamkeit. Freilich ist diese Ländergruppe jedoch nicht als homogene Region zu betrachten, vielmehr sind einzelne Staaten in sehr unterschiedlichem Ausmaß von der Finanzmarktkrise betroffen. Zusätzlich haben die Aktivitäten des IMF und der EU in der Region Vertrauen geschaffen und dazu beigetragen, die Wahrscheinlichkeit extrem negativer Entwicklungen deutlich zu reduzieren. Die Liquiditätsengpässe, die im Herbst 2008 die Bankenrefinanzierung geprägt hatten, schwächten sich ab, blieben aber im historischen Vergleich bis zuletzt hoch. Allerdings steht angesichts der zunehmenden Rückkoppelungseffekte vom Finanzsystem auf die Realwirtschaft die Verschlechterung des Kreditportfolios der österreichischen Banken nicht nur in CESEE, sondern auch im Inland erst am Beginn. Die Umsetzung des Bankenpakets hat jedoch dazu beigetragen, dass die Banken auf eine Zunahme der Wertberichtigungen vorbereitet sind. Nach einem Rückgang in den Vorperioden stiegen 2008 die Eigenmittel- und Kernkapitalquoten sowohl durch vermehrte Innenfinanzierung (einbehaltene Gewinne) als auch durch Mittelzufuhr von außen – durch Kernaktionäre sowie durch staatliches Partizipationskapital – wieder an.

Geringe direkte, aber zunehmend bedeutende indirekte Effekte der Finanzmarktkrise

Das durch die weltweite Rezession belastete wirtschaftliche Umfeld begann sich gegen Ende des Jahres 2008 in den Kreditrisikovorsorgen des österreichischen Bankensystems niederzuschlagen. Angesichts der aktuellen Prognosen und der bereits steigenden Insolvenzraten heimischer Unternehmen ist mit einer weiteren Zunahme des Wertberichtigungsbedarfs zu rechnen. Gleichzeitig haben die Auswirkungen der Krise nun auch die Volkswirtschaften Zentral-, Ost- und Südosteuropas voll erreicht. Vor diesem Hintergrund kommen nun die indirekten Effekte der Krise auf das österreichische Bankensystem zunehmend zum Tragen und werden in den Risikopositionen der Bankbilanzen mit Verzögerung sichtbar. Aus der Entwicklung der aggregierten Wertberichtigungsquote von Tochterbanken in CESEE ist ersichtlich, dass die Wende im Kreditzyklus bereits erreicht ist und speziell auf diesen Märkten mit einer deutlichen Erhöhung der Kreditrisikovorsorgen gerechnet werden muss.

Trotz vieler Unterschiedlichkeiten weisen Finanzkrisen gemeinsame Muster und eine gemeinsame Krisendeterminante – überhöhte Risikobereitschaft – auf. Die aktuelle Krise unterscheidet sich zwar in ihrem Ausmaß, jedoch nicht in ihren fundamentalen Ursachen von anderen Krisen. In einer ersten Phase bauen sich finanzielle Ungleichgewichte (exzessives Kreditwachstum, überschießende Aktienkurse) auf. In einer zweiten Phase führt der Boom zu einer Lockerung der Finanzierungsbeschränkungen und es kommt zu geringeren Risikostandards und sinkenden Risikoprämien, vielfach hoch korreliert mit stark steigenden Vermögenspreisen. In einer dritten Phase dreht die Dynamik in die entgegengesetzte Richtung. Es kommt zu Wertberichtigungen bei langfristigen Aktiva, die den Banken als Sicherheiten dienen. Falls Banken über eine (zu) dünne Eigenkapitalbasis verfügen, kann sich das zu einer Banken- und Finanzkrise erweitern.

Gemessen an diesem Bild weist die gegenwärtige Krise eine historisch ungewöhnlich hohe Geschwindigkeit und ein ungewöhnliches Ausmaß an Unsicherheit auf. Zur speziellen Logik des aktuellen Krisenverlaufs gehört jedenfalls, dass Europa – obwohl ursächlich nur peripher mit der Entstehungsgeschichte der Krise verbunden – sich davon nicht nur nicht abkoppeln kann, sondern immer tiefer in ihre negativen Effekte hineingezogen wurde. Österreich haben die Auswirkungen der gegenwärtigen Krise sowohl aufgrund seiner Wirtschaftsstruktur als auch aufgrund des Geschäftsmodells seiner Banken erst mit Verzögerung und indirekt erreicht. Trotzdem werden nun die Effekte immer deutlicher sichtbar, beispielsweise die Rückwirkungen der Wirtschaftsabschwächung via CESEE bzw. Unternehmens- und Haushaltsfinanzierung.

Aufgrund ihres *Originate and Hold-Geschäftsmodells*[2] waren die österreichischen Banken am Beginn der Krise von den Verwerfungen im Bereich der strukturierten Kreditprodukte vergleichsweise wenig betroffen. Gegenüber strukturierten Produkten hielten die 25 größten österreichischen Banken ein relativ moderates Gesamtexposure von ca. 1,5 % der gesamten Bilanzsumme zum Jahresende 2008.

2 „Originate and Hold" bedeutet vereinfacht, dass Forderungen in der Bankbilanz verbleiben, im Gegensatz zu „Originate and Distribute", wo Aktiva verbrieft und weiterveräußert werden.

Vom Übergreifen der Krise auf die Volkswirtschaften in CESEE waren die österreichischen Banken jedoch im internationalen Vergleich ungleich stärker als von den Verwerfungen am Interbankenmarkt betroffen. Obwohl das CESEE-Exposure österreichischer Bankkonzerne nur rund 20 % des Exposures westlicher Banken in der Region ausmacht, sticht es mit 199 Mrd. EUR vor allem in seiner Relation zum BIP mit rund 70 % (2008) hervor. Die negativen Auswirkungen der Krise auf die Liquiditätssituation und die Geschäftsentwicklung der Banken konnten allerdings durch Maßnahmenpakete von Notenbanken, Regierungen, IWF, EU-Kommission und der Weltbank gemildert werden.

Die aggregierte Eigenmittelquote (Kernkapitalquote) aller österreichischen Banken lag Ende 2008 bei 11,02 % (7,73 %), was deutlich über dem regulatorischen Mindesterfordernis von 8 % (4 %) liegt. Zudem kam es seit Jahresende zu mehreren Partizipationskapitalerhöhungen im Rahmen des Bankenpakets des Bundes. Bei voller Ausschöpfung des Partizipationskapitalbestandteils des Bankenpakets in Höhe von 15 Mrd. EUR könnte eine Erhöhung der Eigenmittelquote von rund 220 Basispunkten erreicht werden. Während aber die wichtigsten Ratingagenturen die Ratings österreichischer Großbanken bis Herbst 2008 nicht veränderten, reagierten sie danach mit Herabstufungen und Reports zum Osteuropaengagement der heimischen Banken.

Tabelle 1

Ratings ausgewählter österreichischer Banken (Stand: 26. Mai 2009, Quelle: Moody's)				
	Deposit Rating		**BFSR**	
	LT	**Outook**		**Outlook**
Bank Austria	A1	negativ	D+	negativ
BAWAG P.S.K.	Baa1	stabil	D	stabil
Erste Bank	Aa3	negativ	C-	negativ
HGAA	Baa1	beob. negativ	D-	beob. negativ
ÖVAG	Aa3	stabil	C-	beob. negativ
RZB	A1	stabil	D+	negativ
Legende: LT (Long-term), BFSR (Bank Financial Strength Rating)				

Die Entwicklung der Aktienkurse der österreichischen Großbanken folgte seit Ausbruch der Finanzkrise weitgehend der anderer europäischer Großbanken, wobei der Verlust der österreichischen Banken – wohl wegen dem Exposure in CESEE und in Ländern wie der Ukraine – um einige Prozentpunkte größer ist. Seit der Talsohle im März 2009 ist allerdings wieder eine Verbesserung zu vermerken. Ebenso fand bei Credit Default Swap (CDS) Spreads österreichischer Großbanken im ersten Quartal 2009 eine Neubeurteilung der Situation statt, wobei ebenfalls das Engagement der österreichischen Banken in Osteuropa im Fokus der Finanzmärkte stand. Viele Kapitalmarktteilnehmer stellten vereinfacht die Osteuropa-Kreditportfolioqualität pauschal in Frage, was zu einem signifikanten Anstieg der Credit Default Swap Spreads beitrug.

Stabilisierung des Finanzsystems im Fokus der Wirtschaftspolitik

Die gegenwärtige Finanz- und Wirtschaftskrise stellt die wirtschaftspolitischen Entscheidungsträger vor außerordentliche Herausforderungen – weil es sich um eine weltweite Krise handelt, weil sich der Einbruch so abrupt vollzogen hat und weil der Einbruch Ausmaße erreicht hat, wie sie in den letzten Jahrzehnten nicht beobachtet wurden. In Reaktion auf diesen Einbruch beschritten Geld- und Wirtschaftspolitik völlig neue Wege im Krisenmanagement und in der Krisenbekämpfung. Die energischen Maßnahmen der Zentralbanken und der Regierungen konnten eine weitere Eskalation der Finanzkrise eindämmen. Seit Frühjahr 2009 sind auf den internationalen Finanzmärkten Signale einer Stabilisierung zu registrieren. Auf den Aktienmärkten gab es eine leichte Erholung, die Differenzen zwischen Geldmarktsätzen und Leitzinsen haben sich von ihren Höchstwerten zurückgebildet und auch konjunkturell sind erste Signale in Richtung einer möglichen Stabilisierung zu verzeichnen.

Entscheidend für eine nachhaltige Bewältigung der Krise wird aber sein, wie rasch die Probleme auf den Finanzmärkten und bei den Finanzinstitutionen bewältigt werden können. Anhaltende Finanzierungseinschränkungen auf wichtigen Märkten oder gar Zusammenbrüche von Finanzinstituten würden die Krise substantiell verlängern und ihre konjunkturellen Auswirkungen vertiefen. Aus diesem Grund konzentrierten sich auch die wirtschaftspolitischen „Feuerwehrmaßnahmen" unmittelbar auf die Stabilisierung von Finanzmärkten und Finanzinstitutionen.

Weltweit haben die Notenbanken seit Ausbruch der Krise umfangreiche Maßnahmen gesetzt. Die EZB reagierte rasch und effektiv mit großzügiger Bereitstellung von Liquidität an das Bankensystem, um der Anspannung am Geldmarkt (Interbankenmarkt) entgegenzuwirken. Gleichzeitig reduzierte sie den Refinanzierungszinssatz bis auf 1 %. Anfang Mai 2009 beschloss der EZB-Rat, zusätzlich auch nichtkonventionelle Maßnahmen der Geldpolitik einzusetzen und direkt besicherte Wertpapiere (= covered bonds) im Umfang von ca. 60 Mrd. EUR zu erwerben, um einer drohenden Kreditverknappung entgegenzusteuern und insbesondere im Marktsegment der Immobilienfinanzierung expansiv zu wirken. Zur Stabilisierung der Situation trugen weiters der Übergang zu einer Politik der vollen Zuteilung in der Refinanzierung, zusätzliche Tender mit längeren Laufzeiten (6 Monate, ab Juni 2009 auch 12 Monate), USD-Swap-Fazilitäten der EZB zusammen mit der FED (ab Oktober 2008 auch für CHF) und eine gewisse Ausweitung des Spektrums der refinanzierungsfähigen Sicherheiten bei.

Mit der Aufnahme der Geschäftstätigkeit der neu gegründeten Oesterreichischen Clearingbank AG per 13. November 2008 wurde ein zusätzlicher nationaler Beitrag zur Stabilisierung des Interbankenmarktes geschaffen, insbesondere für jene Banken, die nicht über ausreichend bei der EZB hinterlegungsfähige Wertpapiere verfügen. Freilich kam den österreichischen Banken ihre starke Einlagenbasis zugute, die Liquiditätsengpässe am österreichischen Markt nicht zu einem echten Problem werden ließ.

Neben den raschen Maßnahmen der Notenbanken konnte ein Zusammenbruch des Weltfinanzsystems – der Kollaps von Banken, Versicherungen und anderen Finanzinstitutionen mit unabsehbaren Folgen – letztlich durch eine historisch einzigartige, international koordinierte Vorgehensweise von Regierungen verhindert werden. Zu den wesentlichen Elementen zählten die umfassenden Rekapitalisierungsstrategien für Banken, Garantien von Bankenemissionen sowie ausgeweitete Haftungen für Bankeinlagen und allfällige Auffanglösungen (z.B. Verstaatlichungen oder Bad-Banks-Modelle).

In Österreich wurden über ein staatliches Bankenpaket die Möglichkeit zur Erhöhung der Eigenmittel der Banken über Partizipations- und Hybridkapital im Ausmaß von 15 Mrd. EUR geschaffen. Insgesamt umfasst das Bankenpaket ein Volumen von 100 Mrd. EUR, ein Umfang der sich angesichts des später absehbaren Ausmaßes der globalen Krise als wirtschaftspolitisch weitblickend erwies. In Summe kann mittels des Bankenpakets eine Stärkung der Kernkapitalquote des österreichischen Bankensystems um bis zu 2¼ Prozentpunkte (bei voller Ausnützung der 15 Mrd. EUR) erreicht werden. Weiters wurden im Rahmen des Pakets bisher 15,5 Mrd. EUR und 250 Mio. CHF an staatsgarantierten Bankanleihen emittiert sowie die Einlagensicherung gestärkt.[3]

3 Im Rahmen des Unternehmensliquiditätsstärkungsgesetzes wurden 10 Mrd.

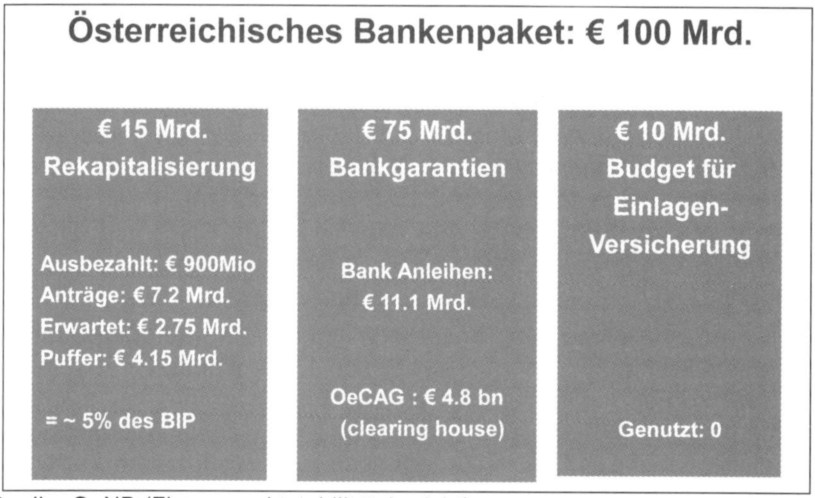

Quelle: OeNB (Finanzmarktstabilitätsbericht)

Insgesamt konnten die koordinierten Maßnahmen von Regierungen und Notenbanken einen Zusammenbruch des Weltfinanzsystems verhindern und die angespannte Situation am Interbankenmarkt etwas entschärfen. Nicht verhindert werden konnten jedoch eine historisch außergewöhnliche Kontraktion des Wirtschaftsgeschehens und eine Verschärfung der Bedingungen in der Kreditfinanzierung.

Ohne Zweifel hat die gegenwärtige Finanzkrise ein weites Spektrum an Schwachstellen sichtbar werden lassen, die vom grundlegenden Verständnis der gesamtwirtschaftlichen Rolle von Finanzmärkten und Finanzinstitutionen über die Ausgestaltung der Regulierungssysteme bis zur dringend erforderlich gewordenen stabilisierenden Rolle des Staates reichen. Kurz- wie mittelfristig galt und gilt es, das Finanzsystem zu stabilisieren und die negativen Auswirkungen der Finanzkrise auf die Realwirtschaft zu dämpfen, längerfristig müssen neue wirksame Rahmenbedingungen zur Vermeidung ähnlicher Entwicklungen in der Zukunft entwickelt werden. Die spezielle Charakteristik der Krise als einer Kombination von „Marktversagen“ und „Regulierungsversagen“ macht das zu einer Herausforderung, der sich die Wirtschaftspolitik national wie international noch intensiv zu widmen haben wird.

EUR aus dem vom Interbankenmarktstärkungsgesetz vorgesehenen Gesamtvolumen für Bundeshaftungen von 75 Mrd. EUR in Garantien für Kredite an mittelgroße und große österreichische Unternehmen umgewidmet.

Damit werden grundlegende Lehren verbunden sein müssen, beispielsweise hinsichtlich der Effizienz und des erforderlichen Umfangs der Finanzmarktregulierung, aber auch hinsichtlich der wirtschaftspolitischen Rolle des Staates. Man wird wohl akzeptieren müssen, dass es ökonomische Entwicklung ohne Krisen nicht geben kann. Gerade deshalb darf die Wirtschaftspolitik nichts unversucht lassen, konkrete Schwächen der Finanzmarktentwicklungen schon unter „Normalbedingungen“ durch verbesserte Rahmenbedingungen zu bekämpfen. Die gesamtwirtschaftlichen Kosten von Finanzkrisen sind jedenfalls zu hoch, als dass man diese als unvermeidliche Begleiterscheinung der ökonomischen Entwicklung akzeptieren könnte.

Für ein besseres Finanzmarktregime nach der Krise ist jedenfalls ein „funktionaler Ansatz“ entscheidend, eine Rückbesinnung auf die essentiellen Funktionen der Finanzmärkte – auf die Finanzierung von Unternehmen und Haushalten sowie auf die Veranlagungsfunktion für Sparer und Finanzinvestoren. Das steht nicht im Widerspruch zur Existenz einer Vielfalt von Finanzmärkten, Finanzinstitutionen und Finanzprodukten. Aber Institutionen, Produkte und Märkte, die funktional demselben Zweck dienen, müssen – an Stelle einer isolierten Regulierung von (bestimmten) Produkten, Instrumenten, Institutionen und/oder Märkten – nach identischen Standards reguliert werden.

Finanzmarktaufsicht ist – wie sowohl die Krisenereignisse der letzten Zeit als auch die strukturellen Veränderungen der vergangenen Jahrzehnte gezeigt haben – eine schwierige und von andauernden Veränderungen geprägte Aufgabe. Systemrelevante Instrumente, systemrelevante Marktteilnehmer sowie der umfassende Charakter stehen dabei im Mittelpunkt einer effizienten Finanzmarktregulierung. Zentrales Anliegen der Regulierung muss es sein, die regulatorischen Lücken zu schließen, die zu „regulatory arbitrage“ in großem Umfang geführt haben. Zusätzlich gilt es, die in den letzten Jahren immer mehr gewordenen Umgehungsmöglichkeiten abzuschaffen, um Finanzgeschäfte außerhalb regulierter Märkte und Finanzinstitutionen stattfinden zu lassen.

Beispielsweise erscheint eine „Produktzertifizierung“ für zugelassene Finanzprodukte als ein wichtiger Ansatz. Unabdingbar dürfte auch eine Beschränkung des Leverage innerhalb des Finanzsektors sein, z.B. durch Verbot der Kreditfinanzierung von Finanzintermediären (Beispiel Hedgefonds) durch andere Finanzintermediäre. Die Beschaffung von Liquidität über Geld- und Kapitalmärkte wurde über Jahrzehnte als gegeben und völlig krisenfest angesehen. Das Liquiditätsmanagement wird künftig verstärkt einer kritischen Aufsicht unterworfen werden müssen. Neben den Eigenkapitalerfordernissen ist auch der Bilanzstruktur von Banken vermehrt Augenmerk zu schenken, um prozyklischer Wirkung der Bewertung der Aktiva entgegenzuwirken. Kreditinstitute und andere Finanzintermediäre sind heute auch vermehrt grenzüberschreitend tätig, was insbesondere bedeutet, dass Risiken grenzüberschreitend verschoben werden können. Zur Integration der Märkte tritt im Europäischen Binnenmarkt die Ausweitung der Geschäftstätigkeit der Finanzmarktakteure über politische Grenzen hinweg. Damit drängt sich für grenzüberschreitende Gruppen die Frage nach einer für diese Zwecke optimalen Aufsichtsstruktur auf, die im Spektrum der Möglichkeiten zwischen einer intensiven Kooperation nationaler Aufsichtsbehörden und einer supranationalen Lösung mit entsprechenden Verantwortlichkeiten und Möglichkeiten zu suchen ist. Eine Lösung dieses Problems ist in einem System der europäischen Aufsichtsbehörden analog zum System der europäischen Zentralbanken (ESZB) angedacht und soll bis Ende 2010 umgesetzt werden.

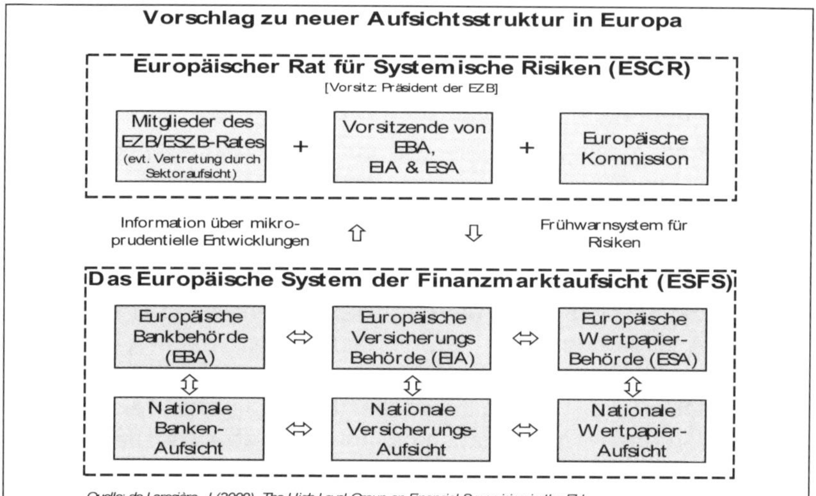

Quelle: de Larosière, J (2009). The High-Level Group on Financial Supervision in the EU.

Lehren aus der Krise?

Zu den prägenden Charakteristika der aktuellen Krise gehört die über die letzten Jahrzehnte markant gewachsene internationale Verflechtung des Wirtschaftsgeschehens. Offensichtlich haben wir es (erstmals) mit einer von den Strukturen der Finanzmärkte ausgehenden Krise zu tun, die erst in späterer Folge auf die Realwirtschaft übergegriffen hat (Felton und Reinhart, 2009). Trifft diese Einschätzung zu, so lässt sich daraus eine Reihe von Ansätzen ableiten, die die zukünftigen Anforderungen an Finanzmarktstrukturen entscheidend prägen werden.

Ein besseres Finanzmarktregime nach der Krise sollte einem dominierend „funktionalen Ansatz" (Tobin, 1984) folgen und nicht in erster Linie auf die isolierte Regulierung von (bestimmten) Produkten, Instrumenten, Institutionen und/oder Märkten konzentriert sein. Zentral ist dabei eine Absicherung der essentiellen realwirtschaftlich-orientierten Intermediation der Finanzmärkte und Finanzinstitutionen – d.h. der Finanzierung realwirtschaftlicher Investitionen – gegenüber spekulativen Einflüssen und Finanzmarktrisiken.

Ein wesentlicher Ansatzpunkt dafür ist eine „Markttrennung" für Institutionen und Produkte bzw. eine „Produktzertifizierung" für zugelassene Finanzprodukte und/oder Märkte. Das bedeutet kein Verbot „spekulativer" bzw. nicht zertifizierter Produkte, aber eine eindeutige Zuordnung der Risken dieser Märkte/Produkte auf die (freiwilligen und risikobereiten) Marktteilnehmer außerhalb des realwirtschaftlich relevanten Finanzierungsbereichs. Entscheidend erscheint auch eine markante Beschränkung des Leverage innerhalb des Finanzsektors, z.B. durch Verbot der Kreditfinanzierung von Finanzintermediären (etwa von Hedgefonds) durch andere Finanzintermediäre. Dadurch kann das potentielle Ausmaß systemischer Risken innerhalb des Finanzsektors substantiell verringert und unbeherrschbare Spillovers zwischen Märkten, Institutionen und Produkten sowie in die Realwirtschaft eingeschränkt werden.

Die gegenwärtige Finanz- und Wirtschaftskrise lässt erwarten, dass die Welt der Finanzmärkte nach der Krise nicht mehr zur „Welt vor der Krise" zurückkehren kann. Wesentliche Veränderungen der Marktstrukturen und bei den Finanzmarktinstitutionen haben sich bereits im Verlauf der Krise vollzogen, viele wirtschaftspolitische Initiativen wurden und werden gestartet und entwickelt – auf nationaler wie auf internationaler Ebene. Sie werden in den kommenden Jahren zu einem neuen Design der Geschäfts-, Markt- und Regulierungsstrukturen führen. Teil dieses Prozesses wird es sein, die Geschäftsmodelle der Banken weltweit zu prüfen und zu hinterfragen, um daraus Lehren für ein stabileres Finanzierungssystem zu ziehen.

Literatur

Ausch, K. (1968), Als die Banken fielen, Wien.

Blanchard, O. (2009), The Crisis: Basic Mechanisms, and Appropriate Policies, IMF Working Paper WP/09/80.

Borio, C. (2003), "Towards a Macroprudential Framework for Financial Supervision and Regulation?", in: BIS Working Paper Nr. 128.

Borio, C. (2007), "The Financial Turmoil of 2007 - ?: A Preliminary Assessment and some Policy Considerations".

Breyer, P. (2004), Zentral- und Osteuropa – der Wachstumsmarkt für österreichische Banken. Geldpolitik & Wirtschaft (3).

Felton, A., Reinhart, C. (2009), The First Global Financial Crisis oft he 21st Century, VoxEU (www.voxeu.org)

Handler, H., Mooslechner, P. (1986), Hintergründe und ökonomische Aspekte der Novellierung des Kreditwesengesetzes 1986. WIFO-Monatsberichte (12).

Hellwig, M. (2008), Systemic Risk in the Financial Sector: An Analysis of the Subprime-Mortgage Financial Crisis, Working Paper Series of the Max Planck Institute for Research on Collective Goods 2008 43, Max Planck Institute for Research on Collective Goods.

Mooslechner, P. (2008), Finanzierungsstrukturen im Wandel – Das Jahrhundert der Finanzmärkte als ökonomische Herausforderung, in Pernsteiner, H. (Hrsg.), Finanzmanagement aktuell, Wien 2008, S. 453-471.

Mooslechner, P., Schuberth, H., Weber B. (eds.), The Political Economy of Financial Market Regulation. The Dynamics of Inclusion and Exclusion, Cheltenham 2006.

Kager, M. (2003), Das Bankensystem in den Beitrittsländern am Vorabend des EU-Beitritts. Berichte und Studien (3).

Posch, M., Schmitz S., Weber B. (2009), „Ziele und potenzielle Zielkonflikte von EU Bankenpaketen". FMSB Nr. 17, Wien: OeNB.

Reinhard, Carmen M., Rogoff K. S. (2009), The Aftermath of Financial Crises, Paper prepared for presentation at the American Economic Association meetings in San Francisco, January 3, 2009.

Tobin, J. (1984), On the Efficiency of the Financial System, Lloyds Bank Review (July).

White, W. (1998), The Coming Transformation of the Continental European Banking, BIS Working Paper, No. 54, Basle.

Johann MOSER

Was kann das öffentliche Fördersystem in der Krise leisten?

Das öffentliche Wirtschaftsförderungssystem hat sich zu einem wichtigen Baustein der Unternehmensfinanzierung entwickelt. In Zusammenarbeit mit der Kreditwirtschaft versuchen die Förderstellen, Unternehmen bei der Umsetzung von Projekten zu unterstützen und deren Realisierung voranzutreiben. Der Erfolg hängt entscheidend vom Zusammenspiel der Wirtschaftsförderung mit Kreditinstituten, Wirtschaftspolitik und Unternehmen ab. Die spezielle wirtschaftliche Situation der Jahre 2009 und 2010 – mit einer dramatischen Schrumpfung der Wirtschaft – bedeutet für alle beteiligten Akteure neue Herausforderungen, bietet aber auch Chancen. Dabei sind die Organisation des öffentlichen Förderungssystems und dessen wirtschaftspolitische Ausrichtung entscheidend für die Wirkung der eingesetzten Maßnahmen.

Vielzahl von Institutionen als Hemmschuh?

In den letzten Jahren kam vor allem die österreichische Förderlandschaft in Bewegung. Aufgaben wurden aus der Bundesverwaltung ausgegliedert und Gesellschaften zusammengelegt. „One Stop-Shops" sollten den Zugang zu Förderungen erleichtern. Neuerdings ist aber die Tendenz auszumachen, wieder neue Institutionen ins Leben zu rufen. Ein Beispiel hierfür stellt der Klimafonds dar, der keine eigenständige Abwicklung betreibt, sondern auf bestehende Institutionen zurückgreift.

Zudem spielt sich die öffentliche Wirtschaftsförderung auf unterschiedlichen Ebenen ab.[1] Zwar liegt der Schwerpunkt auf nationaler

1 Ein ausführlicher Überblick über die österreichische Förderlandschaft findet sich in Hannah Rieger und Angela Platzer: Handbuch EU-konformer Förderungen. Antworten auf Förderfragen aus der Unternehmenspraxis mit Fallbeispielen. 7., vollständig überarbeitete und erweiterte Auflage, München 2009.

und Bundesebene, aber auch die EU-Ebene und die Ebene mit Ländern und Kommunen spielen in der öffentlichen Wirtschaftsförderung eine wichtige Rolle. Die Fördermaßnahmen verteilen sich auf viele unterschiedliche Akteure und Kompetenzen und sind daher in unterschiedlichen institutionellen Formen und Modellen realisiert. Diese reichen von der externen Vergabe der Förderleistungen durch Dritte, über Institutionen im öffentlichen Eigentum, wie zum Beispiel die Austria Wirtschaftsservice GmbH (aws), bis hin zur direkten Vergabe durch öffentliche Stellen, wie zum Beispiel Ministerien.

Harmonisierungsdruck durch EU-Beihilfenrecht

Die europäische Ebene ist im Bereich der Förderung in zweifacher Hinsicht von Bedeutung:

Erstens in der Bereitstellung von Mitteln. Über die Kohäsions- und Strukturfondstöpfe werden auf EU-Ebene Mittel für die öffentliche Wirtschaftsförderung zur Verfügung gestellt. Ziele dieser Politik sind: die Förderung des wirtschaftlichen und sozialen Zusammenhalts, die Förderung der Wettbewerbsfähigkeit, der Abbau von Unterschieden zwischen entwickelten und weniger entwickelten Regionen und damit zusammenhängend die Unterstützung des Aufholprozesses der weniger entwickelten Regionen. Europaweit stehen für die Periode von 2007 bis 2013 308 Mrd. EUR zur Verfügung; davon 1,3 Mrd. EUR oder 0,42 % für Österreich.

Zweitens in der Festlegung des regulativen Rahmens. Den regulativen Rahmen, insbesondere der direkten Wirtschaftsförderung, stellt das EU-Beihilfenrecht dar, das prinzipiell Beihilfen wegen möglicher Wettbewerbsverzerrung nicht erlaubt. Innerhalb dieses Beihilfenrechts gibt es verschiedene Ausnahmebereiche, denen unterschiedliche inhaltliche und strategische Überlegungen zugrunde liegen.

Festzuhalten ist, dass das Beihilfenrecht zu einem sehr starken Harmonisierungsdruck der direkten öffentlichen Wirtschaftsförderung innerhalb der EU geführt hat. Dieser Harmonisierungsdruck ist im Bereich der indirekten Wirtschaftsförderung – wie die Diskussionen über die Körperschaftsteuer (KöSt) oder Flat-Tax innerhalb der EU zeigten – nicht gegeben.

Wirtschaftsförderung als Korrektur von Marktversagen

Die diversen Ausnahmebereiche vom prinzipiellen Förderverbot sind unter anderem: Die Korrektur von Marktversagen, die Verbesserung der Marktbedingungen für bestimmte Markteilnehmer – zum Beispiel

Unternehmensgründerinnen – oder auch struktur- und ordnungspolitische Überlegungen.

Daraus folgt, dass insbesondere kleine und mittlere sowie forschungsintensive Unternehmen bevorzugte Adressaten der öffentlichen Wirtschaftsförderung sind. Im ersteren Fall spielt vor allem das Ziel, Benachteiligungen aufgrund der Unternehmensgröße zu beseitigen, eine wichtige Rolle. Typische Größennachteile sind die fehlende Innovations- und Forschungskraft, der fehlende Zugang zu Finanzierungsinstrumenten und durchschnittlich 0,5 bis 1 % höhere Zinsen für Kredite.

Basis der Regionalförderung ist der Ausgleich von Benachteiligungen, wie zum Beispiel höhere Logistik- und Informationskosten oder fehlende Infrastruktur. In diesem Fall geht die Korrektur von Marktversagen unter anderem mit strukturpolitischen Überlegungen einher, um regionale Nachteile mittels öffentlicher Wirtschaftsförderung auszugleichen. In speziell ausgewiesenen Regionalförderungsgebieten ist neben der intensiveren Fördermöglichkeit für kleine und mittlere Unternehmen auch die Förderung von Großunternehmen – zum Beispiel die Stärkung von regionalen Leitbetrieben mit regionaler Verflechtung – möglich.

Eine andere Überlegung liegt den Fördermöglichkeiten im Bereich der Forschungsförderung zu Grunde. In diesem Fall wird davon ausgegangen, dass die Investitionen, die in diesem Bereich getätigt werden, im gemeinsamen Interesse der Europäischen Union liegen und so zu Wohlstand, Wachstum und einer nachhaltigen Entwicklung beitragen. Im Bereich der Förderung von Forschung, Entwicklung und Innovation sind Förderintensitäten von bis zu 100 % – auch bei großen Unternehmen – erlaubt.

Weitere inhaltlich begründete Ausnahmebereiche stellen der Umweltschutz, Risikokapitalmaßnahmen, die Rettung und Umstrukturierung von Unternehmen sowie De-Minimis-Beihilfen dar.[2]

2 De-Minimis bedeutet, dass auch abseits spezifischer Ausnahmen – wie KMU- oder Regionalförderung – Unternehmensförderungen vergeben werden können. Diese Förderung ist an bestimmte Einschränkungen gebunden: So dürfen innerhalb von drei Jahren nicht mehr als maximal 200.000 EUR an ein Unternehmen vergeben werden. Hierfür müssen sämtliche Beihilfen nationaler Förderungsstellen berücksichtigt werden.

Eine ideologische Frage: direkte oder indirekte Förderung?

Ein weiterer wichtiger Punkt in der Erörterung des öffentlichen Wirtschaftsförderungssystems ist die Frage, ob öffentliche Wirtschaftsförderung direkt oder indirekt erfolgt.

Unter indirekter Förderung sind in erster Linie steuerliche Maßnahmen zu verstehen. Solche Maßnahmen sind beispielsweise Freibeträge – wie der Investitions- oder der Forschungsfreibetrag –, Prämien – wie Forschungs- oder Investitionszuwachsprämie – oder auch die vorzeitige Abschreibung. Letztlich fallen auch infrastrukturelle Maßnahmen in den Bereich der indirekten Förderung.

	2006 in Mio. EUR	2007 in Mio. EUR	Veränderung Vorjahr
Gesamt	9.739 (100%)	9.956 (100%)	
Land- u. Forstwirtschaft	404 (4,2%)	369 (3,7%)	-
Unternehmen	1.511 (15,5%)	1.569 (15,8%)	+
Private Haushalte	7.824 (80,3%)	8.018 (80,5%)	+

Tabelle 1: Indirekte Förderung lt. Förderungsbericht 2007

Ein klares Merkmal ist, dass sich die öffentliche Hand nicht direkt in den wirtschaftlichen Prozess einmischt, sondern sich hauptsächlich auf die Gestaltung der Rahmenbedingungen zurückzieht. Wie aus Tabelle 1 ersichtlich wird, sind es vor allem die privaten Haushalte, die von der indirekten Förderung profitieren. Aber auch bei den Unternehmen spielt die indirekte Förderung – vor allem im Vergleich mit der direkten Förderung (siehe Tabelle 2) – eine bedeutende Rolle.

Im Gegensatz zur indirekten Variante der öffentlichen Wirtschaftsförderung, unterstützt die direkte Förderung – die oftmals sektoral ausgerichtet ist – die Unternehmen sowohl über die Gestaltung der Rahmenbedingungen als auch durch direkte Zuwendungen.

	2006 in Mio. EUR	2007 in Mio. EUR	2008 in Mio. EUR	Veränderung Vorjahr
Gesamt	4463,8 (100%)	4209,7 (100%)	4709,4 (100%)	+
Aufteilung nach Ministerien:				
BMLF	2.287,3 (51,2 %)	2.023,8 (48,1%)	2.310,5 (49,1%)	+
BMWFJ (BMWA)	989,1 (22,2 %)	949,3 (22,6%)	1.014,5 (21,5%)	-
BMVIT	310,3 (7,0 %)	315,6 (7,5%)	346,5 (7,4%)	-
Aufteilung nach Sektoren:				
Land- u. Forstwirtschaft	1.905,0 (42,7%)	1.630,9 (38,7%)	1.853,7 (39,4%)	+
Forschung u. Wissenschaft	388,4 (8,7 %)	455,3 (10,8%)	565,8 (12,0%)	+
Industrie u. Gewerbe	80,2 (1,8 %)	26,8 (0,6%)	76,3 (1,6%)	+

Tabelle 2: Direkte Förderung lt. Förderungsbericht 2007

Die wesentlichsten Instrumente sind: Zuschüsse, zinsgünstige Kredite, Haftungen im Rahmen einer Finanzierungsgarantie oder einer Projektgarantie, Kapitalbereitstellung in Form von Eigen- oder

Mezzaninkapital sowie die Erbringung von Beratungsleistungen. Wichtigster Nutznießer der direkten Wirtschaftsförderung ist mit Abstand die Land- und Forstwirtschaft (Anteil knapp 40 %).

Es kann auch festgestellt werden, dass mittlerweile die direkte Förderung im Bereich der Industrie und des Gewerbes an Bedeutung gewinnt.

Überfordern die Herausforderungen 2009 – 2010 die Wirtschaftsförderung?

Die durch die Finanzkrise ausgelöste gegenwärtige Wirtschaftskrise stellt das öffentliche Wirtschaftsförderungssystem vor neue Herausforderungen. Insbesondere zwei Herausforderungen sind aus der Förderungssicht auszumachen:

Erstens die Tatsache, dass die Krise zwar durch den Finanzsektor ausgelöst wurde, aber keine monokausale ist. Sie hat unterschiedliche Ursachen wie zum Beispiel Überproduktion, hohe Energiekosten, Verlagerungen von Industrien etc., was sich in den diversen Branchen unterschiedlich ausdrückt.

Zweitens sind die bestehenden Instrumente der öffentlichen Wirtschaftsförderung in erster Linie für eine „Nicht-Krisen-Situation" ausgelegt. Daher müssen diese auf ihre Wirksamkeit in der Krisensituation überprüft und gegebenenfalls adaptiert werden.

Der Einsatz der öffentlichen Wirtschaftsförderung – vor allem der direkten Variante – als konjunkturpolitisches Instrument kann nur bedingt erfolgreich sein. Dies liegt daran, dass auch die beste öffentliche Wirtschaftsförderung keine direkte Nachfrage erzeugen kann. Die Übernahme einer Garantie kann beispielsweise den Finanzierungsspielraum eines Unternehmens erhöhen, oder es ihm ermöglichen ein geplantes Projekt früher und besser umzusetzen.

Dies ist in Krisenzeiten deshalb von Bedeutung, weil die öffentliche Hand somit innovative Unternehmen im Hinblick auf Investitionen in ihrer Wettbewerbsfähigkeit unterstützen kann. Aber ein solches Projekt macht nur dann Sinn, wenn es auch eine entsprechende Nachfrage nach den Produkten des betreffenden Unternehmens gibt oder diese zumindest in absehbarer Zeit zu erwarten ist. Die öffentliche Wirtschaftsförderung selbst kann diese Nachfrage nicht generieren.

Hierzu ist die Investition öffentlicher Einrichtungen in Infrastrukturprojekte oder eine Strukturmaßnahme wie die thermische Sanierung besser geeignet. Gerade das zweite Instrument ist ein ausgezeichnetes Beispiel einer rasch wirksamen Förderungsmaßnahme: Der Zuschuss an private Haushalte führt beispielsweise dazu, dass das lokale Baunebengewerbe – Kesselbauer, Steuerungstechniker, Dämmstoffproduzenten – mehr Aufträge bekommt, dadurch den Beschäftigtenstand halten kann, die Arbeitslosigkeit in der Region geringer ist und somit die regionale Wertschöpfungskette gestärkt wird. Außerdem besteht die Möglichkeit, dass diese Klein- und Mittelbetriebe Investitionen tätigen, die beispielsweise von der aws mit einer Förderung unterstützt werden.

Das Beispiel der thermischen Sanierung zeigt auch, dass kluge Förderungen nicht nur die Konjunktur beleben, sondern auch einen Struktureffekt haben. Dieser hat eine mittelfristig nachhaltige Wirkung und zielt auf die Verbesserung des Innovationsgrads, die Erhöhung der Betriebsgrößen sowie auf neue Branchenschwerpunkte – wie zum Beispiel den Umwelt- und Energiesektor – ab.

Klare Zielsetzungen und ausreichende Dimensionierung als Erfolgsvoraussetzung!

Ein wichtiger Punkt bei der Etablierung von öffentlichen Förderinstrumenten ist auch eine klare Zielsetzung verbunden mit einer starken Wirkungsorientierung. Die Ziele, die mit einem Förderinstrument erreicht werden sollen, müssen klar qualitativ und quantitativ gefasst und idealerweise wissenschaftlich fundiert sein. Hier muss die Frage im Vordergrund stehen, wie ein politischer Input zu einem wirtschaftlichen Impact führt.

Grundsätzlich sind bestimmte Instrumente zeitlich befristet einzusetzen, da ansonsten die Gefahr des Drogeneffektes besteht. Darunter ist zu verstehen, dass für die gleiche Wirkung im Zeitablauf immer mehr Mittel einzusetzen sind. Auch ist die Dimensionierung einer Förderungsaktion ein wichtiger Punkt, um Mitnahmeeffekte und hohe Abwicklungskosten zu vermeiden. Hinzu kommt, dass aus neuen öffentlichen Wirtschaftsförderungsinstrumenten keine neuen Institutionen folgen dürfen. Denn dies bedeutet im Normalfall höhere Fixkosten, Unübersichtlichkeit und eine Komplexitätssteigerung für die Unternehmen.

Wichtig ist auch die Feststellung, welche Funktionen öffentliche Förderungen nicht erfüllen können. Eine Förderung kann nicht das Tagesgeschäft der Banken übernehmen – wie zum Beispiel die Bereitstellung von Betriebsmittelkrediten –, und sie kann auch nicht die gesamtwirtschaftliche Nachfrage unmittelbar ankurbeln.

Neue Förderungen in den Konjunkturprogrammen

Die Republik Österreich hat mit unterschiedlichen Maßnahmen auf die gegenwärtige Wirtschaftskrise reagiert, wie Tabelle 3 verdeutlicht.

Instrument	Art der Förderung	direkt	indirekt	Befristung	Struktureffekt	Volumen
Ausdehnung erp-Jahresprogramm	zinsgünstiger Kredit	x		x		600.000.000 €
Ausdehnung aws-Haftungsrahmen	staatliche Haftung	x				5.225.000.000 €
Mittelstandsfonds	Eigenmittel	x		x		80.000.000 €
Zusätzliche EIB-Mittel	Kredit/zusätzlich Liquidität	x				600.000.000 €
Vorzeitige Abschreibung	Steuer		x	x		
Thermische Sanierung	Zuschuss	x		x	x	100.000.000 €

Tabelle 3: Maßnahmen zur Konjunkturbelebung

Die Analyse der beschlossenen Maßnahmen zeigt zwei wesentliche Elemente:

Erstens bestehen die neuen öffentlichen Wirtschaftsförderungsinstrumente überwiegend aus direkten Förderungen. Eine diesbezügliche Ausnahme stellt die vorzeitige Abschreibung dar, die als steuerliche Maßnahme in den Bereich der indirekten Förderungen fällt.

Zweitens hat der Großteil der Maßnahmen keinen Struktureffekt. Diesbezüglich ist wohl nur die thermische Sanierung zu nennen, die sowohl Nachfrageeffekte als auch eine dauerhafte Veränderung der Baustruktur erzeugt und Energieeinsparungseffekte sowie den Aufbau von Umwelt- und Energiesystemen unterstützt.

Eine Auswahl an aws-Möglichkeiten!

Mehr ERP-Kredite: Der Vergaberahmen für zinsgünstige ERP-Kredite wurde für 2009 und 2010 auf je 600 Mio. EUR erweitert. Gegenüber einem Normaljahresprogramm stellt dies ein jeweils um 200 Mio. EUR erhöhtes Volumen dar.

Neues ERP-Kleinkreditprogramm: Ein neues ERP-Programm für Kleinkredite wurde eingerichtet, wofür gesamt bis zu 50 Mio. EUR reserviert wurden. Mit dem neuen Programm wird eine Unternehmensfinanzierung zu wirtschaftlich tragbaren Finanzierungskosten ermöglicht und positive Wachstums- und Beschäftigungseffekte werden ausgelöst. Adressaten sind wirtschaftlich selbstständige, gewerbliche, kleine Unternehmen aller Branchen, die ihren Betrieb erweitern oder modernisieren, ein neues Geschäftsfeld aufbauen oder neue Produkte, Verfahren oder Dienstleistungen entwickeln und einführen. Die geplante Kredithöhe des Kleinkreditprogramms beläuft sich auf einen Betrag von 10.000 EUR bis zu 30.000 EUR.

Mehr Haftungen: Die Haftungsrahmen der aws wurden von 2,9 Mrd. auf 5,2 Mrd. EUR ausgeweitet. Damit stehen ausreichend Bürgschaften und Garantien zur Ermöglichung von Fremdfinanzierungen zur Verfügung. Insgesamt sind zusätzliche Haftungsübernahmen von bis zu 400 Mio. EUR pro Jahr geplant. In diesem Zusammenhang wurde das Haftungsinstrumentarium um die Möglichkeit, Haftungen für Betriebsmittel- und Überbrückungskredite zu übernehmen, erweitert.

Neuer Mittelstandsfonds: Bei der aws wurde ein Mittelstandsfonds zur Beteiligung an Unternehmen mit Wachstumsprojekten eingerichtet. Über diesen Fonds wird Eigenkapital für Wachstumsprojekte in Form von atypischen stillen Beteiligungen zur Verfügung gestellt. Dadurch werden die Eigenkapitalbasis und die Bonität der Unternehmen gestärkt und die Finanzierung von nachhaltigen Projekten ermöglicht. Insgesamt werden von Bundesseite 80 Mio. EUR zur Verfügung stehen.

Mehr Darlehen: Die aws wird ermächtigt direkt Kredite an Unternehmen zu begeben. Sie soll sich dazu über Globaldarlehen europäischer Institutionen wie EIB refinanzieren und diese Mittel als Kredite an Unternehmen insbesondere in den Bereichen Technologie und Innovation sowie Energie und Energieeffizienz vergeben.

Zur Vergabe dieser direkten Kredite ist aber eine Erweiterung der Banklizenz der aws erforderlich. Eine Förderinstitution mit der Lizenz zur Vergabe von Krediten ist auch international durchaus üblich, wie zum Beispiel Deutschland (KfW), Frankreich (OSEO) und Finnland (FINNERVA) zeigen. Die Erweiterung der Banklizenz hätte jedenfalls zwei positive Auswirkungen:

Erstens wäre es für die öffentliche Hand möglich, bei Bedarf zusätzliche und frische Liquidität den Unternehmen zur Verfügung zu stellen.

Zweitens würden somit die öffentlichen Förderinstitutionen ein gleichberechtigter Spieler in der Kreditwirtschaft werden und somit die Verbindung zwischen Banken und öffentlicher Hand verstärken.

Grundsätzlich ist festzuhalten: Die Konjunkturprogramme greifen. So verzeichnet die aws sowohl bei den Krediten als auch bei den Haftungen eine verstärkte Nachfrage. Auch für den Mittelstandsfonds gibt es eine Vielzahl von Interessenten und die Mittel für die thermische Sanierung sind bereits ausgeschöpft. Die wahren Erfolge werden aber erst in ein bis zwei Jahren messbar sein. Ein optimales Zusammenspiel der Kreditwirtschaft, der Unternehmer und der Förderungsinstitutionen ist dabei Voraussetzung.

Heimo PENKER

Die 3 Banken Gruppe

Wiedererlangung der Selbstständigkeit und Zukunftsaussichten

Die 3 Banken Gruppe nimmt in mancher Hinsicht eine Sonderstellung unter den österreichischen Regionalbanken ein. Der Entstehung, der historischen Entwicklung und dem Charakter nach könnte man sie als „Austriacum“ bezeichnen.

Die drei Regionalbanken verdanken ihre Entstehung den Bedürfnissen ihrer regionalen Kernmärkte.

Die Oberbank wurde 1869 als Bank für Oberösterreich und Salzburg in Linz gegründet. Sie ist damit die älteste selbstständige Aktienbank Österreichs.

Die BTV entstand 1904 als Bank für Tirol und Vorarlberg in Innsbruck und die BKS 1922 als Bank für Kärnten in Klagenfurt.

Die Initiative für die Gründung ging in allen drei Fällen von der regionalen Wirtschaft und hier wiederum von größeren Kaufleuten und Industriellen aus. Während Oberbank und BTV historisch gesehen in einer sogenannten Gründerzeit entstanden, in der konjunkturell bedingt höherer Fremdkapitalbedarf vorhanden war, entstand die BKS in einer Zeit, in der die Wirtschaft nach dem Ersten Weltkrieg wieder Fuß zu fassen begann.

So hat sich die jeweilige regionale Wirtschaft unabhängig voneinander und zeitverschoben eine monetäre Infrastruktur geschaffen, die mehr zu leisten im Stande war, als die örtlichen Sparkassen, Genossenschaftsbanken und Privatbanken. Gleichzeitig bot diese Infrastruktur eine gewisse Alternative zu den (damals weit entfernten) Wiener Großbanken.

Bis zur Weltwirtschaftskrise der 1930-er Jahre existierten die drei Banken voneinander getrennt und selbstständig. Die Krise brachte, genauso wie wir das auch jetzt beobachten können, einen starken Veränderungs- und Konsolidierungsprozess in der Finanzbranche mit sich. So landeten auch die drei Banken mehrheitlich im Einflussbereich der Creditanstalt Bankverein (CA), die sich ihrerseits selbst in schweren Turbulenzen befand.

Der Nationalsozialismus hat sowohl die CA als auch die drei Banken in sein spezifisches Wirtschaftssystem eingegliedert, und nach dem Zweiten Weltkrieg besaß die CA rund 80 % an der Oberbank, 95 % an der BTV und 90 % an der BKS. Die drei Banken befanden sich also in enger Abhängigkeit und unter strenger Führung der CA und waren dem Generaldirektor direkt unterstellt.

Dieses System konnte wirtschaftlich nur funktionieren, solange sich die CA nicht selbst in den Regionen um den gleichen Kundenkreis bemühte wie die drei Banken.

Darüber hinaus ist die Selbstständigkeit eine der wichtigsten Voraussetzungen für den erfolgreichen Bestand einer Regionalbank. Darauf wird später noch ausführlich eingegangen.

Die drei Banken haben durch Glück und Zufall, aber auch durch geschicktes Agieren der Verantwortlichen wieder den Weg zurück in die Selbstständigkeit gefunden. Die wichtigsten Meilensteine dahin sollen hier festgehalten werden.

Anfang der 1950-er Jahre bestand die Befürchtung, dass die russische Besatzungszone, also die Bundesländer Burgenland und Niederösterreich sowie Teile von Wien und Oberösterreich, dem deutschen Beispiel folgend, abgetrennt und dauerhaft unter russischen Einfluss geraten könnten. Um einem möglichen Zugriff der Russen auf die drei Banken zuvorzukommen (so zumindest die offizielle Version) zog sich die CA jeweils auf ein Drittel ihres ursprünglichen Aktienbesitzes an den drei Banken zurück und gab die restlichen Beteiligungen an die jeweils anderen der drei Banken ab. Mit dem Resultat, dass die CA in der Folge nur mehr eine qualifizierte Minderheit an jeder der drei Regionalbanken hielt, während wiederum jede der drei Banken einen ähnlich hohen Anteil an den beiden „Schwesterbanken“ erhielt. Diese Maßnahme hatte jedoch nicht die Intention, den beherrschenden Einfluss der CA auf die drei Regionalbanken aufzugeben – im Gegenteil, die Beherrschung wurde mittels eines strengen Syndikatsvertrages wieder sicher gestellt. Die Rechtskonstruktion für diese „Ringbeteiligung“ dürfte auch international ziemlich einmalig sein und stammt von dem damals führenden Gesellschaftsrechtler Walther Kastner.

Diese Maßnahme war – unbeabsichtigt von der CA – für die drei Banken der erste entscheidende Schritt zur Unabhängigkeit. Sie brachte ganz nebenbei den nicht zu unterschätzenden Vorteil, dass die drei Banken nicht den divergierenden parteipolitischen Einflüssen ausgesetzt waren, denen die verstaatlichte CA unterworfen war.

Der restriktive Syndikatsvertrag sollte die Beherrschung durch die CA absichern, solange ein von der ÖVP akzeptierter Generaldirektor dieses Instituts an der Spitze des Syndikates stand. Im Falle einer Änderung der politischen Landschaft sollten die drei Banken nach wie vor von einer führenden Persönlichkeit des Bankwesens (dieser politischen Richtung) geleitet werden.

Der Syndikatsvertrag sah also nicht zwingend vor, dass die Funktion des Syndikatsleiters an die Person des Generaldirektors der CA gebunden war.

Zunächst fungierten die Generaldirektoren Josef Joham, Erich Miksch und Heinrich Treichl als Syndikatsleiter.

Nahmen die Generaldirektoren Joham und Miksch die Entscheidungsfindung betreffend die drei Banken noch höchstpersönlich bzw. über ihren vertrauten Sekretär wahr, so gliederte Treichl die drei Banken in den Konzernbereich ein und schuf ein eigenes Bankenreferat in der Konzernabteilung.

Ab 1972 wurden auch die Bilanzen der drei Banken in eine konsolidierte Bilanz der CA einbezogen. In der Öffentlichkeit wurde die Bezeichnung „CA-Bankengruppe“ verwendet.

Die CA bezeichnete die drei Banken offiziell als „Affiliationen“, intern wurden sie geringschätzig „Joglbanken“ genannt.

Treichl unterstützte als Syndikatsleiter ein engeres Zusammenrücken der drei Banken. So wurde 1970 erstmals eine gemeinsame Drei-Banken-Anleihe begeben.

1975 wurde zur Verwaltung der gemeinsamen Beteiligungen die Beteiligungsverwaltungs Ges.m.b.H. (BVG) gegründet.

1983 erfolgte die Gründung der Alpenländischen Garantie-Gesellschaft m.b.H. (ALGAR) im Verhältnis 50:25:25. Diese Gesellschaft ist ein österreichweit einmaliges und wertvolles Instrument zur Abdeckung von Großrisken.

Als er 1981 zum Generaldirektor der CA bestellte wurde, strebte Hannes Androsch bald die Leitung des Syndikats an, um seine Personalpolitik in den Organen der drei Banken durchsetzen zu können.

Um dies zu verhindern entschlossen sich die Generaldirektoren der drei Banken, Hermann Bell, Gerhard Moser und Maximilian Meran, den bisherigen Syndikatsleiter Treichl weiter um die Wahrnehmung dieser Funktion zu ersuchen.

Schließlich wurde seitens der drei Banken zum Stichtag 31. Dezember 1984 sogar der Syndikatsvertrag mit der CA gekündigt, obwohl dies laut Vertragstext nur sehr schwer und nur innerhalb eines kleinen Zeitfensters möglich war.

Damit wurde der nächste entscheidende Schritt zur Erlangung der Unabhängigkeit der drei Banken gesetzt.

Ab diesem Zeitpunkt nahm nicht mehr ein Sekretär der CA das Stimmrecht der drei Banken in den Hauptversammlungen wahr, sondern die drei Banken selbst.

Gegen den Widerstand der CA begannen die drei Banken langsam ihr Marktgebiet zu erweitern. 1985 eröffnete die Oberbank eine Filiale in St. Pölten, 1988 ging sie nach Wien und München. Die Bank für Kärnten wagte 1984 (als Gegenzug für die direkte Niederlassung der CA in Kärnten) den Schritt in die Steiermark und erweiterte den Firmennamen auf Bank für Kärnten und Steiermark.

Einige Jahre später eröffnete die BKS etwa zeitgleich mit der BTV auch eine Filiale in Wien.

Die völlige Unabhängigkeit der drei Banken wurde rechtlich allerdings immer noch nicht akzeptiert. So mussten sie aufgrund eines Verfassungsgerichtshofentscheides 1990 (Oberbank) und 1994 (BKS und BTV) Rechnungshofprüfungen über sich ergehen lassen.

Eine weitere Abnabelung von der CA konnte nunmehr nur durch die Hereinnahme von weiteren Aktionären erreicht werden. Deshalb wurden 1986 die Vorbereitungen zum Börsegang getroffen. Die dafür notwendigen freien Aktien wurden durch eine Kapitalerhöhung geschaffen, die aufgrund einer vorteilhaften Satzung der drei Banken auch mit einfacher Mehrheit beschlossen werden kann. Der Börsegang am 1. Juli 1986 brachte den drei Banken einen stimmberechtigten Streubesitz im Ausmaß von 13,6 % (Oberbank), 10 % (BKS) und rund 8 % (BTV).

Es folgte die Gründung weiterer wichtiger gemeinsamer Gesellschaften:

- 1989 die Drei Banken Versicherungs AG
- 1991 die Drei Banken EDV-Gesellschaft m.b.H.
- 1997 die 3-Banken Beteiligungen Gesellschaft m.b.H.
- 1998 die 3-Banken-Generali Investment Gesellschaft m.b.H.
- 2000 die Danube Equity Invest AG

Ziel der drei Banken war nie der Zusammenschluss, sondern die Kooperation auf freiwilliger Basis, um Synergieeffekte zu heben. Das gelingt vor allem im EDV-Bereich, wo im Rahmen eines gemeinsamen Rechenzentrums die notwendige Entwicklungsarbeit geleistet und entsprechende Kostendegressionseffekte erzielt werden.

Die CA hat unterdessen versucht, über den Erwerb von Aktien wieder an Einfluss zu gewinnen. So kaufte sie 1994 die jeweils 5 % Anteile, die die Bayerische Vereinsbank an Oberbank und BTV gehalten hat. Die 10 % Anteile, die die Bayerische Hypotheken- und Wechselbank an der BKS hielt, konnten wiederum in den Einflussbereich der drei Banken gebracht werden.

1997 wurde die CA von der Bank Austria übernommen. Diese hat 1999 bekannt gegeben, dass sie rund 7 % an den Stammaktien der BKS besitzt, die sie offensichtlich aus dem Streubesitz aufgesammelt hat.

Von der CA wurden auch mehrfach politische Vorstöße initiiert, die auf die Wiedererlangung der Beherrschung der drei Banken hinausgelaufen sind. Diese konnten unter Einsatz mächtiger Landeshauptleute jedoch rechtzeitig entschärft werden.

Seit 1997 treten die drei Banken in der Öffentlichkeit gemeinsam als 3 Banken Gruppe auf.

Um jeglichen Verdacht einer möglichen Beherrschung durch die Bank Austria zu vermeiden, reduzierten die drei Banken in der Folge ihre wechselseitigen Beteiligungen unter 20 %. Dies gelang im Wesentlichen durch die Einbindung der Vertriebspartner Generali Versicherung und Bausparkasse Wüstenrot. Es wurde mit diesen strategischen Partnern pro Bank je ein separater Syndikatsvertrag geschlossen, wobei keines der Syndikate die 50 %-Grenze erreicht und damit keine Beherrschung gegeben ist.

Andererseits ist es aufgrund der Struktur des Streubesitzes de facto auch unmöglich, dass ein anderer Großaktionär die beherrschende Mehrheit erlangt.

Die Aktionärsstruktur der drei Banken stellt sich damit derzeit (Stand: August 2009) wie folgt dar (nach Stimmrechten):

	Oberbank	**BTV**	**BKS Bank**
Oberbank AG	—,—	14,69 % *)	19,73 % *)
BTV AG	18,61 % *)	—,—	19,84 % *)
BKS Bank AG	18,62 % *)	15,10 % *)	—,—
Generali 3 Banken Holding	2,22 %	15,12 % *)	7,95 % *)
Wüstenrot Gen.m.b.H.	5,16 % *)	2,53 % *)	2,99 %

	Oberbank	BTV	BKS Bank
Mitarbeiterbeteiligung	4,37 %	—,—	—,—
Streubesitz	18,24 %	10,86 %	12,20 %
UniCredit Bank Austria AG direkt	—,—	—,—	7,36 %
UniCredit Bank Austria AG indirekt über CABO Beteiligungs GmbH	32,78 %	41,70 %	29,93 %
	100,00 %	100,00 %	100,00 %

*) Diese Aktionäre haben Syndikatsvereinbarungen geschlossen.

Soviel zur Wiedererlangung der Unabhängigkeit der drei Banken, die in erster Linie der Initiative, dem Geschick und der Ausdauer von Hermann Bell, dem ehemaligen Generaldirektor der Oberbank und noch in Funktion befindlichen Aufsichtsratsvorsitzenden der Oberbank und der BKS, zu verdanken ist.

Der Leser wird sich fragen, warum dem Thema Unabhängigkeit hier so breiter Raum gewidmet wurde. Dies lässt sich einfach beantworten: nur auf der Basis der Unabhängigkeit lässt sich eine Zukunftsvision für die drei Regionalbanken aufbauen.

Wäre die Loslösung von der CA nicht gelungen, so würde es die drei Banken entweder gar nicht mehr geben, oder sie würden bestenfalls als reine Vertriebseinheiten ohne eigene höherwertige Infrastruktur innerhalb des Konzerns erhalten geblieben sein.

Der Großteil der derzeit rund 3.800 qualifizierten Arbeitsplätze, die die drei Banken bieten, wäre verloren gegangen. Auch die meisten der derzeit 232 Geschäftsstellen der drei Banken hätten sich erübrigt.

Ohne Loslösung von der CA wäre den drei Banken mit großer Wahrscheinlichkeit weder die innerösterreichische Expansion über ihre ursprünglichen Kernmärkte hinaus, noch die Auslandsexpansion möglich gewesen. Es hätte mit einem Wort keine vernünftige Entwicklungsmöglichkeit für alle drei Banken gegeben.

In der bestehenden Form konnten die drei Banken als unabhängige Institute ihre Aktivitäten auf das gesamte österreichische Bundesgebiet und auf das angrenzende Ausland (inklusive Kroatien) ausdehnen, wobei die Expansionsschritte immer sehr vorsichtig gesetzt wurden.

Sie nehmen heute mit einer gemeinsamen Bilanzsumme von rund 30 Mrd. EUR den 11. Platz unter den österreichischen Banken ein und bieten den Kunden in ihren Regionen genau das, was sie wollen und was auch den Gründervätern vor langer Zeit vorgeschwebt ist:

- Sie haben eine Alternative zu den Großbanken und zu den kleineren Regionalbanken.
- Die Entscheidungen fallen in der jeweiligen Region und nicht in fernen Konzernzentralen. Die Kunden haben direkten Zugang zu den Entscheidungsträgern und können die Gründe für die Entscheidungen hinterfragen.
- Die Entscheidungsträger der Banken kennen ihrerseits die Kunden und ihre Spezifika aus nächster Nähe und können ihre Chancen und Risken gut einschätzen, was insbesondere in schwierigen wirtschaftlichen Situationen sehr hilfreich sein kann.

In der derzeitigen Konstellation sehen die drei Banken für sich sehr gute Zukunftschancen, da die seinerzeitigen Gründungsmotive nach wie vor aktuell sind.

Natürlich müssen die drei Banken den regionalen Kunden ein modernes, ihren Bedürfnissen und den aktuellen Erfordernissen entsprechendes Dienstleistungsangebot zur Verfügung stellen. Dazu gehört auch beste Datenverarbeitungstechnologie, die von der gemeinsamen EDV-Gesellschaft entwickelt und bereitgestellt wird.

Selbstverständlich muss auch erfolgreich gewirtschaftet werden, d.h. die drei Banken müssen ihre Risken im Griff behalten und mit ihren jährlichen Gewinnen die Risikovorsorge, eine angemessene Dividende und den für die Expansion notwendigen Eigenmittelzufluss bedecken können.

Aus diesem Grund verfolgen die drei Banken ein relativ konservatives Geschäftsmodell, das auf organischem Wachstum und auf Nachhaltigkeit aufbaut. Dazu gehört auch, dass sich die variablen Entlohnungsanteile der Vorstände und Führungskräfte an der Erreichung von langfristigen Zielen orientieren.

Es hat sich gerade im Verlauf der sogenannten Finanzkrise 2007 und 2008 gezeigt, dass das Geschäftsmodell der drei Banken langfristig das einzig richtige ist.

Sollte sich die UniCredit Bank Austria einmal von ihren Beteiligungen an den drei Banken trennen – ein diesbezüglicher Versuch wurde 2008 wieder eingestellt, da die gewünschten Preise nicht erzielt werden konnten –, so wäre das auch kein Problem, denn der neu hinzutretende Aktionär hätte, ebenso wie der derzeitige, keine Möglichkeit einer beherrschenden Einflussnahme.

Wie die drei Banken die derzeitige Wirtschaftskrise überstehen werden, bleibt abzuwarten. Die Aussichten sind jedenfalls besser als anderenorts. Die Finanzkrise konnte in allen drei Häusern sehr gut bewältigt werden. Aus diesem Grund musste auch keine Staatshilfe in Anspruch genommen werden. Welche Auswirkungen jedoch die Rezession in der sogenannten „Realwirtschaft“ haben wird und welche Kreditverluste damit verbunden sein werden, kann derzeit nicht abgeschätzt werden.

Resümee:

Die drei Regionalbanken sind gesunde und wertvolle Strukturen. Sie werden auf ihren Märkten geschätzt und nachgefragt. Sie sind außerdem wichtige Arbeitgeber in ihren Regionen. Daraus leitet sich auch für die Zukunft eine klare Existenzberechtigung ab.

Dem Verfasser sei zum Schluss noch eine persönliche und patriotische Bemerkung gestattet: Es kann wohl nicht schaden, wenn wenigstens ein kleiner Rest der einst stolzen österreichischen Aktienbanken noch in heimischem Einfluss bleibt.

Claus J. RAIDL

Zukunft des Finanzsystems – eine aktuelle Analyse

Einleitung

Die gegenwärtige globale Wirtschafts- und Finanzkrise bildet die tiefgreifendste Zäsur für Wirtschaft und Finanzsystem seit dem Zweiten Weltkrieg. Das Finanzsystem wird noch jahrelang damit beschäftigt sein, die Krise und ihre Folgen aufzuarbeiten. Zweifellos kann und wird eine Krise dieses Ausmaßes die Struktur des Finanzsystems nicht unbeeinflusst lassen, so dass sich das Finanzsystem nach Überwindung der Krise von jenem vor deren Beginn unterscheiden wird. Da wir uns derzeit noch mitten in der Krise befinden, ist es zum gegenwärtigen Zeitpunkt schwierig, konkrete Aussagen darüber zu treffen, wie diese Zukunft aussehen könnte.

Um Anhaltspunkte für mögliche zukünftige Entwicklungen zu erhalten, werden im vorliegenden Beitrag die wichtigsten strukturellen Veränderungen auf den internationalen Finanzmärkten, die im Vorfeld der Krise zu beobachten waren, dahingehend analysiert, ob sie auch weiterhin – jetzt und insbesondere nach dem Ende der Krise – Gültigkeit haben werden. Angesichts der gewaltigen Unsicherheiten, die über die sich erst in Umrissen abzeichnenden Umwälzungen derzeit bestehen, können nur mögliche allgemeine Entwicklungslinien der Finanzsysteme in den Industrieländern skizziert werden; die spezifische österreichische Situation kann nur gestreift werden.

Zunächst noch kurz zur Klärung des Begriffs „Finanzsystem“: In einem engeren Sinn umfasst das Finanzsystem die Finanzintermediäre (Banken und andere institutionelle Investoren), die Finanzmärkte und ihre Akteure (also auch Unternehmen und Haushalte, soweit sie auf den Finanzmärkten – etwa als Kreditnehmer oder Einleger aktiv sind) sowie die Zahlungsverkehrs- und Wertpapierverrechnungssysteme. Im weiteren Sinne gehören auch die Ausgestaltung der Finanzmarktaufsicht und des rechtlichen Rahmens einschließlich der Rechnungslegungsvorschriften dazu. Der vorliegende Beitrag verwendet diesen umfassenden Begriff und bezieht daher auch die zweitgenannten Faktoren in die Analyse ein.

Deregulierung und kapitalmarktorientiertes Finanzsystem

Auf einer sehr allgemeinen Ebene lassen sich bankbasierte und marktbasierte Finanzsysteme unterscheiden. In eher bankorientierten Systemen, wie sie in Kontinentaleuropa zu finden sind, erfolgen Finanzierung und Geldanlage vornehmlich unter Einschaltung von Banken. In eher kapitalmarktorientierten Systemen, die vor allem in den angloamerikanischen Staaten zu finden sind, spielt dagegen die Finanzierung durch die Emission von Wertpapieren eine größere Rolle. Seit den Neunzigerjahren des vergangenen Jahrhunderts bis zum Ausbruch der Finanzkrise war in den meisten Ländern mit bankbasierten Finanzsystemen – so auch in Österreich – eine Bewegung hin zu mehr Kapitalmarktorientierung deutlich erkennbar. Kapitalmarktinstrumente nahmen in der Unternehmensfinanzierung und in den Veranlagungen der Haushalte einen immer größeren Raum ein.

Ein wesentlicher Faktor, der die Entwicklung zu kapitalmarktbasierten Finanzierungen begünstigt hat, war die umfassende Deregulierung der nationalen und internationalen Finanzmärkte in den Jahren vor Ausbruch der Krise. Vorschriften und Einschränkungen auf Märkten und Marktsegmenten wurden sukzessive abgebaut oder eingeschränkt. Durch diese deregulierten Rahmenbedingungen wurde eine Vielzahl von neuen Finanzinstrumenten und Transaktionen ermöglicht. Gleichzeitig nahm die Bedeutung von Institutionen, Märkten und Instrumenten, die sehr geringen Regulierungen unterliegen und eine sehr geringe Transparenz aufweisen – von Hedgefonds oder Private-Equity-Unternehmen bis hin zu den Märkten für außerbörsliche Derivate – deutlich zu. Heute weiß man, dass die Selbstregulierungskräfte des Marktes maßlos überschätzt wurden.

Diese Entwicklung hatte wesentliche Konsequenzen für die Risikoallokation innerhalb des Finanzsystems. Während in bankenorientierten Finanzsystemen das Finanzierungsrisiko durch die Kreditvergabe von Banken getragen wird, wurde es durch die Tendenz zu kapitalmarktbasierten Finanzierungen an eine Vielzahl von Investoren an den Kapitalmarkt weitergereicht. Einen wesentlichen Beitrag zu dieser zunehmenden Bedeutung der Kapitalmärkte bei der Transformation von Ersparnissen in Investitionen leistete vor allem auf internationaler Ebene die zunehmende Verbriefung von Kreditrisiken. Diese Verbriefung und – damit einhergehend – die zunehmende Verbreitung des „Originate and Distribute"-Modells trugen zu einer zunehmenden Atomisierung des Risikos und – damit einhergehend – zu einer unklaren Allokation der Risiken bei. Dieses Geschäftsmodell und damit im Zusammenhang stehende vormals boomende Marktsegmente wie die Strukturierung hochkomplexer Finanzprodukte stehen durch die Krise nun auf dem Prüfstand. Zwar werden Verbriefungen auch in Zukunft grundsätzlich eine wesentliche Funktion für das Kreditrisikomanagement haben, die Verbreitung des Kreditrisikos sollte aber geringer werden.

Auch die Kreditrisikobeurteilung unterlag Veränderungen. Mit der steigenden Bedeutung von kapitalmarktorientierten Finanzierungen nahm die Rolle der Ratingagenturen erheblich zu. Mängel und Schwachpunkte in der Tätigkeit der Ratingagenturen waren eine wichtige Ursache der Finanzkrise. Die Ratingagenturen unterschätzten das Risiko (oder haben es nicht verstanden) vieler verbriefter und strukturierter Finanzierungen und bescheinigten derartigen Papieren eine sehr geringe Ausfallwahrscheinlichkeit. Die positiven Bewertungen lockten institutionelle und private Anleger an, die sich eine hohe Rendite bei geringem Ausfallrisiko versprachen. Aufgrund der Erfahrungen in der aktuellen Krise ist in Zukunft eine stärkere Regulierung und Beaufsichtigung all dieser Einrichtungen zu erwarten.

In den Jahren vor der Krise hat sich das Risikobewusstsein der Finanzmarktakteure zunehmend vermindert, Risiken wurden unterschätzt oder falsch eingeschätzt, die Risikobereitschaft stieg an (Stichwort: „hunt for yield"). Gleichzeitig förderten Anreizstrukturen wie stock-options kurzfristig orientiertes Handeln. Zumindest in den nächsten Jahren kann ein erhöhtes Risikobewusstsein und (aufgrund der hohen Verluste infolge der Krise) auch eine geringere Risikotragfähigkeit der Finanzmarktakteure erwartet werden.

Geändertes Verhältnis von Staat und privat

Hand in Hand mit der verstärkten Deregulierung erfolgte eine umfassende Privatisierung von Banken und anderen Einrichtungen des Finanzsystems (z. B. wurden in vielen Ländern die Börsen „demutualisiert"). Durch die Krise wird das Verhältnis von Staat und privatem Sektor neu definiert. Der erste Schritt waren umfangreiche staatliche Stabilisierungspakete auf nationaler wie auf internationaler Ebene, um Kettenreaktionen zu verhindern und die Auswirkungen der Krise so gering wie möglich zu halten. Zumindest auf kurze und mittlere

Sicht hat der Staat (als temporärer Stabilisator) infolge der Rekapitalisierungsmaßnahmen neue Funktionen als Eigentümer von Banken bekommen. Um eine Vorstellung von den Größenordnungen zu bekommen: Im Sommer 2009 waren in den Staaten der EU für Rekapitalisierungen und Garantien 3,7 Billionen EUR bewilligt und 1,4 Billionen EUR tatsächlich ausgegeben. Eine Reihe großer internationaler Banken befindet sich nun in Staatsbesitz, ein Großteil des Bankensystems weist staatliche Beteiligungen auf.

Gleichzeitig hat sich die Rolle des Staats in der Regulierung von Märkten gewandelt. Das Vertrauen in die Selbstregelungskräfte des Marktes ist deutlich geringer geworden. Die lange Phase der Deregulierungen ist vorbei, die geänderten Anforderungen an das Finanzsystem haben neue Anforderungen an die Aufsicht mit sich gebracht. Nach den Erfahrungen der aktuellen Krise ist es erforderlich, auch die Neuordnung der Finanzmärkte voranzutreiben, um die Funktionsfähigkeit des Finanzsystems wiederherzustellen und die Lehren aus der Krise dahingehend einfließen zu lassen, dass die Krisenresistenz des Finanzsystems erhöht werden kann. Ganz generell lässt sich sagen, dass nun eine Re-Regulierung des Finanzsystems folgen wird, wobei die aktuelle Debatte um den angemessenen Grad an zusätzlicher Regulierung kreist. Die neuen notwendigen Regulierungen werden nicht nur die Finanzinstitutionen betreffen, sondern es wird auch zu diskutieren sein, ob Finanzprodukte einer Art „Genehmigungsverfahren“ oder „Untersagungsmöglichkeit“ zu unterwerfen sein werden.

Neue Rahmenbedingungen für das Finanzsystem

Eine zentrale Lehre aus der Finanzkrise ist die Notwendigkeit einer effektiven makro-prudenziellen Aufsicht, um systemische Risiken frühzeitig zu erkennen. Aufgrund des globalen Charakters der Krise und der Krisenübertragung sind im Aufsichtsbereich starke internationale Zusammenarbeit und klare Regeln hinsichtlich der Lastenteilung gefragt. Zu diesem Zweck wird die Einrichtung eines Europäischen Rats für systemische Risiken (Frühwarnsystem) vorgeschlagen. Für die mikro-prudenzielle Aufsicht sollen die drei europäischen Aufsichtsausschüsse für den Banken-, Versicherungs- und Wertpapierbereich in EU-Aufsichtsbehörden umgewandelt und ein dezentrales europäisches System der Finanzaufsicht für grenzüberschreitend tätige Finanzinstitutsgruppen errichtet werden.

Darüber hinaus sollten in Zukunft alle Institutionen, Märkte und Instrumente von systemischer Bedeutung einer angemessenen Regulierung und Aufsicht unterliegen. Damit sollte das Finanzsystem der Zukunft Regulierungsarbitrage zwischen Sektoren und Märkten und das Entstehen von sogenannten „Schattensektoren“ besser vermeiden können. Es wird auch die Frage zu prüfen sein, ob ein Finanzinstitut, das „too big to fail“ ist, eben nicht tatsächlich zu groß ist.

Schließlich sollte das Finanzsystem weniger Prozyklizität aufweisen. Die zunehmende Kapitalmarktorientierung war von neuen Rechnungslegungsvorschriften wie den IFRS begleitet worden, die das Prinzip des „mark-to-market“ stark forcierten. Auch die gültigen Kapitalvorgaben im Rahmen von Basel II beinhalten prozyklische Elemente, die dazu beitragen, dass Auf- und Abschwünge verstärkt werden. In Hinkunft sollte der Aufbau von Rücklagen in guten Zeiten gefördert und damit die potenzielle Schadensanfälligkeit in Zeiten von Stress verringert werden. Das bedeutet sicher keine Abschaffung des risikosensitiveren Ansatzes von Basel II und wird auch das IFRS-Prinzip der Fair Value-Bewertung nicht beseitigen, aber es sind Mechanismen zu überlegen, wie zu starke Ausschläge – sowohl nach oben als auch nach unten – gemildert werden können. Im US-amerikanischen und britischen Bilanzierungsverständnis ist eine Bilanz eher einseitig auf den shareholder ausgerichtet. Im „alten“ österreichischen und deutschen Verständnis einer Bilanz war der Gläubigergesichtspunkt ein Leitmotiv der Bilanzierungsregeln. Änderungen der IFRS-Regeln sollten auch diesen Gedanken der Bilanz als Bild für den Gläubiger und nicht nur für den Aktionär berücksichtigen.

Eine weitere zentrale Schlussfolgerung aus der Krise für die Inhalte der Regulierungs- und Aufsichtstätigkeit ist, dass längerfristig eine höhere Eigenmittelausstattung im Bankensystem zu erreichen ist. Das kann nicht von heute auf morgen erfolgen, sollte jedoch im Zuge der nächsten wirtschaftlichen Aufschwungphase realisiert werden. Ein wesentlicher Schwerpunkt ist auch auf die weitere Verbesserung des Risikomanagements zu legen. Besonders wichtig wird dabei der Bereich des Liquiditätsmanagements sein, wo die derzeitige Anreizstruktur offensichtlich nicht hinreichend war, um in guten Zeiten ausreichende Puffer aufzubauen.

Aber nicht nur die Aufsichtsbehörden, auch die Kreditinstitute und andere Finanzmarktakteure müssen die richtigen Schlussfolgerungen aus der Finanzkrise ziehen. Die Finanzkrise hat weltweit offen gelegt, dass bei einigen Banken gravierende Schwächen insbesondere im Risikomanagement und in der Nachhaltigkeit der Geschäftsmodelle bestehen. Kreditinstitute werden in ihrem Risikomanagement vorsichtiger agieren und die Anforderungen bei Verbriefungen und Kreditderivaten wesentlich erhöhen müssen. Stresstests und Notfallplanungen werden einen höheren Stellenwert bekommen.

Finanzsystem der Zukunft: mehr Bank, mehr Staat

Mit Sicherheit lässt sich sagen, dass das Finanzsystem der Zukunft stärker reguliert sein wird als das Finanzsystem vor der Krise. Im Hinblick auf die regulatorischen Vorgaben und die Erfahrung hoher Verluste im Zuge der Krise ist ein höheres Risikobewusstsein der Finanzmarktteilnehmer als vor Ausbruch der Krise zu erwarten. Risikoarten wie das Liquiditätsrisiko, dem vor der Krise kaum noch Beachtung geschenkt wurde, werden stärker als zuvor das Handeln von Banken und anderen Finanzintermediären, aber auch von Unternehmen bestimmen. Eine stärkere Involvierung des Staates in das Finanzsystem (nicht nur als Regulator) dürfte zumindest auf mittlere Frist gegeben sein. Inwieweit das auf die Finanzierungsstrukturen der einzelnen Volkswirtschaften Auswirkungen haben wird, kann derzeit nicht gesagt werden.

Im Lichte der geplanten Reformvorhaben und der geänderten Risikopräferenzen vieler Finanzmarktteilnehmer ist zu vermuten, dass die Banken wieder eine relativ stärkere Rolle in der Transformation von Ersparnissen in Investitionen übernehmen. Das gilt vielleicht nicht für die ganz unmittelbare Zukunft – der Anpassungsprozess in den Bankbilanzen wird noch einige Zeit in Anspruch nehmen –, aber nach Überwindung der Krise sollte dem Prinzip des „Originate and Hold“ wieder eine größere Bedeutung zukommen. In Summe dürfte sich die in den Jahren vor Ausbruch der Krise beobachtete Transformation bankbasierter Finanzsysteme in kapitalmarktorientierte Systeme in einem gewissen Ausmaß umkehren, was aber nicht bedeutet, dass der direkten Finanzierung über den Kapitalmarkt keine Funktion mehr zukommen wird. Im Gegenteil, nicht alle Investitionsprojekte, deren Kapitalbedarf die Finanzierungskraft eines Unternehmens (bzw. des Eigentümers) überschreitet, lassen sich durch Kredite finanzieren.

Die Frage, ob bank- oder kapitalmarktbasierte Systeme grundsätzlich stabiler sind, war schon vor der Krise Gegenstand von Diskussionen und lässt sich auch jetzt nicht eindeutig beantworten. Eine Beobachtung lässt sich jedoch in dieser Hinsicht machen. Das im bankorientierten Finanzsystem vorherrschende „Relationship Banking“ könnte sich durch die damit verbundenen langfristigen Beziehungen zwischen Unternehmen und Banken als besser geeignet erweisen, Informationsasymmetrien zwischen Bank und zu finanzierendem

Unternehmen abzubauen. Damit könnte das in Österreich weit verbreitete Hausbankenprinzip die Unternehmensfinanzierung in der aktuellen Rezession erleichtern. Eine derartige Entwicklung war bereits in den letzten Quartalen zu beobachten gewesen. Nachdem in den Jahren vor der Krise der Anteil der Banken an der Unternehmensfinanzierung kontinuierlich gefallen war, erlebt der Kredit als Finanzierungsinstrument für Unternehmen (ebenso wie die Bankeinlagen der privaten Haushalte als Veranlagungsinstrument) in Österreich seit dem Herbst 2008 eine Renaissance.

Ludwig SCHARINGER

Das Erfolgskonzept der Raiffeisenbankengruppe Oberösterreich

Die Raiffeisenbankengruppe Oberösterreich ist die stärkste regionale Bankengruppe Österreichs. Sie umfasst im Verbund die Raiffeisenlandesbank Oberösterreich und 99 selbstständig bilanzierende Raiffeisenbanken mit 451 Bankstellen. Für mehr als 918.000 Kunden ist Raiffeisen Oberösterreich der wichtigste finanzielle Nahversorger. Stark und erfolgreich ist Raiffeisen Oberösterreich vor allem durch die praktizierte Subsidiarität und Solidarität. Das gibt Stabilität und Sicherheit.

1 Verbund- statt Konzerndenken

Die Raiffeisenbankengruppe Oberösterreich ist eine starke Gemeinschaft. Sie ist nicht nur in der Lage, gemeinsam alle Bankbereiche abzudecken, sondern auch neue Maßstäbe im Bank- und Wirtschaftsleben zu setzen. Raiffeisen OÖ stützt sich dabei auf das Subsidiaritätsprinzip: Was die Raiffeisenbanken vor Ort zu leisten im Stande sind, soll nicht von der übergeordneten Verbundeinrichtung übernommen werden. Was hingegen die Verbundeinrichtung kostengünstiger, rascher und kompetenter erledigen kann, soll nicht die kleinere Einheit im Ort erledigen.

Abbildung 1: Verbund - Konzern[1]

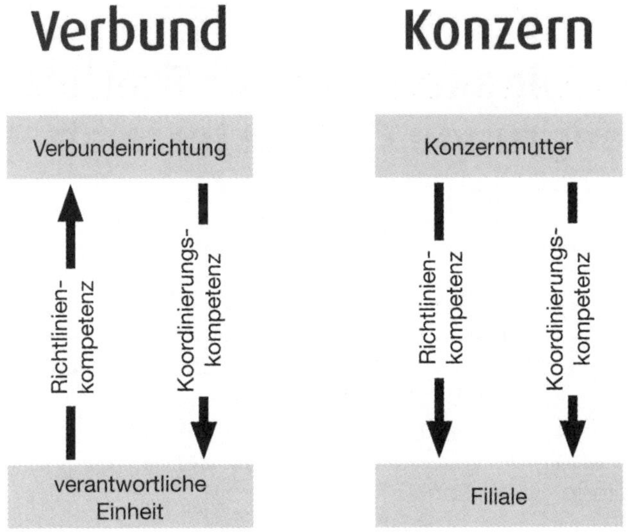

Bei einem Verbund schließen sich selbstständige, gleichgesinnte Einheiten auf dezentralisierter Ebene organisiert zusammen. Dieser freiwillige Zusammenschluss führt zu einer arbeitsteiligen Zusammenarbeit, durch die gegenseitiger wirtschaftlicher Nutzen entsteht. Dieser wird ergänzt durch gemeinsame Werte wie Erfolg, Sicherheit, soziale Integration und Solidarität. Im Verbund reicht die Richtlinienkompetenz von den Verbundmitgliedern zur Verbundeinrichtung und die Koordinierungskompetenz von der Verbundeinrichtung zu den Verbundmitgliedern. Dabei stellt die Raiffeisenlandesbank OÖ die Verbundeinrichtung (Verbundtochter) und die Raiffeisenbanken die verantwortlichen Einheiten dar.

Im Gegensatz dazu geht in einem Konzern sowohl die Richtlinienkompetenz als auch die sich daraus ergebende Koordinierungs- und Entwicklungskompetenz von der Konzernspitze bzw. Konzernmutter nach unten zu den Konzernmitgliedern. In bestimmten Situationen kann im Konzern vorübergehend schneller und schlagkräftiger agiert werden. Der gelebte Verbund wirkt anhaltend motivierender, da er auf Konsens in der Arbeitsteilung, auf Akzeptanz im Verhalten und auf eine solidarische Gesinnung angewiesen ist.

1 Quelle: Raiffeisenlandesbank Oberösterreich AG.

1.1 Raiffeisenlandesbank OÖ als Verbundeinrichtung

Als Verbundtochter der Raiffeisenbankengruppe OÖ wurde die Raiffeisenlandesbank OÖ geschaffen. Sie versteht sich im Verbund als koordinierende Drehscheibe und nimmt globale Funktionen wahr. Die Raiffeisenlandesbank OÖ unterstützt und berät Raiffeisenbanken und kümmert sich um eine entsprechende Aus- und Weiterbildung sowohl der Mitarbeiter als auch der Geschäftsleiter und Führungskräfte von Raiffeisenbanken. Im Jahr 2004 wurde die Raiffeisenlandesbank OÖ in eine Aktiengesellschaft umgewandelt. Die Eigentümer und Aktionäre der Raiffeisenlandesbank Oberösterreich Aktiengesellschaft sind die oberösterreichischen Raiffeisenbanken, die Genossenschaften sind.

1.2 Tochterstruktur der Raiffeisenlandesbank OÖ

Die Raiffeisenlandesbank OÖ ist einerseits Verbundtochter der Raiffeisenbankengruppe OÖ und gleichzeitig Mutterunternehmen im Konzern der Raiffeisenlandesbank OÖ. Während die Kernkompetenzen des typischen Bankbetriebs von der Raiffeisenlandesbank OÖ wahrgenommen werden, werden wichtige Spezialdienstleistungen im Verbund durch eigenständig am Markt agierende Tochterunternehmen der Raiffeisenlandesbank OÖ zur Verfügung gestellt. Die Tochterunternehmen sind nicht Selbstzweck, sondern erfüllen unterstützende Aufgaben für die Raiffeisenbanken und die Raiffeisenlandesbank OÖ, die an der Spitze des Konzerns steht.

1.3 Wirtschaftsdemokratie von unten nach oben

Der Zusammenschluss im Verbund ist einer der vielen Faktoren für den Erfolg der Raiffeisenbankengruppe in Oberösterreich. Im Verbund werden wirtschaftsdemokratische Werte von unten nach oben gelebt: von den Mitinhabern der Raiffeisenbanken zu den Raiffeisenbanken bis zur Verbundtochter. Diese subsidiäre Wirtschaftsdemokratie ist eine Antwort auf kollektive Wirtschaftsgebilde, die passé sind. Sie ist aber auch ein Gegenpol zum totalen Markt, wo der Stärkere den Schwächeren beherrscht und wo auf diese Weise eine oligopolhafte zentrale Bankenlandschaft entsteht. Dies entspricht nicht einer Wirtschaftsdemokratie mitteleuropäischer Prägung.

1.4 Mitinhaber: Eigentümer der Raiffeisenbanken

Im Sinne einer Wirtschaftsdemokratie agieren bei Raiffeisen OÖ die Mitinhaber und Mitinhabervertreter als Eigentümer der Raiffeisenbanken. Mitinhaber bei einer Raiffeisenbank in Oberösterreich zu sein, bedeutet jedoch mehr als durch den bloßen Kapitaleinsatz mit zu gestalten. Mitinhaber besitzen unabhängig von der Höhe ihres Kapitaleinsatzes eine Stimme. Sie sind wirtschaftlich denkende Menschen, die durch ihre regionale Verankerung in der Lage sind, Feedback über die Notwendigkeiten vor Ort zu geben und was im Sinne der Subsidiarität die Raiffeisenlandesbank OÖ als koordinierende Verbundtochter mit ihrer Konzernstruktur auf den globalen Märkten bewerkstelligen muss.

So schafft die Raiffeisenbankengruppe OÖ den einzigartigen Spagat von der Betreuung der Unternehmen vor Ort durch die Raiffeisenbanken bis zur Begleitung bei weltweiten Projekten durch das leistungsfähige Korrespondenz[2]- und Kooperationsbankennetzwerk[3] der Raiffeisenlandesbank OÖ.

Abbildung 2: Struktur der Raiffeisenbankengruppe OÖ[4]

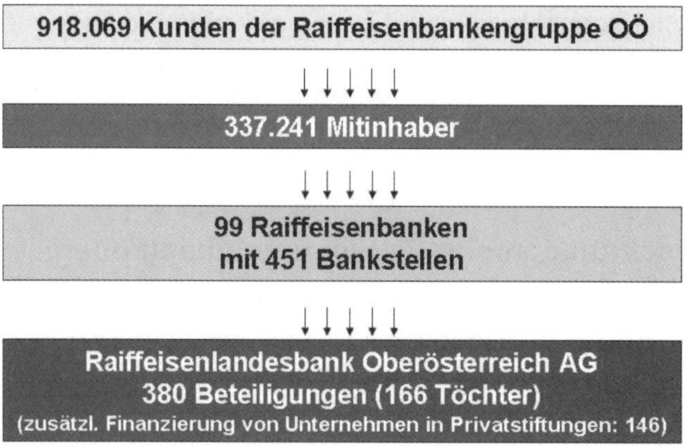

2 Ständige Bankverbindung eines Kreditinstituts zu einem Kreditinstitut an einem anderen Bankplatz, an dem es in der Regel nicht selbst vertreten ist. Ein Kreditinstitut arbeitet mit Korrespondenzbanken meist auf einer bilateralen Basis in den Bereichen Treasury, Zahlungsverkehr, Dokumentengeschäft sowie Handelsfinanzierungen zusammen.

3 Intensive Zusammenarbeit zwischen Banken in mehreren Geschäftsbereichen, idealerweise untermauert durch ein schriftliches Abkommen, indem die gegenseitige Unterstützung bei der Betreuung von Kundenaktivitäten geregelt ist.

4 Quelle: Raiffeisenlandesbank Oberösterreich AG.

1.5 Gestaltungskraft mit Konsens

Der Raiffeisenbankengruppe OÖ ist es gelungen, geeignete Verbundinstrumente zu schaffen, in denen der ständige Kontakt mit den Raiffeisenbanken und die gegenseitige Information intensiviert wurden. Alle Aktivitäten der Raiffeisenlandesbank Oberösterreich und der Raiffeisenbanken werden konsequent auf den Markt und auf den Kunden hin ausgerichtet. Nur so kann die besondere Gestaltungskraft von Raiffeisen OÖ umgesetzt und mit Kunden die vielfältigen Chancen genützt werden.

1.6 Transparente und nachvollziehbare Verbundleistungen

Die Verbundleistungen, die die Raiffeisenlandesbank OÖ als Verbundtochter im Konzern für den Verbund erbringt, müssen transparent und nachvollziehbar sein, bewertet werden können und der solidarischen Verbundverfassung entsprechen. Die Verbundverfassung orientiert sich an den Grundsätzen Friedrich Wilhelm Raiffeisens, die heute immer noch gültig sind: Solidarität und Hilfe zur Selbsthilfe, Subsidiarität, Personalität, Regionalität, Nachhaltigkeit des wirtschaftlichen Erfolges, Gesamtwohlfahrt und sozialer Auftrag, Informationspflicht und Bildung. Als Verbundinstrumente kommen beispielsweise zum Einsatz:

- Raiffeisen-Kundengarantiefonds OÖ:
  Die Sicherheit der Spareinlagen ist oberstes Ziel der Raiffeisenbankengruppe OÖ. Durch den Raiffeisen-Kundengarantiefonds OÖ sind die Kundeneinlagen bei Raiffeisen OÖ zu 100 Prozent gesichert.
- Raiffeisen-Kredit-Garantie Ges.m.b.H.:
  Sie erarbeitet Vorgaben für ein einheitliches Risikomanagement in der gesamten Raiffeisenbankengruppe OÖ durch Hilfestellung mittels Übernahme von Garantien, Bürgschaften und sonstigen Haftungen für Kredite, sofern die einzelne Raiffeisenbank nicht dafür sorgen kann.
- OÖ. Raiffeisen-Solidaritätsverein:
  Verbundeinrichtung zur Unterstützung von unverschuldet in Not geratenen Mitinhabern.
- Hilfsgemeinschaft der Raiffeisenbankengruppe OÖ:
  Diese sichert die Existenz einer Raiffeisenbank.

- Verbund- und Marketingausschuss:
  Gezieltes Marketing und maßgeschneiderte Produkte sind eine der vielen Stärken von Raiffeisen in Oberösterreich. Die Raiffeisenbanken werden bei ihren Aktivitäten wesentlich vom Marketing, der Produktentwicklung und der Verkaufsunterstützung der Raiffeisenlandesbank OÖ unterstützt. Durch den Marketingausschuss sind die Raiffeisenbanken in alle strategischen Marketingentscheidungen aktiv eingebunden. Auch die Tochterunternehmen der Raiffeisenlandesbank OÖ stehen mit ihren umfangreichen Dienstleistungs-, Informations- und EDV-Angeboten den Raiffeisenbanken zur Verfügung.
- Landeswerbeverein:
  Die budgetmäßige Sicherstellung des Werbeplans und dessen Umsetzung aufgrund der Beschlüsse des Verbund- und Marketingausschusses erfolgt im Landeswerbeverein.
- Frühjahrs- und Herbstoffensiven:
  Bei den jährlich stattfindenden Frühjahrs- und Herbstoffensiven werden Mitarbeitern und Mitinhabervertretern der Raiffeisenbankengruppe OÖ die strategischen Schwerpunkte erläutert, Marketingmaßnahmen vorgestellt, Ziele vorgegeben und neue Entwicklungen dargelegt.

Im Sinne dieser Grundsätze ist es stets angenehmer, sich in der Rolle des Helfenden zu befinden, als umgekehrt Hilfe beanspruchen zu müssen. Dabei ist der Verbund mit einer Kette zu vergleichen, bei der das schwächste Glied die Stärke des Verbundes bestimmt. Ein schwaches Glied kann das Image des Verbundes derart belasten, dass ein solidarischer Ausgleich im Verbund im Sinne von Friedrich Wilhelm Raiffeisen erfolgen muss. Diese Solidarität kann jedoch einerseits nicht in ein „Faulbett" ausarten und andererseits muss sich ein schwächeres Mitglied jene Direktiven auferlegen lassen, die zum Schutz jener Mitglieder, die Hilfe zu leisten haben, dienen.

2 Der Mensch steht im Mittelpunkt

Die Raiffeisenbankengruppe OÖ stellt den Menschen, die örtliche Verantwortung, das solidarische Verhalten und die Wirtschaftlichkeit in den Mittelpunkt. Ihre Struktur stellt sicher, dass eine klare Kundenorientierung dem einzelnen Menschen mehr Vorteile bringt, als ein abgehobenes, nicht-kundenorientiertes Investmentbanking, das durch Verbriefung nach dem Schneeballsystem Finanzierungskonglomerate produziert.

2.1 Grundsätze der Raiffeisenbankengruppe OÖ

- **Transparenz und Sicherheit**

  Raiffeisen OÖ baut zu seinen Kunden eine offene, emotionale und nicht nur eine rein ziffernmäßige Beziehungsebene auf. Jahr für Jahr werden daher bei den Raiffeisenbanken in Oberösterreich und in der Raiffeisenlandesbank OÖ Kundenveranstaltungen abgehalten. Dabei wird über die aktuelle Situation Bericht erstattet, der Prüfbericht über die Gebarung vorgelegt und Kunden können Fragen zur Situation der Bank stellen, Wünsche oder Anregungen äußern. Nur bei Raiffeisen wird in Mitinhaberversammlungen den Mitinhabern auch der Revisionsbericht präsentiert. Die Mitinhaber erhalten somit von einem externen Dritten ein objektives Urteil über ihre Raiffeisenbank. 2008 gab es 513 Veranstaltungen mit insgesamt 95.267 Kunden. Eine derart offene Beziehung zu den Kunden pflegt in dieser Form keine andere Bankengruppe!

  Laut einer aktuellen Spectra-Umfrage empfinden 77 % der Oberösterreicherinnen und Oberösterreicher Raiffeisen OÖ als die sicherste Bankengruppe im Bundesland. Transparenz und Sicherheit sind Werte, die von Raiffeisen OÖ auch durch spezielle Garantieeinrichtungen hochgehalten werden. Mit dem Raiffeisen-Kundengarantiefonds OÖ waren die Einlagen der Kunden schon in der Vergangenheit zu 100 % abgesichert.

  Dem Raiffeisen-Kundengarantiefonds kommt besondere Bedeutung zu. Mit dem Raiffeisen-Kundengarantiefonds haften alle Raiffeisenbanken in Oberösterreich sowie die Raiffeisenlandesbank OÖ nicht nur mit ihrem Aktivvermögen und ihren Sicherheiten, sondern vor allem mit ihren Eigenmitteln und stillen Reserven in Höhe von 6.472,3 Mio. EUR solidarisch. Dies gilt für alle Einlagen der oberösterreichischen Raiffeisenbanken und die eigenen Emissionen der Raiffeisenlandesbank OÖ. Auf diese Weise werden nicht nur Einlagen von Privatkunden, sondern auch von Firmenkunden, Institutionellen Kunden und Stiftungen zu 100 % garantiert.

- **Nachhaltigkeit und Zukunftsorientierung**

  Raiffeisen ist in Oberösterreich mit 99 eigenständig bilanzierenden Raiffeisenbanken, 451 Bankstellen und der Raiffeisenlandesbank OÖ der wichtigste finanzielle Nahversorger und eine wesentliche gestaltende Kraft im Land ob der Enns. Entscheidend ist nicht, was kurzfristig Erfolg bringt, sondern was mittel-

bis langfristig Erfolg sichert, finanziellen Spielraum schafft und erhält. Es kommt also nicht so sehr auf den Momentanerfolg, sondern vielmehr auf eine nachhaltige kontinuierliche Entwicklung zum Wohl der Menschen und damit der gesamten Region an.
Das Jahr 2008 hat sehr deutlich gezeigt: Wer bei Kunden geblieben ist, keine Kredite weiterverkauft hat, keine unkalkulierbaren Finanzierungen zugelassen hat, war erfolgreich. Für die Raiffeisenbankengruppe OÖ ist es ein fundamentaler Bankgrundsatz, nur Geschäfte zu tätigen, deren Risken kalkulierbar und nachvollziehbar sind sowie eindeutig in den Bankbüchern erfasst und buchhalterisch abgebildet werden können.

- **Kundenorientierung und Solidarität**

  Kundenorientierung hat oberste Priorität. Die Raiffeisenbankengruppe OÖ hat sich nie von ihren Kunden entfernt und hat die anvertrauten Gelder wiederum in die Zukunft ihrer Kunden investiert.
  Im Sinne der Grundsätze von Friedrich Wilhelm Raiffeisen der Solidarität verpflichtet, stellt Raiffeisen in Oberösterreich Menschen in den Mittelpunkt, will Wertschöpfung generieren, legt auf finanziellen Spielraum Wert und berücksichtigt alle Bevölkerungsgruppen. 918.069 Kundinnen und Kunden vertrauen auf umfangreiche Dienstleistungen von Raiffeisen in Oberösterreich. Raiffeisen OÖ trachtet danach, eine möglichst hohe Cross-Selling-Rate (CSR)[5] zu erreichen. Zur Zeit liegt die durchschnittliche Cross-Selling-Rate der Kunden bei 4,36 Produkten, wobei das Ziel im Schnitt auf einer Erhöhung auf sieben Produkte liegt. Maximal möglich und anzustreben sind 20 Produkte.

5 Die Cross-Selling-Rate gibt die durchschnittliche Anzahl an gehaltenen Produkten je Kunde an. Grundlage für die Messung ist der Produktkatalog der Raiffeisenbankengruppe OÖ. Die einzelnen Produkte des Kunden werden dabei zu Produktgruppen zusammengefasst. Die Cross-Selling-Rate ergibt sich durch die Division der Summe der Produktgruppen durch die Anzahl der Kunden.

Abbildung 3: Durchschnittliche Cross-Selling-Rate nach Zielgruppen[6]

Zielgruppe	CSR
Kinder (bis 14 Jahre)	1,62
Jugendliche (15 bis 18 Jahre)	3,50
Studenten	5,30
Arbeitnehmer	5,56
Generation 50 plus	4,32
Freie Berufe	5,83
Klein- und Mittelbetriebe	5,34
Landwirte	6,11

- **Risikotragfähigkeit und Gestaltungskraft**

  Eine Bank, die dynamisch Unternehmen begleitet, Exporte finanziert und Betriebe mit Bankdienstleistungen auf allen Teilen der Welt begleitet, muss risikotragfähig sein. Denn Risikotragfähigkeit bedeutet Gestaltungskraft im Sinne der Kunden.

  Raiffeisen Oberösterreich versteht sich als ein starker, verlässlicher finanzieller Begleiter, wenn es darum geht, Menschen in schwierigen Situationen zu helfen, sie durchzutragen und ihnen wieder Orientierung zu geben. Dieses Selbstverständnis setzt im Sinne des Begründers Friedrich Wilhelm Raiffeisen voraus, dass nur dem geholfen werden kann, der sich helfen lässt, wobei der Grundsatz im Sinne einer solidarischen Gestaltung gilt. Es ist angenehmer, in der Rolle des Helfenden zu sein, als in der Rolle des Hilfe in Anspruch Nehmenden sein zu müssen.

2.2 Raiffeisenlandesbank OÖ: die stärkste Regionalbank Österreichs

Seit Jahren steht die Raiffeisenlandesbank Oberösterreich Aktiengesellschaft im „Top 1000 World Banks“-Ranking des „Financial Times“-Fachmagazins „The Banker“ unangefochten an erster Stelle unter den österreichischen Regionalbanken. Zuletzt konnte sie unter den 1.000 stärksten Banken der Welt auf Rang 237 vorrücken, eine neuerliche Verbesserung um 31 Plätze. Dieses Ranking bestätigt: Eine strategische, breite Ausrichtung, die neben dem Kerngeschäft zahl-

6 Quelle: Abteilung Markt- und Verkaufsreporting der Raiffeisenlandesbank Oberösterreich AG.

reiche starke Geschäftsfelder umfasst, eine besondere Kundenorientierung und solides Arbeiten bringen nachhaltigen Erfolg – einerseits für die Bank, insbesondere aber für Kunden andererseits.

2.3 Kundennähe: Voraussetzung, um Kunden verstehen und helfen zu können

In turbulenten Zeiten kommen Stärke und Gestaltungskraft im besonderen Maße zum Ausdruck, indem Kunden ganzheitlich erfasst und verstanden werden. Es zeigt sich immer wieder, wie nachhaltig Beziehungen sein können. Und das nicht nur in Situationen, in denen Kunden erfolgreich sind, sondern vor allem auch in Situationen, in denen Kunden durch Schicksalsschläge besonderen Belastungsproben ausgesetzt sind. Chancen aufzuzeigen, Chancen zu nützen und Chancen zu realisieren, ist ein Gebot der Stunde und das nicht nur vor Ort, sondern bei offenen Grenzen auch auf globalisierten Märkten.

2.4 Finanzsystem als Blutkreislauf der Wirtschaft – Neue Anforderungen

Die Anforderungen an einen starken Bankenpartner haben sich zum Teil gravierend verändert:

- Verankerung, Verbundenheit und Verantwortung vor Ort zu tragen, ist nach wie vor unerlässlich. Darüber hinaus verlangt die Globalisierung der Wirtschaft aber eine weltweite Begleitung und Betreuung.
- Es reicht längst nicht mehr, nur Liquidität zur Verfügung zu stellen. Unternehmen brauchen Banken, die mit einem umfassenden Finanz- und Projektmanagement begleiten.
- Dabei hat das frühere Motto „Kredit gegen Sicherheit“ vielfach ausgedient. Banken müssen selbst Risiko tragen können. Eigenkapitalähnliche Sonderfinanzierungsmodelle nehmen stark zu.
- Dies bedingt ein souveränes Rating. Diese Einstufung unter Berücksichtigung von Hard Facts und Soft Facts ist eine wichtige Basis für eine zukunftsorientierte Bank/Kunden-Beziehung.
- Um Risiko tragen zu können, müssen Banken ihre Kosten im Griff haben. Nur mit einer dynamischen Cost/Income-Ratio[7], die

7 Die Cost/Income-Ratio stellt den in Prozent ermittelten Anteil der Betriebsaufwendungen an den Betriebserträgen dar. Es handelt sich um eine wichtige Kennzahl im Bankenvergleich.

das Verhältnis der Aufwendungen zu den Erträgen zeigt, können sie Unternehmen bei Expansionen oder beim Bewältigen einer schwierigeren Phase effizient begleiten.

- Ob Hochkonjunktur oder Vertrauenskrise: Banken müssen Risikovorsorgen treffen und dies nicht erst, wenn Risiko schlagend wird.

2.5 Gemeinsamer Erfolg

Um diesen Anforderungen gerecht zu werden, haben sich die Raiffeisenlandesbank OÖ und mit ihr die gesamte Raiffeisenbankengruppe OÖ breit und vielfältig aufgestellt. Vor allem haben sie sich nicht vom Investmentbanking verführen lassen, sondern sind nahe und solide bei ihren Kunden geblieben. Wenn ihre Kunden erfolgreich sind, sind auch die Raiffeisenlandesbank OÖ und die gesamte Raiffeisenbankengruppe OÖ erfolgreich.

3 Erfolgreiche Entwicklung der Raiffeisenbankengruppe OÖ

Bevor in diesem Beitrag aussagekräftige Erfolgszahlen der Raiffeisenbankengruppe OÖ bzw. Raiffeisenlandesbank OÖ dargestellt werden, ist ein Verweis auf das präzise Vorschau-System der Raiffeisenlandesbank OÖ notwendig. Eine gute Einschätzung der wirtschaftlichen Lage, eine ausgezeichnete Kommunikation zwischen den einzelnen Organisationseinheiten, ein solides Rechensystem sowie die langjährige Erfahrung der Mitarbeiter der Raiffeisenlandesbank OÖ garantieren präzise Prognosen von betriebswirtschaftlichen Erfolgszahlen. Folgende Aufstellung vergleicht ausgewählte Budgetzahlen (Planungswerte) mit Forecast-Werten (Vorschauberechnungen) und mit Ist-Werten (Jahreswerten) aus dem Jahr 2008.

Abbildung 4: Betriebswirtschaftliche Erfolgszahlen der Raiffeisenlandesbank OÖ AG[8]

	Budget 2008	Forecast 11/2008	IST 2008
Bilanzsumme	22,4 Mrd. EUR	26,5 Mrd. EUR	27,2 Mrd. EUR
Cost/Income-Ratio	46,9 %	46,4 %	45,8 %
Zinsspanne[9]	0,44 %	0,42 %	0,44 %
Eigenmittel absolut[10]	2.571,3 Mio. EUR	2.824,2 Mio. EUR	2.811,7 Mio. EUR

Die Bilanzsumme der Raiffeisenlandesbank OÖ wurde für das Jahr 2008 zunächst mit 22,4 Mrd. EUR budgetiert. In der Vorschaurechnung von November 2008 wurde diese bereits auf 26,5 Mrd. EUR erhöht und per 31. Dezember 2008 konnte schließlich ein erfreulicher IST-Wert von 27,2 Mrd. EUR erreicht werden.

Auch bei den Prognosen für die Cost/Income-Ratio zeichnet sich eine ähnliche Entwicklung ab. Geplant mit 46,9 %, in der Vorschau bei 46,4 % konnte sie schließlich auf 45,8 % gesenkt werden.

Auch bei der Zinsspanne konnte mit einem Wert von 0,44 % die Planung für 2008 eingehalten werden.

Gut prognostiziert wurden auch die Eigenmittel der Raiffeisenlandesbank OÖ im Jahr 2008. Sie überstiegen die budgetierte Summe von 2.571,3 Mio. EUR per Jahresende 2008 sogar noch um 240,4 Mio. EUR auf erfreuliche 2.811,7 Mio. EUR.

8 Quelle: Finanz- und Rechnungswesen der Raiffeisenlandesbank Oberösterreich AG.

9 Differenz zweier Zinssätze. Im Rahmen der Gesamtzinsspannenrechnung wird die Bruttozinsspanne als Differenz zwischen durchschnittlichem Aktiv- und Passivzins berechnet. In der traditionellen Teilzinsspannenrechnung werden Zinsspannen für bestimmte einander zugeordnete Aktivgeschäfte und Passivgeschäfte ermittelt. Die Zinsspanne als Kennzahl errechnet sich aus dem Zinsüberschuss des Geschäftsjahres im Verhältnis zu den durchschnittlichen Aktiva.

10 Die Eigenmittel umfassen nach BWG das Kernkapital (Tier 1) und das Ergänzungs- und Nachrangkapital (Tier 2) nach Abzugsposten sowie das kurzfristige Nachrangkapital und das umgewidmete Tier 2-Kapital (Tier 3).

3.1 Ausgewählte Erfolgszahlen

Abbildung 5: Entwicklung Bilanzsumme von Raiffeisen OÖ[11]

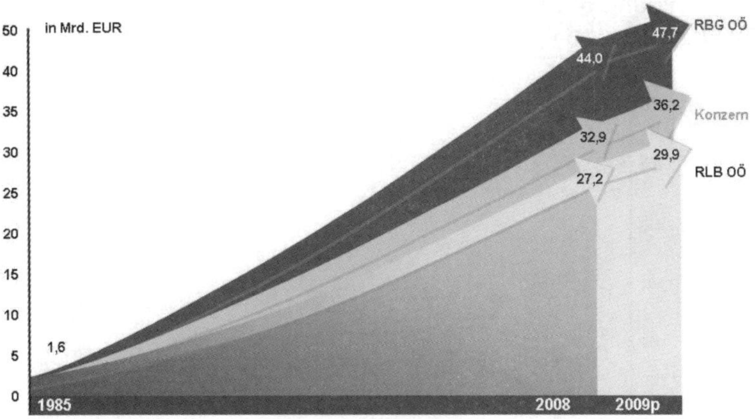

- Die Bilanzsumme der Raiffeisenlandesbank OÖ erreichte im Jahr 2008 27,2 Mrd. EUR. In der Planung für das Jahr 2009 liegt sie bereits bei 29,9 Mrd. EUR. Ähnlich zeigt sich die Entwicklung bei der Raiffeisenbankengruppe OÖ, wo die Bilanzsumme im Jahr 2008 bei 44 Mrd. EUR lag und in der Planung für 2009 bei 47,7 Mrd. EUR. Im Konzern der Raiffeisenlandesbank OÖ betrug die Bilanzsumme 2008 32,9 Mrd. EUR, in der Planung liegt sie bei 36,2 Mrd. EUR.
- Das Betriebsergebnis der Raiffeisenlandesbank OÖ konnte im Jahr 2008 auf 201,7 Mio. EUR gesteigert werden. Die Forecast für 2009 signalisiert ein Betriebsergebnis von mehr als 230 Mio. EUR. Das Kernkapital[12] erhöhte sich im Jahr 2008 um 529,3 Mio. EUR, wobei Raiffeisenbanken über die Zeichnung von Partizipationskapital von 304,2 Mio. EUR beigetragen haben. Das Zeichnen von Partizipationskapital durch die Raiffeisenbanken ist ein Zeichen der Verbundstärke und der Verbundsolidarität, wofür den Raiffeisenbanken zu danken ist. Das Kernkapital der Raiffeisenlandesbank OÖ erreichte damit Ende 2008 bereits 1.823,8 Mio. EUR. 2009 wird ein Kernkapital von 1.917,1 Mio. EUR angepeilt. Würde man in der Raiffeisenlandesbank OÖ alle stillen Reserven heben, wäre ein Kernkapital von 2.764,8 Mio. EUR

11 Quelle: Finanz- und Rechnungswesen der Raiffeisenlandesbank OÖ.

12 Das Kernkapital umfasst nach BWG das eingezahlte Kapital und Rücklagen abzüglich immaterieller Anlagewerte und Bilanzverluste sowie materieller negativer Ergebnisse aus dem laufenden Geschäftsjahr.

erzielbar, was eine Kernkapital-Ratio von 11,66 % ausmachen würde.

Abbildung 6: Entwicklung der Eigenmittel der Raiffeisenlandesbank OÖ AG[13]

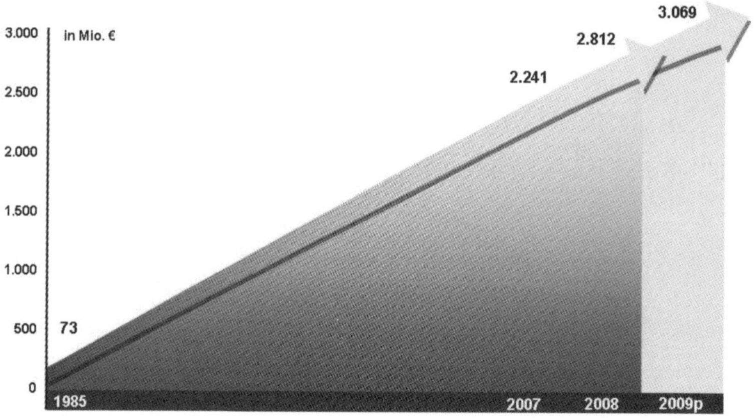

- Die Eigenmittel der Raiffeisenlandesbank OÖ konnten 2008 von 2.241 auf 2.812 Mio. EUR erhöht werden. 2009 sollen sie laut Planung bei 3.069 Mio. EUR liegen.

Abbildung 7: Entwicklung der Cost/Income-Ratio der Raiffeisenlandesbank OÖ AG[14]

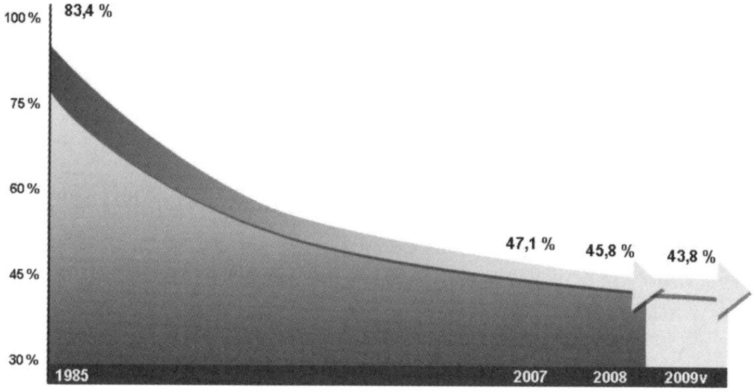

13 Quelle: Finanz- und Rechnungswesen der Raiffeisenlandesbank Oberösterreich AG.

14 Quelle: Finanz- und Rechnungswesen der Raiffeisenlandesbank Oberösterreich AG.

- Die Raiffeisenbankengruppe OÖ und die Raiffeisenlandesbank OÖ achten darauf, stetig die Kosten zu reduzieren. 2008 ist es der Raiffeisenlandesbank OÖ gelungen, die Cost/Income-Ratio von 47,1 auf 45,8 % zu senken. Das heißt: Für einen Euro Ertrag fallen nur Kosten in Höhe von 45,8 Cent an. Durch diese weiter sinkende Cost/Income-Ratio konnte die Risikotragfähigkeit und Gestaltungskraft im Sinne der Kunden neuerlich verbessert und ausgebaut werden. 2009 soll die Cost/Income-Ratio bereits bei 43,8 % liegen.

Abbildung 8: Entwicklung der Zinsspanne Raiffeisenlandesbank OÖ AG[15]

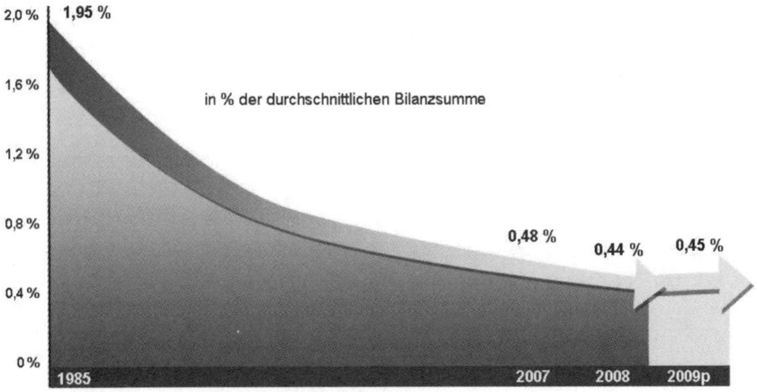

- Schon immer galt die Devise: Je niedriger die Zinsspanne, mit der eine Bank das Auslangen findet, um ein herzeigbares Betriebsergebnis erwirtschaften zu können, desto wettbewerbsfähiger ist eine Bank. 2008 konnte die Zinsspanne der Raiffeisenlandesbank OÖ auf 0,44 % gesenkt werden und trotzdem ein herzeigbares Betriebsergebnis erreicht werden. Diese niedrige Zinsspanne war möglich, weil nicht nur die Kosten, sondern auch Risken ausreichend gemanagt werden konnten.
- Auch 2008 konnte die vorausschauende Geschäftspolitik aufrecht erhalten werden und in einem schwierigen Marktumfeld die UGB-Bewertung der Wertpapiere nach dem strengen Niederstwertprinzip beibehalten werden.

15 Quelle: Finanz- und Rechnungswesen der Raiffeisenlandesbank Oberösterreich AG.

3.2 Nachvollziehbare Strategien schaffen Vertrauen

Die erfreulichen Ergebnisse für das Jahr 2008 unterstreichen, dass ein auf Nachhaltigkeit, Stabilität, Transparenz und Sicherheit ausgerichtetes Handeln der richtige Weg ist. Klare, verständliche und für Kunden nachvollziehbare Strategien schaffen Vertrauen. Dies spiegelt sich auch beim Mittelaufkommen (Ersteinlagen und eigene Emissionen) wider. Hier konnte die Raiffeisenlandesbank OÖ im Jahr 2008 einen Zuwachs von 30,4 % verzeichnen.

Dem steht ein Finanzierungswachstum von 32,7 % gegenüber. Dies war möglich, weil

- sich die Raiffeisenlandesbank OÖ und die Raiffeisenbankengruppe OÖ nicht vom Mittelstand verabschiedet haben, sondern mit ihren Kunden immer näher zusammengerückt sind und sie intensiv begleitet haben;
- keine unkalkulierbaren Finanzierungen gemacht wurden;
- bei Investitionen – insbesondere auch bei Immobilien – auf fristenkonforme Refinanzierungen geachtet wurde und über derivative Instrumente[16] Zinsen abgesichert wurden; derartige Instrumente setzt die Raiffeisenbankengruppe OÖ ausschließlich ein, um Risken zu minimieren und nicht um Risken zu generieren;
- die Raiffeisenlandesbank OÖ nicht ausschließlich „Shareholder-Value"[17]-getrieben ist und es nicht um das schnelle Abcashen geht, sondern moderne Finanzierungsmodelle und Beteiligungen auf
  - Langfristigkeit und
  - Nachhaltigkeit

  abgestimmt werden.

16 Bei Derivaten handelt es sich um Finanzprodukte wie Swaps, Optionen und Futures, deren Werte vom Marktpreis der traditionellen Finanzprodukte (Aktien, Anleihen, Kredite etc.) abgeleitet werden, z.B. der zukünftige Kauf oder Verkauf von Aktien.

17 Beim Shareholder-Value-Prinzip werden vor allem Managementkonzepte in den Mittelpunkt der Geschäftspolitik gestellt, die auf die Maximierung des Anteilseignernutzens ausgerichtet sind.

4 Nicht austauschbar zu sein, bedeutet besondere Verantwortung

Die Raiffeisenlandesbank OÖ und die Raiffeisenbanken in Oberösterreich decken von der örtlichen Betreuung bis zur internationalen Begleitung ein einzigartiges Spektrum ab. Durch diese besonderen Dienstleistungen sind sie nicht austauschbar und daher ihren Kunden auch in besonderer Weise verantwortlich. Verantwortung trägt Raiffeisen Oberösterreich gegenüber mehr als 918.000 Kunden. In den vergangenen Jahren konnte die Raiffeisenbankengruppe OÖ kräftig an Kundenanteilen zulegen.

Abbildung 9: Kundenanteile der Raiffeisenbankengruppe OÖ[18]

Zielgruppe	Kundenanteil
Kinder (bis 14 Jahre)	55 %
Jugendliche (15 bis 18 Jahre)	60 %
Studenten	60 %
Arbeitnehmer	60 %
Generation 50 plus	59 %
Privatkunden in OÖ	56 %
Freie Berufe	53 %
Klein- und Mittelbetriebe	53 %
Industriebetriebe	80 %
Landwirte	89 %

Neben den hohen Kundenanteilen bestätigt auch die renommierte Agentur Schwabe, Ley und Greiner die hervorragende Kundenorientierung. Bei der Qualität der Betreuung von Industrieunternehmen wurde die Raiffeisenlandesbank Oberösterreich Aktiengesellschaft an die erste Stelle gereiht. Folgende Kriterien wurden dafür herangezogen:

- Fachkompetenz
- Offenheit/Partnerschaft
- Preis-Leistung
- Entscheidungsfreudigkeit
- Risikobereitschaft
- Abwicklungsqualität

18 Quelle: Abteilung Markt- und Verkaufsreporting der Raiffeisenlandesbank Oberösterreich AG.

4.1 Hard Facts und Soft Facts

In der Raiffeisenbankengruppe OÖ gilt die Devise, bei Kunden zu sein und nicht an den Schreibtischen. Nur so können Chancen entsprechend eingeschätzt und nicht nur die Hard Facts, also die betriebswirtschaftlichen Zahlen, sondern auch die Soft Facts beurteilt werden. Denn eine Kundenbeziehung mit Raiffeisen OÖ ist nicht nur eine zahlenmäßige, sondern vor allem auch eine emotionale Vertrauensbeziehung.

4.2 Hard Facts: Firmenkompass als wertvoller Wegweiser

Raiffeisen OÖ setzt schon seit dem Jahr 1990 ein souveränes Ratingverfahren ein, hat viel Erfahrung beim Rating gesammelt und analysiert jährlich mehr als 40.000 Bilanzen. Alle wichtigen wirtschaftlichen Kennzahlen dieser Bilanzen fließen in einen Firmenkompass, den es für insgesamt 115 Branchen gibt. Für Unternehmen ergeben sich daraus wertvolle Benchmarks.

Aktuelle Kennzahlen und Branchenvergleiche sind für Unternehmen gerade in herausfordernden Zeiten außerordentlich wichtig. Sie können sich innerhalb ihrer Branche vergleichen und einschätzen, ob sie zum besseren oder zum schwächeren Viertel oder zum Branchenschnitt zählen und viel leichter entsprechende Maßnahmen setzen. Und es ist auch wichtig, dass Banken und Kunden mit möglichst aktuellen Daten arbeiten können.

4.3 Soft Facts: Bestandteil einer zukunftsorientierten Kundenbetreuung

Mindestens ebenso wichtig wie Hard Facts ist das Ausloten des Zukunftspotentials in einem Unternehmen. Soft Facts sind wichtige Gradmesser und Orientierungsgrößen für das Restrukturierungspotential eines Unternehmens, für das Wahrnehmen von Chancen am Markt sowie das Erfassen von Motivations- und Innovationskraft in einem Unternehmen. Als Soft Facts sind daher Faktoren zu verbalisieren, wie

- Produktqualität
- Marktdurchdringung
- Marktperspektiven
- Vermögenssituation der Eigentümer
- Bereitschaft der Eigentümer, Eigenkapital aufzustocken

- Entnahmepolitik der Gesellschaft und der Eigentümer
- Managementqualität bzw. Motivations- und Innovationskraft: Wie weit stehen Mitarbeiterinnen und Mitarbeiter hinter dem Unternehmen und wie hoch ist ihre Veränderungsbereitschaft?

5 Mit erfolgreichen Geschäftsfeldern breit aufgestellt

Die Raiffeisenlandesbank Oberösterreich Aktiengesellschaft ist durch ihre erfolgreichen Geschäftsfelder sowie ihre zahlreichen Beteiligungen breit aufgestellt.

Das Geschäftsfeld Beteiligungen umfasst:

- Bank- und Finanzinstitute,
- Chancen- und Partnerkapital für Unternehmen in Wachstums- oder Nachfolgesituationen sowie Beteiligungen an Unternehmen, die von besonderem Standortinteresse sind,
- outgesourcte Unternehmen, deren Schwerpunkte nicht direkt im Bereich der klassischen Bankdienstleistungen liegen und
- Immobilien/Private-Public-Partnership-Beteiligungen.

5.1 Akzente mit neuartigen Finanzierungsinstrumenten

Sowohl in dynamischen Zeiten mit vielen Chancen als auch in herausfordernden Wirtschaftsphasen können Investitionen nicht mehr ausschließlich mit Krediten finanziert werden. Vielmehr sind auch eigenkapitalähnliche Instrumente in unterschiedlichster Art und Weise einzusetzen. Mehr als 2.400 Mio. EUR derartiges Chancenkapital hat die Raiffeisenlandesbank OÖ bisher bereits zur Verfügung gestellt.

Die Raiffeisenlandesbank OÖ ist in der Lage, Kunden offensiv mit neuen Finanzierungsinstrumenten zu begleiten und setzt Sonderfinanzierungsmodelle ein wie zum Beispiel:

- Corporate Bonds
- Hybridanleihen
- Mezzaninkapital[19]
- Direktbeteiligungen

19 Mezzaninkapital ist eine befristete Mischform von Eigenkapital und Fremdkapital, die sich auf Beteiligungen am Gewinn stützt.

- stille Beteiligungen oder
- Genussrechtskapital
- Sonderfinanzierungen wie Factoring, alle Arten des Leasings bis zu Sale-and-lease-back-Finanzierungen

Dies trägt auch zur Bilanzoptimierung der betreuten Unternehmen bei und unterstützt ihre Wettbewerbsfähigkeit.

5.2 Eigenkapital für Expansionen oder Betriebsnachfolge

Chancen- und Partnerkapital stellt die Raiffeisenlandesbank Oberösterreich nicht nur für Expansionsvorhaben und Akquisitionen zur Verfügung. Derartiges Eigenkapital ist insbesondere auch notwendig, wenn es darum geht, gewachsene, erfolgreiche mittelständische Unternehmen sicher in die nächste Generation zu begleiten.

8.000 bis 10.000 Unternehmen stehen allein in Oberösterreich in den kommenden Jahren vor der Übergabe. Das sind gut geführte Familienbetriebe. Die stärkste regionale Bankengruppe Österreichs unterstützt diese in der wichtigen Phase mit Eigenkapital aus dem Nachfolgefonds. Dadurch kann die Fremdkapitalbelastung verringert werden. Gemeinsam mit Förderungen ist das die Basis für eine solide Startfinanzierung nach der Übergabe innerhalb der Familie, nach einem Management-Buy-Out an führende Mitarbeiter oder einem Management-Buy-In durch ein externes Management.

5.3 Raiffeisen OÖ trägt Standortverantwortung

Neben der Stärkung der mittelbetrieblichen Wirtschaft geht es auch um die Stärkung und Absicherung von Leitbetrieben[20]. Die Raiffeisenbankengruppe OÖ hilft mit, dass die Entscheidungszentralen unserer Leitbetriebe nicht ins Ausland abwandern und somit die Entscheidungskompetenz in Oberösterreich bleibt.

Standortverantwortung hat die Raiffeisenlandesbank OÖ zum Beispiel bei der voestalpine AG, Energie AG oder der Lenzing AG übernommen.

20 Unternehmen, deren Bedeutung für den Wohlstand und das Wirtschaftswachstum in Österreich besonders hoch ist. Sie haben entscheidende Rollen als Arbeitgeber, Kooperationspartner und Auftraggeber für Klein- und Mittelbetriebe, aber auch als Forschungs- und Entwicklungszentralen und Stützen des Exports inne.

- Bei der voestalpine AG ist die Raiffeisenlandesbank OÖ gemeinsam mit der Raiffeisenlandesbank Oberösterreich Invest GmbH & Co OG größter Privataktionär und verfügte per Ende 2008 über einen stimmberechtigten Aktienanteil von mehr als 15 %.
- Durch das maßgebliche Engagement der Raiffeisenlandesbank OÖ sowie weiterer verlässlicher Partner bei der Energie AG wird die Stabilität eines für Oberösterreich äußerst wichtigen Energieunternehmens langfristig garantiert.
- Bei der Lenzing AG hat die Raiffeisenlandesbank OÖ maßgeblich mitgewirkt, damit ein für die Region und für den gesamten Wirtschaftsstandort wichtiges Unternehmen vor einer Übernahme durch ein ausländisches Unternehmen geschützt bleibt.

  Die Gesamtfinanzierung in Höhe von insgesamt 650 Mio. EUR mit einer Landeshaftung in Höhe von 400 Mio. EUR wurde durch die Raiffeisenlandesbank OÖ arrangiert und sichergestellt.

5.4 Konsortialfinanzierungen

Die Federführung bei der Absicherung des Faserkonzerns Lenzing, der größten österreichischen Finanzierungstransaktion im Jahr 2008, lag beim Syndizierungsteam der Raiffeisenlandesbank OÖ. Die Bereitstellung großer Finanzierungsvolumina erfordert in der Regel ein Zusammenwirken mehrerer Finanzinstitute. Hier verfügt die Raiffeisenlandesbank OÖ über ausgezeichnete Spezialisten in den Bereichen Syndizierung und Konsortialfinanzierung.

6 Starke Antennen in die Welt

In den vergangenen Jahren hat die Raiffeisenlandesbank OÖ ihre Marktposition auch durch die strategischen Beteiligungen an Finanzinstituten sowie an in- und ausländischen Banken und die enge Zusammenarbeit mit Kooperations- und Korrespondenzbanken weiter gestärkt und sich hier eine besondere Stellung erarbeitet. Dadurch können Kunden auf bestehenden und neuen Märkten umfassend begleitet und betreut werden.

Das Betreuungsnetzwerk der Raiffeisenlandesbank OÖ umfasst:

- 1.695 Korrespondenzbanken
- 16 Kooperationsabkommen mit den stärksten Banken der Welt

Durch dieses stark verästelte Netzwerk mit leistungsfähigen Kooperations- und Korrespondenzbanken können die Kosten niedrig, die

Betreuungsqualität für Kunden aber extrem hoch gehalten werden. Über Raiffeisen International mit 3.208 Geschäftsstellen besteht Zugriff auf das größte Bankennetzwerk in Mittel- und Osteuropa.

6.1 Globalisierendes Umfeld verlangt ganzheitliche Lösungen

Österreich stellt ein Tausendstel der Weltbevölkerung, aber ein Hundertstel aller Exporte. Oberösterreich erbringt als Exportstaatsmeister bei einem Bevölkerungsanteil von 17 % schon mehr als 26 % der Exportleistungen der Republik. Export ist längst nicht mehr nur eine Paradedisziplin einiger Großbetriebe. Unzählige Klein- und Mittelbetriebe sind mit ihren Produkten und Dienstleistungen jenseits der Landesgrenzen erfolgreich. Das bringt Wertschöpfung und Lebensqualität im Inland.

- Vor allem weil die heimischen Unternehmen die Chancen auf neuen Märkten so hervorragend genutzt haben, waren die Wachstumsraten in Österreich in den vergangenen Jahren deutlich über dem EU-Schnitt.
- Exporte bringen Wohlstand: 60 % des Wohlstandes in Österreich werden durch Verkäufe ins Ausland erarbeitet.
- Exporte sind ein wichtiger Arbeitsplatzmotor: 282 Mrd. EUR erwirtschaftetes Bruttoinlandsprodukt in Österreich bedeuten Arbeit für 4,1 Millionen Erwerbstätige. 164 Mrd. EUR des BIP wurden 2008 im Export von Gütern und Dienstleistungen erzielt. Das ergibt 2,44 Millionen Erwerbstätige.

Die Internationalisierung der Wirtschaft verlangt nach ganzheitlichen Lösungen. Raiffeisen Oberösterreich schafft den einzigartigen Spagat zwischen der Betreuung der Unternehmen vor Ort durch die Raiffeisenbanken und der Begleitung und Betreuung bei weltweiten Projekten durch die Raiffeisenlandesbank OÖ.

Im Bereich der Exportfinanzierung konnte 2008 auf hohem Niveau ein weiteres Wachstum von 29 % erreicht werden. Beim Dokumentengeschäft betrug das Wachstum 56 %. Dieser Spitzenwert bestätigt das Vertrauen der österreichischen Exportwirtschaft in die Raiffeisenlandesbank OÖ.

Als einzige Bank am oberösterreichischen Markt bietet die Raiffeisenlandesbank OÖ weiterhin das Produkt der Projektfinanzierung an. Dabei werden Kunden weltweit bei Investitionsprojekten begleitet und über Wege des Financial Engineering[21] komplexe Finanzierungsprodukte strukturiert. Auch in diesem Spezialbereich wurden 2008 signifikante Zuwächse von über 70 % erzielt.

6.2 Osteuropa bietet weiterhin Chancen

Die österreichischen Unternehmen haben 2008 nach Osteuropa Produkte und Dienstleistungen im Ausmaß von 35,9 Mrd. EUR verkauft, was 522.000 Erwerbstätigen entspricht. Osteuropa bietet auch künftig gute Chancen. Laut einer Analyse des Investmenthauses J. P. Morgan soll die Industrieproduktion in Osteuropa nicht nur zwei Quartale früher als in der Eurozone anspringen. Auch in der Folge stellt sich die Entwicklung besser dar als in der Eurozone.

Abbildung 10: Industrieproduktion, Entwicklung 3. Quartal 2008 – 4. Quartal 2010, quartalsweise Veränderung in % (saisonbedingt)[22]

	2008		2009e				2010p			
	Q3	Q4	Q1	Q2	Q3	Q4	Q1	Q2	Q3	Q4
Eurozone	-11,3	-23,4	-27,9	-10,0	-5,0	0,0	1,0	2,0	3,0	4,0
Osteuropa	-9,9	-25,0	-19,1	2,9	0,6	0,0	4,6	5,1	3,5	2,8
USA	-9,3	-18,0	-21,9	-8,0	6,0	4,0	5,0	5,0	5,0	4,0
Japan	-12,3	-38,0	-63,3	38,0	18,0	10,0	6,0	0,0	4,0	8,0
Indien	2,2	-7,0	2,8	5,6	10,5	10,0	11,2	5,9	3,8	3,7
China	3,3	-7,5	4,9	22,2	12,7	12,7	5,6	7,4	10,0	10,0

6.3 Kein Ostrisiko

Risken für die Raiffeisenlandesbank OÖ, die aktuell rund 17.000 Unternehmen erfolgreich bei ihren Aktivitäten in Osteuropa begleitet, bestehen nicht, weil zahlreiche mitteleuropäische Kunden auf Basis ihrer Bonität in diese wichtigen Exportmärkte begleitet werden.

21 Umfassende, auf den einzelnen Kunden „maßgeschneiderte“ Finanzierungs-, Beratungs- und Betreuungsleistungen, die Banken im Firmenkundengeschäft erbringen.

22 Quelle: J. P. Morgan – Prognose vom 12. Juni 2009.

- Im Jahr 2008 wurde aus dem Osteuropageschäft ein Betriebsergebnis von 78 Mrd. EUR erzielt. Es musste lediglich eine Risikovorsorge von 4,3 Mrd. EUR nach Basel II gebildet werden.

Schlagkräftig ist die Raiffeisenlandesbank OÖ über Raiffeisen International im gesamten Osten Europas. Darüber hinaus bietet die Raiffeisenlandesbank OÖ Exporteuren und Investoren Unterstützung durch enge Kontakte zu Regierungen und Banken wie der Krayinvestbank, der Center Invest Bank und der IMPEXBANK. Die Leistungen der Raiffeisenlandesbank OÖ reichen von der Gestaltung umfassender Finanzierungen, speziellen Cash-Management-Lösungen zur Abwicklung aller Zahlungsströme bis zur Unterstützung bei Firmengründungen, den Kontakten zu Notaren und Rechtsanwälten und natürlich der Bewerkstelligung von Exportgarantien. Weiters garantiert ein spezieller Osteuropa-Desk optimale Verbindungen zu den Märkten in Zentral- und Osteuropa sowie zu den dort tätigen Raiffeisen-Netzwerkbanken.

6.4 Überlegter Expansionskurs

Oberösterreich und Österreich sind für Raiffeisen OÖ Heim- und Kernmarkt. In einem 500-Kilometer-Radius rund um Linz unterhält die Raiffeisenlandesbank OÖ darüber hinaus eigene Niederlassungen und Repräsentanzen. Der Expansionskurs der Raiffeisenlandesbank OÖ erfolgte stets wohl überlegt. Sie drängt nicht in Feldherrenmanier auf neue Märkte, sondern der Aktionsradius wird von den Kunden bestimmt.

Süddeutschland und Tschechien sind für die oberösterreichischen Unternehmen die wichtigsten Auslandsmärkte. Um die Betriebe vor Ort optimal begleiten zu können, wurden dort in Form von Niederlassungen starke Ankerpunkte geschaffen.

- Süddeutschland

  In Süddeutschland werden über derzeit acht Niederlassungen und Repräsentanzen bereits mehr als 11.000 Kunden, davon über 7.000 Firmenkunden, betreut.

Abbildung 11: Heimmarkt Süddeutschland der Raiffeisenlandesbank OÖ[23]

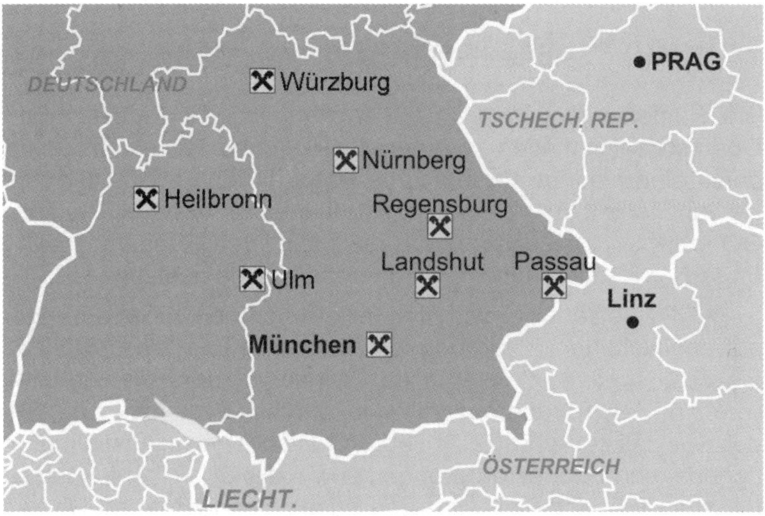

Kunden der Raiffeisenlandesbank OÖ – schwerpunktmäßig Unternehmen und gehobene Privatkunden – werden in Süddeutschland über die Niederlassungen in Passau, München, Landshut, Regensburg, Nürnberg, Würzburg, Heilbronn und Ulm betreut.

- Tschechien

  In Tschechien ist Raiffeisen OÖ über die Raiffeisenbank a.s. an 106 Standorten vertreten. Dort werden rund 345.000 Kunden betreut, davon 59.800 Firmenkunden.

6.5 Modernes Videokonferenzsystem realisiert

Um der dynamischen Entwicklung der Niederlassungen in Süddeutschland, Tschechien und Wien Rechnung zu tragen, wurde in der Raiffeisenlandesbank OÖ ein modernes Videokonferenzsystem realisiert. In der ersten Ausbauphase ist es möglich, zwischen den einzelnen Niederlassungen „persönlich“ über Distanzen von hunderten Kilometern hinweg mittels Video zu kommunizieren. Durch die direkte Integration der Fachspezialisten der Raiffeisenlandesbank OÖ in das

23 Quelle: Abteilung Correspondent Banking der Raiffeisenlandesbank Oberösterreich Aktiengesellschaft.

Gesamtkonzept soll die Unterstützung der oberösterreichischen Raiffeisenbanken so effizient und flexibel wie möglich gestaltet werden.

7 KMUs[24] – das Kettenhemd der Wirtschaft

Die Raiffeisenlandesbank OÖ und mit ihr die Raiffeisenbanken in Oberösterreich haben in guten Zeiten hohe Reserven gebildet und durch eine niedrige Cost/Income-Ratio für eine hohe Risikotragfähigkeit und damit für Gestaltungskraft gesorgt. Dadurch ist Raiffeisen OÖ stark gepolstert und kann die gebildeten Reserven beim Durchtragen ihrer Kunden in schwierigeren Zeiten einsetzen.

Bei Raiffeisen OÖ wird neben zielsicheren Finanzierungen auch auf den richtigen Förderungsmix bei den Klein- und Mittelbetrieben, die das starke Kettenhemd der Wirtschaft darstellen, geachtet. So wird bei den Förderungsanträgen durch die umfassende Erfahrung der Spezialisten von Raiffeisen OÖ auf die volle Ausschöpfung aller Landes- und Bundesförderungen sowie der EU-Mittel fokussiert. Auch mit allen Förderstellen wird eng zusammengearbeitet. Dadurch wird eine kundenorientierte und effiziente Antragstellung und Abwicklung sichergestellt.

Raiffeisen OÖ ist der wichtigste Partner der kleinen und mittelständischen Betriebe in Oberösterreich. Jedes zweite KMU vertraut auf die Zusammenarbeit mit Raiffeisen OÖ. Insgesamt 2.588 Investitions-Förderungsanträge von Unternehmen wurden im Jahr 2008 über Raiffeisen OÖ eingereicht. Dadurch konnten die Unternehmen einen Fördernutzen in Höhe von 40 Mio. EUR lukrieren. Diese Investitionen der Unternehmen sorgen für Wertschöpfung sowie Absicherung und Schaffung von Arbeitsplätzen. Das durch die Projekte der Unternehmen ausgelöste Investitionsvolumen liegt bei 515 Mio. EUR.

Als ERP-Treuhandbank kann die Raiffeisenlandesbank OÖ auch ERP-Kredite[25] selbst abwickeln und vergeben. Im ERP-Kleinkreditprogramm werden Modernisierungs- und Erweiterungsprojekte von Kleinunternehmen mit Gesamtkosten von maximal 50.000 EUR durch einen ERP-Kredit – sechs Jahre Laufzeit, Fixzinssatz: 2 % p.a. – von bis zu 30.000 EUR gefördert.

24 Klein- und Mittelbetriebe.

25 Günstiger Kredit, der vom Austria Wirtschaftsservice über Treuhandbanken (die Raiffeisenlandesbank OÖ besitzt ebenfalls diesen Status) für bestimmte, förderbare Vorhaben an Endkreditnehmer gewährt wird.

Raiffeisen OÖ unterstützt die mittelbetriebliche Wirtschaft bei:

- Unternehmensneugründung und -nachfolge
- Wachstumsinvestition und Strukturverbesserung
- Maßnahmen zur Verbesserung der Umweltsituation
- Forschungs- und Entwicklungsprojekten
- Stärkung der Eigenkapitalbasis

Dienstleistungen der Raiffeisenlandesbank OÖ für Unternehmen:

- Cash-Management-Lösungen
- Devisen- und Zinsmanagement
- Leasing
- Factoring (Ankauf von Forderungen)
- Förderungsberatung
- Private Public Partnership-Modelle

Zur Stärkung der Klein- und Mittelbetriebe haben die Raiffeisenlandesbank OÖ und die oberösterreichischen Raiffeisenbanken im Jahr 2009 in Zusammenarbeit mit der Sparte Gewerbe und Handwerk der Wirtschaftskammer OÖ ein Konjunkturprogramm ins Leben gerufen. Im Mittelpunkt stehen die energetische Sanierung von Ein- und Mehrfamilienhäusern und öffentlichen Gebäuden sowie die Revitalisierung von Ortskernen. Mit diesem Paket wurde in einer schwierigen Zeit, in der viele verunsichert sind, ein bedeutendes Investitionsvolumen in Gang gesetzt.

8 Raiffeisen OÖ: Ein starker Partner der Gemeinden

Raiffeisen OÖ ist in allen Orten und Städten Oberösterreichs fest verankert. Die Kommunen sind für die Bürgerinnen und Bürger die unmittelbarste und daher auch wichtigste Einheit. Mit speziellen Dienstleistungen für Gemeinden trägt Raiffeisen OÖ dieser Bedeutung Rechnung. Denn nicht nur die Wohn- und Lebensqualität hängt davon ab, wie die Gemeinden ihre Aufgaben erfüllen können und funktionsfähig bleiben. Auch die Arbeitsplatzsituation wird davon beeinflusst, wie attraktiv Betriebsstandorte und Infrastruktur sind.

Die Gemeinden zählen darüber hinaus zu den wichtigsten Investoren. Das stärkt die regionale Wirtschaft. Es ist daher notwendig, Gemeinden größtmöglich zu entlasten. Dafür bietet das Raiffeisen KommunalService umfassende Dienstleistungen an.

Die Leistungspalette des Raiffeisen KommunalService umfasst

- Entwicklung von Ortskernprojekten und Revitalisierung
- Schaffung von Bauland und Wohnraum
- Infrastrukturmaßnahmen
- Wasserver- und Abwasserentsorgung
- klassische Kommunalfinanzierung
- Fristenkonformität und Absicherung der Raiffeisen-Finanzierungen

Über das Raiffeisen KommunalService wurden bereits 1.023 Projekte mit Gesamtinvestitionskosten von rund 1.648 Mio. EUR abgewickelt bzw. befinden sich in Vorbereitung und Umsetzung.

8.1 Fristenkonforme Finanzierungen

Neben maßgeschneiderten Lösungen mit individueller Begleitung wird als eines der wichtigsten Qualitätsmerkmale besonderer Wert auf fristenkonforme Finanzierungen gelegt. Dadurch haben die Gemeinden die Garantie, dass der gewonnene Freiraum tatsächlich für die gesamte Laufzeit zur Verfügung steht. Es geht um verlässliche Finanzierungen. Die Finanzierung von derartigen Projekten muss halten und darf nicht auf Kosten der Gemeinden oder der Steuerzahler gehen.

Ein Beispiel für ein erfolgreich umgesetztes Projekt ist der Bau des Landesdienstleistungszentrums in Linz mit einem Investitionsvolumen von 131 Mio. EUR und einer fristenkonformen Finanzierung auf 25 Jahre.

8.2 Mit neuem Glasfasernetz für die Zukunft gerüstet

Die Raiffeisenlandesbank OÖ hat gemeinsam mit der Energie AG, Linz AG, OÖ. Ferngas und dem E-Werk Wels in ganz Oberösterreich ein österreichweit einzigartiges Glasfasernetz errichtet. Damit wurde nicht nur ein gewaltiger Schritt in Richtung Zukunft, sondern mit 4.200 Kilometer Glasfaserleitung mit einer Verbindung zu jeder Gemeinde auch ein enormer Impuls für das Wirtschaftsland Oberösterreich gesetzt. Seit Dezember 2008 sind alle Bankstellen von Raiffeisen OÖ an das hochmoderne Glasfasernetz der Breitbandinfrastruktur GmbH (BBI) angebunden. Die Vorteile der Glasfasertechnologie liegen vor allem in der Sicherheit und Geschwindigkeit der Datenübertragung. Fernsehen, multimediales E-Learning und Videokonferenzschaltungen sind ohne Probleme möglich. Beratungsgespräche mit Kunden können unter Einbeziehung von Spezialisten der Raiffeisenlandesbank OÖ in jeder Raiffeisenbank abgehalten werden. Somit profitieren Raiffeisenkunden von dieser zusätzlichen Beratungskompetenz vor Ort dank modernster Breitbandtechnologie.

9 Transparenz gibt Sicherheit

Die stabile Struktur und Ausrichtung von Raiffeisen Oberösterreich wird durch eine ordentliche, unabhängige Prüfung ergänzt. Dadurch wird das Handeln und Gestalten der oberösterreichischen Raiffeisenbanken für Mitinhaber, Kunden und Mitinhabervertreter zusätzlich transparent.

Darüber hinaus geben die jährliche Prüfung der Raiffeisenbanken und der Revisionsbericht Sicherheit und Vertrauen.

- Die Informations- und Kommunikationssysteme für die Raiffeisenbanken werden laufend ausgebaut und verbessert. Die Handbücher zeichnen sich durch einen überaus hohen und über die Landesgrenzen hinaus anerkannten Standard aus.
- Die oberösterreichischen Raiffeisenbanken greifen bei der internen Revision auf einen Pool an Profis der Raiffeisenlandesbank OÖ zurück. Auch hier werden die Standards ständig verbessert und in die Zukunft ausgerichtet.
- Die Jahresabschlussprüfung, Bankprüfung und Gebarungsprüfung durch unabhängige und weisungsfreie Prüfer des Raiffeisenverbandes OÖ garantieren klare und unmissverständliche Prüfungsfeststellungen bei den Mitgliedern. Die Spezialisten der Raiffeisenlandesbank OÖ sorgen gemeinsam mit den Geschäftsleitern der Raiffeisenbanken und den Revisoren des Raiffeisenverbandes OÖ für die konsequente Umsetzung von Revisionsfeststellungen.

Prüfungsergebnisse und Revisionsberichte sind und bleiben bei Raiffeisen Oberösterreich daher wesentliche Qualitätssiegel.

10 Erfolgreich mit kompetenten und zufriedenen Mitarbeitern

Der Erfolg der Raiffeisenbankengruppe OÖ ist insbesondere auf ihre Mitarbeiter zurück zu führen. Qualifizierte und motivierte Mitarbeiter sind daher ein wesentliches Erfolgs- und Zukunftspotential. Deshalb setzt Raiffeisen OÖ auf bestens ausgebildete Mitarbeiter mit Kompetenz, Charme, Herz und Biss. Daraus entsteht Vertrauen und eine starke Zukunftspartnerschaft. Die Basis für das lebenslange Lernen bilden ein spezielles E-Learning-System, die Raiffeisenlandesbank-Akademie, Trainee-Programme und die Kombination von Lehre und Berufsreifeprüfung.

- **Lehrlinge mit Matura**

  Raiffeisen OÖ setzt seit jeher auf die Lehre als Quelle für künftige Spitzenmitarbeiter. Im Herbst 2008 wurden mit einem einzigartigen durchlässigen Ausbildungssystem neue Impulse in der Lehrlingsausbildung gesetzt. Besonders qualifizierte Lehrlinge und Lehrabsolventen erhalten die Chance, berufsbegleitend die Universitätsreife zu absolvieren. Die für die Berufsreifeprüfung vorgeschriebenen Lehrpläne sind praxisorientiert und auf die Bedürfnisse von Raiffeisen OÖ abgestimmt. Der Unterricht findet in den Fächern Deutsch, Englisch, Mathematik, Rechnungswesen und Betriebswirtschaft statt.

- **Ausgezeichnetes E-Learning-System**

  Zur Unterstützung der betrieblichen Aus- und Weiterbildung setzt die Raiffeisenlandesbank OÖ erfolgreich ein speziell entwickeltes E-Learning-System ein. Dieses Modell mit Zertifizierung durch die Johannes Kepler Universität Linz und die LIMAK Johannes Kepler University Business School wurde in Karlsruhe mit dem Europäischen E-Learning-Award ausgezeichnet. Um das moderne System „raiffeisen@learning“ laufend den höchsten Anforderungen anzupassen, stellt sich die Raiffeisenlandesbank OÖ regelmäßig einer freiwilligen Re-Zertifizierung des Systems.

- **Praxisnahe Zertifizierung**

  Neben den Lernunterlagen und Web Based Trainings sind Wissens-Checks die wichtigsten Bestandteile in „raiffeisen@ learning“. Um dem Anspruch eines möglichst hohen Praxisbezuges gerecht zu werden, wurde das Lernangebot vor Kurzem um weitere Komponenten ergänzt: vernetzte Fallbeispiele, die Simulationen von Kundensituationen sowie Multimedia Trainings mit synchroner bzw. asynchroner Übertragung von Lehrveranstaltungen und Chat-Funktion.

- **Raiffeisenlandesbank-Akademie**

  Zur Förderung junger, engagierter Mitarbeiter wurde 2007 die Raiffeisenlandesbank-Akademie gegründet. Dabei handelt es sich um ein spezielles Personalentwicklungsprogramm für die gezielte Vorbereitung von Potentialträgern auf die Besetzung von Schlüsselpositionen. Für jeden Teilnehmer der Raiffeisenlandesbank-Akademie wird ein individueller Entwicklungsplan erstellt. Individuelles Coaching und Mentoring runden das Programm ab. Mit der Raiffeisenlandesbank-Akademie bietet die Raiffeisenlandesbank Oberösterreich ihren zukünftigen Leistungsträgern durch systematische Förderung eine persönliche und berufliche Entwicklungsperspektive.

- **Trainee-Programm**

  Absolventen von Universitäten und Fachhochschulen ermöglicht die Raiffeisenlandesbank OÖ im Rahmen eines Trainee-Progamms einen individuellen Berufseinstieg. Das Trainee-Programm wird auf die Fähigkeiten und Qualifikationen des Kandidaten zugeschnitten und knüpft in der Regel an die Studienrichtung und bisherigen Erfahrungen des Trainees an.

- **Gesundheit und Zufriedenheit der Mitarbeiter fördern**

  Im Rahmen des Gesundheitsprojektes VITA werden in der Raiffeisenlandesbank OÖ zahlreiche gesundheitsfördernde Maßnahmen für Mitarbeiterinnen und Mitarbeiter gesetzt. Eckpfeiler dieses Projekts sind kostenlose Informationsveranstaltungen zu Themen wie Gesundheit, Ernährung und Stressmanagement.

Andreas STARIBACHER

Überlegungen zur Vermögensbesteuerung

Überlegungen zur Neuregelung einer Vermögensbesteuerung stehen nicht nur in Österreich, sondern etwa auch in Deutschland, bedingt durch die Suche nach lukrativen Besteuerungsquellen, auf der Tagesordnung. Das deutsche Institut für Wirtschaftsforschung stellt in einer Studie hierzu Folgendes fest:

„Im internationalen Vergleich besteuert Deutschland die Vermögen niedrig. Eine Ausweitung der Besteuerung auf das Durchschnittsniveau von OECD und EU könnte ein Steuermehraufkommen von gut einem Prozent des Bruttoinlandsproduktes erzielen – das wären gegenwärtig rund 25 Mrd. Euro.

Bei der Grundsteuer besteht dringender Reformbedarf, da die Grundstückswerte völlig veraltert sind. Eine Steuererhöhung würde aber die Wohnkosten erhöhen und damit die ärmeren Haushalte relativ stärker treffen als die reichen. Mit Vermögens- und Erbschaftsteuer soll die Belastung auf die Wohlhabenden konzentriert werden. Hohe Steuersätze können aber zu Ausweichreaktionen der Steuerpflichtigen führen. Ferner verschärfen sie die Wirkungen von Fehlbewertungen von Grundstücken und Unternehmen. Daher sollten die persönlichen Freibeträge moderat sein, um niedrige Steuersätze und gleichmäßige Belastungen zu ermöglichen." (Wochenbericht des deutschen Institutes für Wirtschaftsforschung, Nr. 30/2009)

Historisch wurde die Vermögensteuer als Teil der Personalsteuern verstanden, also einer Steuer, die auf die persönlichen Verhältnisse durch ausreichende Berücksichtigung von Freibeträgen und Freigrenzen Rücksicht nimmt. In der Theorie sollte daher ein erwarteter Normalertrag besteuert werden, da die Vermögensteuer aus den Erträgnissen des Vermögens hätte bestritten werden sollen. Als philosophischer Hintergrund kann angeführt werden, dass dadurch ein Anreiz zur ertragsoptimalen Nutzung des vorhandenen Vermögens und dadurch wiederum die Schaffung von volkswirtschaftlichen Mehrwerten erreicht wird.

Tatsächlich ist die Vermögensteuer bis zur ihrer Abschaffung in

Österreich – und ist sie dies auch im internationalen Vergleich – immer eine Substanzsteuer gewesen und hat daher bei mangelndem Ertrag zu einer effektiven Verringerung des Reinvermögens geführt. Unter Vermögensbesteuerung im weiteren Sinne werden sowohl Steuern auf den Bestand von vorhandenen Vermögenswerten als auch Steuern auf Transaktionen von Vermögenswerten verstanden.

1. Grundsteuern

Unter Grundsteuern werden Steuern auf Immobilienbesitz verstanden, die auch in Österreich durch den inländischen Grundbesitz im Sinne des Bewertungsgesetzes definiert sind. Es besteht eine Reihe von Befreiungen für Körperschaften des öffentlichen Rechtes und für bestimmte begünstigte Zwecke.

Daneben kennt das österreichische Steuerrecht noch die Bodenwertabgaben, die von unbebauten Grundstücken, die für Bauzwecke verwendet werden können, erhoben werden.

Letztlich werden noch die Beiträge von land- und forstwirtschaftlichen Betrieben auf Basis des Grundvermögens eingehoben.

Wie im Folgenden noch zu zeigen sein wird, sind die bestehenden Bewertungsverfahren zur Ermittlung der erforderlichen Einheitswerte, auf Basis jahrzehntelang zurückliegender Bewertungsansätze, überholt und daher jedenfalls für eine zukünftige Besteuerungstechnik ungeeignet. Es mag ein schwacher Trost sein, dass etwa in den neuen deutschen Bundesländern die letzten Bewertungsverfahren auf Basis von Werten rechnen, die aus den dreißiger Jahren des vorigen Jahrhunderts stammen.

Als Bewertungsverfahren werden einerseits Vergleichswertmethoden unter Heranziehung der amtlichen Kaufpreissammlungen für Grundvermögen bzw. typisierte Gebäudewertverfahren mit standardisierten Herstellungskosten angesetzt.

2. Allgemeine persönliche Vermögensteuer

Unter allgemeiner persönlicher Vermögensteuer wird eine Besteuerung des gesamten Nettovermögens des Steuerpflichtigen, also sämtliche Aktiva einschließlich Grund und Geldvermögen, aber auch Gebrauchsvermögen abzüglich bestehender Verbindlichkeiten verstanden.

Um dem Charakter der Personalsteuern zu entsprechen, wurden bzw. werden diverse Freibeträge nach sachlichen Kriterien (etwa Geldvermögen) oder allgemeine Freibeträge je nach Haushaltsstand zugestanden.

Diese Form der allgemeinen persönlichen Vermögensteuer wurde in Österreich durch die Steuerreform 1993 mit Wirkung ab 1. Jänner 1994 aufgehoben. Seither wird, mit Ausnahme der oben dargelegten Abgaben, also im Wesentlichen der Grundsteuer, eine Vermögensbesteuerung in Österreich nicht mehr vorgenommen. Der Trend, die persönliche Vermögensteuer abzuschaffen oder einzuschränken, ist in allen OECD-Ländern festzustellen.

3. Außerordentliche Vermögensabgaben

Unter außerordentlichen Vermögensabgaben werden Sonderabgaben auf bestehendes Vermögen verstanden, die berufsspezfisch, wie etwa Bankenfilialsteuern oder Sonderabgaben zur Staatssanierung nach dem Zweiten Weltkrieg, eingeführt wurden. Meist wurden diese als Zuschlagssätze zur bestehenden Vermögensteuer ausgestaltet.

4. Erbschafts- und Schenkungssteuer

Die Erbschafts- und Schenkungssteuer in Österreich hat, wie in Deutschland, als sogenannte Erbanfallsteuer nicht den Nachlass selbst, sondern den Nettozugang, also die Vermögenserhöhung beim jeweiligen Erben bzw. Legatar, erfasst und trägt daher dem Prinzip der wirtschaftlichen Leistungsfähigkeit des Erben oder Legatars Rechnung. Durch die Erkenntnisse des Verfassungsgerichtshofes im März und Juni 2007 und durch die Einführung des Schenkungsmeldegesetzes im Jahre 2008 wurden die einzelnen Tatbestände der Erbschafts- und Schenkungssteuer aufgehoben bzw. außer Kraft gesetzt, so dass mit Wirkung ab 1. August 2008 in Österreich keine Erbschafts- und Schenkungssteuer mehr zur Vorschreibung gelangt. Auch in diesem Bereich liegt Österreich im internationalen Trend der letzten Jahre, wonach Erbschafts- und Schenkungssteuern eingeschränkt bzw. abgeschafft wurden.

5. Vermögensverkehrssteuern

Vermögensverkehrssteuern werden auf den Umsatz von Vermögensgegenständen erhoben. Ähnlich wie bei der Umsatzsteuer (allerdings ohne Vorsteuerabzug) werden bestimmte Verkehrsvorgänge mit einer Spezialsteuer belegt. Verbreitet ist hierbei etwa die auch in Österreich übliche Grunderwerbsteuer. Aber auch Verkehrsteuern auf Kapitalumsätze, also Kapitalverkehrsteuern, wie etwa Börsenumsatzsteuer, Gesellschaftsteuer, Wertpapiersteuer u.Ä., wurden in Österreich historisch eingehoben.

Mit Ausnahme der Grunderwerbsteuer, die im Laufe der Geschichte von 8 auf 3,5 % herabgesetzt worden ist, und der Gesellschaftsteuer sind die übrigen Kapitalverkehrsteuern zwischenzeitlich abgeschafft worden; dies zum Teil zur Erreichung der EU-konformen Freiheit für den Kapitalverkehr im europäischen Gleichschritt.

Als derzeit mögliche Reformvorhaben bieten sich folgende Modelle an:

a) Neuauflage einer allgemeinen persönlichen Vermögensteuer

Voraussetzung jeder auf persönliche Verhältnisse abstellenden Steuervorschreibung ist die Möglichkeit, die Steuererklärungen auch effizient bearbeiten und gegebenenfalls prüfen zu können. Da wesentliche Teile des Besteuerungsgegenstandes aber zu bewerten sind, müsste zuvor die sachliche und personelle Basis geschaffen werden, um die notwendigen Bewertungsstellen hierzu einzurichten. Dies unter der Prämisse, dass die Einhebung von Steuern zu den Hoheitsaufgaben des Staates zählt und daher nicht ausgelagert werden kann. Alternative Bewertungsmodelle, wie etwa die Heranziehung von Versicherungsbewertungsergebnissen, ist aus rechtsstaatlichen Überlegungen wahrscheinlich kaum möglich; die Umgehungs- oder Ausweichreaktionen des Abgabenpflichtigen (der ja neuerdings Abgabenkunde genannt wird) darf man hierzu als übliche menschliche Reaktion ebenfalls nicht unbeachtet lassen.

In internationalen Bereichen (etwa in den USA) werden Bewertungen durch ausgelagerte Bewertungssachverständige durchgeführt („Appraisal values“), die allerdings nur eine Art vorgelagertes Sachverständigenverfahren für die jeweiligen Abgabenbehörden sind. Ob dadurch eine Verwaltungsvereinfachung herbeigeführt werden könnte, mag bezweifelt werden.

Des Weiteren hat unter der oben dargelegten Philosophie der Erwirtschaftung der Vermögensteuer aus den erwarteten Erträgnissen eine ertraglose Liegenschaft aus der Bewertung auszuscheiden oder eine sehr geringe Bewertung nach sich zu ziehen. Dies würde für bestimmte Sonderliegenschaften (z.B. durch Denkmalschutz geschützte Gebäude) gelten, aber vermutlich auch für eine Mehrzahl an land- und forstwirtschaftlich genutzten Liegenschaften.

Nur der Vollständigkeit halber sei darauf hingewiesen, dass natürlich auch die Scheingewinnproblematik bei einer laufenden Neubewertung des Vermögens ungelöst ist, d.h. die Steuerbemessungsgrundlage würde sich bei inflationären Bewegungen laufend erhöhen, ohne dass sichergestellt ist, dass die Erträgnisse oder erwarteten Normergebnisse aus dem Vermögen mit dieser Preissteigerung mithalten können.

Die schon in der Vergangenheit viel zitierten „Häuslbauer“ werden wohl durch einen ausreichenden Freibetrag von der Steuer auszunehmen sein; ob dieser sachliche Freibetrag allerdings in einen nutzungsbedingten Freibetrag umgewandelt werden kann, erscheint äußerst fraglich. Als nutzungsbedingter Freibetrag wäre jener Freibetrag zu verstehen, der immer dann zur Anwendung kommt, wenn ein Gebäude für die Befriedigung eines Wohnbedarfs eingesetzt wird, unabhängig davon, ob dieses Gebäude durch den Eigentümer selbst genutzt wird oder im Wege eines Bestandsvertrages dritten Personen zur Verfügung gestellt wird. Würde nämlich in einer Vermietungssituation eine Vermögensteuer zum Ansatz kommen, so würde diese wohl dem Mieter als Betriebskosten verrechnet werden und somit wiederum die Wohnkosten erhöhen. Nur durch einen nutzungsbedingten Freibetrag, also einen Freibetrag für zu Wohnzwecken genutzten Räumlichkeiten, könnte dieses Problem beseitigt werden.

b) Wiedereinführung von Erbschafts- und Schenkungssteuer

Obgleich die Wiedereinführung einer Erbschafts- und Schenkungssteuer dem Prinzip des Nettovermögenszuwachses am ehesten entspricht, erscheint die politische Umsetzbarkeit und die Ergiebigkeit bei unveränderten Bewertungsregeln des Grundbesitzes nicht gegeben zu sein. Der Verfassungsgerichtshof hat letztlich die Ungleichbehandlung zwischen sonstigem Vermögen und Grundvermögen in der Bewertung im Erbgange als den Grund für die Aufhebung der ersten beiden Tatbestände des Erbschafts- und Schenkungssteuergesetzes gesehen. Wird daher keine grundsätzliche Neubewertung der Grundvermögen vorgenommen, kann eine Wiedereinführung von Erbschafts- und Schenkungssteuer keinesfalls erfolgreich sein.

c) Vermögenszuwachssteuer

Die Überlegungen zur Einführung einer Vermögenszuwachssteuer stellt letztlich eine Diskussion zu einer Art „Ersatzeinkommensteuer“ dar. Die Vermögenswerte, die nicht durch Einkommensteuer erfasst sind, würden – sofern keine unmittelbare Konsumation erfolgt – einer Vermögenszuwachssteuer unterworfen werden. Vom theoretischen Ansatz eine durchaus interessante Variante, die vermutlich in der praktischen Umsetzbarkeit einer Erweiterung der Spekulationstatbestände bzw. einer Verlängerung der Spekulationsfristen, etwa im

Bereich des § 30 EStG bzw. § 31 EStG, eine praktikable Lösung darstellen kann. Bekanntlich werden nach geltendem Einkommensteuergesetz Spekulationsgewinne bei unbeweglichem Vermögen bei Veräußerung innerhalb von zehn Jahren (in besonderen Fällen 15 Jahren) der Einkommensteuer als sonstige Einkünfte unterworfen; bei der Veräußerung von bestimmten Beteiligungen (jede Beteiligung im Ausmaß von 1 % oder mehr) wird unbefristet, dafür allerdings mit einem begünstigten Einkommensteuersatz, der Versteuerung unterworfen. Bei anderen Wirtschaftsgütern außerhalb von Beteiligungen und Liegenschaften ist ab der Behaltefrist von einem Jahr keine Besteuerung mehr im Privatvermögen vorzunehmen.

Dem Problem der Scheingewinnbesteuerung bei inflationistischen Wirtschaftssituationen und etwa der geballten Besteuerung bei einer längerfristigen Behaltedauer, wäre ebenfalls etwa durch Tarifmaßnahmen zu begegnen.

Es ist unbestritten, dass die Besteuerung der aktiven Einkünfte mit einem Grenzsteuersatz von 50 % und des Konsums unter Anwendung eines Umsatzsteuersatzes von 20 % gegenüber den Einkünften aus Vermögen im Wesentlichen, aber auch gegenüber jenen aus Kapitalvermögen, benachteiligt ist. Es ist weiters seit den Untersuchungen der OECD klar, dass Österreich im Bereich der Vermögensteuern mit einer Steuerlast von 0,57 % des BIP etwa auch gegenüber Deutschland mit 0,9 % des BIP, aber vor allem auch gegenüber dem Schnitt der EU und der OECD, stark zurückbleibt. Die Finanznot der öffentlichen Hände wird daher die gesetzgeberische Fantasie beflügeln, auch im Bereich der vorhandenen Vermögensteuer Quellen zu erschließen oder modernere Bewertungsverfahren zu erreichen. Aufgrund des zu erwartenden Ausnahmekatalogs und der nicht mehr vorhandenen administrativen Einrichtungen zur Herbeiführung einer gleichmäßigen Besteuerung wird eine allgemeine persönliche Vermögensteuer vermutlich nicht umsetzbar sein; eine politische Bewertung der vorhandenen Vorschläge steht ebenfalls noch zur Diskussion.

Eine Neubewertung der Grundsteuervorschreibung, eine Erweiterung der sonstigen Einkunftsarten mit einer möglichen Verlängerung der Spekulationsfristen wären administrativ einfach herbeiführbar; eine generelle Vermögenszuwachsbesteuerung als Ergänzungsteuer zur Einkommensteuer wäre ebenfalls theoretisch denkbar. Ob damit ohne Angleichung etwa des Einkommen- und Lohnsteuertarifs eine Anhebung der vermögensbezogenen Steuern auf etwa 1 % des BIP umsetzbar ist, erscheint jedenfalls aus heutiger Sicht zweifelhaft.

Herbert STEPIC

Die Zukunft des Finanzsystems in CEE

Gedanken eines Ostpioniers

Das weltweit vernetzte Finanzsystem der Gegenwart wurde durch die Finanzkrise nach der Lehman-Pleite auf eine harte Probe gestellt, und einige große Marktteilnehmer haben die Krise nicht überlebt, oder konnten nur durch Teilverstaatlichungen gerettet werden. Das hat eine breite Diskussion über Möglichkeiten zur besseren Regulierung des Finanzsektors eröffnet und wurde als Anlass für Spekulationen über die verschiedensten Zukunftsszenarien verwendet.

Auch Zentral- und Osteuropa („CEE")[1], der Kernmarkt von Raiffeisen International und vielen anderen österreichischen Unternehmen, blieb von der Krise nicht verschont und wurde von ihr teils hart getroffen. Deshalb scheint es an der Zeit, sich Gedanken über die Zukunft des Finanzsystems und der Finanzwirtschaft in CEE zu machen. CEE darf jedoch nicht als homogener Markt missverstanden werden, da sich die einzelnen Länder in unterschiedlichen Phasen des Transformationsprozesses befinden und daher auch mit einer unterschiedlichen Vehemenz von der Krise getroffen wurden.

Die Erfolgsgeschichte CEE und die Rolle von Österreich

Der Ostfaktor hat in der Vergangenheit und wird auch in der Zukunft eine entscheidende Rolle für den Erfolg österreichischer Unternehmen spielen. Er ist für Österreich ein Synonym für Wachstumsperspektive und Standortvorteil.

1 Raiffeisen Research Definition – CEE: Zentraleuropa, Südosteuropa, Gemeinschaft Unabhängiger Staaten (Russland, Ukraine, Weißrussland).

CEE ist seit der Ostöffnung 1989 eine beeindruckende Erfolgsgeschichte, an der viele österreichische Unternehmen partizipiert haben und die auch von vielen österreichischen Unternehmen entscheidend mitgeschrieben wurde. Die Staaten der Region haben sich nach dem Fall der Berliner Mauer auf eine rasante Aufholjagd gegenüber Westeuropa begeben und haben es geschafft, sich in den letzten 20 Jahren von einer zentral geführten Planwirtschaft zu einer eigenständig funktionierenden freien Marktwirtschaft zu entwickeln.

Die EU-Beitrittsperspektive war und ist eine äußerst wichtige Antriebsfeder für den Reformprozess in den Ländern der CEE-Region und hat den Transformationsprozess in dieser Geschwindigkeit erst möglich gemacht. Österreich hat von Anfang an eine entscheidende Rolle in den Beitrittsverhandlungen gespielt und hat sich immer für eine rasche EU-Osterweiterung stark gemacht. Der EU-Beitritt der zentraleuropäischen[2] und einiger südosteuropäischer[3] Länder ist der bisherige Höhepunkt der Erfolgsgeschichte, die diese Region in den letzten Jahren durchlaufen hat.

Die Außenhandelsdaten von Österreich zeigen die beeindruckend rasche Entwicklung der CEE-Region und belegen die Bedeutung, die sie für den Wirtschaftsstandort Österreich bekommen hat. So haben sich die österreichischen Exporte in die Region von einem Wert von 1,3 Mrd. EUR im Jahr 1989 auf 30,9 Mrd. EUR im Jahr 2008 vervielfacht. Mittlerweile gehen rund 26 % der österreichischen Gesamtexporte nach CEE, die Region ist nur noch knapp hinter Deutschland der zweitgrößte Handelspartner.

Internationale Banken als Transformationskatalysator

Man kann anhand der Entwicklung des BIP-Wachstums klar sehen, welch entscheidende Rolle der Markteintritt von internationalen Banken für die Entwicklung der einzelnen Staaten gespielt hat. So kam es direkt nach dem Fall des Eisernen Vorhanges zu negativen BIP-Wachstumsraten, von denen sich Zentraleuropa (wo ausländische Banken als erstes investierten) am schnellsten erholte. Von 1993 bis 2008 verzeichnete Zentraleuropa ein durchschnittliches BIP-Wachstum von über 4 %. Mehr oder weniger zeitgleich mit der weiteren

2 Raiffeisen Research Definition – Zentraleuropa („CE"): Polen, Ungarn, Tschechien, Slowakei, Slowenien.

3 Raiffeisen Research Definition – Südosteuropa („SE"): Albanien, Bosnien und Herzegowina, Bulgarien, Kroatien, Rumänien, Serbien.

Expansion der internationalen Banken nach Südosteuropa und in die GUS-Staaten begannen diese Regionen sehr dynamisch zu wachsen. In diesem Transformationsprozess haben internationale Banken verschiedene Rollen übernommen, welche als Katalysator der Entwicklung zu verstehen sind.

An erster Stelle ist hier die *„Pionier"-Funktion* zu nennen, die vor allem von Raiffeisen – aber auch von den anderen österreichischen Banken – wahrgenommen wurde. Raiffeisen hat in sehr vielen Ländern als sogenannter „First Mover" die Märkte aufbereitet und konnte andere ausländische Investoren zu einem Schritt in die Region motivieren bzw. ermutigen. Das Vertrauen in die ausländischen Banken brachte Kapital für die produzierende Wirtschaft in der Region. Durch den frühen Markteintritt der Banken konnten diese auch vor Ort ihre *„Servicing"-Funktion* erfüllen und die westlichen Unternehmen aus ihren Heimatmärkten direkt in die Region begleiten und mit den gewohnten Standards servicieren. Die internationalen Banken brachten eine Revolution der Servicequalität und des Produktangebotes in das CEE-Bankwesen (*„Benchmark"-Funktion*) und erlangten wesentlich höheres Vertrauen bei den Kunden als die lokalen Banken. Daraufhin brachten die Kunden ihre Ersparnisse, die bis dahin zu Hause „unter der Matratze" gehortet wurden, zu den ausländischen Banken. Diese Gelder flossen dadurch in den Wirtschaftskreislauf und erzeugten weiteres Wachstum. CEE-Unternehmen nutzten aber auch die Geschäftsbeziehungen, die zwischen ihnen und den internationalen Banken aufgebaut wurden, als Sprungbett (*„Sprungbrett"-Funktion*), um die eigene Internationalisierung voranzutreiben und um den Schritt in ausländische Märkte zu machen.

Diese Entwicklung hatte einen positiven Effekt auf den Wohlstand der Bevölkerung und so hat sich das BIP pro Einwohner in den letzten zehn Jahren in der gesamten CEE-Region auf 7.163 EUR fast verdreifacht, wobei nach wie vor große regionale Unterschiede bestehen. Die Präsenz der internationalen Banken hatte weiters einen absoluten und unmittelbaren Effekt auf den Lebensstandard der Menschen. Nach vehementem Fordern der Banken wurden Grundbücher aktualisiert und verbessert, was eine Voraussetzung für die großflächige Einführung von international gängigen Bankprodukten wie der Hypothekenfinanzierung war und vielen Menschen erstmals erlaubt hat, ein Eigenheim zu finanzieren. Analoges gilt für Konsumgüter wie Autos und Fernseher.

In den letzten zehn Jahren sind die Einkommen in CEE jährlich um durchschnittlich 23,8 % gestiegen, das reale BIP um durchschnittlich 6,7 % und die reale Industrieproduktion um durchschnittlich 6,2 %.

Die Krise

Trotz all den Erfolgen befinden wir uns nun in einer weltweiten Krise, welche die CEE-Region und die dort tätigen Banken hart getroffen hat. Diese Krise ist die größte Herausforderung seit dem Fall des Eisernen Vorhanges, da sie im Unterschied zu vorhergegangenen Krisen nicht im CEE-Raum selbst entstanden ist und sich auch nicht auf ein Land oder eine Industrie beschränken lässt.

Länder wie die Ukraine, Russland und Ungarn haben am schwersten mit der Krise zu kämpfen. Raiffeisen Research-Prognosen besagen, dass das BIP in CEE im Jahr 2009 um 5,8 % sinken wird, vergleichbar mit dem Rückgang in Deutschland von -5,9 % bzw. von -4,3 % in der Eurozone. An dieser Stelle muss auch gesagt werden, dass ganz im Gegensatz zu der weit verbreiteten Meinung von überschuldeten Privathaushalten in CEE, die Verschuldung der CEE-Haushalte im Vergleich zur Eurozone bzw. zum angloamerikanischen Raum gering ist. Problematisch sind jedoch die teils sehr starken Abwertungen der CEE-Währungen, die Fremdwährungskreditnehmer in Schwierigkeiten gebracht haben, sowie die negativen Auswirkungen der Rezession auf die Finanzkraft der Kunden. Deshalb werden Problemkredite bzw. erhöhte Kreditrisikovorsorgen ein zentrales Thema für die Banken in nächster Zeit sein.

Dabei stellt sich die Frage, wie lange diese Krise noch dauern wird und welche Auswirkungen sie noch auf die einzelnen Länder haben wird. Fraglich ist aber vor allem, was getan werden kann, um eine vergleichbare Krise in der Zukunft zu vermeiden. Der Ruf nach Aufsichtsbehörden, die in einem vernetzten, globalisierten Markt effiziente Krisenprävention betreiben und mit den richtigen Mitteln auf eine Krise reagieren können, ist zu Recht laut geworden. Das größte Problem der Aufsicht ist, dass das Finanzsystem globalisiert ist, Aufsicht aber immer nur lokal oder regional organisiert ist, und dass es neben den stark regulierten Märkten für Banken und Versicherungen einen fast gänzlich unregulierten Markt (Hedgefonds, Private Equity etc.) gibt.

Die Finanzkrise hat gezeigt, dass das existierende dezentrale europäische Set-up nicht funktioniert bzw. versagt hat. Deshalb hat ein Paradigmenwechsel im Ansatz der Bankenaufsicht stattgefunden. Bis zu der Krise waren die meisten Marktteilnehmer und Wirtschaftswissenschaftler überzeugt, dass es ausreicht, dafür zu sorgen, dass die einzelnen Finanzinstitute auf einer finanziell gesunden Basis stehen und gut geführt werden, um das Finanzsystem stabil zu halten. Die Krise hat gezeigt, dass dieser mikro-zentrierte Ansatz nicht ausreicht, da das Finanzsystem wesentlich mehr als die Summe der einzelnen Player ist. Die Aufsicht muss daher zusätzlich einen makrozentrierten Ansatz verfolgen, der vor systemischen Risiken warnt und Maßnahmen erarbeitet, da das Finanzsystem sehr eng vernetzt ist und Banken untereinander Geschäfte mit riesigem Volumen tätigen.

Die Zukunft des europäischen Finanzsystems

Um die gegenwärtigen Probleme in den Griff zu bekommen, hat die EU im Oktober 2008 eine Expertengruppe beauftragt, die von Jacques de Larosière, dem früheren IWF-, EBRD- und Banque de France-Vorsitzenden, geleitet wurde und der Europäischen Kommission am 28. Februar 2009 verschiedene Vorschläge zur Verbesserung der Überwachung der Finanzinstitute und -märkte vorlegte. Im Herbst 2009 wird die Europäische Kommission sodann legislative Vorschläge zur Umsetzung dieser Lösungsansätze vorlegen.

Ein großer Schwachpunkt der heutigen dezentralen Aufsicht ist die mangelnde makro-zentrierte Aufsicht, die kein effizientes Frühwarnsystem darstellt, bzw. die fehlende Umsetzung von Maßnahmen, wenn einzelne Staaten Warnungen aussprechen. Daher versucht die Larosière-Gruppe mit ihren Vorschlägen, die Kooperation und die Koordination der nationalen Aufsichtsbehörden zu stärken. Dazu sollen europäische Aufsichtsbehörden gegründet werden, die das Risiko des gesamteuropäischen Finanzsystems überblicken.

Die Staats- und Regierungschefs verständigten sich im Juni 2009 auf Grundzüge einer Reform der Finanzaufsicht und folgten weitgehend den Vorschlägen der Kommission vom 4. März, die auf dem Larosière-Bericht basierten. Die europäische Finanzaufsicht soll auf der Basis von zwei Säulen gestaltet werden:

- **Der Europäische Rat für Systemische Risiken**[4] (ESRB), der die Risiken und potentiellen Bedrohungen für die Stabilität des Finanzsystems mit einem makro-zentrierten Ansatz analysieren soll. Der ESRB soll als Frühwarnsystem für problematische Entwicklungen dienen und nicht bindende Empfehlungen für Maßnahmen abgeben. Der ESRB soll damit eines der fundamentalen

4 European Systemic Risk Board.

Probleme beheben, das die Krise aufgezeigt hat: die Verwundbarkeit des Finanzsystems auf miteinander verbundene, komplexe, sektorale und übersektorale systemische Risiken. Der ESRB soll bei der Europäischen Zentralbank angesiedelt werden. Es werden die Notenbankvorsitzenden aller 27 Mitgliedstaaten, die drei Vorsitzenden der European Service Authority (ESA), sowie ein Mitglied der Europäischen Kommission im ESRB vertreten sein.

- **Das Europäische System der Finanzaufsicht**[5] (ESFS): Die neue, von Larosière vorgeschlagene, ESFS-Struktur soll weitgehend umgesetzt werden. Die drei bestehenden Level 3-Komitees CEBS[6], CESR[7] und CEIOPS[8] werden jeweils als ESA mit vermehrten Befugnissen neu gegründet. Darüber wird es ein Steering-Komitee geben, um die Kooperation und konsistente Beaufsichtigungsmethoden der einzelnen ESAs zu gewährleisten. Die lokalen Notenbanken sollen eng mit den ESAs zusammenarbeiten und eine solide Finanzierungsbasis der einzelnen Finanzinstitute gewährleisten, um die Konsumenten zu schützen. Die ESAs sollen einheitliche Regeln und ihre konsistente Anwendung in den einzelnen Ländern gewährleisten sowie für eine einheitliche Aufsichtskultur sorgen. Weiters sollen die ESAs eine Koordinationsrolle in Krisen übernehmen und Dispute zwischen nationalen Behörden mit bindenden Entscheidungen regeln.

Obwohl ich prinzipiell ein System mit einem verstärkten makrozentrierten Ansatz begrüße, da systemische Risiken schwer vorherzusehen sind und die größte Gefahr für den Bankensektor darstellen, stehe ich der neuen europäischen Architektur der Aufsichtsbehörden äußerst kritisch gegenüber. Es werden zusätzliche Aufsichtsmechanismen geschaffen und trotzdem bleiben die alten Level 3-Komitees in noch verstärkter Form bestehen. Dass ein Steering-Komitee geschaffen werden soll, um die ESAs zu beaufsichtigen, entlarvt einen Kompromiss, der die wesentlich sinnvollere Zusammenlegung der ESAs verhindert. Der ESRB soll aus einer so großen Anzahl an Mitgliedern bestehen, dass schnelle Einigungen schwierig zu erzielen sein werden. Deshalb sollte die Anzahl der Mitglieder reduziert und unabhängige Ökonomen sowie Praktiker, insbesondere Top Risk-

5 European System of Financial Supervisors.
6 Committee of European Banking Supervision.
7 Committee of European Securities Regulator.
8 Committee of European Insurance and Occupational Pension Supervisory.

Manager von Banken, sollen in den ESRB aufgenommen werden. Praktiker verstehen die Umsetzung von Regulatorien in der Praxis, kennen die Schwächen der eigenen Risikomanagementsysteme und können deshalb marktnahe und praxisrelevante Inputs geben. Aufgrund der Zusammensetzung und Größe der neuen Aufsichtsbehörden bezweifle ich deren Effizienz und Fähigkeit, schnell Entscheidungen zu treffen. Rasche Reaktionen auf potentielle Krisenauslöser sind aber die wichtigste Aufgabe, die der ESRB hat und in diesem Fall sollte ganz eindeutig Qualität vor Quantität gehen.

Weiters ist zu befürchten, dass es durch die Einsetzung von verschiedenen neuen Gremien zu einer Überregulierung kommt, die für die Banken eine enorme zusätzliche Belastung im Reporting nach sich zieht, ohne dass entscheidender Nutzen daraus gezogen werden kann. Das gilt, solange der nicht wenig beaufsichtigte Sektor der Hedgefonds nicht in das neue System miteingeschlossen wird und kein weltweiter Ansatz der Finanzaufsicht existiert, der auch die Ratingagenturen miteinbezieht. So schlägt der Larosière-Bericht auch eine verstärkte Aufsicht des „parallelen Bankensystems“ vor. Doch die Aufsicht von Hedgefonds ist eine schwierige Aufgabe, da es keine einheitliche Definition gibt und Hedgefonds sich leicht in nicht oder wenig regulierte Länder zurückziehen können.

Der Larosière-Bericht tritt für eine Reduzierung der prozyklischen Effekte ein. Laut Basel II müssen Banken für schlechter geratete Kunden größere Eigenkapitalhinterlegungen leisten, was für die Banken und – aufgrund der Verteuerung der Kredite – auch für die Kunden, gerade in Krisenzeiten, eine prozyklische, d.h. eine zusätzlich belastende, Auswirkung haben wird. Deshalb ist es von zentraler Bedeutung, dass das prozyklische Basel II-Modell durch ein weniger variables System ersetzt wird. Das darf aber, gerade in Krisenzeiten nicht durch den Aufbau von massiven Kapitalpuffern passieren, da diese für erhöhte Kreditkosten sorgen und die Möglichkeit der Kreditvergabe einschränken, was auf Kosten der Kunden und zu Lasten des Wachstums geht.

Weiters soll es laut Larosière-Bericht zu einer grundsätzlich sinnvollen Stärkung des Internationalen Währungsfonds (IWF) kommen. Dem IWF wurde beim G 20[9]-Gipfel in London im April 2009 eine Verdreifachung des IWF-Kapitals auf eine Billion US-Dollar zugesagt. Daher kommt dem IWF auch eine besonders große Verantwortung im

9 Die Gruppe der 20 wichtigsten Industrie- und Schwellenländer (inkludiert die Europäische Union).

Umgang mit den CEE-Ländern in Zukunft zu. Der IWF war in der Krise bis jetzt in der Lage, Ländern wie Ungarn, Rumänien und der Ukraine schnelle Hilfe zukommen zu lassen, und hat so eine Verschlimmerung der Krise abwenden können. Jedoch müssen die US-lastigen Entscheidungsstrukturen geändert werden. Der IWF hat 186 Mitglieder, aber die USA verfügen über 16,8 % der Stimmrechte, während Japan, Deutschland und Frankreich über jeweils maximal 6 % verfügen. Diese Dominanz der USA sollte durch eine Neuregelung der Entscheidungsstrukturen neutralisiert werden, um gemeinschaftliche Interessen zu stärken und ein größeres Gleichgewicht zwischen den einzelnen Staaten herzustellen.

Zukunft des Finanzsystems der Nicht-EU-Staaten in CEE

Rund 70 % der Bilanzsumme von österreichischen Banken in CEE befinden sich in den neuen EU-Staaten. Aber auch die Entwicklung jener Staaten, die nicht zur EU gehören, ist für die ganze Region und somit auch für Österreich von zentraler Bedeutung.

Die Oesterreichische Nationalbank und die österreichische Finanzmarktaufsicht arbeiten mit den CEE-Notenbanken und Aufsichtsbehörden zusammen, um auch die Töchter der österreichischen Banken effektiver beaufsichtigen zu können. Da der österreichische Direktinvestitionsbestand in der Region CEE bei ca. 50 % der gesamten österreichischen Direktinvestitionen liegt, ist der Fokus der österreichischen Behörden in den letzten Jahren auf diese Region gelegt worden. Gerade die Länder, die keine EU-Mitglieder sind und nicht Teil der neuen europäischen Architektur sein werden, gilt es über bilaterale Beziehungen in die zukünftigen Prozesse mit einzubeziehen und die herrschende Kooperation noch weiter zu verstärken. Wichtig ist auch der Know-how-Transfer an die lokalen Notenbanken und Aufsichtsbehörden. Deshalb sollten weit reichende Kooperationsabkommen zwischen den EU-Behörden und den europäischen Nicht-EU-Staaten abgeschlossen werden, um höhere Standards, auch in den Nicht-EU-Staaten, zu erreichen.

Es würde den Rahmen dieses Beitrags sprengen, auf die einzelnen Länder einzugehen, weshalb ich mich an dieser Stelle auf die derzeit größte Herausforderung in Europa konzentrieren möchte: Die Ukraine.

Das **ukrainische Finanzsystem** ist aufgrund von gesetzlichen Rahmenbedingungen, instabilen Regierungsverhältnissen und der

Krise in einer sehr schwierigen Lage. Die Regierung versucht mit den verschiedensten Mitteln, Banken, die in dem Land investiert sind, durch neue Regelungen zur Stärkung der Lokalwährung Hryvnia und zu Kapitalerhöhungen zu zwingen. In diesem Zusammenhang hat die Ukrainische Nationalbank am 22. April 2009 neue Verordnungen erlassen, die u.a. die Berechnungen der offenen Devisenpositionen und den Zugang zum Erwerb von Fremdwährungen neu regeln. Das hat das Wirtschaften für die Banken massiv erschwert.

1. Neudefinition der offenen Devisenposition

Durch eine Umstellung der Berechnungsregeln werden die Banken de facto gezwungen, Fremdwährungen (in erster Linie USD) in großen Volumina zu verkaufen und die lokale Währung Hryvnia zu kaufen. Dies hat automatisch zur Folge, dass die Banken ihr Fremdwährungsrisiko deutlich erhöhen, das dann schlagend wird, wenn die lokale Währung gegen den USD weiter abwertet.

2. Erwerb von Fremdwährungen zur Bedienung bestehender Kredite

Beim Erwerb von Fremdwährungen zur Bedienung eigener Kredite werden den Banken schwerwiegende Restriktionen auferlegt. Die Banken werden in Zukunft nur dann Devisen zur Rückzahlung eigener Kredite erwerben können, wenn sie beweisen, dass der ursprüngliche Fremdwährungskredit in lokale Währung umgewandelt wurde. Dies ist fast nie der Fall gewesen, weil diese Fremdwährungs-Refinanzierungskredite praktisch ausschließlich zur Gewährung von Fremdwährungskrediten an ukrainische Kunden verwendet wurden. Die ordnungsgemäße Bedienung der eigenen Fremdwährungsverbindlichkeiten wird somit für die Banken massiv erschwert bzw. wäre nur möglich, wenn es gelingt neue Kredite aufzunehmen.

Der IWF, welcher der Ukraine Kredite in Höhe von 11,4 Mrd. EUR gewährt, hat die Kreditgewährung mit massiven Forderungen zur Verbesserung der Aufsicht und zu mehr Transparenz in der Ukraine verbunden. In der jetzigen Situation herrscht jedoch Stillstand, da die Opposition jegliche Reformvorhaben blockieren kann. Aufgrund der momentanen politischen Situation ist daher davon auszugehen, dass sich bis zu den Präsidentschaftswahlen im Jänner 2010 nichts ändert und Reformen, die sehr vom Wahlergebnis abhängen werden, auch danach nur schleppend vorangehen werden. Trotzdem erwarte ich, dass die ukrainischen Banken nach Beendigung der Krise auch unter den schwierigen rechtlichen Rahmenbedingungen in der Lage sein werden, profitabel zu arbeiten, da der Markt nach wie vor hohes Potential hat.

Die Zukunft des Bankenmarktes in CEE

Der CEE-Bankenmarkt, abgesehen von Russland, ist dominiert von ausländischen Banken. Diese Banken, allen voran die österreichischen, haben ihre Strategie als eine Langzeit-Investition in CEE ausgelegt. So hat eine vor Kurzem durchgeführte Umfrage der österreichischen Industriellenvereinigung ergeben, dass die österreichischen Banken und Versicherungen an ihr Engagement in CEE glauben und dass sie sich nicht aus CEE zurückziehen wollen. Die Jahre 2009 und 2010 werden aufgrund der stark steigenden Anzahl der Insolvenzen und der steigenden Arbeitslosigkeit für die Banken in der Region eine sehr schwierige Zeit, da die Non-Performing-Loans (NPLs), also Kredite, bei denen Zahlungen 90-Tage überfällig sind, weiter ansteigen werden. Für diese NPLs müssen die Banken hohe Risikovorsorgen treffen, welche die Ergebnisse bis ins Jahr 2010 sehr stark belasten werden. Einige kleinere Institute sowie Banken mit einer zu geringen Kapitalausstattung werden diese Krise nicht überleben oder von anderen Instituten übernommen werden müssen, was zu einer gewissen Konsolidierung im Markt führen wird. Die CEE-Länder können vergleichsweise zu den EU 15-Staaten nur geringere Hilfsmaßnahmen für den Bankensektor vorsehen, da sie nicht auf vergleichbar große Reserven zurückgreifen können.

Ausnahme ist hier die russische Regierung, die momentan einen Bankenrekapitalisierungsplan ausarbeitet, der für Stabilität des russischen Finanzsektors sorgen soll. Dabei wird allen Banken mit einer Bilanzsumme von mindestens 50 Mrd. RUB [10], das bedeutet den größten 50 bis 60 Banken[11], die Möglichkeit gegeben, eine Kapitalerhöhung durchzuführen. Das bedeutet aber auch, dass die über 1000 anderen Banken keinen Zugang zu der Staatshilfe haben. Die größten 50 russischen Banken teilen sich über 80 % der gesamten Bankenaktiva, was garantiert, dass ein Großteil des Systems durch diese Initiative versorgt bleibt. Die Anzahl der Banken wird außerdem ab 2010 um rund ein Drittel abnehmen, da die Mindesteigenkapitalerfor-

10 Entspricht ca. 1,1 Mrd. EUR zu Kurs EUR/RUR vom 24. August 2009.

11 Die Raiffeisen Bank Russland ist an 8. Stelle hinsichtlich der Bilanzsumme.

dernisse verdoppelt werden, die viele dieser Banken nicht mehr erfüllen können. Die Krise wird letztlich für eine massive, aber notwendige Reduktion der Bankenanzahl in Russland sorgen. Die Krise ist damit für die russische Politik eine ideale Möglichkeit, das Bankensystem zu stabilisieren.

Bedingt durch die Rezession wurde die Nachfrage nach Kreditprodukten sowohl im Firmenkunden- als auch im Einzelkundensegment merklich abgeschwächt, und auch die prozyklische Risiko-Gewichtung des Kreditgeschäftes im Rahmen von regulatorischen Basel II-Vorgaben hat einen zusätzlichen negativen Effekt auf die Kreditvergabe.

Durch die starken Währungsabwertungen der CEE-Währungen, sind Banken sowohl liquiditäts- als auch kapitalmäßig unter Druck geraten. Mit dem Rückgang der Finanzierung der russischen Banken aus dem Ausland („Wholesale-Finanzierung“) begann ein Kampf um Einlagen, um die Kredit-/Einlagenverhältnisse auf risikomäßig akzeptablere Niveaus zu bringen. Die Situation hat sich mittlerweile etwas entspannt, da wieder die Möglichkeit besteht, auf die etwas wiederbelebten „Wholesale“-Märkte auszuweichen.

Weiters werden sich die Banken auf ihr Kerngeschäft konzentrieren, und deshalb gibt es einen Trend zur Trennung von Nicht-Kernbereichen.

Riesiges Potential

Das CEE-Bankwesen ist nach wie vor im Vergleich zu der Eurozone unterentwickelt und enthält daher noch viel Potential. Die Tabelle unten zeigt verschiedene Bankkreditsegmente im Verhältnis zum Bruttoinlandsprodukt (BIP). Die Tabelle zeigt auf der einen Seite die starke Entwicklung des Bankensektors über die letzen Jahre und auf der anderen Seite, dass nach wie vor sehr große Aufholpotential zur Eurozone existiert.

in Prozent zum BIP	2000				2008			
	CE	SE	CIS	Eurozone	CE	SE	CIS	Eurozone
Bank Aktiva	78.4%	58.7%	31.4%	187.7%	100.3%	79.9%	70.0%	262.3%
Kredite an nicht-Banken	33.0%	18.8%	13.0%	105.0%	52.4%	50.2%	45.2%	127.8%
Hypothekar Kredite	1.0%	0.9%	0.0%	28.5%	16.9%	7.5%	3.0%	37.8%
Kredite an Haushalte	7.2%	2.9%	0.6%	45.0%	25.8%	22.6%	11.5%	53.1%

Die gesamten Bankaktiva der Eurozone entsprachen 262 % des BIP der Eurozone im Jahr 2008 und die gesamten Bankaktiva der CEE-Regionen entsprachen gerade einmal 70 bis 100 % des BIP in den CEE-Regionen. Deshalb gehe ich auch davon aus, dass das

Wachstum im Bankenbereich auch nach der Krise in der CEE-Region wesentlich deutlicher ausfallen wird als in den saturierten Märkten Westeuropas. Das Wachstum wird mit einer geringeren Dynamik als vor der Krise vonstatten gehen, da das Wachstum zu großen Teilen durch ausländische Investitionen bzw. durch ausländische Banken finanziert wurde, die in der nahen Zukunft nicht den Wachstumskurs der Vergangenheit fortführen werden können.

Die Tabelle zeigt aber auch ganz klar, dass ein großer Unterschied in der Entwicklung des Bankenmarktes in den einzelnen Subregionen besteht. So gibt es in der Gemeinschaft Unabhängiger Staaten („GUS“) nach wie vor kaum Hypothekarkredite. Der Grund dafür ist, dass die gesetzlichen Rahmenbedingungen in der GUS-Region noch nicht geeignet waren, um diese Produkte breit auszurollen. Ich gehe davon aus, dass die gesamte CEE-Region nach der Krise eine positive Wachstumsdifferenz von einem bis zwei Prozentpunkten gegenüber der Eurozone aufweisen wird. Nach positiven Signalen aus den USA und den EU 15 sind auch erste positive Signale aus dem CEE-Raum wahrzunehmen. So gab es im zweiten Quartal 2009 ein BIP-Wachstum in Tschechien (+0,3 %) und in der Slowakei (+2,2 %) im Vergleich zum ersten Quartal, obwohl Analysten weitere Rückgänge prognostiziert hatten.

Ein weiteres Volumenwachstum erwarte ich durch die Einführung des Euro, die früher oder später in den neuen Mitgliedsländern kommen wird. Voraussetzung dafür ist freilich, dass die einzelnen Staaten die Maastricht-Kriterien erfüllen. Durch die Krise ist die Erfüllung dieser Kriterien schwieriger geworden und deshalb wird es länger dauern, bis die neuen EU-Mitgliedstaaten den Euro einführen werden können.

Trends im Corporate Banking-Segment

Die Unternehmen in CEE wurden von der Krise hart getroffen, weshalb die Banken im Moment einen klaren Fokus auf Risikovermeidung sowie Risikoreduktion legen. Ausländische Banken, die opportunistisch bei einzelnen großen syndizierten Transaktionen im CEE-Raum mitgemacht haben, aber kein strategisches Interesse an CEE verfolgen, haben den Markt bereits verlassen. Das bedeutet, dass Liquidität mittelfristig nicht im gleichen Ausmaß vorhanden sein wird wie vor der Krise. Im Moment ist im Markt ein Trend dahingehend zu beobachten, dass sich die Banken auf ihre Kernkunden konzentrieren und vor allem direktes Endkundengeschäft machen. Grund dafür sind

Risikogesichtspunkte (Monitoring der Zahlungsströme, Kenntnis des Auftragsbestandes, Beurteilung des Lager- und Cash-Managements etc.), aber auch Ertragsgesichtspunkte durch Cross-Selling mit risikolosen Produkten (Zahlungsverkehr, Treasury etc.). Insgesamt wird es zu einer Reduktion der Anzahl der Bankverbindungen der Kunden kommen. Auch die Kunden haben in der Krise gelernt, dass sie mit ihren Hausbanken am besten durch schwierige Zeiten kommen, da diese versuchen, gemeinsam mit dem Kunden die Krise zu meistern. Die Hausbank hat Verständnis für eine krisenbedingte schwierige Situation und wird nicht durch prozyklisches Verhalten die Situation noch weiter verschärfen.

Das wirtschaftliche Umfeld führte auch dazu, dass das Risikomanagement in den Organisationen einen wesentlich wichtigeren Stellenwert bekommen hat und vor allem Risikomanager und Restrukturierungs-/Work-Out-Spezialisten gesucht werden. Die Banken implementieren bessere Frühwarnsysteme und streben schon früher Restrukturierungen der getroffenen Kreditvereinbarungen mit den Kunden an. Darüber hinaus sehen wir im Markt die Tendenz zu strukturierten Krediten und deutlich höheren Sicherheiten.

Eine effiziente Liquiditätssteuerung für Unternehmen hat in der Krise enorm an Bedeutung gewonnen. Deshalb werden Cash-Management-Lösungen in nächster Zeit verstärkt von den Kunden, insbesondere von multinationalen, nachgefragt werden.

Aufgrund der gefallenen Rohstoffpreise und der gesunkenen Handelsvolumina ist es zu einer Reduktion der Handelsfinanzierungsvolumina gekommen. Hier erwarten wir eine langsame Trendwende im Lauf der kommenden Monate.

Seit dem Ausbruch der Finanzkrise war der Anleihenmarkt in CEE so gut wie geschlossen. In den letzten Wochen sehen wir allerdings wieder verstärkt Anleiheemissionen, wenn auch nur von den bonitätsmäßig besten Unternehmen. Diese ersten Anleihen wurden schon erfolgreich international platziert. Für die Zeit nach der Krise erwarte ich eine dynamische Entwicklung für Unternehmensanleihen im Gegensatz zur Dominanz der Kreditmärkte in der Zeit vor 2007.

Letztlich wird es durch die hohen Zins- und Währungsschwankungen der jüngsten Vergangenheit zu einer vermehrten Nachfrage nach Absicherungsprodukten kommen.

Trends im Retail Banking[12]-Segment

Die starken Abwertungen der CEE-Währungen haben zu verstärkten Problemen mit Fremdwährungskrediten geführt. Die Folge ist ein starker Rückgang von Fremdwährungskrediten an Private. Fremdwährungshypothekargeschäfte werden nach wie vor angeboten, jedoch unter strengeren Konditionen und zu höheren Kosten. Grund dafür sind einerseits teils gestiegene Refinanzierungskosten (Einlagenzinsen, Kosten für Swaps, etc.) und andererseits der gestiegene Druck zur Einpreisung höherer Kreditrisikovorsorgen. Da es in CEE vermehrt zu Personalabbau, Einkommensverlust und Arbeitslosigkeit kommt, ist auch aufgrund der gesunkenen Nachfrage dieses Segment stark zurückgegangen.

Der Kampf um Einlagen, der mit dem Einsetzen der Bankenkrise begonnen hat, hat sich aufgrund der verbesserten Liquiditätssituation abgeschwächt. Trotzdem ist das Sparbuch bedingt durch das geringe Risiko wieder eine beliebte Anlageform geworden, da viele Privatanleger, das gilt auch für Osteuropa, Geld an den Aktienmärkten verloren haben.

Die Umsätze pro Kunde sind in CEE aufgrund von geringeren Einkommen, kleineren Kreditbeträgen und weniger vermarkteten Produkten wesentlich geringer als in den USA oder in Westeuropa. In den letzten Jahren haben die Banken versucht, verstärkt Marktanteile aufzubauen und möglichst viele Kunden zu akquirieren. Die Krise hat gezeigt, dass Kunden, die nur ein Produkt von einer Bank beziehen, diese sehr schnell wieder verlassen. Kunden hingegen, die drei oder mehr Produkte von einer Bank beziehen, bleiben bzw. werden zur Stammkundschaft und sind für die Bank wesentlich profitabler. Deshalb gibt es einen verstärkten Trend zum Verkauf von Produktpaketen. Ein starker Fokus wird in den nächsten Jahren hierbei auch auf Kooperationen mit Versicherungen und auf den Verkauf von Lebensversicherungen gelegt werden. Lebensversicherungen sind nach wie vor wenig verbreitet, und Bankfilialen stellen die optimale Infrastruktur für ihren Vertrieb dar.

Die Krise zwingt die Banken zu massiven Kosteneinsparungen gezwungen. Deshalb wird es kurzfristig auch zu einer Verkleinerung der Bankfilialnetzwerke aufgrund von Schließungen von unprofitablen

12 Typisches Massengeschäft, in dem private individuelle Kunden in lokalen Filialen von meist großen Banken serviciert werden. Die typischen Produkte sind unter anderem Spar- und Gehaltskonten, Hypothekar- und Kleinkredite sowie Kreditkarten.

Filialen kommen. Längerfristig wird es aber wieder zu einem Ausbau der Netzwerke kommen, da viele Länder, insbesondere Russland, noch immer unterversorgt sind und die Nähe zu einer Filiale noch immer der Hauptgrund für Kunden ist, sich für eine Bank zu entscheiden. Der Vertriebsumfang der Filialen wird sich längerfristig einem Trend aus den USA anpassen, wo immer mehr bankfremde Produkte wie Mobiltelefone, MP3-Player etc. verkauft werden, um den Verkaufsraum und auch die Wartezeiten der Kunden optimal zu nutzen.

Auch im Retail-Segment ist das Risikomanagement und die Eintreibung überfälliger Kredite massiv gestärkt worden. Hier gibt es einen klaren Trend zu einem stärker portfoliobasierten und zentral gesteuerten Ansatz der Risikosteuerung.

Fazit

Ich bin überzeugt, dass die CEE-Region weiterhin der Wachstumsmotor für Europa und das europäische Bankwesen bleiben wird. Die zukünftige Architektur der europäischen Banken und Finanzmarktaufsicht basiert auf dem richtigen Ansatz, verstärkt auch systemische Risiken in Betracht zu ziehen. Doch verstärkte Aufsicht scheint mir in dem gegenwärtig vorgeschlagenen Set-up mit zu vielen handelnden Personen und Komitees, vor allem ohne Praktiker, ineffizient zu sein. Solange der Rest der globalen Finanzwirtschaft, allen voran die USA, nicht mitzieht und solange es das riesige unbeaufsichtigte Segment der Hedgefonds und ähnlicher Marktteilnehmer gibt, bedeutet die verstärkte Aufsicht vor allem mehr Bürokratie, aber wenig Mehrwert in Bezug auf systemische Risikobegrenzung.

Die weitere Krisenentwicklung ist schwer vorhersagbar. Dennoch kann man mit einiger Sicherheit davon ausgehen, dass die nach wie vor steigende Anzahl von Insolvenzen und die Arbeitslosenzahlen, die bereits Rekordmarken erreicht haben, weiter stark steigen werden. Daher sehe ich für 2010 eine Seitwärtsbewegung der Märkte, geprägt von einer weiteren Zunahme der NPLs und geringer Kreditnachfrage.

Deshalb geht der Trend im Firmenkunden- als auch im Retailbanking zu einer engeren Kunden-Bank-Bindung, um gemeinsam besser durch die Krise zu steuern. Letztere wird sich pro futuro sehr positiv für die in Osteuropa tätigen Banken auswirken.

Winston Churchill hat einmal gesagt: „Ein Pessimist sieht die Schwierigkeit in jeder Möglichkeit und der Optimist sieht die Möglichkeit in jeder Schwierigkeit." Die Krise gibt den einzelnen Banken die

Chance sich in einer Extremsituation zu bewähren und ihre Organisationen deutlich zu verbessern. In CEE bedeutet es, das Potential von 300 Millionen neuen Kunden, die ihren Lebensstandard verbessern wollen, zu nützen. Daher wird es wichtig sein, die Kunden proaktiv durch die Krise zu begleiten, um gemeinsam in der Lage zu sein, nach der Krise die Märkte an EU-Europa heranzuführen. Denn eines ist sicher, die Sonne wird weiterhin im Osten aufgehen!

Josef TAUS

Die Krise des Finanzsystems – und was soll die Zukunft bringen?

Ein Versuch, die Ursachen darzustellen

Wir erleben zur Zeit eine veritable Krise des Finanzsystems, die, wie wir das aus der Wirtschaftsgeschichte wissen, erfahrungsgemäß auch das reale Wirtschaftssystem infiziert hat. Viele der großen Institutionen des Finanzsystems – Banken, Investmentbanken, Fonds, Versicherungen – werden mit noch vor kurzer Zeit unvorstellbaren Milliardenbeträgen der öffentlichen Hand am Leben und einigermaßen funktionsfähig erhalten. Auch in Österreich gibt es massive staatliche Stützungen, die man in diesem Ausmaß, zumindest seit Ende des Zweiten Weltkrieges, nicht gekannt hat. Spätestens seit 2007 waren die Anzeichen für eine krisenhafte Entwicklung deutlich zu merken. Diese Finanzkrise kam nicht wie ein Blitz aus heiterem Himmel, über die Möglichkeiten des Ausbruchs einer Krise war seit geraumer Zeit diskutiert worden, das war's, und dann brach die Krise aus, und vorher wurde viel Geld verdient, unwahrscheinlich viel. Die Gier wurde als Ursache genannt. Ist das eine ökonomisch vernünftige Erklärung? Wir werden sehen.

„Warum haben US-Banken Hauskredite an arme Bürger vergeben? Das hätte doch alle Welt misstrauisch machen müssen", fragte Joseph Stiglitz, Wirtschaftsnobelpreisträger von 2001 beim Institutional Money-Kongress in Frankfurt am Main im Februar 2008. Er gab die Antwort gleich selbst: „Keiner wollte die Party verderben. Außerdem wurden die Kredite gleich weiterverkauft." Diese klaren Worte illustrieren den Kern und die Ursachen der internationalen Finanzkrise 2007/2008 (auch bezeichnet als Kredit-, Hypotheken- oder Subprime-Krise).

Die jüngsten Turbulenzen an den Finanzmärkten entstanden vor dem Hintergrund anhaltender Korrekturen am US-Wohnimmobilienmarkt im Frühjahr 2007. Als im Juni 2007 eine große amerikanische Brokerfirma Probleme mit zwei ihrer Fonds im Hypothekenmarkt für Kunden mit schwacher oder sehr schwacher Bonität (Subprime-

Markt) bekannt gab, wurden große Zweifel an der Bewertung derartiger Kreditprodukte geäußert. Viele Kreditnehmer konnten die Tilgungsraten nicht mehr tragen, so dass sehr viele Immobilien mit Wertverlust verkauft oder versteigert werden mussten. In der Folge kam es zunächst bei US-Banken und seit 2008 auch bei europäischen und asiatischen Banken zu enormen Abschreibungen und Wertberichtigungen. Die Krise am US-Immobilienmarkt weitete sich zu einer globalen Finanz- und Bankenkrise aus, und die internationalen Aktienmärkte verzeichneten heftige Kurseinbrüche.

Zu den wesentlichen Ursachen für die Finanzkrise gehörten spezielle Finanzprodukte wie die sogenannten Schuldverschreibungen. Diese sind durch Kredite besichert, ihre Risiken sind von den dahinterstehenden Sicherheiten abhängig. Im Zuge der Finanzkrise gab es in diesem Bereich dramatische Veränderungen, als zweitklassige amerikanische Hypothekenkredite stark an Wert verloren und ab Juli 2007 fast keine Käufer mehr fanden. In der Folge kam es zu einer Verunsicherung der internationalen Kreditmärkte. Ratingagenturen wie Moody's oder Standard & Poor's, die diesen Papieren im Frühjahr 2007 noch erstklassige Bewertungen erteilt hatten, setzten ihre Einschätzung innerhalb weniger Tage dramatisch herunter – als ob „Tonnen von Giftmüll im Finanzsystem lagerten", wie eine Wirtschaftszeitung schrieb.

Die Verbriefung von Krediten galt vor der Finanzkrise als innovatives Finanzinstrument. Früher nahm ein potentieller Hausbesitzer zur Finanzierung eines Privathauses einen Hypothekenkredit bei einer Bank oder Sparkasse auf. Diese behielt den Kredit in ihren Büchern oder verkaufte ihn an eine andere Bank. Heute können Banken derartige Kredite zu Wertpapieren umwandeln und an Hedgefonds, Investmentfonds oder an Privatanleger weiterverkaufen. Das hat zwar für die Bank den Vorteil, dass Eigenkapital für neue Kredite frei wird und die Risiken auf Banken und Investoren verteilt werden, allerdings führt die Verbriefung der Kredite zu einer enormen Ausweitung des Kreditvolumens ohne jegliche Kontrolle. So stellten die Banken im Sommer 2007 fest, dass im Finanzsystem Risiken über Hunderte Mrd. USD existierten, für die es keine Sicherheiten gab und die in keiner Bilanz auftauchten. Die Schuldverschreibungen wurden in sogenannten Zweckgesellschaften verwaltet, kleinen Investmentfonds, die nicht in den Bilanzen der Banken auftauchten.

Im August 2007 gerieten die Geldmärkte weiter unter Druck, als die Finanzinstitute neue Kredite bei den Banken für die Umschuldung ihrer wertpapierunterlegten kurzfristigen Schuldtitel in Anspruch nahmen. Gleichzeitig horteten die Banken Liquidität, so dass die Zentralbanken einspringen und zusätzlich billiges Geld gegen die lahmende Konjunktur und gegen eine drohende Rezession bereitstellen mussten. Gegen Ende des Jahres meldeten einige US-Großbanken und öffentlich-rechtliche Institute, die Hypothekendarlehen hielten oder verbürgten, Rekordverluste. Dies führte zu einem drastischen Einbruch der Aktienkurse einiger großer Unternehmen im Finanzsektor.

Aus den Turbulenzen am US-Wohnimmobilienmarkt entstand gegen Ende 2007 eine ernsthafte internationale Finanzkrise, die vielen Banken Verluste in Milliardenhöhe bescherte. Die US-Notenbank Fed lockerte daraufhin ihre Geldpolitik, senkte die Zinsen und versorgte so die Banken mit Geld. Es wird geschätzt, dass weltweit bereits 100 Mrd. USD abgeschrieben wurden. Durch die Wertberichtigungen und Milliardenabschreibungen wurden vor allem die amerikanischen Banken Citigroup und Merrill Lynch sowie die Schweizer UBS schwer getroffen und wechselten ihre Vorstandschefs. In Deutschland stolperten die IKB und die SachsenLB über ihre Zweckgesellschaften. Der IWF rechnet als Folge der globalen Finanzkrise mit Verlusten für die globale Wirtschaft von fast einer Billion USD. Allein der Verfall der Immobilienpreise in den USA und der Ausfall von Hypothekenkrediten könnte 565 Mrd. USD kosten. Weitere Ausfälle werden bei Kreditkarten, anderen Krediten und Wertpapieren erwartet.

Knapp ein Jahr nach Ausbruch war im Mai 2008 ein Ende der Finanzkrise noch nicht abzusehen. Ebenso wenig waren die Konsequenzen der Krise für die Kapitalmärkte vollständig erkannt. Folgende Trends an den Kapitalmärkten zeichneten sich im Frühjahr 2008 als Folgen der Finanzkrise ab:

- Banken, Beteiligungsfirmen und einige Hedgefonds sind schwer getroffen und müssen ihre Anlagestrategie überdenken. Banken werden gezwungen sein, neues Kapital aufzunehmen, riskante Anlagen zu reduzieren oder Risiken über Derivate an die Investoren weiterzugeben. So hat sich an der durch die Finanzkrise stark betroffenen UBS im Februar 2008 der Staatsfonds aus Singapur (Gov. Of Singapore Investment Corp.) beteiligt. Die Citigroup hat Aktien ausgegeben, um ihr eigenes Kapital zu stärken. Die Deutsche Bank hat Kreditpakete verkauft, um ihre Bilanz zu entlasten;
- Versicherungen und Beteiligungsgesellschaften werden verstärkt als neue Investoren am Kapitalmarkt auftreten. Nach Meinung von Finanzexperten könnten Versicherungen in den Markt für Kredite einsteigen, weil Banken Schulden abbauen

müssen und sich am Kreditmarkt zurückziehen werden. Versicherungen können zwar nicht selbst Kredite vergeben, aber indirekt Geld über Fonds für den Kreditmarkt bereitstellen. Beteiligungsgesellschaften sind zwar selbst von der Finanzkrise betroffen, weil sie von den Banken weniger Kredite für Firmenkäufe erhalten werden, allerdings könnten sie auch insofern profitieren, als sie den Banken ihre Übernahmekredite günstig abkaufen;

- Die Bedeutung von Staatsfonds als Investoren wird weiter zunehmen. Finanzexperten erwarten, dass Staatsfonds mehr und anders als in der Vergangenheit investieren werden. Traditionell legten Staatsfonds ihre Gelder hauptsächlich in Staatsanleihen an, sie dürften jedoch zukünftig verstärkt in Rohstoffe, Aktien und private Unternehmensbeteiligungen (Private Equity) investieren;
- Die Inflation wurde durch die Finanzkrise verstärkt und könnte weiter anhalten. Um der Finanzkrise zu begegnen, hatten die Zentralbanken die Leitzinsen gesenkt und Geld in den Markt gebracht, was die Inflation ansteigen ließ. Gleichzeitig stiegen die Preise aufgrund der weiter zunehmenden Nachfrage aus Asien und einer Verknappung der Rohstoffe;
- Investoren wenden sich verstärkt Anlagen in Immobilien, Rohstoffen und Aktien zu. Kurzfristige Zinsprodukte wie Tagesgeldkonten profitieren ebenfalls. „Wegen der Kreditkrise wenden sich Anleger von Anleihen und Krediten ab und hin zu allem, was real ist“, wie es ein Finanzexperte in einem Artikel der Süddeutschen Zeitung ausdrückte;
- Nationale Aufsichtsbehörden, Finanzministerien und Notenbanken werden zukünftig enger bei der Vorbeugung und Bewältigung internationaler Finanzkrisen zusammenarbeiten. Eine entsprechende Vereinbarung unterzeichneten die europäischen Finanzminister und Notenbankchefs im April 2008. An der Frühjahrstagung von Weltbank und IWF im April 2008 wurde ebenfalls über die Instabilität der Finanzmärkte debattiert. Uneinigkeit herrscht in der Frage, wie stark sich der Staat in die Finanzmärkte einmischen soll. Der IWF gab in seinem ebenfalls im April 2008 veröffentlichten Global Financial Stability Report 65 Empfehlungen, deren Umsetzung zur Vermeidung künftiger Krisen beitragen sollen. Es sollten u.a. Aufsichtsverfahren verbessert und Anreize geschaffen werden, um die Risiken des Finanzsystems zu mindern. Ratingagenturen sollen komplexe Wert-

papiere wie Schuldverschreibungen, die durch Hypothekenkredite gesichert sind, künftig anders bewerten als normale Anleihen."[1]

Das Fanal war dann der Zusammenbruch von Lehman Brothers, einer der weltweit renommiertesten US-Investmentbanken. Mit vielen Schließungen kleinerer Bankinstitute setzte sich die Bankkrise fort, dieser Prozess ist – vor allem in den USA – bis zum Zeitpunkt der Abfassung dieses Aufsatzes (August/September 2009) nicht abgeschlossen. Die Gewinne vieler Unternehmungen brechen ein, die Arbeitslosigkeit nimmt zu. Das neue Instrument der Arbeitsmarktpolitik, die „Kurzarbeit", in Österreich noch ergänzt durch „Umschulungen", dämpfte bisher den Zuwachs der Arbeitslosenraten.

Die wirtschaftlichen Prognoseinstitutionen taten das, was sie, seit Jahren, immer tun – sie prognostizieren. Jedenfalls, ohne dass das als Kritik verstanden werden soll, konnten sie die Krise nicht vorhersagen, auch nicht zu einer Zeit, wo sie eigentlich schon ausgebrochen war. Über theoretische und praktische Möglichkeiten von Wirtschaftsprognosen sollte man sich vielleicht etwas stärker als bisher praktisch und theoretisch befassen, das ist aber nicht unser Thema.

Zur Zeit wird, aus welchen Gründen immer, Optimismus verbreitet, manche meinen, das Schlimmste sei überstanden, der Absturz habe sich verlangsamt, die schrumpfende Wirtschaft (-4 %, -6 %, -2 % des BIP usw.) werde in absehbarer Zeit wieder in eine Wachstumsphase drehen, ob in einem Jahr oder in zwei oder gar noch später, da gehen die Meinungen nach wie vor auseinander. Aber Prognosetechnik ist nicht der Gegenstand dieses Beitrags. Als Letztes zu diesem Thema: Der ohne Zweifel renommierte „Economist" brachte Ende 2008 eine Sonderausgabe „The world in 2009" heraus, wo er die Wachstumsprognosen der wichtigsten Staaten für 2009 publizierte.

	GDP growth	Inflation
Austria	0,8 %	2,3 %
Belgium	0,5 %	3,6 %
Czech Republic	3,4 %	3,1 %
France	-0,1 %	1,7 %

1 Ein langes Zitat aus dem Fischer Weltalmanach 2009, S. 635 ff.
Diese Textstellen geben die allgemeine Meinung wieder, warum die Finanzkrise ausbrach.
Vieles ist sicher richtig, aber war das alles? Redaktionsschluss des Fischer Weltalmanachs 2009 war der 1. Juli 2008.

	GDP growth	Inflation
Germany	0,2 %	2,1 %
Hungary	1,5 %	4,1 %
Ireland	-2,0 %	2,3 %
Lithuania	1,6 %	6,7 %
Netherlands	0,7 %	1,7 %
Poland	3,8 %	3,8 %
Romania	4,8 %	5,4 %
Russia	4,0 %	11,5 %
Spain	-0,6 %	3,0 %
Sweden	0,6 %	2,6 %
Ukraine	2,3 %	15,0 %
UK	-1,0 %	1,9 %
China	8,0 %	3,6 %
India	6,5 %	7,2 %
Japan	0,0 %	1,2 %
Canada	0,5 %	2,3 %
United States	-0,2 %	0,2 %
Argentina	2,5 %	9,9 %
Brazil	2,7 %	6,3 %

Nun, das schwächer werdende Wachstum wurde schon gesehen, aber dass es zu einem veritablen Schrumpfungsprozess der Volkswirtschaften kommen wird, das sah man nicht voraus.

Abschwächungen ja, aber keine Krise. Es wurden zwar „tougher times for the global economy" angekündigt, aber so schlimm wie es dann geworden ist, hat man es nicht gesehen, nicht einmal annähernd.

Das Finanzsystem, wie es sich heute präsentiert, was ist das eigentlich? Dass es mit Geld zu tun hat, weiß jeder, auch über die Geschichte des Geldes gibt es hinreichend Literatur, erst ein knappes Jahr alt ist das Buch des Harvard-Historikers Niall Ferguson „Der Aufstieg des Geldes".[2]

2 *Niall Ferguson*, Der Aufstieg des Geldes - Währung der Geschichte, deutsch bei ECON (Ullstein Buchverlage GmbH), Berlin 2009.

Auf der Umschlagklappe liest es sich folgendermaßen: „In diesen Tagen bekommen wir vor Augen geführt, wie wenig wir vom Finanzwesen verstehen, die Märkte kollabieren, Geldinstitute sind bankrott – und niemand begreift richtig, wie es dazu kommen konnte.“ Das Geld – etwa 4000 Jahre alt – ist eine mE große menschliche Erfindung. Zahllose Arbeiten gibt es darüber. Finanzkrisen hat es immer gegeben, seit sich die Industriegesellschaft vor ungefähr 250 Jahren in Europa von England ausgehend entwickelt hat, und die Wahrscheinlichkeit ist groß, dass es sie auch in Zukunft geben wird. Obwohl die erste Phase der Industrialisierung in England nicht vom damaligen Finanzsystem begleitet wurde, im Gegenteil: überspitzt formuliert, hat sich die Industrialisierung eigentlich ohne besondere Mitwirkung des damaligen Finanzsystems vollzogen. Das Finanzsystem, wie wir es heute kennen, hat sich erst so etwa ab Mitte des 19. Jahrhunderts, und vor allem im 20. Jahrhundert, entwickelt, immer wieder von Krisen gestört. Die Krise, die 1929 begann, ist noch in traumatischer Erinnerung, sie endete, um es drastisch zu formulieren, im Zweiten Weltkrieg, und vorher gab es vor allem in Europa umfassende strukturelle politische Veränderungen. Erst nach 1945 begann wieder der Wiederaufbau eines funktionierenden Finanzsystems, wobei eines nicht vergessen werden sollte. In einer Marktwirtschaft ist ein hinreichend funktionierendes Finanzsystem ein unverzichtbares Bauelement des Systems.

Im internationalen Standardwerk der Makro- und Mikroökonomie von Paul A. Samuelson/William D. Nordhaus[3] wird das Kapitel 25 „Finanzmärkte und der Sonderfall Geld“ mit einem als „Die Tyrannei der Umstände“ untertitelten Zitat von John Kenneth Galbraith eingeleitet: „Von Anbeginn an hat Geld die Menschen auf die eine oder andere Weise bedrückt: Entweder es war reichlich vorhanden, aber wertunbeständig, oder es war wertbeständig, aber knapp.“

Weiter unten heißt es in der Zusammenfassung des Kapitels:

„A. Das moderne Finanzsystem

1. In einer modernen Wirtschaft transferieren Finanzsysteme Ressourcen über Entfernungen, Zeiträume und Sektoren hinweg. Innerhalb der Finanzsysteme werden die Ressourcen von Finanzmittlern und über Finanzmärkte bewegt. Zweck eines effizienten Finanzsystems ist es sicherzustellen, dass Ersparnisse möglichst effizient in-

3 *Paul A. Samuelson/William D. Nordhaus*, Volkswirtschaftslehre, mi-Fachverlag, Redline GmbH, Landsberg am Lech, 2005, 739 ff. Die englische Originalausgabe erschien 2005 bei McGraw-Hill unter dem Titel „Economics“.

vestiert werden. Hauptaufgaben eines Finanzsystems sind der Transfer von Ressourcen, die Absicherung von Risiken, die Zusammenfassung und Aufteilung von Mitteln und die Abwicklung von Transaktionen.

2. Zinssätze sind der Preis, den man für das Ausleihen von Finanzmitteln zahlen muss; gemessen werden sie in Geldeinheiten pro Jahr, die für eine ausgeliehene Geldeinheit zu zahlen sind, oder in Prozent pro Jahr. Die Menschen sind zu Zinszahlungen bereit, denn das geborgte Geld ermöglicht es ihnen, Waren und Dienstleistungen zu kaufen, um ihre Konsumbedürfnisse zu befriedigen oder rentable Investitionen zu tätigen.

3. Es lassen sich eine Reihe von unterschiedlichen Zinssätzen beobachten. Für die Unterschiede gibt es viele Gründe, beispielsweise die Fälligkeit eines Darlehens, Risiko und Liquidität einer Investition sowie die steuerliche Behandlung der Zinsen.

4. Nominal- oder Geldzinssätze steigen üblicherweise während einer Inflationsphase, was die Tatsache widerspiegelt, dass die Kaufkraft des Geldes sinkt, wenn die Preise steigen. Will man den Zinsertrag in tatsächlichen Waren oder Dienstleistungen messen, dann verwendet man den Realzinssatz, der dem Nominal- oder Geldzinssatz abzüglich der Inflationsrate entspricht.

B. Der Sonderfall Geld

5. Geld ist alles, was als allgemein anerkanntes Tausch- oder Zahlungsmittel dienen kann. Geld dient darüber hinaus auch als Werteinheit und hat wertbewahrende Funktion. Im Unterschied zu anderen Wirtschaftsgütern schätzen wir Geld aufgrund einer gesellschaftlichen Übereinkunft. Wir schätzen es indirekt dafür, was man damit kaufen kann, nicht wegen seiner direkten Nützlichkeit.

6. Heute sind zwei Gelddefinitionen gebräuchlich. Die erste ist jene des Geldes als Transaktionsgeld (M_1), das aus Bargeld und Sichteinlagen besteht. Der zweiten Definition zufolge besteht Geld aus der erweiterten Geldmenge (M_2), worin sowohl M_1 als auch das Quasigeld mit hoher Liquidität, beispielsweise Sparguthaben, enthalten sind.

7. Die Geldnachfrage unterscheidet sich von der Nachfrage nach anderen Gütern. Geld wird wegen seines indirekten, nicht wegen seines direkten Wertes geschätzt. Trotzdem wird Geld nur begrenzt gehalten, denn für das Halten von Bargeld statt irgendwelcher Anlagen entstehen Opportunitätskosten: Wir opfern Zinseinkünfte, wenn wir Bargeld halten.

8. Die Menschen halten Bargeld hauptsächlich deshalb, weil sie Rechnungen bezahlen und Waren kaufen müssen. Solche Transaktionen werden mittels M_1 getätigt und hängen hauptsächlich mit dem Wert der Transaktionen oder dem nominalen BIP zusammen. Die Wirtschaftstheorie behauptet – und empirische Studien untermauern dies –, dass die Nachfrage nach Geld empfindlich auf die Zinssätze reagiert: Höhere Zinssätze führen zu einer niedrigeren Geldnachfrage.

C. Das Bankwesen und die Geldversorgung

9. Banken sind kommerzielle Unternehmen, die für ihre Besitzer Gewinne erwirtschaften sollen. Eine Hauptfunktion der Banken besteht in der Bereitstellung von Girokonten für ihre Kunden. Banken sind gesetzlich verpflichtet, Mindestreserven auf ihre Sichteinlagen zu halten. Sie können dies in Form von Kassenbeständen oder unverzinsten Einlagen bei der Zentralbank tun. Zur Illustration haben wir eine Mindestreserve von 10 Prozent angenommen. In diesem Fall schöpft das gesamte Bankwesen – zusammen mit den öffentlichen oder privaten Darlehensnehmern und den Einlegern – Buchgeld im Verhältnis 10 : 1 für jede zusätzliche Geldeinheit an von der Zentralbank geschaffenen Reserven, die irgendwo im Bankensystem als Einlage getätigt wurden.

10. Die Möglichkeiten aller kleinen Banken, Darlehen zu vergeben und Investitionen zu tätigen, sind beschränkt. Diese Banken können nicht mehr verleihen oder investieren, als sie von ihren Einlegern erhalten haben; tatsächlich stehen dafür nur etwa neun Zehntel der Einlagen zur Verfügung. Keine Bank kann für sich alleine ihre Reserven auf das Zehnfache steigern, aber das Bankensystem als Ganzes kann dies. Jede Bank, die US-$ 1.000 an neuen Einlagen erhält, vergibt neun Zehntel dieser Gelder in Form von Darlehen und Investitionen. Verfolgen wir den Weg der immer kleiner werdenden unendlichen Kette durch die nachfolgenden Banken, entdecken wir für das System als Ganzes neue Einlagen von

$$\text{US-\$ } 1.000 + \text{US-\$ } 900 + \text{US-\$ } 810 + \text{US-\$ } 729 + \ldots =$$

$$\text{US-\$ } 1000 \times [1 + {}^{9}/_{10} + ({}^{9}/_{10})^2 + ({}^{9}/_{10})^3 + \ldots] =$$

$$\text{US-\$ } 1.000\ (1/(1-0{,}9)) = \text{US-\$ } 1.000\ (1/0{,}1) = \text{US-\$ } 10.000$$

Allgemeiner ausgedrückt:

$$\text{Geldschöpfungsmultiplikator} = \frac{\text{Veränderung der Geldmenge}}{\text{Veränderung der Reserven}} = \frac{1}{\text{Mindestreservesatz}}$$

11. Die neu in das Bankensystem geflossenen Gelder können jedoch auch an irgendeiner Stelle abfließen und anderen Investitionen außerhalb der Banken zugeführt oder als Überschussreserven von den Banken selbst gehalten werden. Ein derartiger Abfluss verringert die 10-zu-1-Formel, die wir für den Geldschöpfungsmultiplikator angegeben haben."

In einem meines Wissens noch nicht veröffentlichten Aufsatz hat Gunther Tichy einen diskussionswürdigen Ansatz für die Bankenkrise geschrieben, der sich wesentlich von den bisher diskutierten unterscheidet.

„Warum führten dubiose Praktiken in der *amerikanischen* Wohnbaufinanzierung zu einer *weltweiten* Rezession, zur ernstesten seit achtzig Jahren? Im Folgenden soll gezeigt werden, dass die wahren Ursachen der Finanzkrise viel tiefer liegen und weit über die Banken und deren Manager hinausreichen, dass es weniger um Gier und Verbrechen geht, als um weltwirtschaftliche Ungleichgewichte und Systemfehler, die zu Fehlverhalten aller Beteiligten führen mussten. Es wird das bisher unzureichend berücksichtigte Problem aufgezeigt, dass seit Längerem weltweit mehr in Geldvermögensform gespart wird, als für die Fremdfinanzierung von Investitionen benötigt wird, dass dadurch ein ‚Anlagenotstand' der Banken entstand, der sie, gemeinsam mit unüberlegter Deregulierung geradezu zwang, weniger auf die Bonität der Kunden zu achten. Diese nützten das aus, indem sie mit Hilfe der Bankkredite spekulierten, auf steigende Immobilienpreise, auf steigende Aktienkurse, auf steigende Rohstoffpreise, oder selbst auf die Rückzahlungswahrscheinlichkeit dubioser Kredite; das Risiko der spekulierenden Kreditnehmer war gering, da ihr Eigenkapitalanteil gering war, und die Haftung i.d.R. auf ihren Eigenmittelanteil beschränkt war."[4]

Wir werden weiter unten versuchen, auf dieses Problem einzugehen.

Eines sei aber noch hinzugefügt, weil das Ökonomen eher selten machen: ein Hinweis auf die politische Dimension des Finanzsystems in einer demokratisch-marktwirtschaftlich organisierten Gesellschaft, in der das Privateigentum an Produktionsmitteln die dominierende Eigentumsform ist, und die Vergesellschaftung des Eigentums an Produktionsmitteln, in welcher Form auch immer, die weniger bedeutende.

4 *Gunther Tichy*, Bankenkrise oder falsche Anreizsysteme in der Rentiergesellschaft.

Den Übergang zur politischen Dimension sollen die kurzen folgenden Überlegungen zeigen. Das Finanzsystem verwaltet die Geldvermögensüberschüsse der Menschen, in welcher Form immer, Spareinlagen, sonstige Bankeinlagen, Wertpapiere der verschiedensten Art. Das Finanzsystem legt diese Mittel an, d.h., die Banken und sonstigen Finanzinstitute entscheiden auch zum überwiegenden Teil – ungenau formuliert, aber dafür drastisch –, was mit den „Ersparnissen" passiert, was sie tragen, wie sicher sie sind. Eine Krise des Finanzsystems betrifft daher, zumindest in den entwickelten Industriestaaten, die Mehrheit der Bürger, die in der Regel den größeren Teil ihres Vermögens in Geldvermögen halten und fürchten, dass sie nun ihre Ersparnisse ganz oder teilweise verlieren könnten. Dass das ein politisches Problem ist, braucht wohl nicht näher erläutert zu werden. Daher: Die „Rettungsaktionen" für das Finanzsystem waren auch eine Existenzsicherung des politischen Systems. Wir werden uns damit noch kurz auseinandersetzen.

Das heutige Finanzsystem

Das Finanzsystem, wie es heute existiert, hat sich seit dem Ende des Zweiten Weltkrieges sehr rasch entwickelt. Das Wirtschaftswachstum, vor allem in den entwickelten Industriestaaten, hat eine Vermögensbildung generiert, wie es die Menschheitsgeschichte vorher nicht kannte, und so ist es, auch wenn man über die Gerechtigkeit der Verteilung diskutieren kann, zu einer Güterfülle aus dem realen Bereich der Wirtschaft gekommen, die man sich wahrscheinlich vor hundert Jahren noch gar nicht vorstellen konnte. Breite Schichten der Bevölkerung wurden „sparfähig" und, anders als in früheren Zeiten, auch die niedrigeren Einkommensschichten vermochten erstmals an einer Sparfähigkeit, wenn auch in bescheidenerem Ausmaß, zu partizipieren. Die technisch-naturwissenschaftliche Entwicklung hat dies hervorgebracht und, bei aller Krisenanfälligkeit, die marktwirtschaftlich organisierten Staaten brachten dies zuwege; die planwirtschaftlichen Systeme, die trotzdem nicht unterschätzt werden sollten, brachten dies nicht zuwege.

Trotzdem, eine Schwäche in der beispiellosen Entwicklung des marktwirtschaftlichen Systems sind die immer wiederkehrenden Krisenperioden, die seit etwa 100–150 Jahren, wenn man von Kriegen absieht, in der Regel mit Krisen des Finanzsystems begannen. Sie bedeuten eine ständige Bedrohung des marktwirtschaftlichen Systems, denn, sollte es, aus welchen Gründen immer, einmal nicht gelingen,

Krisen rasch in den Griff zu bekommen, dann sind politisch induzierte Systemänderungen nicht auszuschließen, die sich völlig legal, gemäß den Regeln demokratisch organisierter Gesellschaften, abspielen. Um ein provozierendes Beispiel zu nennen: Die Nationalsozialisten kamen 1933 in Deutschland – formal betrachtet und unter Ausblendung der Tiefenstrukturen des sozioökonomischen Systems der Weimarer Republik – legal an die Macht. Die Diskussion über zuviel Staat oder zuwenig Staat trifft das Problem nicht. Auch in einem marktwirtschaftlichen System, je höher es entwickelt wird, umso mehr, kommt dem Staat eine entscheidende Rolle zu. Es werden zwar manche Unternehmungen privatisiert, sogar „public utilities", aber die ziemlich regellosen und nicht unter systempolitischen Gesichtspunkten überlegten Gesetzesergüsse – Anlassgesetze – sind viel gefährlicher. Sie verschaffen dem Staat permanent mehr Macht, expandieren den öffentlichen Bereich und seine Macht, und das ist nicht ungefährlich für eine freie Gesellschaft. Wir werden weiter unten ebenfalls noch darauf zurückkommen.

Mehr als ein Drittel aller Beschäftigten in den meisten EU-Ländern sind im öffentlichen Bereich beschäftigt und haben in der Regel eine bevorzugte arbeitsrechtliche Stellung, sie werden in der Regel nicht arbeitslos, d.h., mehr als ein Drittel der Beschäftigten ist damit beschäftigt, die weniger als zwei Drittel, die im ökonomischen Risiko arbeiten, zu überwachen, zu kontrollieren, zu lenken.

Im Monatsbericht August 2009 der Europäischen Zentralbank findet sich nachstehende aufschlussreiche Statistik:

Arbeitsmärkte[1)]

(soweit nicht anders angegeben, Veränderung gegenüber Vorjahr in %)

1. Beschäftigung											
		Gesamtwirtschaft		Nach Art der Erwerbstätigkeit		Nach Wirtschaftszweigen					
		Mio (saison-bedingt)		Arbeit-nehmer	Selbstständige	Land- und Forstwirtschaft, Fischerei	Bergbau, verarbeiten-des Gewer-be und Energiever-sorgung	Baugewerbe	Handel, Gastgewerbe, Verkehr und Nachrichten-übermittlung	Finanzierung, Vermietung und Unterneh-mensdienst-leister	Öffentliche Verwaltung, Erziehung und Unter-richt, Gesund-heitswesen sowie sons-tige Dienst-leistungen
Gewichte in % [2)]		100,0	100,0	85,2	14,8	3,8	17,0	7,5	25,6	16,0	30,0
		1	2	3	4	5	6	7	8	9	10
2005		141,863	1,0	1,1	0,4	-0,7	-1,1	2,7	0,7	2,5	1,5
2006		144,182	1,6	1,8	0,7	-2,0	-0,3	2,7	1,7	3,9	1,8
2007		146,759	1,8	1,9	0,9	-1,4	0,3	4,0	1,9	4,0	1,3
2008		147,929	0,8	1,0	-0,2	-1,5	-0,2	-2,4	1,3	2,5	1,2
2008	Q1	148,118	1,5	1,6	0,8	-1,3	0,3	0,3	2,4	4,0	0,8
2008	Q2	148,207	1,1	1,4	-0,1	-2,0	0,1	-1,6	1,6	3,0	1,4
2008	Q3	147,920	0,6	0,9	-0,9	-1,8	-0,1	-2,9	0,9	2,2	1,1
2008	Q4	147,430	0,0	0,1	-0,8	-1,0	-1,3	-5,3	0,3	0,9	1,4
2009	Q1	146,129	-1,3	-1,2	-2,2	-2,7	-3,0	-7,6	-1,4	-1,2	1,3
Veränderung gegen Vorquartal in % (saisonbedingt)											
2008	Q1	0,599	0,4	0,4	0,5	0,7	0,3	-0,4	0,7	1,2	0,0
2008	Q2	0,090	0,1	0,1	-0,4	-1,4	-0,2	-1,2	0,1	0,2	0,6
2008	Q3	-0,247	-0,2	-0,1	-0,4	-0,6	-0,4	-1,5	0,0	0,1	0,1
2008	Q4	-0,531	-0,4	-0,3	-0,7	0,3	-1,0	-2,2	-0,4	-0,6	0,6
2009	Q1	-1,301	-0,9	-0,9	-1,0	-1,0	-1,4	-2,6	-1,0	-1,0	0,0

1) Die Angaben beziehen sich auf die 16 Euro-Länder. Die Beschäftigungszahlen beziehen sich auf die Anzahl der Personen und beruhen auf dem ESVG 95.
2) Im Jahr 2008.

Quelle: Eurostat.

Nun, der statistische Überblick der EZB zeigt es. Die Beschäftigung schrumpft, dagegen ist im öffentlichen und quasi-öffentlichen Bereich sogar ein leichter Anstieg der Beschäftigung festzustellen. Es sei allen alles gegönnt, kein Neid. Aber die gesellschaftspolitische Problematik ist offensichtlich, und nur darum geht es.

Diese vom Finanzsystem ausgehenden Krisen hängen nicht zuletzt mit dem gewaltigen Wachstum des Finanzsystems selbst zusammen, das unter den gegebenen Verhältnissen gewissermaßen automatisch wächst, weil auch bei einem bescheidenen nominellen Wachstum des BIP die Geldvermögen zunehmen.

Die folgenden Überlegungen bauen zu einem guten Teil auf Wolfgang Stützel[5] auf. Gehen wir davon aus, dass aus der Sicht eines Wirtschaftsubjekts – natürliche oder juristische Person – sich sowohl das Geldvermögen als auch das Sachvermögen ständig verändert. In den Jahrzehnten seit dem Ende des Zweiten Weltkrieges ist es, insgesamt gesehen, immer gewachsen, und gehen wir davon aus, dass zumindest in jenem Bereich der Erde, der zu den Industriestaaten zählt, nahezu jedes Wirtschaftsobjekt sowohl Sach- als auch Geldvermögen besitzt. Sachvermögen ist einfach definiert: es ist die Summe allen Sachbesitzes, Kleidung, Möbel, technische Güter, Realitäten, Autos, Maschinen, Grundstücke usw. Geldvermögen ist in einer einfachen Formel darstellbar:

Geldvermögen = Kassa + Forderungen – Verpflichtungen.

Wenn wir nun weiter kurz definieren:

Einkommen eines Wirtschaftsobjektes = Vermögenszuwachs + Konsum,

Vermögenszuwachs eines Wirtschaftsobjektes = Sachvermögenszuwachs + Geldvermögenszuwachs.

Wenn wir nun die Summe aller Geldvermögen über den Erdball hinweg addieren, dann ist sie gleich Null, d.h., die Summe aller einzelwirtschaftlichen Vermögensvergrößerungen ist daher stets genau gleich der Summe aller einzelwirtschaftlichen Sachvermögensvergrößerungen, und das ist nun der Ansatz für die Bedeutung des Finanzsystems, denn dieses Finanzsystem verteilt – über Liquidität – in Geldform die aus dem Geldvermögen herrührenden Finanzmittel von den Wirtschaftssubjekten mit Geldvermögensüberschüssen in die Bereiche mit Geldvermögensdefiziten, das drückt sich, wenn man einen Blick in die Bilanzen wirft, z.B. in den Krediten, letztlich aber auch in Aktienkapital, Anleihen usw. aus. Das Finanzsystem ist daher ein Vertei-

---

5 *Wolfgang Stützel*, Volkswirtschaftliche Saldenmechanik, Ein Beitrag zur Geldtheorie, J.C.B. Mohr, Tübingen 1958.

lungssystem, das die gigantischen Geldvermögensströme im wesentlichen unter Wettbewerbsbedingungen über die Finanzmärkte verteilt. Eine wesentliche Funktion des Finanzsystems besteht darin, dass dieser Verteilungsprozess immer Risikobewertungen beinhalten muss. Das bedeutet, um es etwas zu präzisieren: Wenn wir die Teilnehmer am Finanzierungsprozess in Gruppen (Privathaushalte, Unternehmungen, öffentliche Hand, Zahlungsbilanzdefizite, -überschüsse) ordnen, dann lässt sich Folgendes feststellen:

Die Geldvermögensüberschüsse sind in der Regel im Bereich der privaten Haushalte, die Geldvermögensdefizite am größten im unternehmerischen Bereich. Bei der öffentlichen Hand gibt es wechselnde Situationen. Bei Unternehmungen und privaten Haushalten ist es seit Jahrzehnten so, dass die Unternehmungen insgesamt Geldvermögensdefizite und die Haushalte Geldvermögensüberschüsse haben. Sowohl die Geldvermögensüberschüsse als auch die Schulden werden vom Finanzsystem verwaltet, und der Ausgleich wird über Kreditgewährung, Wertpapiere und sonstige Finanzinstrumente durchgeführt. Das ist die Funktion des Finanzsystems; das Schmiermittel dafür ist Geld (Liquidität), wobei diejenigen, die ihre Geldvermögen veranlagen, dafür Zinsen, Dividenden, vielleicht auch Kursgewinne usw. bekommen, diejenigen, denen die Mittel zugeführt werden, ebenfalls Zinsen, Dividenden, Gewinnanteile zahlen müssen. Dazwischen gibt es eine Differenz, das sind die Spannen, die im Finanzsystem verbleiben, seine Kosten, die Risikovorsorge und die Gewinne decken. Wird nun dieser ständige Fluss gewaltiger Liquiditätsmengen von den „Geldvermögensüberschussbesitzern" zu den Wirtschaftssubjekten mit Geldvermögensdefizit nachhaltig gestört, dann funktioniert das System nicht mehr. Das hat mE nicht nur ökonomische Wirkungen, das ist eine Existenzfrage eines marktwirtschaftlichen Systems und damit eine eminent politische Frage.

Ein weiteres Problem ist, was nun das Finanzsystem für diese Tätigkeit bekommen soll. Und das ist zur Zeit ein großer Streitpunkt. Denn wer soll darüber entscheiden? Der Markt, wobei das Finanzsystem logischerweise eine große Machtposition hat. Und die Frage ist, wie nun, um es zu reduzieren, die Gewinne des Finanzsystems zustande kommen und wie hoch sie sein sollten. Ein berühmter Ökonom, der Schwede Knut Wicksell (1851–1926), hat einmal formuliert: „Banken sind nicht dazu da, viel Geld zu verdienen, sondern dem Publikum zu dienen." Nun, eine interessante Frage, die „politpsychologischer Natur" ist: Wieviel darf denn im Finanzsystem verdient werden? Ökonomisch vielleicht nicht so wichtig, politisch aber schon, und so – hoffentlich nicht – verkümmert die lebenswichtige politische

Diskussion über die Zukunft des Finanzsystems zu einer politischen Streiterei über Direktorengagen. Nun, hoffentlich geht das gut.

Wobei hier sehr schnell die Frage nach der Verteilungsgerechtigkeit auftaucht, und das Argument der Realwirtschaft lauten könnte, den Sachvermögenszuwachs produzieren ausschließlich wir. Aufgabe des Finanzsystems ist nun aber die Veranlagung der bei ihnen eingelegten Mittel, die überwiegend aus dem Geldvermögensüberschuss kommen. Die Beantwortung dieses Fragenkomplexes hat für die Entwicklung einer Volkswirtschaft unter den gegebenen Verhältnissen fundamentale Folgen, die darüber entscheiden, wer zum Beispiel die Chance erhält, sein Unternehmen zu entwickeln, wer Kredite bekommt und wieviel und zu welchen Konditionen, wer sich Mittel über die Kapitalmärkte beschaffen kann usw.

Und nun kommt die entscheidende Frage: Wie ist der rechtliche Rahmen aufgebaut, in dem das Finanzsystem arbeitet? Dieser rechtliche Rahmen, in dem selbstverständlich auch die Regelungen für die Kontrollmechanismen enthalten sind, ist entscheidend, und damit sind, so wie immer, die Letztentscheidenden die politischen Verantwortungsträger. Wie sich der Gesetzgeber verhält, ist eine wesentliche Frage, wobei die Globalisierung und damit die internationalen Verflechtungen in der Wirtschaft eine entscheidende Rolle spielen, ohne dass es bisher gelungen wäre, ein international vernünftiges Rechtssystem im Finanzbereich aufzubauen. Es wird wahrscheinlich, wenn überhaupt, sehr lange dauern, bis es so etwas gibt. Es sind daher die einzelnen Staaten und in Europa die EU gefordert, das System so zu strukturieren, dass der Verteilungsprozess der überschüssigen Geldvermögen nicht gestört wird und keine Bedingungen in den Rechtsrahmen hineinformuliert werden, die Krisen verschärfen und Boomperioden weiter anheizen können. Keine leichte Aufgabe. Aber was bisher diskutiert wurde, löst das Problem mE nicht.

Eine Produkt- und Dienstleistungsfülle, die sich im Falle wachsender Arbeitslosigkeit ein wachsender Teil der Bevölkerung nicht leisten kann, ist keine politische Stabilitätsgarantie für ein marktwirtschaftliches System. Wirtschaftskrisen, Arbeitslosigkeit, Scheitern von Unternehmen werfen nicht nur schwierige wirtschaftspolitische Probleme und Fragen auf, sie sind eminent fundamentalpolitische Herausforderungen, sie sind, um es ganz eindeutig zu formulieren, Existenzfragen eines demokratischen Systems.

Die Marktwirtschaft ist ein Gewinn-Verlustsystem. Scheitern wird es daher immer geben, aber es muss in Grenzen gehalten werden, das ist das Problem, bei dem das Finanzsystem eine entscheidende

Rolle spielt. Versagt es, ist die Marktwirtschaft gefährdet. Wird es weitgehend durch Entscheidungen der öffentlichen Hand ersetzt, ist das System durch zunehmende Bürokratisierung auf dem Weg zu einer schleichenden Systemänderung.

Um eine Vorstellung des Volumens des Finanzsektors zu geben, hilft ein Blick in die Monatsberichte der EZB, konkret in jenen des August 2009. Darin findet sich folgende aussagekräftige Tabelle:

Konsolidierte Bilanz der MFIs im Euro-Währungsgebiet[1)]

(in Mrd. €; Bestände am Ende des Berichtszeitraums; transaktionsbedingte Veränderungen im Berichtszeitraum)

1. Aktiva	Insgesamt	Kredite an Nicht-MIFIs im Euro-Währungsgebiet			Wertpapiere ohne Aktien von Nicht-MiFIs im Euro-Währungsgebiet			Aktien und sonstige Dividendenwerte sowie Beteiligungen an sonstigen Nicht-MFIs im Euro-Währungsgebiet	Aktiva gegenüber Ansässigen außerhalb des Euro-Währungsgebiets	Sachanlagen	Sonstige Aktivposten
		Zusammen	Öffentliche Haushalte	Sonstige Nicht-MFIs im Euro-Währungsgebiet	Zusammen	Öffentliche Haushalte	Sonstige Nicht-MFIs im Euro-Währungsgebiet				
	1	2	3	4	5	6	7	8	9	10	11
	Bestände										
2006	19 710,1	9 964,0	828,7	9 135,3	2 114,5	1 466,3	648,2	811,4	4 687,9	187,3	1 945,0
2007	22 317,5	11 111,9	972,3	10 139,6	2 376,9	1 422,0	954,9	882,2	5 259,8	220,9	2 465,9
2008 Q4	24 107,5	11 755,1	986,2	10 768,8	2961,4	1 552,6	1 408,8	786,3	5 236,4	227,3	3 141,2
2009Juni(p)	24 082,1	11 851,5	1 016,2	10 835,2	3 286,0	1 795,2	1 490,9	778,8	4 914,8	231,4	3 019,6

2. Passiva	Insgesamt	Bargeldumlauf	Einlagen von Zentralstaaten	Einlagen von sonstigen öffentlichen Haushalten/sonstigen Nicht-MFIs im Euro-Währungsgebiet	Geldmarktfondsanteile[2)]	Begebene Schuldverschreibungen[3)]	Kapital und Rücklagen	Passiva gegenüber Ansässigen außerhalb des Euro-Währungsgebiets	Sonstige Passivpositionen	Überschuss der Inter-MFI-Verbindlichkeiten
	1	2	3	4	5	6	7	8	9	10
	Bestände									
2006	19 710,1	592,3	157,8	7 917,7	614,6	2 569,8	1 285,5	4 026,7	2 537,7	7,9
2007	22 317,5	638,6	150,8	8 904,5	660,4	2 849,6	1 492,7	4 599,4	3 077,7	-56,5
2008 Q4	24 107,5	723,0	259,6	9 727,2	726,3	2 828,2	1 613,6	4 779,3	3 567,1	-117,1
2009Juni(p)	24 082,1	735,0	352,7	9 958,6	749,0	2 804,9	1 676,2	4 429,1	3 504,6	-128,2

(p) Preview
1) Die Angaben beziehen sich auf das Euro-Währungsgebiet in seiner jeweiligen Zusammensetzung.
2) Von Ansässigen im Euro-Währungsgebiet gehaltene Bestände.
3) Von Ansässigen außerhalb des Euro-Währungsgebiets gehaltene Bestände mit einer Laufzeit von bis zu zwei Jahren sind in den Passiva gegenüber Ansässigen außerhalb des Euro-Währungsgebiets enthalten.

Quelle: EZB.

Auch wenn das Volumen der MFIs gewaltige Ausmaße angenommen hat, wie die obige Tabelle zeigt, sei wiederholt: Das Finanzsystem hat nur *eine* wesentliche Aufgabe, nämlich Geldvermögensüberschüsse zu Geldvermögensdefiziten zu leiten. Diese Funktion nehmen alle Märkte wahr, in denen das Finanzsystem operiert: Geldmärkte, Kapitalmärkte, auch Derivatmärkte. Die scheinbare Kompliziertheit der Derivatmärkte verdeckt oft, dass sie im Wesentlichen Wettmärkte sind und zum Teil Risken absichern, aber auch Chancen geben sollen, um Gewinne zu machen.

Die Aufgabe des Finanzsystems ist jedoch keine einfache, sie erfordert hinreichende Kenntnisse der Wirtschaft, der wirtschaftlichen Entwicklung, aber auch des politischen Systems, denn es geht darum, dass der gewaltige Strom anlagebereiten und anlagefähigen Geldvermögens in Bereiche fließt, die in der Lage sind, den Preis für die zur Verfügung gestellten Mittel zu zahlen, daher zu wachsen und Gewinne zu erzielen.

Aber auch die zweite zusätzliche Funktion des Finanzsystems – die Risikoeinschätzung der Veranlagungen – sei kurz umrissen. Das Finanzsystem hat es in der Hand, Unternehmungen stärker wachsen zu lassen, oder, um es euphemistisch zu formulieren, sie weniger oder gar nicht mit zusätzlicher Liquidität zu versorgen, indem sie z.B. aus Risikoüberlegungen die zur Sicherung der Existenz notwendigen Mittel nicht oder nicht hinreichend oder zu teuer zur Verfügung stellt. Eine eindeutige Lösung dieses Problems, das für die Funktion eines marktwirtschaftlichen Systems fundamental ist, gibt es unter den gegebenen Verhältnissen nicht. Die Chance ist nur, dass der Wettbewerb des Finanzsystems die Chancen für Unternehmen erhöht, Kredite zu bekommen. Unser Wissen um Risikobeurteilungen ist bescheiden. Im Finanzsystem wird überwiegend mit formalen Formeln gearbeitet, wobei klar sein muss, dass die Risikobeurteilung einer der entscheidenden Faktoren für die Wachstumspolitik, eine der entscheidenden Einflussgrößen ist. Wir werden uns weiter unten mit dieser Frage noch einmal beschäftigen.

Die klassische Sicherheitspolitik der Banken bedeutet eher Festigung des Bestehenden und Beschleunigung des Konzentrationsprozesses als eine Förderung von Newcomern, die für ein marktwirtschaftliches System existenznotwendig sind, wobei auch die gewaltige Konzentration im Finanzsystem dazu führt, dass die wachsende Macht der großen Einheiten sie zwar zu „unsinkbaren Schiffen" mutieren lässt, der Kontakt zur mittelständischen Wirtschaft aber bescheiden bleibt. Die kleinen Banknetze werden zum Teil, wie das

Beispiel in den Vereinigten Staaten zeigt, liquidiert, ohne dass ihnen jemand hilft, oder tragen zur Konzentration der großen Banksysteme bei, wobei aus Erfahrung eines klar ist, dass zum Beispiel die Kreditinstitutsnetze in Österreich – Sparkassen, Raiffeisenkassen, Volksbanken – viel dazu beigetragen haben, dass der Mittelstand einigermaßen ordentlich betreut wird. Das war nicht zuletzt eine der Voraussetzungen dafür, dass die österreichische Volkswirtschaft nach dem Zweiten Weltkrieg eine Entwicklung genommen hat, die ihr auch große Optimisten nicht zugetraut haben.

Auch wenn der Konzentrationsprozess im Banksystem weitergehen wird, muss ein Zugang zum System durch Bankgründungen möglich sein, und darf der „mittelständische“ Bankapparat im Konzentrationsprozess nicht untergehen. – Denn, das ist aber nicht Gegenstand dieses Aufsatzes, je größer die Unternehmungen sind, umso bürokratischer werden sie geführt.

Exkurs

Wer die derzeitige Diskussion über Maßnahmen, das Finanzsystem krisensicherer zu machen, verfolgt, dem fällt auf, dass viele Vorschläge darauf hinauslaufen, vorsichtiger zu werden, Risken einzudämmen, d.h., bei der Krediterteilung zurückhaltender zu sein, Regeln vorzuschreiben, die das „Diktat“ der Angleichung der Risikobeurteilung enthalten usw. Was bedeutet das? Nach meinem Dafürhalten nicht mehr und nicht weniger, als die ohnedies dem menschlichen Verhalten immanente Prozyklizität in den neuen Regeln für das Verhalten des Kreditapparates noch einmal zu verstärken.

Ist das vernünftig?

Nehmen wir als Beispiel Basel II. Was soll das?

Risikobeurteilung ist ein entscheidendes Wettbewerbselement, sie kann nicht direkt oder indirekt angeglichen werden.

Je schwächer ein Unternehmen ist, umso teurer werden die Kredite, umso mehr Eigenmittel müssen unterlegt werden. Bei einer Konjunkturabschwächung heißt das, dass Zinsen steigen, auch wenn die Notenbanken sie senken usw. Das ist mit Basel II Recht gewordene Prozyklizität, ein wesentliches Thema, das hier nicht dargestellt werden kann. Die Prozyklizität des menschlichen Verhaltens und der Rechtsordnung erschwert die Überwindung der systemimmanenten Krisen durch wirtschaftspolitische Maßnahmen.

Es soll hier keine Abhandlung über die Natur des Risikomanagements gebracht werden. Diese gibt es in hinreichendem Maße. Ein wesentliches Element der Risikobeurteilung im Bankgeschäft muss sein, dass die „Risikopolitik“ nicht über einen Leisten geschlagen werden darf. Sie ist Aufgabe jeder einzelnen Bank, eine ist risikofreundlicher, eine andere weniger. Analoges gilt für die Zinspolitik. Es liegt im Ermessen und im Entscheidungsbereich jedes einzelnen Kreditinstitutes, wie es die Zinspolitik betreibt. Selbstverständlich im Rahmen der zinspolitischen Vorgaben der Notenbanken.

Und nun die wirtschaftspolitische Brücke zur Gegenwart. Die neokonservative Wirtschaftstheorie kehrte in den vergangenen 20–25 Jahren zur alten Theorie zurück, dass nach dem „Sayschen Gesetz“ das Angebot sich stets genügend Nachfrage schaffen solle, da jeder Produzent nämlich immer auch Käufer sei. Wird irgendwo eine neue Fabrik aufgemacht, dann muss die neue Produktion zwar Abnehmer finden, aber Arbeiter, Angestellte, Besitzer fragen mit ihrem Einkommen ebenfalls Güter nach. Es können zwar kurzfristig Probleme auftreten, aber auf die Dauer ist es unmöglich, dass die Gesamtnachfrage zu gering ist. Selbst die Sparneigung der Menschen sei kein Problem, denn der Zins sorgt für den Ausgleich von Ersparnissen und Investitionskrediten.

Keynes hingegen schrieb in der „Allgemeinen Theorie des Zinses und Geldes“, dass in einer Geldwirtschaft die Menschen immer einen Teil ihres Geldes liquid in ihren Kassen halten, da sie diese Manövriermasse zum Teil brauchen, um laufende Transaktionen zu bezahlen, zum Teil aus Vorsicht oder auch um damit spekulieren zu können. Diese „Liquiditätspräferenz“ kann in bestimmten Zeiten so groß werden, dass sie die Konjunktur abwürgt. Nachfrage fällt aus, weil Geld geparkt wird und weil es keine langfristige Anlage sucht. Die fehlende Nachfrage lässt die Investitionen zusammenbrechen.

Nunmehr, bei den Maßnahmen, die viele Staaten in den letzten Monaten getroffen haben, vor allem, um den Kreditapparat und somit das Finanzsystem zu retten, ist das eine Art gewaltiger und praktischer Anwendung keynesianischer Ideen. Nun kommt aber etwas hinzu: Keynesianische Ideen sind zwar nicht ganz verschwunden, wurden aber von Monetaristen, Altliberalen sehr bekämpft. Für uns ist in diesem Zusammenhang eines wichtig: Keynes hat seine Theorie 1936 publiziert, nun sind mehr als 70 Jahren vergangen. Die Weltwirtschaft hat seit dem Ende des Zweiten Weltkrieges einen gigantischen Wachstumsprozess erlebt. Das hatte unter den gegebenen marktwirtschaftlichen Verhältnissen zur Folge, dass die Masse der Menschen, die sparen können, und das werden immer mehr – darauf muss immer hingewiesen werden –, d.h., die einen Geldvermögensüberschuss, wie wir weiter oben dargelegt haben, erzielen, dass die Menschen zu einem überdurchschnittlichen Wachstum des Finanzsystems und damit zu einer Macht des Finanzsystems entscheidend beitrugen, die es bislang in seiner Geschichte noch nie erreicht hat. Und nun geht es darum, ein solches System funktionsfähig zu halten, was eine Dimension erreicht und einen Umfang angenommen hat, den man sich in den 30-er Jahren des vergangenen Jahrhunderts noch nicht vorstellen konnte. Die Finanzkrise 1929 hatte zwar ungeheuerliche Wirkungen, aber diese waren im Wesentlichen darauf zurückzuführen, dass die alten ökonomischen Lehren angewendet wurden. Um es klar zu sagen, führte dies schlussendlich in das Chaos des Zweiten Weltkrieges.

Das Finanzsystem hat sich nach Ende des Zweiten Weltkrieges weiterentwickelt, Kontrollmaßnahmen wurden eingeführt, der Internationale Währungsfonds, die Weltbank wurden gegründet, auch in der Notenbankpolitik gab es Fortschritte und Veränderungen, aber grundsätzlich beharrte man, vielleicht ohne es zu wollen oder es zu bemerken, auf der Prozyklizität des Systems, und in den letzten Jahren ist es sogar noch erheblich verstärkt worden. Hier sei nochmals auf Basel II verwiesen, das im Falle eines Konjunkturrückschlages oder gar einer Krise sogar einen prozyklischen Stoß produziert.

Milliarden und Abermilliarden von US-Dollar und EURO sind in das Finanzsystem auf nationaler Ebene gesteckt worden, um den Kollaps zu vermeiden. Soweit sich das bisher überblicken lässt, sind zwar vor allem in den USA, abgesehen von Lehman Brothers, schon mehr als 100 kleinere und mittlere Banken geschlossen worden, das Finanzsystem als Ganzes steht aber. Vergleichbares vollzog sich in anderen Ländern. Wichtige Großbanken werden weiter unterstützt, sofern sie zusätzliche Mittel brauchen. In Europa mit einem doch etwas unterschiedlicheren Kreditapparat als in den USA sind die Milliardenspenden noch nicht abgeschlossen. Was aber entscheidend ist: der Konzentrationsprozess im Kreditapparat wurde kräftig beschleunigt. Die Macht des Kreditapparats ist weiter gewachsen, zumal es kaum bekannte Gründungen neuer Finanzinstitute gibt, und sie wird weiter wachsen, und die Frage ist, ob das für ein marktwirtschaftliches System, dessen Rückgrat im Realbereich eine Unzahl mittlerer und kleiner Firmen sind, gesamtwirtschaftlich vernünftig ist. Die großen Banken werden noch größer, die kleinen verschwinden und werden weniger. Das wiederum könnte heißen, dass darunter, zumindest auf nationaler Ebene, der Wettbewerb auf den Finanzmärkten leidet, vor allem aber gegenüber mittleren und kleineren Unternehmungen geringer wird. Basel II, um es neuerlich zu nennen, hat mit der Idee des separierten Risikomanagements und der angepassten Ratings bereits grundsätzlich zu einer Verminderung des Wettbewerbs im Finanzsystem beigetragen. Das ist fatal.

Ich bin kein bedingungsloser Verfechter des Wettbewerbssystems, aber wenn man den entscheidenden Teil der Wirtschaft, nämlich die reale Wirtschaft, dort, wo sich der technische Fortschritt abspielt, dort, wo die Produktivitätsgewinne entstehen, die nicht im öffentlichen Bereich generiert werden, durch die Entwicklung und das Diktat immer mächtiger werdender Finanzinstitute bremst, dann wird sich über kurz oder lang die Frage erheben, welche Konsequenzen politischer Natur dieser Prozess haben wird? Das ist die Frage, die es zu klären gilt. Denn was liegt näher, wenn dann das Finanzsystem eine starke öffentliche Komponente bekommt und es sozusagen in den Bereich von neu zu definierenden „public utilities" rückt. Diese Idee kann umso schneller auftauchen, als die kollektive Anstrengung zur Rettung des Finanzsystems sie durch die Politik wahrscheinlich stärker und mächtiger macht, und viele kleine und mittlere Unternehmungen, aufgrund der vom Finanzsystem ausgelösten Krise, zum Insolvenzrichter gehen müssen. Im Bereich der Großunternehmungen des realen Sektors wird die Entwicklung ähnlich verlaufen wie im Bereich des Finanzsektors. Den Großen wird es gelingen, Fördermittel zur Rettung zu bekommen, die Konzentration – sie ist ja jetzt schon zu sehen – wird noch größer werden. Sollte es zu einer überdurchschnittlichen Dominanz des Wirtschaftslebens durch große Kapitalagglomerationen kommen, ist die Konsequenz wachsenden staatlichen Einflusses sehr wahrscheinlich. Das wiederum kann zu Wirtschaftsordnungsänderungen führen, die vielleicht nur wenige freuen, aber das führt vielleicht schon etwas zu weit. Die Macht des Staates wird auch jetzt schon erheblich größer, und der staatliche Steuerungs- und Ordnungsapparat wird weiter wachsen.

Und nun eine Überlegung, die vielleicht nicht auf den ersten Blick einsichtig ist: Die zunehmende Konzentration führt zu immer größeren, in der Regel international (Globalisierung) operierenden Großunternehmungen, sowohl im realen als auch im Finanzbereich. Daher muss es zu mehr Gründungen von neuen Unternehmungen kommen, müssen den mittleren und kleineren Unternehmungen Wachstumschancen geboten werden, die z.B. zu regionalen Konzernen führen usw.

Wenn wir allein einen Blick auch auf die kleineren und mittleren Länder werfen, so hat das Kreditsystem im Durchschnitt nicht mehr als zwei bis drei große Banken, die z.B. den größten Teil des Kreditgeschäftes bestreiten. Dies geht vor allem in Kontinentaleuropa rascher vor sich, wo das Universalbankensystem eine große Tradition hat. Im deutschen Sprachraum kommt dazu noch die Bedeutung der Sektoren (Sparkassen, Genossenschaften) hinzu, für die ja schon in den letzten Jahren ein stärkeres Zusammenrücken erkennbar war. Nachdem in den Sektoren, zwar mit unterschiedlicher Bedeutung, aber doch eine alte Zusammenarbeitstradition gilt, wird in diesen Bereichen der weitere Konzentrationsprozess nicht auf unüberwindbare Hindernisse stoßen. Aber es soll schon darauf hingewiesen werden, dass damit auch enge Kundenbindungen gelockert werden könnten – und das wird wiederum vor allem die mittleren und kleineren Unternehmungen des realen Bereiches treffen. Mit erheblicher Wahrscheinlichkeit werden gesetzliche Maßnahmen für eine stärkere Kontrolle des Kreditapparats getroffen werden. Gehen diese in Richtung von Basel II, sollte man sie vergessen. Die jüngste Finanzkrise konnten die personell und rechtlich durchaus gut ausgestatteten Kontrollinstanzen nicht verhindern, die Instrumente hätten sie in den meisten Staaten gehabt, dennoch sind neue zusätzliche gesetzliche Maßnahmen, vielleicht auch neue Behörden wahrscheinlich. Die Bürokratisierung der demokratisch organisierten Gesellschaften, die ohnedies schon ein hohes Maß erreicht hat, wird wahrscheinlich durch die Krise noch einmal beschleunigt.

Wie soll es nun mit dem Finanzsystem in Zukunft weitergehen. Immer unter der Annahme, dass große extra-ökonomische Krisen, internationale kriegerische Auseinandersetzungen nicht ausbrechen, ökonomische Krisen in vernünftigen Zeitspannen in maximal zwei bis drei Jahren bewältigt werden können und der Wachstumsprozess in vernünftigen Bereichen weitergeht. Große Schwellenländer wie China, Indien, Russland, Brasilien, Indonesien werden aufholen, der technisch-wissenschaftliche Fortschritt wird weitergehen, die Lebenserwartung wird generell weiter steigen und vor allem der Lebensstandard der Bevölkerung muss zunehmen, mehr und mehr Menschen werden sparfähig. Wenn das eintreffen sollte, dann hat das Finanzsystem ein sicheres Wachstum, seine Macht wird weiter wachsen. Das aber bedeutet, dass es ein vernünftiges nationales und internationales Kontroll- und Überwachungssystem sowie Sicherheitssystem geben sollte, das aber den Wettbewerb nicht einschränkt.

Ein kleiner Exkurs sei gestattet. Vor dem Ersten Weltkrieg gab es so etwas wie ein globalisiertes System; seit 25 Jahren etwa ist wieder eines entstanden. Nach dem Zweiten Weltkrieg gab es sicher schon Intentionen, wiederum, jedenfalls für die damals freie Welt, zu einem liberalisierten, offenen, marktwirtschaftlichen System zu gelangen, also zu einer partiellen Globalisierung. Alle Institutionen, die geschaffen wurden, wie z.B. der Währungsfonds, die Weltbank, die GATT (WTO) liefen in die Richtung Liberalisierung, Globalisierung; seit den 80-er und 90-er Jahren des vorigen Jahrhunderts konnte man wieder von einem mehr oder minder globalisierten System sprechen.

Im Zusammenhang mit einigen Vorschlägen zur Sicherung des Finanzsystems seien auch einige gesellschaftspolitische Bemerkungen gestattet, die nur scheinbar nicht mit der Entwicklung des Finanzsystems zusammenhängen, aber wahrscheinlich dazu beitragen, die immer stärker werdenden Unterschiede in der Vermögensbildung zu verkleinern. Das heißt nicht Verstaatlichung, Besteuerung usw., sondern Vermögensbildung; dazu einige Anmerkungen.

Eine neue Mittelstandspolitik

Die Frage der Streuung des Eigentums ist heute so aktuell wie vor 50 Jahren oder noch mehr, als in Österreich die Diskussion über Eigentumsstreuung und Eigentumsverteilung begann. Sie ist, nach unserer Auffassung, heute noch weit wichtiger und aktueller, weil sich zu den traditionellen Überlegungen der „christlichen Sozialreform", auf der Basis der katholischen Soziallehre, noch ein eminentes politisches und vor allem wirtschaftspolitisches Interesse hinzugesellt.

Gesellschaftspolitik ist kein Anliegen unserer Zeit. Sie stand schon an der Wiege der europäischen Demokratie. Bei Aristoteles taucht immer wieder die Frage nach dem „guten Leben", nach der bestmöglichen Ordnung des Gemeinwesens, auf. Die Polis beschreibt Aristoteles als die umfassende, die „höchste" Gemeinschaft, die allen anderen ihren Rang zuweist, ohne sie jedoch zu dominieren oder zu vereinnahmen. Aristoteles hält am Primat der Politik, an der politischen Verantwortung für das Ganze, fest, ohne jedoch, wie vor ihm Platon und nach ihm Friedrich Hegel, Karl Marx und all die anderen „falschen Propheten" (Karl R. Popper), der totalitären Versuchung zu erliegen.

Ohne einen breiten Mittelstand, davon war Aristoteles überzeugt, kann ein gutes Gemeinwesen nicht gelingen. „In allen Staaten gibt es drei Teile, die sehr Reichen, die sehr Armen und die Mittleren. Wenn nun das Maß und die Mitte anerkanntermaßen das Beste sind, so ist auch in Bezug auf den Besitz der mittlere von allen der beste. Denn in solchen Verhältnissen gehorcht man am leichtesten der Vernunft."

Nun, das heißt, an der heutigen Ausdrucksweise näher formuliert, dass eine erfolgreiche Wirtschaft und eine einigermaßen als gerecht empfundene Verteilung Voraussetzungen für eine hinreichend stabile Gesellschaft und einen einigermaßen akzeptierten Staat sind.[6]

Nahezu alle westlichen Demokratien sind „Hochsteuerstaaten", der Staatsapparat, die Staatsaufgaben haben Ausmaße angenommen, die die Umverteilung eines erheblichen Teiles der Einnahmen der Bürger zum Staat i.w.S. – Gebietskörperschaften, andere Körperschaften des öffentlichen Rechts, z.B. Sozialversicherungsträger – erfordern. Auch westliche Staaten mit sogenannter geringerer Steuerbelastung nehmen dem Bürger mehr von seinem Einkommen weg, als das vielleicht noch vor 100 oder 150 Jahren für denkbar und möglich gehalten wurde. Ohne ins Detail zu gehen sei daran erinnert, dass in der Habsburgermonarchie erst zu Beginn des 19. Jahrhunderts mit dem Aufbau von direkten Steuern (Erwerbssteuern) begonnen wurde. 1849 gab es dann einen Steuersatz von maximal 10 Prozent, der 1867 auf maximal 20 Prozent angehoben wurde. Erst die hohe Besteuerung, die im 20. Jahrhundert Schritt für Schritt eingeführt wurde, hat den „modernen Steuerstaat" begründet.

Es gibt kaum ein kasuistischeres Rechtsgebiet als das Steuerrecht, das in der Regel von tagespolitischen Notwendigkeiten diktiert wird. Aus politischen Gründen werden manchmal Steuern gesenkt, andere wieder erhöht, neue erfunden, selten bestehende abgeschafft – die Abschaffung der Gewerbesteuer in Österreich war eine politische Großtat, die Steuer- und Abgabenbelastung wurde aber trotzdem wieder höher. Nicht nur in Österreich. Die hohe Besteuerung hat auch dazu geführt, dass die Steuerpolitik als wirtschaftspolitisches Instrument eingesetzt wird, wachstumspolitisch, verteilungspolitisch, konjunkturpolitisch.

Das ist nicht als grundsätzliche Kritik zu verstehen, denn im 19. und auch in den ersten Jahren des 20. Jahrhunderts war die Entwicklung der Wirtschaft, wie sie sich nach dem Zweiten Weltkrieg abspielte, nicht vorhersehbar, vor allem nicht der Wohlstand und das Sparen breiter Bevölkerungsschichten, die im Zusammenhang mit dem Aufbau des Wohlfahrtsstaates zu einer bedeutenden Umverteilung führten.

---

6 *P. Koslowski*, Politik und Ökonomie bei Aristoteles, J.C.B. Mohr, Tübingen 1993, und *W. Dettling*, Wie modern ist die Antike, in: Die großen Ökonomen, Schäffer-Poeschel Verlag, Stuttgart 1996.

Es sei daher festgehalten, dass sich an der gewaltigen Umverteilung zu Gunsten der öffentlichen Hände auch in Zukunft nichts ändern wird, ja, nichts ändern kann, weil die Staatsaufgaben sich nicht wesentlich ändern oder, präziser gesagt, sich nicht wesentlich vermindern werden. Belastungssenkungen von einigen Prozenten sind das Höchste, das zu erwarten ist, in welchem westlichen Land auch immer.

In den westlichen Industriestaaten ist eine Tendenz zur Vermögenskonzentration feststellbar. Ein fast zwangsläufiger Prozess, der im Folgenden nur kurz umrissen werden soll.

Gehen wir von der bekannten Keynes-Gleichung („On money") „Unternehmensgewinn = Investition + Unternehmenskonsum - Ersparnisbildung der Unselbständigen" aus und nehmen wir an, dass die Formel stringent ist, dann bedeutet das, dass vor allem in einer wachsenden Wirtschaft der „Nettokreditbedarf" der Unternehmer zur Aufrechterhaltung der Liquiditätskonstanz in jeder empirischen Wirtschaft stets genau gleich den Einnahmenüberschüssen der Nichtunternehmer ist[7]. Wir haben weiter oben schon darauf hingewiesen.

Um diesen kurzen Ausflug in die Theorie zu verdeutlichen: In einer wachsenden Wirtschaft, in der Massensparen breiter Bevölkerungsschichten, d.h. primär des Mittelstandes, möglich ist, bedarf es eines ständigen Mittelflusses von den Sparern zu den Unternehmungen. Bisher erfolgte das zumindest in Österreich im Wesentlichen über Kredite. Es scheint nun zu einer Änderung der Finanzierungsspielregeln zu kommen, sodass die Transformationsfunktion des Kreditapparates sich vielleicht etwas abschwächt und der Mittelfluss von den Überschusshaushalten zu den Unternehmen in Form von Eigenkapital und Quasieigenkapital erfolgen könnte. Diese Entwicklung bietet die Chance, die Frage der breiteren Eigentumsstreuung an Produktionsmitteln wieder zu aktualisieren, aus politischen, sozialen und ökonomischen Gründen. Zu den gesellschaftspolitischen Überlegungen der „Christlichen Sozialreform", die als Gegenkonzept zur totalitären Planungsideologie gedacht war, kommt nun ein eminentes Interesse an einem funktionierenden organisierten Kapitalmarkt.

Dazu bedarf es einer gründlichen Diskussion, zu der die folgenden Überlegungen einen Anstoß geben wollen.

7 *W. Stützel*, Volkswirtschaftliche Saldenmechanik, J.C.M. Mohr, Tübingen, 1958, S. 80 f.

Zunächst, wie einleitend erwähnt, ist ein starker Mittelstand das Fundament einer stabilen, demokratischen Gesellschaft. Was ist nun dieser Mittelstand, die Definitionen weichen naturgemäß voneinander ab, aber einiges haben alle gemeinsam. Es ist eine breite Bevölkerungsschicht, Selbständige und Unselbstständige, überwiegend mit solider Ausbildung, seien es Handwerker oder Akademiker, i.d.R. mehr als 50 % der Bevölkerung umfassend, je mehr umso besser. Einkommen: Mindestens etwa 25.000 bis 40.000 EUR jährlich, daher sparfähig. Wesentliches Kennzeichen: Der Mittelständler lebt überwiegend von seinem Arbeitseinkommen; Einnahmen aus Vermögen sind, wenn überhaupt, der wesentlich kleinere Teil des Einkommens. Es ist überwiegend ein leistungsbereiter und leistungsorientierter Bevölkerungsteil.

Der Mittelstand ist jene breite Schicht, die das Staatswesen trägt. In jeder Hinsicht, auch steuerlich, ist er auch die am stärksten belastete Gruppe, von ihrer Arbeit und ihren Kenntnissen hängt die Entwicklung eines Landes ab. Das ist keine Diskreditierung der Armen und der Reichen. Vor allem, der Mittelstand ist sparfähig, er kann in unterschiedlichem Ausmaß „Rücklagen" bilden. Ziel der Politik muss daher sein, den Anteil der Armen ständig zu verringern und ihnen die Möglichkeiten zu schaffen, zu Mittelständlern zu werden, aber auch Reichtum nicht zu verhindern. Das ist sehr vage definiert, aber in der Praxis ist der Übergang von der einen zur anderen Bevölkerungsschicht ohnedies fließend, es ist daher vernünftiger, weniger präzise, dafür aber realistischer zu definieren.

Nun zur österreichischen Situation und zu den Möglichkeiten einer vernünftigen Mittelstandspolitik. Es ist ein altes gesellschaftspolitisches Ziel der „Christlichen Sozialreform", eine breite Eigentumsstreuung im Bereich des Eigentums an Produktionsmitteln zu erreichen, so dass das Einkommen eines möglichst großen Teiles der Bevölkerung aus ihrem Arbeitseinkommen und aus einem Vermögenseinkommen besteht. Es war dies die Gegenposition zu den sozialistischen Planungsideologien, die vorerst gescheitert sind. Mit diesem Scheitern ist scheinbar die politische Gefahr einer zentralistisch gesteuerten Wirtschaft für eine freie Gesellschaft gebannt. Die einer Marktwirtschaft innewohnende Tendenz zur Konzentration des Eigentums an Produktionsmitteln bedeutet aber ebenfalls ein erhebliches Risiko für eine freie, demokratische Gesellschaft. Staatliche Maßnahmen im Kartellbereich erweisen sich in der Regel als wenig wirkungsvoll und verstärken vor allem die Bürokratisierungstendenz. Breit gestreutes Eigentum ist im gesellschaftlichen Bereich eine Chance, der Bürokratisierung und der auch in Demokratien zwangsläufig bürokratisch organisierten Staatsmacht eine „countervailing power" entgegenzusetzen.

Eigentum an Produktionsmitteln hat zwei Komponenten: die „Dispositionsmacht" und die „Ertragsmacht". Die Streuung der „Dispositionsmacht" ist eine Chimäre, der „mächtige Kleinaktionär" ein Trugbild. Es erscheint daher vernünftig, stärkere Möglichkeiten der Trennung von „Dispositionsmacht" und „Ertragsmacht" zu schaffen.

Was heißt das in praxi? Eine Änderung des Finanzierungssystems, das entsprechende rechtliche Änderungen im Steuer- und Gesellschaftsrecht benötigt. Bleiben wir bei der Aktiengesellschaft, weil sie sich als dominierende Rechts- und Organisationsform eines marktwirtschaftlichen Systems durchgesetzt hat. Ebenso könnte mit anderen Rechtsformen argumentiert werden. Die Aktie stellt einen Anteil am Grundkapital einer Gesellschaft dar, bietet Vermögens- und Herrschaftsrechte (Ertrags- und Dispositionsmacht). Etwa reicht es, wenn z.B. 20 % des Grundkapitals Dispositions- und Ertragsmacht besitzen. 80 % haben dann nur Ertragsmacht. Diese müssen aber dafür, dass sie auf die Dispositionsmacht verzichten, entschädigt werden, indem sie z.B. eine fixe Verzinsung erhalten, die höher sein muss, und zwar deutlich höher, als die höchsten Zinsen, die Banken für gebundene Einlagen bezahlen. Sie müssen in der Nähe des Zinssatzes für „Mezzaninfinanzierungen" liegen, und dann kommt dazu noch 80 % Anteil am ausschüttungsfähigen Gewinn.

Es sollten daher grundsätzlich zwei Aktienkategorien eingeführt werden: eine, nennen wir sie Kategorie A, die sowohl Ertrags- als auch Dispositionsmacht besitzt, und eine zweite, nennen wir sie Kategorie B, die nur Ertragsmacht besitzt. Auch risikopolitisch sollte es einen Unterschied geben: Die Kategorie B sollte im Insolvenzfall vorrangig befriedigt werden, sie ist aber Risikopapier.

Über eine weitere Ausgestaltung der beiden Aktienkategorien kann diskutiert werden. Die nachfolgenden Bemerkungen sollen daher nur als Anregungen verstanden werden.

- Das Verhältnis der beiden Aktienkategorien sollte 1:4 bis 1:5 betragen.
- Steuerlich sind die Dividenden und Zinsen auf Aktien abzugsfähig, die Erträge werden ausschließlich beim Aktionär, nicht bei der ausschüttenden Firma besteuert.
- Besteuert werden nur die im Unternehmen verbleibenden Gewinne.

- Überdies sollte es wieder möglich sein, auch Mehrstimmrechtsaktien im Bereich der Kategorie A einzuführen. Eine Aktie der Kategorie A könnte z.B. mit höchstens drei Stimmrechten ausgestattet werden.
- Die Aktionäre der Kategorie B stimmen mit Ausnahme der Wahl des Aufsichtsrates bei allen der Hauptversammlung vorbehaltenen Beschlüssen mit, weitere Rechte wären zu diskutieren.
- Die eher wirtschaftsfremde deutsche Aktienrechtskonstruktion – Aufsichtsrat und Vorstand – sollte der international üblichen weichen, indem es z.B. einen Verwaltungsrat gibt, in dem aktive Manager und nicht im Management der Firma aktive Mitglieder sitzen. Die Kontrolle geht über die Wirtschaftsprüfung und – das sollte diskutiert werden – über einen Controller, der von der Hauptversammlung gewählt wird.

Was ist die politische, soziale und ökonomische Ratio? Eine mehrfache. Einmal wird es für einen mittelständischen Anleger interessant, Teile seiner Ersparnisse ständig in Unternehmungen anzulegen, das Spekulations- wird gegenüber dem Ertragsmotiv reduziert. Es besteht die Chance, den österreichischen Kapitalmarkt zu beleben. Österreich hat hinreichend Mittel, die zur längerfristigen Anlage bereit sind, sie werden zu Recht exportiert, weil Österreich keine hinreichenden Anlagemöglichkeiten bietet. Das sollte verändert werden. Weiter geht es darum: wer seine Ersparnisse risikoreicher anlegt, der sollte dafür Vorteile genießen.

Eine entscheidende Rolle spielen die steuerlichen Voraussetzungen.

Das Steuerrecht ist, wie eingangs erwähnt, ein kasuistisches, eminent tagespolitisches Recht, im Prinzip ist es in Österreich noch immer das 1938 übernommene Steuerrecht des Deutschen Reiches, das nach dem Zweiten Weltkrieg im Wesentlichen übernommen wurde. Österreichische Steueränderungen waren daher in den vergangenen 58 Jahren nur Änderungen im bestehenden System.

Ein Versuch, Vermögenspolitik bewusst gesellschaftspolitisch zu gestalten, erfordert keine revolutionären Änderungen, aber doch erhebliche Änderungen zur Erreichung des Zieles. Zunächst einmal sollte im Zusammenhang mit dem Ankauf von Risikowertpapieren Folgendes überlegt werden:

- Ausschüttungen auf Risikowertpapiere, seien es Dividenden oder Zinsen, sind für das Unternehmen gewinnmindernde Abzugsposten. Besteuert wird der Ertrag beim Besitzer der Wertpapiere, eine KeSt sollte eingehoben werden (25 %), muss keine Endbesteuerung sein.

- Kursverluste sollten steuerlich absetzbar sein.
- Zinsen für Kredite zum Ankauf von Gewinnwertpapieren sollten steuerlich absetzbar sein, Zinsen für Kredite zum Ankauf von Unternehmensbeteiligungen ebenfalls.
- Um die steuerlichen Vorteile zu lukrieren, müssten die Wertpapiere mindestens fünf Jahre (auch länger) gebunden sein.
- Da die Steuerharmonisierung in der EU am Anfang steht, vor allem im Bereich der direkten Steuern, sollte eine Bestimmung diskutiert werden, dass es sich bei den Steuerbegünstigungen für österreichische Steuerbürger um Emissionen österreichischer Unternehmen handelt.
- Auch Deckelungsvorschriften wären zu überlegen, sie sollten aber nicht zu eng gefasst werden, so dass tatsächlich noch als mittelständisch anzusehende Einkommen begünstigt werden.

Im Wesentlichen sollte mit diesen Vorstellungen eine Diskussion im Zusammenhang mit der geplanten Steuerreform in Gang gesetzt werden, die auch das wichtige Ziel einer breiten Vermögensbildung umfasst.

Was soll nun das Finanzsystem krisenfester machen? Wir haben weiter oben festgehalten, dass die Banken nicht auf eine standardisierte Risikobeurteilung gedrängt werden sollen. Das nächste ist die Frage der Eigenmittelunterlegung, überhaupt die Frage der Eigenmittelausstattung der Banken. Wer die Diskussionen über die Bankenkrise in den letzten Monaten verfolgt hat, wird den Eindruck gewonnen haben, dass Regierungen, Regierungsmitglieder, gewiss expertengesteuert, immer höhere Eigenkapitalausstattungen verlangen. Was bedeutet das im Zusammenhang mit der Finanzkrise und den Ideen eines immer stärker konzentrierten Bankapparates?

Wenn wir bei der Auffassung bleiben, dass die einzige entscheidende Aufgabe des Finanzsystems der liquiditätsmäßige Ausgleich der Geldvermögenspositionen bedeutet, und wenn wir weiter davon ausgehen, dass die Wirtschaft wächst und wachsen muss – in Parenthese sei erwähnt, dass ein marktwirtschaftliches System ohne Wachstum wahrscheinlich nicht existieren kann –, dann hat diese Forderung eigenartige Konsequenzen.

Man nehme aus den Monatsberichten der Europäischen Zentralbank die Statistik über die konsolidierte Bilanz der MFIs im EURO-

Währungsgebiet zur Hand. Dann sieht man, dass zum Beispiel die Bilanzsumme der MFIs im Juni 2009 24.082,1 Mrd. EUR betragen hat. Ultimo des Jahres 2006 betrug die Bilanzsumme 19.710,1 Mrd. EUR. Die Bilanzsumme ist daher um 4.372 Mrd. EUR gestiegen. Das sind rd. 22,2 %. Kapital und Rücklagen sind in dieser Zeit von 1.285,5 Mrd. auf 1.676,2 Mrd. EUR gestiegen, das ist um 390,7 Mrd. EUR bzw. um 30,4 % inklusive aller Kapitalerhöhungen, immerhin beachtlich. Das sind 6,9 % der Bilanzsumme. Die Eigenkapitalausstattung ist aber in dieser Zeitspanne im wesentlichen unverändert geblieben, sie hat sich von 6,5 % auf 6,9 % erhöht. Die ganzen Jahre hindurch gab es aber bereits die Diskussion um die Eigenkapitalausstattung des Kreditapparates im Zusammenhang mit Basel II. Von 10 % Eigenkapitalausstattung der großen Banken wird geträumt. Möglich ist alles, nur, das heißt, die Banken müssen wesentlich mehr verdienen, um das zu erreichen. Es ist ihnen trotz der hohen Gewinne der vergangenen Jahre nicht gelungen. Wenn sie die Eigenkapitelausstattung verstärken, müssen sie z.B. Kreditzinsen erheblich erhöhen und Spareinlagenzinsen so niedrig wie möglich halten, von allen anderen Dingen sei hier nicht die Rede. Dazu muss ständig ein Zufluss von Eigenmitteln über den Kapitalmarkt kommen, die Zeichner dieser Eigenmittel wollen aber ebenfalls eine ordentliche Verzinsung, und die Banken, wenn die Wirtschaft nur einigermaßen wächst, werden gewissermaßen automatisch immer höhere Bilanzsummen haben, dann ist das Ertragsproblem virulent. Es sei denn, das Finanzierungsgeschäft wird in andere Bereiche verdrängt; auch das ist möglich, allerdings kaum für kleinere und mittlere Unternehmungen. Und die sind das Rückgrat auch der höchstentwickelten Volkswirtschaften unseres Planeten. Ein schwieriger Weg, der die Prozyklizität des Systems meines Erachtens erhöht. Offensichtlich ein etwas wenig überlegter Weg.

Wo liegt nun eine Lösung, um die Sicherheit des Kreditapparates zu verbessern?

Die staatlichen Aufgaben sind nicht nur Ordnungsaufgaben. Der Staat und alle Staatsbürger sind auch ein „Versicherungssystem“, gewissermaßen ein „lender of last resort“. Daher sind Überlegungen anzustellen, wie diese Funktion der Versicherungsgemeinschaft in einen Regelrahmen gefasst werden kann, wer wie viel dazu beitragen muss, welche Risken versichert sind, wenn sie vom Einzelnen oder kleineren Gemeinschaften nicht getragen werden können. Zunächst geht es einmal um die Einlagen bei Geldinstituten, vor allem die Spareinlagen. Und da ist schon etwas vorhanden, sollte aber im Lichte der jüngsten Entwicklungen noch einmal überprüft und möglicherweise ausgebaut werden. Das Krisenrisiko im Finanzsystem ist überwiegend ein Liquiditätsrisiko: In der Regel ein „run“ auf die Banken. Keine Bank ist in der Lage, auch nur etwa 20 % der Einlagen in wenigen Tagen zurückzuzahlen. Versicherung kann daher nur heißen, man kann von seinen Einlagen vielleicht 5 % abholen, der Rest ist zwar sicher, weil die Versicherungsgemeinschaft Staat dafür garantiert, weitere Abhebungen können dann aber nur in kleinen Portionen in definierten Abständen durchgeführt werden. Ausnahmefälle könnten gesondert geregelt werden. Die Einlage ist zwar sicher, kann aber, wenn der Versicherungsfall ausgerufen wird, nur sehr langsam abgehoben werden. In der Regel muss man eine Krise in ein bis höchstens zwei Jahren in den Griff bekommen.

Wenn es gelänge, eine solche Einlagenregelung EU-weit einzurichten, wäre das ein gewaltiger Fortschritt.

Eine zweite Überlegung: Jährliche Krisenrückstellungen, die einen bestimmten Hundertsatz des Gewinnes umfassen, mindestens 10 % des Gewinns vor Steuern; weiters eine generelle Mindestwertberichtigung auf das Kreditportefeuille von mindestens 2 bis 5 % p.a., steuerunschädlich insofern, als dieser Hundertsatz nicht auf wirtschaftliche Notwendigkeiten geprüft wird. Aber damit wären überdies die Bankgewinne erheblich reduziert.

Wie bereits weiter oben erwähnt, das nächste ist die Frage der Kontrolle, die es sicher geben muss, wobei es hier wie überall, wo der Staat aktiv wird, um ein Problem geht, nämlich den strukturellen Trend zur Überbürokratisierung. Kontrollmechanismen sind sicher notwendig, sie müssen vernünftig sein, das geht nur mit einer hinreichenden regelmäßigen Berichterstattung und vor allem mit der hohen fachlichen Kompetenz der Kontrollorgane, die ohne langjährige einschlägige Praxis im Finanzsystem nicht kontrollieren können. Entscheidend ist, dass die Konzentration des Kreditapparates nicht zu weit getrieben wird und damit praktisch der Wettbewerb reduziert wird. Auf ein Problem sei noch hingewiesen: Die Rolle der Ratingagenturen, die durchaus eine wichtige Funktion haben. Es muss auf jeden Fall ihre Rolle genau definiert werden, und es wäre auch vernünftig, europäische Agenturen zu gründen.

Es wird immer Aufgabe eines Kreditinstitutes sein, Risken selbst zu beurteilen, es ist seine ureigenste Aufgabe, und wenn es dazu nicht in der Lage ist, weil es ja auch mittlere und kleine Banken geben muss, dann sollten Kreditinstitute sich an Geschäften, die sie nicht durchschauen, nicht beteiligen. Information aus zweiter Hand ist bei jedem Geschäft schlecht, vor allem aber im Bankgeschäft.

Noch ein Satz zum riesigen Derivat-Markt. A priori zu sagen, Derivate sind schlecht oder gut, ist ein Unsinn. Es gibt durchaus vernünftige Derivat-Konstruktionen, die helfen, Risiko abzusichern, immer unter der Voraussetzung, dass das Finanzsystem funktioniert. Aber eines muss klar sein, Derivate sind nichts anderes als Wetten. Ich wette auf irgendetwas, wie sich ein Index bewegt, wie sich kurz- und langfristige Zinsen zueinander verhalten usw. usf. Es sollte die Kreativität dieses Marktes nicht umgebracht werden, aber er gehört kontrolliert, und zwar genau. Und in diesem Zusammenhang ist durchaus vorstellbar, dass Finanzinstituten je nach ihrer Ertragskraft Volumensbeschränkungen am Derivat-Markt aufgetragen werden.

Sämtliche Derivatinstrumente müssen in der Bilanz ausgewiesen sein, nichts, was für die Bank ein Risiko bergen kann, darf außerhalb der Bilanz bleiben. Es reicht, wenn es hinreichend genaue Vorschriften gibt, die Derivatvolumina unter dem Strich auszuweisen.

Dabei nur ein Satz zur Bilanzierung: IFRS ist nicht der Weisheit letzter Schluss, das alte Niederstwertprinzip ist mE besser, das sei aber nur erwähnt.

Nun das Letzte: das Risiko. Egal, wie man es definiert und untergliedert: Wir leben unter Risikoverhältnissen. Wir sind ja nicht einmal in der Lage, für unsere eigene Sicherheit voll zu sorgen, wir leben kurz, wir können dem Tod nicht entgehen. Daher begleitet uns das Risiko überall hin, bei jeder unserer Tätigkeiten; dass man sich so weit wie möglich vor Risken schützt, sie analysiert, ist notwendig und richtig. Ausschalten können wir sie nicht. Das gilt für jedes menschliche Handeln, und daher auch für die Wirtschaft und das Bankgeschäft. Es wird auch in Zukunft unter Risikogesichtspunkten betrieben werden müssen. Wenn man das Risiko so weit wie möglich ausschalten will, dann muss man das Wirtschaftssystem risikoarm machen, das hieße jedoch die Ausschaltung des marktwirtschaftlichen Systems. Zwar bliebe das Risiko auch und die Misserfolge träten anders auf, es gäbe dann aber auch kein Wachstum, wenig Fortschritt, zentrale, i.d.R. ineffiziente Steuerung der Ökonomie, wenig Veränderungen. Vielleicht würde das manchen freuen.

Nun zusammenfassend zur Zukunft des Finanzsystems: Bleibt das marktwirtschaftliche System erhalten, sind Fortschritt und Wachstum Ziele. Bleibt das Privateigentum an Produktionsmitteln bestehen, dann muss es ein mächtiges, großes Finanzsystem geben. Es wird auch Konjunkturschwankungen geben, auch Finanzkrisen, sie sollten aber kurzfristig beherrschbar sein. Der Prozess der permanenten

Veränderung muss aber erhalten bleiben, es wird Gewinne und Verluste geben. Das ist wahrscheinlich nicht zu vermeiden.

Der Konzentrationsprozess wird weitergehen, aber es muss dafür auch im Finanzsystem gesorgt werden, dass immer wieder Finanzinstitute gegründet werden und dass auch manche verschwinden können, ohne das System zu gefährden. Das Versicherungssystem Staat sollte dem Geldvermögensbesitzer seine Einlagen garantieren, nicht die Risikoinstrumente. Über Vermögensbildung haben wir weiter oben geschrieben. Finanzinstitute sollten permanent einen Teil des EGT als Krisenrückstellung in die Bilanzen stellen. Wertberichtigungen von Risikoaktiven zu bestimmten Prozentsätzen sollten vorgeschrieben werden. Die Kontrollinstanzen sollten zumindest in der EU in allen Ländern gleiche Aufgaben und Instrumente haben.

Risikobeurteilung ist Bankensache, und das Finanzsystem wird weiter wachsen, je mehr Menschen sparen können. Diese Krise sollte eine Lehre für die Zukunft sein, vor allem deshalb: Weil Wirtschaftsentwicklung und das demokratische System untrennbar miteinander verbunden sind.

Wolfgang ULRICH

Bemerkungen zur Ausnahme vom Bankgeheimnis gemäß § 38 Absatz 2 Ziffer 1 des Bankwesengesetzes

Seit einiger Zeit beschäftigen sich die Medien mit dem österreichischen Bankgeheimnis, insbesondere im Zusammenhang mit der Frage, wieweit diese Gesetzesbestimmung Kunden österreichischer Kreditinstitute vor ausländischen Steuerbehörden schützt. Manchmal hat man bei der Analyse der wiedergegebenen Aussagen, insbesondere solcher aus der Bundesrepublik Deutschland, den Eindruck, als würde Österreich aufgrund der Beschaffenheit des Bankgeheimnisses als Steueroase zu betrachten sein. Dieser Eindruck steht im Widerspruch zur tatsächlichen rechtlichen Situation. Der § 38 des geltenden österreichischen Bankwesengesetzes enthält eine Reihe von Ausnahmen. In unserem Zusammenhang ist die Ausnahme des Abs. 2 Z. 1 von Belang, wonach die Verpflichtung zur Wahrung des Bankgeheimnisses nicht besteht im Zusammenhang mit Strafverfahren aufgrund einer gerichtlichen Bewilligung gegenüber den Staatsanwaltschaften und Strafgerichten und mit eingeleiteten Strafverfahren wegen vorsätzlicher Finanzvergehen, ausgenommen Finanzordnungswidrigkeiten, gegenüber den Finanzstrafbehörden.

Zum besseren Verständnis sei ein Ausflug in die Entstehungsgeschichte des Bankgeheimnisses als Rechtsnorm unternommen. Bald nach Ende des Zweiten Weltkrieges beschäftigte sich das Bundesministerium für Finanzen (BMF) mit der Problemstellung der Austrifizierung des Kreditwesengesetzes. Die Bedeutung der Kreditinstitute wurde mit der Entwicklung der Wirtschaft immer größer. In den 1960-er Jahren wuchsen die Masseneinkommen sehr stark. Die österreichischen Geldinstitute forcierten im Zusammenhang damit natürlich den Spargedanken. Ich erinnere an den von der Zentralsparkasse geschaffenen Sparefroh, der übrigens wiedererstanden ist. Die Finanzierung der Wirtschaft erfolgte noch stärker als heute über die Gewährung von Krediten und Darlehen. Eigenkapital war rar. Die Kreditinstitute waren auf die Primäreinlagen angewiesen. Wenn ein Sparer einem Kreditinstitut sein Geld anvertrauen soll, dann muss er in dieses Institut Vertrauen haben. Voraussetzung für ein solches Vertrauen ist, dass der Kunde mit Diskretion rechnen kann. Das hat mE gar nichts mit der so oft zitierten Steuerproblematik zu tun, sondern sehr wohl mit der Mentalität der Österreicher. Die meisten Bürger dieses Staates schätzen es nicht, dass andere wissen, dass man was hat. Bei dieser Mentalität spielen, vor allem im Osten des Landes überkommene Vorstellungen aus der Zeit früherer Obrigkeits- und Abhängigkeitsverhältnisse mit. Man befürchtet, dass einem etwas ungerechtfertiger Weise weggenommen werden könnte.

Im Zusammenhang mit der angeführten Vertrauensfrage steht das Schlagwort von der Funktionsfähigkeit des Kreditapparates. In diesem Sinne nahm die Regierung von Josef Klaus einen Anlauf in Richtung Modernisierung der österreichischen Gesetze betreffend das Kreditwesen. Neben der bereits erwähnten Austrifizierung des deutschen Kreditwesengesetzes ging es um eine Klärung der unklaren Rechtslage der Sparkassen. Weiters war die Postsparkasse neu zu regeln. Darüber hinaus ging es auch um ein neues Depotgesetz. Von den zahlreichen Regierungsvorlagen wurden das Postsparkassengesetz und das Depotgesetz im Nationalrat tatsächlich beschlossen. Das Depotgesetz enthielt die interessante Bestimmung des anonymen Depots, für das die bereits angeführten Überlegungen galten. Die diesbezügliche Bestimmung ist allerdings schon aufgehoben. Das Postsparkassengesetz sah als Spezialität das auf Inhaber lautende Sparbuch vor. Auch das hat nicht überlebt.

Sehr interessante Beiträge zur damaligen Situation bietet Hans Heller in seinem Aufsatz „Der dritte Anlauf" in der Schriftenreihe der Österreichischen Bankwissenschaftlichen Gesellschaft „Aktuelle Probleme zum Recht des Kreditwesens, Festschrift zum 75. Geburtstag von Herrn Univ. Prof. Dr. Dr. h.c. Hans Krasensky". Die Ausführungen von Heller sind u.a. deshalb auch so bedeutsam, weil er als zuständiger Beamter im BMF unmittelbar an der Quelle saß. Er verweist in dem genannten Aufsatz auf die Regierungsvorlage 1969, die erstmals im § 29 eine detaillierte Regelung des Bankgeheimnisses enthielt. Diese Bestimmung hat schon viel mit der von ihm ebenfalls zitierten Regelung des § 23 der Regierungsvorlage 1978 gemeinsam.

Ein sehr wesentlicher Unterschied besteht allerdings. Keine Ausnahmen vom Bankgeheimnis, außer der Regelung, dass die Kreditunternehmung als Abgabenpflichtige, wenn sie selbst Partei eines Abgabenverfahrens ist, sich nicht auf das Bankgeheimnis berufen darf.

Heller vermerkt als „Kuriosität am Rande“, dass das 1969 verabschiedete Postsparkassengesetz 1969 eine Regelung des Bankgeheimnisses enthält, und zwar die in der Regierungsvorlage 1969 für das Kreditwesengesetz vorgesehene, also ohne Ausnahmen, wie bereits ausgeführt. Die Postsparkasse war also das einzige Kreditinstitut, das bis zum Inkrafttretens des KWG 1979 über eine gesetzliche Regelung des Bankgeheimnisses verfügte. Wegen grundsätzlicher Auffassungsunterschiede innerhalb der Sektoren aber auch zwischen den einzelnen Sektoren der Kreditwirtschaft blieben die Entwürfe betreffend das Kreditwesengesetz und das Sparkassengesetz liegen.

Ab dem Jahre 1969 durfte ich als damaliger Leiter der Rechtsabteilung der Girozentrale an den Arbeiten und Diskussionen betreffend ein neues Sparkassengesetz und ein Kreditwesengesetz teilnehmen, und zwar sowohl im Rahmen des Sparkassenverbandes als auch der Wirtschaftskammer. Kurt Bronold berichtet in der bereits genannten Festschrift sehr detailliert über die Diskussionsbeiträge der einzelnen Sektoren der Kreditwirtschaft. Die Diskussionen dauerten fast zehn Jahre und brachten meines Erachtens sehr gute Fortschritte und Ergebnisse. Es entstand im Laufe der Zeit ein sehr gutes und sachliches Klima, obwohl es zwischen den Sektoren anfangs große Auffassungsunterschiede, nicht zuletzt bedingt durch die Konkurrenzlage gab. Sehr interessant waren auch die Besprechungen mit den Beamten des BMF.

1976 wechselte ich von der Girozentrale in die Geschäftsleitung der Ersten österreichischen Spar-Casse. Dies bewirkte naturgemäß eine Änderung meiner Interessenlage und führte zu einer sehr engen Zusammenarbeit mit der Zentralsparkasse der Gemeinde Wien. Was das Bankgeheimnis betrifft, war die allgemeine Meinung dahingehend, dass das Bankgeheimnis vor strafrechtlicher Verfolgung nicht schützen darf. Hans Heller formuliert dies in der genannten Festschrift auf Seite 49 mE sehr treffend: „Ein undurchbrechliches Bankgeheimnis ist in einer rechtsstaatlichen Ordnung mit Rücksicht auf das Postulat strafrechtlicher Verfolgungshandlungen nicht denkbar.“ Er erwähnt auch in diesem Zusammenhang, dass der Ministerialentwurf für ein KWG aus dem Jahre 1955 auf das Bankgeheimnis noch nicht einging. Klar war auch in den Diskussionen, dass es auch andere Durchbrechungen des Bankgeheimnisses geben musste. Besonders sind mir in diesem Zusammenhang die Diskussionen über die Bankauskünfte in Erinnerung. Schwieriger wurde es bei der Frage, wie weit solche Verfahren bereits gediehen sein müssen. Es gab eine breite Übereinstimmung in die Richtung, dass die Durchbrechung des

Bankgeheimnisses nicht zu reinen Erkundungszwecken erlaubt sein sollte. Es kam dann im Bankwesengesetz 1979 zu einer eher schwammigen Formulierung. Es heißt sowohl in der Regierungsvorlage als auch im daraufhin beschlossenen Gesetz unter § 23 Abs. 2 Z. 1: „Die Verpflichtung zur Wahrung des Bankgeheimnisses besteht nicht im Zusammenhang mit gerichtlichen Strafverfahren gegenüber den Strafgerichten und mit Strafverfahren wegen vorsätzlicher Finanzvergehen, ausgenommen Finanzordnungswidrigkeiten, gegenüber den Finanzstrafbehörden." Dann kommen die anderen Ausnahmen, wie etwa die für allgemein gehaltene bankübliche Auskünfte über die wirtschaftliche Lage eines Unternehmers, wenn dieser der Auskunfterteilung nicht widerspricht. Ich bringe dieses Zitat, weil ich vorher darauf hingewiesen habe, dass gerade das System der Bankauskünfte sehr ausgiebig debattiert wurde.

In diesem Zusammenhang ist auch darauf hinzuweisen, dass das Bankgeheimnis nicht auf die Steuerproblematik beschränkt werden darf, wie dies in den Medienberichten den Anschein hat. Gerade der Schutz des Kreditnehmers, was die Informationen der Bank betrifft, ist im Hinblick auf Wettbewerbssituationen sehr wichtig. In diesem Zusammenhang gewinnt m.E. auch die Strafdrohung, die auf Verletzungen des Bankgeheimnisses steht, an Bedeutung. Eine Strafdrohung ist sicher wirksamer als etwaige Schadenersatzdrohungen.

Ich möchte auf die Formulierung „im Zusammenhang" zurückkommen. In der bereits genannten und zitierten Festschrift setzt sich Erich Schinnerer unter der Überschrift „Das Bankgeheimnis im KWG-Entwurf", auf Seite 176 mit der Bedeutung der Worte „im Zusammenhang" auseinander. Er vertritt die klare Auffassung, dass „im Zusammenhang" bedeutet, dass ein Strafverfahren, in dem die Offenbarung des Geheimnisses zur Wahrheitsfindung erforderlich ist, schon eingeleitet wurde. Er führt weiter aus: „Eingeleitet ist ein gerichtliches Strafverfahren im Sinne dieser Bestimmung mit dem Beschluss auf Einleitung von Vorerhebungen, also von gerichtlichen Untersuchungshandlungen, die die nötigen Anhaltspunkte sammeln sollen, um über die Veranlassung eines Strafverfahrens gegen eine bestimmte Person oder die Zurücklegung der Anzeige zu entscheiden. Eingeleitet ist ein Verfahren vor den Finanzstrafbehörden, wenn es aktenkundig gemacht worden ist."

In dem Kommentar zum KWG aus dem Jahre 1980 von Haushofer-Schinnerer-Ulrich haben wir auf Seite 80 Anm. 12) darauf hingewiesen, dass ein gerichtliches Strafverfahren mit dem Beschluss auf Einleitung von Vorerhebungen beginnt. In Anm. 13) wurde ausgeführt, dass „ein Strafverfahren wegen eines vorsätzlichen Finanzvergehens dann vorliegt, wenn ein solches Verfahren aktenkundig gemacht worden ist".

Ivo Greiter hat Entscheidungen des österreichischen Obersten Gerichtshofes (OGH), des Verwaltungsgerichtshofes und des Verfassungsgerichtshofes zum österreichischen Bankgeheimnis bis 7. September 1989 zusammengestellt und herausgegeben.

Darin ist eine Entscheidung des Obersten Gerichtshofes vom 18. Jänner 1989, 14 Os 170-173/88; EvBl 1989 Nr. 99 wiedergegeben, in der der OGH zur Auskunftspflicht gegenüber der Staatsanwaltschaft im Rahmen von gerichtlichen Vorerhebungen wegen Betrugs entscheidet. Zum Zeitpunkt der genannten Entscheidung hatte der Gesetzgeber im § 23 Abs. 2 Z. 1 des KWG 1979 durch die KWG-Novelle 1986 ex lege klargestellt, dass das gerichtliche Strafverfahren bzw. das finanzstrafbehördliche Strafverfahren eingeleitet sein muss. Der OGH setzt sich aber auch mit den Lehrmeinungen auseinander, die vor der Novelle bestanden. Er führt dabei aus, dass nach überwiegender Lehrmeinung das Strafverfahren noch nicht ein Stadium erreicht haben muss, das bereits ein Prozessrechtsverhältnis begründet, sondern dass es genügt, dass gerichtliche Vorerhebungen eingeleitet sind. Er zitiert dazu u.a. die bereits genannte Stelle im KWG-Kommentar Haushofer-Schinnerer-Ulrich.

An späterer Stelle verweist er auf die Intention des Gesetzgebers, dass „das Bankgeheimnis nicht zur Beschaffung von Unterlagen vor Einleitung eines Strafverfahrens aufgehoben wird". Ich darf in diesem Zusammenhang an meine Ausführungen zu dieser Frage im Zusammenhang mit den Diskussionen im Rahmen der Wirtschaftskammer hinweisen. Ich glaube, dass gerade in dieser Rechtsmeinung, die in Österreich bei der Auslegung der Bestimmungen des Bankgeheimnisses herrschend ist, die Auffassungsunterschiede mit anderen Ländern begründet sind.

Ich war 42 Jahre im österreichischen Kreditwesen tätig, und zwar in vier verschiedenen Kreditunternehmungen. In der Girozentrale, in der Ersten österreichischen Spar-Casse, heute Erste Bank AG, in der Landeshypothekenbank Niederösterreich und in der Bank Burgenland war ich in der Geschäftsleitung tätig und hatte neben anderen Aufgaben, wie insbesondere das Kreditgeschäft, die Zuständigkeiten für Rechtsangelegenheiten wahrzunehmen. Die Landeshypothekenbank Niederösterreich und die Bank Burgenland waren Sanierungsfälle. In all den Jahren ist mir kein Fall erinnerlich, in dem es Probleme mit dem Bankgeheimnis gegeben hätte. Weder, was die Zeit bis zum

KWG 1979 betrifft, wo es noch keine gesetzliche Regelung gab – ausgenommen für die Postsparkasse –, noch danach. Aufgrund dieser praktischen Erfahrungen halte ich es für sehr vertretbar, wenn Österreich für seine Bürger an der derzeitigen Regelung des Bankgeheimnisses festhält, wenn andere Länder ihre Bürger in dieser Richtung anders behandeln, sollte man sie daran aber auch nicht hindern.

Statistischer Überblick

Bilanzsumme[1]	Mio. S
1960	93.058
1965	187.905
1970	351.925
1975	836.813
1980	1,858.724
1985	3,075.441
1990	4,040.476
1995	5,382.997
2000[2]	562.700
2001	587.741
2002	573.349
2003	605.107
2004	652.758
2005	725.726
2006	797.793
2007	899.542
2008	1.069.100

1 Auf Basis der Zwischenausweise der österreichischen Kreditunternehmungen
2 ab 2000 in Mio. Euro

Anzahl der Kreditinstitute in Österreich
Entwicklung seit 1963

	Aktienbanken		Bankiers		Sparkassen-sektor		Landes-hypotheken-banken		Raiffeisen-sektor		Volksban-kensektor		Bauspar-kassen		Teilzahlung sinstitute		Sonder-banken		Par. 9 Institute lt.BWG [1]		Insgesamt		Bank-stellen
	H	Z	H	Z	H	Z	H	Z	H	Z	H	Z	H	Z	H	Z	H	Z	F	Z	H	Z	
31.12.1963	22	164	18	18	176	302	10	12	1.760	113	159	101	4	3	9	51	8	24	-	-	2.166	788	2.954
31.12.1965	23	176	18	18	173	325	10	13	1.758	127	159	107	4	6	9	51	10	25	-	-	2.164	848	3.012
31.12.1970	27	220	16	25	172	398	10	15	1.614	295	161	139	4	43	8	74	12	28	-	-	2.024	1.237	3.261
31.12.1975	28	323	14	34	169	539	10	40	1.359	623	160	222	4	47	8	109	15	29	-	-	1.767	1.966	3.733
31.12.1980	40	653	10	38	148	1.014	10	68	1.218	1.176	143	369	4	34	-	-	22	24	-	-	1.595	3.376	4.971
31.12.1985	46	745	8	32	130	1.189	10	93	890	1.584	119	385	4	33	-	-	34	29	-	-	1.241	4.090	5.331
31.12.1990	55	881	-	-	117	1.302	10	132	843	1.662	97	459	4	33	-	-	84	28	-	-	1.210	4.497	5.707
31.12.1991	55	759	-	-	105	1.464	10	147	814	1.676	89	484	4	33	-	-	88	31	-	-	1.165	4.594	5.759
31.12.1992	54	723	-	-	91	1.534	10	149	771	1.709	84	482	4	36	-	-	90	34	-	-	1.104	4.667	5.771
31.12.1993	54	733	-	-	81	1.527	10	146	745	1.726	80	487	5	36	-	-	88	36	-	-	1.063	4.691	5.754
31.12.1994	53	732	-	-	80	1.511	9	150	728	1.733	80	483	5	36	-	-	98	38	-	-	1.053	4.683	5.736
31.12.1995	54	738	-	-	78	1.498	9	152	718	1.733	80	484	5	36	-	-	97	45	-	-	1.041	4.686	5.727
31.12.1996	54	739	-	-	77	1.481	9	156	700	1.745	78	492	5	36	-	-	96	45	-	-	1.019	4.694	5.713
31.12.1997	63	780	-	-	73	1.465	9	156	683	1.750	74	478	5	36	-	-	88	26	-	-	995	4.691	5.686
31.12.1998	63	733	-	-	72	1.428	9	155	666	1.741	71	477	5	37	-	-	85	5	-	-	971	4.576	5.547
31.12.1999	64	746	-	-	71	1.421	9	155	648	1.737	70	475	5	37	-	-	84	5	-	-	951	4.576	5.527
31.12.2000	61	751	-	-	70	1.397	9	154	625	1.741	71	472	5	34	-	-	82	7	-	-	923	4.556	5.479
31.12.2001	61	738	-	-	67	1.380	9	164	617	1.725	70	475	5	59	-	-	78	5	-	-	907	4.546	5.453
31.12.2002	59	534	-	-	64	1.509	9	165	609	1.719	70	481	5	59	-	-	81	4	-	-	897	4.471	5.368

	Aktienbanken		Bankiers		Sparkassen-sektor		Landes-hypotheken-banken		Raiffeisen-sektor		Volksban-kensektor		Bauspar-kassen		Teilzahlung sinstitute		Sonder-banken		Par. 9 Institute lt.BWG 1)		Insgesamt		Bank-stellen
	H	Z	H	Z	H	Z	H	Z	H	Z	H	Z	H	Z	H	Z	H	Z	F	Z	H	Z	
31.12.2003	63	531	-	-	63	1.446	9	170	596	1.713	69	485	5	51	-	-	91	5	-	-	896	4.401	5.297
31.12.2004	47	907	-	-	59	1.023	10	172	581	1.712	68	488	4	52	-	-	92	8	21	4	882	4.366	5.248
31.12.2005	44	877	-	-	57	1.006	10	166	576	1.704	68	482	4	52	-	-	96	26	25	4	880	4.317	5.197
31.12.2006	48	864	-	-	56	1.005	10	166	567	1.695	70	479	4	46	-	-	91	23	25	1	871	4.279	5.150
31.12.2007	51	852	-	-	56	1.011	11	168	558	1.702	69	482	4	46	-	-	93	22	28	3	870	4.286	5.156
31.12.2008	51	836	-	-	55	1.003	11	167	551	1.695	68	482	4	45	-	-	94	13	33	6	867	4.251	5.121

1) bis 06/2004 nicht extra ausgewiesen
H = Hauptanstalten; Z = Zweiganstalten

Entwicklung der Beschäftigten im österreichischen Bankwesen 1987 - 2008 [1]
GLOBAL

	Aktienbanken u. Bankiers	Sparkassen-sektor	Landes-Hypotheken-banken	Raiffeisen-sektor	Volksbanken-sektor	Bauspar-kassen	Sonderbanken	§ 9 Institute lt.BWG	Insgesamt
1987	20.655	19.460	1.952	15.880	4.318	1.895	3.452	-	67.612
1988	21.749	19.590	2.084	16.474	4.785	1.883	3.604	-	70.169
1989	22.075	20.039	2.194	16.892	4.531	2.025	3.724	-	71.480
1990	22.876	20.705	2.448	17.651	4.915	2.004	3.998	-	74.597
1991	19.380	24.361	2.597	18.301	4.976	2.033	4.331	-	75.979
1992	19.463	25.089	2.636	18.876	4.970	1.995	4.103	-	77.132
1993	18.365	24.722	2.782	18.982	5.070	2.135	4.106	-	76.162
1994	18.291	24.567	2.809	19.323	5.156	2.180	4.304	-	76.630
1995	18.246	24.008	2.854	19.437	5.189	2.086	4.437	-	76.257
1996	17.519	23.740	2.922	19.677	5.194	2.102	4.562	-	75.716
1997	19.051	23.605	2.983	19.711	5.139	2.098	2.657	-	75.244
1998	18.282	23.777	3.107	19.709	5.119	2.192	2.660	-	74.846
1999	17.923	23.658	3.175	19.901	5.203	2.122	2.793	-	74.775
2000	17.277	23.644	3.253	20.419	5.430	1.990	3.058	-	75.071
2001	16.371	24.810	3.564	21.035	5.599	1.949	3.045	-	76.373
2002	12.352	27.797	3.758	20.996	5.670	1.956	3.250	-	75.779
2003	12.137	27.093	3.807	21.099	5.764	1.986	3.359	-	75.245
2004	22.978	15.121	3.858	21.133	5.850	1.999	3.774	453	75.166
2005 [2]	22.552	15.296	4.146	22.395	5.869	2.002	3.637	549	76.446
2006 [2]	23.211	15.264	4.232	22.796	6.048	1.887	3.645	578	77.661

	Aktienbanken u. Bankiers	Sparkassen-sektor	Landes-Hypotheken-banken	Raiffeisen-sektor	Volksbanken-sektor	Bauspar-kassen	Sonderbanken	§ 9 Institute lt.BWG	Insgesamt
2007 [2)]	23.043	15.679	4.337	23.456	6.616	1.983	3.430	636	79.180
2008 [2)]	22.775	15.921	4.503	24.096	6.806	1.920	3.603	669	80.293

[1)] nach Köpfen, Teilzeit, Karenzierte und Präsenzdiener, ohne Arbeiter

[2)] inkl. geringfügig Beschäftigte

Quelle: eigene Stammdatenerhebungen gemäß NBG. § 44

Verteilung der Beschäftigten im österreichischen Bankwesen nach Geschlecht sowie nach Haupt- und Teilzeit zum 31.12.1990

	WH	%	WT	%	MT	%	MH	%	
Aktienbanken & Bankiers	10.135	44,3	1.670	7,3	136	0,6	10.935	47,8	22.876
Sparkassensektor	8.434	40,7	2.304	11,1	92	0,5	9.875	47,7	20.705
Landes-Hypothekenbanken	931	38,0	197	8,1	23	0,9	1.297	53,0	2.448
Raiffeisensektor	6.787	38,5	1.415	8,0	164	0,9	9.285	52,6	17.651
Volksbankensektor	2.153	43,8	368	7,5	17	0,3	2.377	48,4	4.915
Bausparkassen	846	42,2	129	6,4	14	0,7	1.015	50,7	2.004
Sonder-Banken	2.088	52,2	364	9,1	96	2,4	1.450	36,3	3.998
Global	31.374	42,1	6.447	8,6	542	0,7	36.234	48,6	74.597

WH........ weibliche Hauptbeschäftigte
WT......... weibliche Teilbeschäftigte
MT......... männliche Teilbeschäftigte
MH........ männliche Hauptbeschäftigte

Verteilung der Beschäftigten im österreichischen Bankwesen nach Geschlecht sowie nach Haupt- und Teilzeit zum 31.12.1995

	WH	%	WT	%	MT	%	MH	%	
Aktienbanken & Bankiers	8.184	44,9	1.615	8,8	108	0,6	8.339	45,7	18.246
Sparkassensektor	9.464	39,4	3.172	13,2	119	0,5	11.253	46,9	24.008
Landes-Hypothekenbanken	1.121	39,3	227	8,0	21	0,7	1.485	52,0	2.854
Raiffeisensektor	7.320	37,7	2.092	10,8	101	0,5	9.924	51,0	19.437
Volksbankensektor	2.210	42,6	482	9,3	23	0,4	2.474	47,7	5.189
Bausparkassen	796	38,2	168	8,0	12	0,6	1.110	53,2	2.086
Sonder-Banken	2.182	49,2	480	10,8	92	2,1	1.683	37,9	4.437
	31.277	41,3	8.236	10,7	476	0,6	36.268	47,4	76.257

WH........ weibliche Hauptbeschäftigte
WT........ weibliche Teilbeschäftigte
MT........ männliche Teilbeschäftigte
MH........ männliche Hauptbeschäftigte

Verteilung der Beschäftigten im österreichischen Bankwesen nach Geschlecht sowie nach Haupt- und Teilzeit zum 31.12.2000

	MH	%	MT	%	WH	%	WT	%	Insgesamt
Aktienbanken u.Bankiers	7.449	43,1	98	0,6	7.760	44,9	1.970	11,4	17.277
Sparkassensektor	10.699	45,3	174	0,7	9660	40,9	3.111	13,2	23.644
Landes-Hypothekenbanken	1.612	49,6	19	0,6	1266	38,9	356	10,9	3.253
Raiffeisensektor	10.225	50,1	138	0,7	7228	35,4	2.828	13,8	20.419
Volksbankensektor	2.450	45,1	37	0,7	2319	42,7	624	11,5	5.430
Bausparkassen	1053	52,9	29	1,5	679	34,1	229	11,5	1.990
Sonder-Banken	1.257	41,1	70	2,3	1412	46,2	319	10,4	3.058
Gesamt 2000	34.745	46,3	565	0,8	30324	40,4	9.437	12,6	75.071
Gesamt 1999	35.200	47,1	551	0,7	29773	39,8	9.251	12,4	74.775
VAE 12/99 - 12/00	-455		14		551		186		296

MH...männliche Hauptbeschäftigte
MT...männliche Teilzeitbeschäftigte
WH...weibliche Hauptbeschäftigte
WT...weibliche Teilzeitbeschäftigte

Verteilung der Beschäftigten im österreichischen Bankwesen nach Geschlecht sowie nach Haupt-, Teilzeit- und geringfügig Beschäftigten
31.12.2005
GLOBAL

	MH	%	MT	%	MG	%	WH	%	WT	%	WG	%	Insgesamt
Aktienbanken u.Bankiers	9.485	42,1	215	1,0	171	0,8	8.909	39,5	3.533	15,7	239	1,1	22.552
Sparkassensektor	6.644	43,4	337	2,2	8	0,1	5.412	35,4	2.841	18,6	54	0,4	15.296
Landes-Hypothekenbanken	1.931	46,6	29	0,7	3	0,1	1.695	40,9	486	11,7	2	0,0	4.146
Raiffeisensektor	10.755	48,0	388	1,7	23	0,1	7.334	32,7	3.660	16,3	235	1,0	22.395
Volksbankensektor	2.474	42,2	65	1,1	15	0,3	2.364	40,3	870	14,8	81	1,4	5.869
Bausparkassen	941	47,0	51	2,5	2	0,1	716	35,8	243	12,1	49	2,4	2.002
Sonderbanken	1.523	41,9	85	2,3	3	0,1	1.581	43,5	436	12,0	9	0,2	3.637
§9 Institute lt.BWG	254	46,3	8	1,5	2	0,4	230	41,9	53	9,7	2	0,4	549
Gesamt 2005	34.007	44,5	1.178	1,5	227	0,3	28.241	36,9	12.122	15,9	671	0,9	76.446
Gesamt 2004	33.710	44,8	1.155	1,5	0	0	28.475	37,9	11.826	15,7	0	0	75.166
VAE 12/04 - 12/05	+297		+23		+227		-234		+296		+671		+1.280

MH...männliche Hauptbeschäftigte
MT...männliche Teilzeitbeschäftigte
MG..männliche geringfügig Beschäftigte
WH...weibliche Hauptbeschäftigte
WT...weibliche Teilzeitbeschäftigte
WG..weibliche geringfügig Beschäftigte

Verteilung der Beschäftigten im österreichischen Bankwesen nach Geschlecht sowie nach Haupt- , Teilzeit- und geringfügig Beschäftigten

31.12.2008

GLOBAL

	MH	%	MT	%	MG	%	WH	%	WT	%	WG	%	Insgesamt
Aktienbanken u.Bankiers	9.390	41,2	262	1,2	162	0,7	8.852	38,9	3.889	17,1	220	1,0	22.775
Sparkassensektor	6.832	42,9	386	2,4	5	0,0	5.517	34,7	3.144	19,7	37	0,2	15.921
Landes-Hypothekenbanken	2.071	46,0	40	0,9	3	0,1	1.754	39,0	631	14,0	4	0,1	4.503
Raiffeisensektor	11.290	46,9	379	1,6	37	0,2	7.939	32,9	4.121	17,1	330	1,4	24.096
Volksbankensektor	2.866	42,1	67	1,0	10	0,1	2.737	40,2	1.049	15,4	77	1,1	6.806
Bausparkassen	888	46,3	45	2,3	10	0,5	626	32,6	307	16,0	44	2,3	1.920
Sonderbanken	1.612	44,7	83	2,3	2	0,1	1.402	38,9	489	13,6	15	0,4	3.603
§ 9 Institute lt.BWG	341	51,0	8	1,2	0	0,0	261	39,0	57	8,5	2	0,3	669
Gesamt 2008	35.290	44,0	1.270	1,6	229	0,3	29.088	36,2	13.687	17,0	729	0,9	80.293
Gesamt 2007	34.935	44,1	1.228	1,6	234	0,3	28.806	36,4	13.231	16,7	746	0,9	79.180
VAE 12/07 - 12/08	+355		+42		-5		+282		+456		-17		+1.113

MH .... männliche Hauptbeschäftigte
MT .... männliche Teilzeitbeschäftigte
MG .... männliche geringfügig Beschäftigte
WH .... weibliche Hauptbeschäftigte
WT .... weibliche Teilzeitbeschäftigte
WG .... weibliche geringfügig Beschäftigte

Einlagen			
Mrd. S	**Sichteinlagen**	**Termineinlagen**	**Spareinlagen**
1950	7.271[1]	—	2.198
1955	15.263[1]	—	9.977
1960	15.211	7.563	31.382
1965	23.536	11.098	68.535
1970	34.185	16.341	131.201
1975	73.865	36.498	277.051
1980	83.567	69.560	543.822
1985	107.465	124.146	826.617
1990	155.931	185.812	1,162.079
1995	266.602	123.581	1,551.617
2000[2]	34.494	18.299	119.679
2001	38.850	25.277	125.439
2002	42.076	21.997	127.701
2003	49.558	19.211	132.201
2004	53.333	21.427	135.957
2005	59.821	24.040	136.895
2006	64.393	26.948	139.810
2007	71.402	40.679	146.119
2008	75.501	44.858	155.379

1 Scheckeinlagen

2 ab 2000 in Mio. Euro

Umlauf von Bankschuldverschreibungen in Mio. S						
	Anleihen[1]	Pfandbriefe	Kommunal-Schuldverschreibungen	Kassen-obligation	Sonstige	Fremdwährungs-emissionen
1950		399	310		29	
1955		991	698		36	
1960		2.192	1.377	140	182	
1965		5.433	3.204	771	352	207
1970		10.802	6.855	3.291	3.486	1.299
1975		23.023	18.055	11.570	15.569	6.287
1981		39.094	48.128	46.497	66.843	42.236
1985[2]	85.199	49.826	89.192	78.734	14.824[3]	129.336[4]
1990	177.291	54.246	130.846	93.554	30.832[3]	222.127
1995	199.736	63.129	123.795	176.382	133.959	287.678
2000	311.647	53.694	86.837	97.563	342.686	794.193
2001[5]	84.391					39.091
2002	93.488					37.434
2003	101.671					34.574
2004	112.006					38.296
2005	128.432					45.100
2006	143.922					52.180
2007	164.748					55.946
2008	205.570					59.142

1 erst ab 1983 separat ausgewiesen
2 Eigene Emissionen der inländischen Kreditinstitute
3 inklusive Genussscheine
4 Auslandsemissionen
5 Ab 2001: Emissionen von monetären Finanzinstitutionen (einschließlich OeNB), Umlauf in Mio. Euro

Kredite an inländische Nichtbanken			
Mio. S	Gesamtstand	davon kommerzielle Kredite	davon Hypothekar- & Kommunaldarlehen
1950	10.699		
1955	28.813	21.898	
1960	51.635	44.877	
1965	91.955		
1970	175.694	120.438[1]	53.119
1975	366.015	242.127[1]	112.974
1980	773.476	508.703[1]	235.055
1985	1,211.658	728.693[1]	423.993
1990	1,846.172	1,130.301	626.573
1995	2.477.491	2,271.953[3]	
2000[2]	224.895	185.442[4]	
2001	232.799	190.517	
2002	235.629	191.288	
2003	239.475	195.519	
2004	251.569	203.754	
2005	263.290	210.108	
2006	275.251	223.322	
2007	285.088	238.516	
2008	306.227	250.823	

1 Sonstige Schillingkredite und Wechsel
2 ab 2000 in Mio. Euro
3 Sonstige Schillingkredite sowie Hypothekar- und Kommunaldarlehen in einer Summe ausgewiesen
4 Eurodirektkredite (Wechsel und sonstige Eurodirektkredite)

Halbjährliche Kreditstatistik in Mrd. S[1]

	Wirtschaft[2]	Öffentliche Körperschaften[3]	Wohnbau und Hausreparaturen	Unselbstständig Erwerbstätige und Private
1953[4]	9.570	696	928	223[2a]
1960	25.955	4.528	6.418	1.979[2a]
1965	50.439	6.172	14.882	10.021[5]
1970	91.210	14.198	32.896	25.421
1975	180.666	39.009	73.175	64.348
1980	375.062	105.105	149.152	145.621
1985	498.181	261.372	210.956	230.631
1990	686.479	374.674	292.931	387.496
1995[6]	1,266.437	491.207	28.819[7]	571.948
2000[8]	127.159	29.717	41.148	59.231
2001	131.597	28.275	46.652	62.805
2002	129.094	28.333	53.828	67.115
2003	128.852	29.945	56.911	69.346
2004	109.924	31.238	64.824	94.214[9]
2005	109.277	29.427	70.235	104.893
2006	116.078	28.662	75.620	108.793
2007	121.992	26.303	81.998	115.106
2008	133.608	25.073	88.849	121.489

1 1953 und 1960 vierteljährliche Kreditstatistik
2 Industrie, Gewerbe, Handel, Verkehr, Fremdenverkehr
2a inklusive freie Berufe
3 Bundesländer, Gemeinden und andere öffentlich-rechtliche Körperschaften
4 bis 1952 nicht separat ausgewiesen
5 Unselbständig Erwerbstätige und Private
6 Neugliederung in nichtfinanzielle Unternehmen, Staat, private Haushalte
7 Kredite für die Beschaffung und Erhalt von Wohnraum in Mio. Euro
8 ab 2000 in Mio. Euro
9 Freie Berufe und selbstständig Erwerbstätige werden aus dem Sektor nichtfinanzielle Unternehmen in den Sektor private Haushalte umgereiht

Ertragslage der inländischen Kreditinstitute in Mio. S

	Netto Zinsertrag	Dienst-leistungs-geschäft	Betriebs-erträge	Personal-aufwand	Sach-aufwand	Betriebs-auf-wendungen	Bank-betriebs-ergebnis
1990	70.999	16.570	87.569	39.546	19.265	66.658	26.923
1995	90.358	27.760	155.531	54.092	30.101	102.216	48.703
2000	92.673	44.077	186.083	61.638	40.318	123.892	62.191
2001[1]	7.089	3.061	14.054	4.681	3.151	9.476	4.577
2002	7.080	3.012	13.718	4.781	3.139	9.502	4.216
2003	7.058	3.188	13.875	4.740	3.108	9.468	4.407
2004	7.131	3.387	14.457	4.859	3.107	9.715	4.742
2005	7.094	3.941	15.710	5.036	3.332	10.063	5.647
2006	7.170	4.300	16.617	5.451	3.516	10.795	5.823
2007	7.399	4.710	17.512	5.468	3.703	10.849	6.663
2008	8.248	4.219	20.557	5.776	3.952	11.416	9.141

[1] ab 2001 in Mio. Euro

Zinssätze		
in %	Diskontsatz	Sekundärmarktrendite Gesamtrendite
1945	3.50	
1951	5.00	
1955	5.00	
1960	5.00	
1965	4.50	6.50
1970	5.00	7.68
1975	6.00	9.59
1981	6.75	9.07
1985	4.00	7.74
1990	6.50	8.72
1995	3.00	6.51
bis 31.12.1998	2.50	—
1999[1]	3.00	4.14
2000	4.75	5.36
2001	3.25	4.67
2002	2.75	4.44
2003	2.00	3.43
2004	2.00	3.43
2005	2.25	3.38
2006	3.50	3.66
2007	4.00	4.26
2008	2.50	4.17

[1] EZB-Leitzinssatz ab 1999

Zinssatzstatistik der inländischen Kreditinstitute			
Durchschnitt in % p.a.	**Spareinlagen täglich fällig**	**Spareinlagen bis 12 Monate**	**Spareinlagen über 12 Monate**
1995	2.09	3.57	4.09
2000	0.68	2.71	3.08
2001	0.64	2.88	3.28
2002	0.43	2.48	2.75
2003	0.99	1.92[1]	3.48[2]
2004	1.03	1.71[1]	3.29[2]
2005	1.08	1.70[1]	3.10[2]
2006	1.30	2.15[1]	2.98[2]
2007	1.84	3.16	3.16
2008	2.38	3.88	3.52

Die Daten vor dem Berichtstermin 31. Jänner 2003 beruhen auf Schätzungen der OeNB/EZB

[1] mit vereinbarter Laufzeit bis 2 Jahre
[2] mit vereinbarter Laufzeit über 2 Jahre

Zinssatzstatistik der inländischen Kreditinstitute			
Durchschnitt in % p.a.	**Kommerz-kredite[1]**	**Privat-kredite[2]**	**Kredite für Wohnraumbeschaffung**
1995	7.82	9.34	7.43
2000	6.48	7.41	6.01
2001	6.44	7.35	6.12
2002	5.78	6.73	5.48
2003	4.22[3]	5.42	4.41
2004	3.68[3]	5.18	3.90
2005	3.52[3]	4.89	3.58
2006	4.11[3]	5.41	3.80
2007	5.11	6.29	4.79
2008	5.47	6.81	5.32

Die Daten vor dem Berichtstermin 31. Jänner 2003 beruhen auf Schätzungen der OeNB/EZB

[1] ab 2003: an nichtfinanzielle Unternehmen für Kredite bis 1 Mio. Euro

[2] ab 2003: an private Haushalte

[3] für Kredite über 1 Mio. Euro: 3.33 (2003)
2.93 (2004)
2.92 (2005)
3.64 (2006)

Private Equity Markt

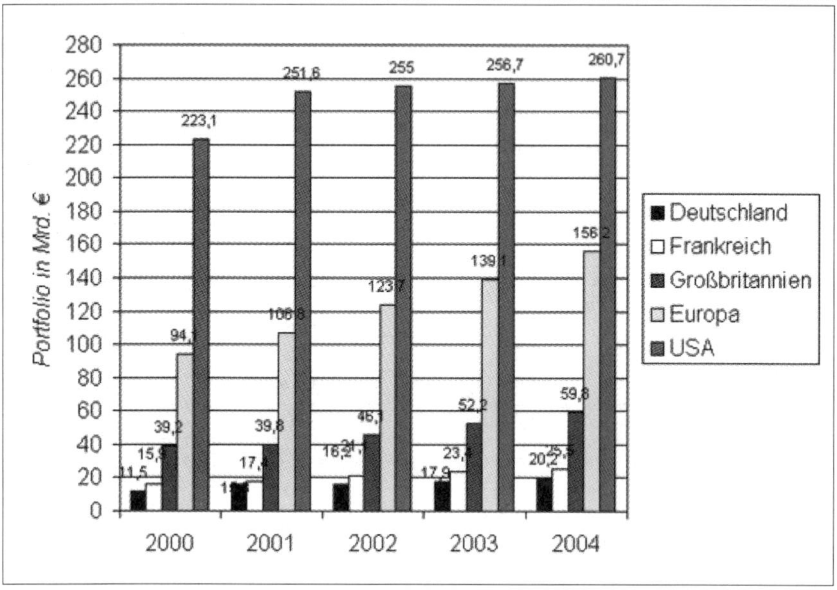

Quelle: http://www.bvkap.de/privateequity.php/cat/141/aid/89/title/
1._Der_Markt_fuer_Private_Equity_-_Deutschland_im_internationalen_Vergleich

Börsenkapitalisierung in Mrd. EUR				
	EU27	**JP**	**UK**	**US**
1998	3624,32	2090,89	1956,26	10967,45
1999	5515,65	4434,95	2922,63	16569,17
2000	5660,69	3393,04	2871,89	16142,91
2001	4796,63	2569,53	2408,75	15798,75
2002	3283,39	1973,2	1708,26	10498,39
2003	6254,94	2338,16	1923,17	11221,81
2004	6953,23	2611,9	2071,78	11923,13
2005	8644,04	3876,33	2599,43	14338,03
2006	10288,09	3503,47	2876,99	14644,02
2007	10632,65	2942	2634,58	13358,12
2008	5531,95	2238,85	1424,12	8338,92

Versicherungen Indikatoren: Brutto-Prämien (in Mrd. USD)			
Year	Japan	United States	EU15: European Union of fifteen
1998	300.638,21	994.961,34	713.090,49
1999	328.622,52	1.055.045,00	749.766,60
2000	342.437,44	1.157.516,00	788.040,84
2001	296.356,05	1.173.018,00	766.893,46
2002	287.139,33	1.031.529,89	823.769,98
2003	314.088,06	1.366.731,51	1.061.858,50
2004	335.166,82	1.426.541,32	1.268.626,62
2005	343.384,97	1.412.080,84	1.358.743,28
2006	321.768,96	1.391.377,72	1.416.392,71
2007	351.407,72	1.382.976,73	1.680.560,71
2008	–	995.639,30	605.958,60

Quelle: OECD Datenbank: http://stats.oecd.org/Index.aspx

Chart 3 | Worldwide distribution of insurance premiums – 1985-2007

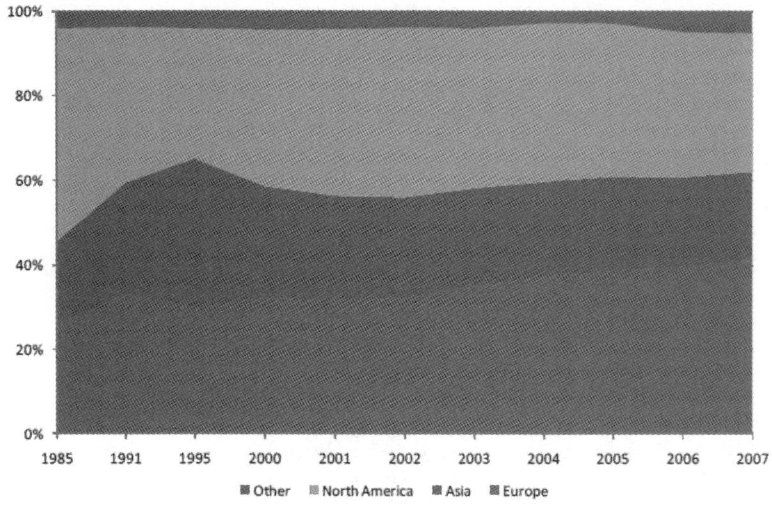

Source: Swiss Re Sigma No 3/2008: "World insurance in 2007: emerging markets leading the way"

Note: It should be stressed that in the Swiss Re publication, Europe is the combination of western Europe and central & eastern Europe, ie including notably Russia and Ukraine

Quelle: http://www.cea.eu/uploads/DocumentsLibrary/documents/1224519688_eif.pdf

Bilanzsummen des Bankensektors (in Mio.)

	EZB[1]	JP[2]	USA[3]	OECD[4]		
	EZB konsolidiert	Japan - Bank of Japan	USA - Federal Reserve System	Summe EU 15 Daten soweit verfügbar ohne UK	Japan	United States
Jahr	**EUR**	**USD**	**USD**	**In Mio. EUR[5]**		
1997	10.083.040,00	7.877.784,00	4.230.963,00	19.218.898,38	6.402.120,05	4.541.340,32
1998	10.478.831,00	7.786.468,00	4.642.813,00	20.759.040,33	5.735.614,95	4.898.465,87
1999	11.443.617,00	7.682.498,00	4.994.778,00	22.444.295,27	5.566.125,33	5.167.551,68
2000	12.363.146,00	7.591.382,00	5.439.850,00	24.598.821,04	6.072.408,46	5.582.504,33
2001	13.515.357,00	7.592.306,00	5.761.593,00	26.291.312,37	5.708.443,19	5.922.164,97
2002	13.882.536,00	7.317.537,00	6.266.934,00	26.825.872,67	5.634.348,06	6.342.369,95
2003	14.557.199,00	7.355.882,00	6.660.276,00	27.579.497,87	5.637.273,69	6.747.432,46
2004	15.723.619,00	7.401.032,00	7.290.510,00	29.735.227,47	–	7.478.910,41
2005	17.860.640,00	7.479.935,00	7.900.224,00	34.491.127,85	–	8.055.244,30
2006	19.710.129,00	7.493.911,00	8.745.878,00	37.961.244,98	–	8.840.349,17
2007	22.317.464,00	7.686.020,00	9.530.886,00	43.589.552,37	–	9.701.303,04

1 Quelle: EZB
2 Quelle: BOJ
3 Quelle: FED
4 Quelle: OECD Datenbank: http://stats.oecd.org/Index.aspx
5 Wechselkurse zum 04. 09. 2009. www.oeb.at

Abkürzungsverzeichnis

Abs[.]	Absatz
ABS	Asset Backed Securities
ABV	Allgemeine Bausparkasse reg.Gen.m.b.H.
AIG	American International Group
AK	Kammer für Arbeiter und Angestellte
ALGAR	Alpenländische Garantie-Gesellschaft m.b.H.
AMS	Arbeitsmarktservice
AO	Abgabenordnung
Art	Artikel
ATX	Austrian Traded Index
AVB	Anteilsverwaltung BAWAG P.S.K.
AVZ	Anteilsverwaltungssparkasse
AWO	Außenwirtschaft Österreich
AWS, aws	Austria Wirtschaftsservice Gesellschaft m.b.H.
BAWAG	Bank für Arbeit und Wirtschaft
BBI	Breitbandinfrastruktur GmbH
BfG AG	Bank für Gemeinwirtschaft AG
BIG	Bundes-Immobilien-Gesellschaft
BIP	Bruttoinlandsprodukt
BKS	Bank für Kärnten und Steiermark
BMF	Bundesministerium für Finanzen
BMLF	Bundesministerium für Land- und Forstwirtschaft, Umwelt und Wasserwirtschaft
BMVIT	Bundesministerium für Verkehr, Innovation und Technologie
BMWFJ	Bundesministerium für Wirtschaft, Familie und Jugend
BMWA	Bundesministerium für Wirtschaft und Arbeit
BTV	Bank für Tirol und Vorarlberg
BVG	Beteiligungsverwaltungs Ges.m.b.H.
BWG	Bankwesengesetz
bzw.	beziehungsweise
CA[-BV]	Creditanstalt[-]Bankverein
ca.	circa
CCBM	Correspondent Central Banking Model [Korrespondenz-Zentralbankmodell]
CD	Corporate Design

CDO	Collateralized Debt Obligations
CDS	Credit Default Swaps
CEBS	Committee of European Banking Supervision
CEE	Central and Eastern Europe
CEIOPS	Committee of European Insurance and Occupational Pension Supervisory
CEPS	Centre für European Policy Studies
CESEE	Central, Eastern and South Eastern Europe
CESR	Committee of European Securities Regulator
CHF	Schweizer Franken
CIS	Commonwealth of Independent States [= GUS]
COMO	Collateralized Mortgage Obligations
CSR	Corporate Social Responsibility
	Cross-Selling-Rate
DAX	Deutscher Aktienindex
d.h.	das heißt
DIW	Deutsches Institut für Wirtschaftsforschung
EACB	European Association of Co-operative Banks
EBRD	European Bank for Reconstruction and Development
ECB	European Central Bank
EG	Europäische Gemeinschaft
EGT	Ergebnis der gewöhnlichen Geschäftstätigkeit
EIB	Europäische Investitionsbank
ERP	European Recovery Program
ESA	European Service Authority
ESFS	European System of Financial Supervisors
ESRB	European Systemic Risk Board
EStG	Einkommensteuergesetz
ESZB	Europäisches System der Zentralbanken
etc.	et cetera
EU	Europäische Union
EUR	Euro
EWR	Europäischer Wirtschaftsraum
EZB	Europäische Zentralbank
f.	folgende
FED	Federal Reserve System
ff.	fort folgende
FIMBAG	Finanzmarktbeteiligung Aktiengesellschaft
FMA	Finanzmarktaufsicht
FSAP	Financial Sector Assessment Program

GATT	General Agreement on Tariffs and Trade (Allgemeines Zoll- und Handelsabkommen)
GDP	Gross Domestic Product [= Bruttonationalprodukt]
gem.	gemäß
GenG	Genossenschaftsgesetz
GPA	Gewerkschaft der Privatangestellten
GUS	Gemeinschaft Unabhängiger Staaten
HGB	Handelsgesetzbuch
IAS	International Accounting Standards
IBSG	Interbankmarktstärkungsgesetz
i.d.R.	in der Regel
i.e.	id est [= das ist]
i.e.S.	im eigentlichen Sinn bzw. im engeren Sinn
i.w.S.	im weiteren Sinn
IFRS	International Financial Reporting Standards
IMF [= IWF]	International Monetary Fund
IPO	Initial Public Offering
IWF [= IMF]	Internationaler Währungsfonds
i.w.S.	im weiteren Sinn
KESt	Kapitalertragsteuer
KfW	Kreditanstalt für Wiederaufbau
KMU	Klein- und Mittelunternehmen
KöSt	Körperschaftsteuer
KWG	Kreditwesengesetz
lit	litera (-e)
lt.	laut
m.b.H.	mit beschränkter Haftung
MBS	Mortgage Backed Securities
mE	meines Erachtens
MFI	Monetary Financial Institution
MIFID	Markets in Financial Instruments Directive [Wertpapier-dienstleistungs-Richtlinie]
Mio.	Million (-n)
MOE	Mittel- und Osteuropa
Mrd.	Milliarde (-n)
NPL	Non-Performing-Loan
Nr.	Nummer
ÖBB	Österreichische Bundesbahnen
OeCAG	Oesterreichische Clearingbank AG

OECD	Organisation für wirtschaftliche Zusammenarbeit und Entwicklung
OeKB	Oesterreichische Kontrollbank
OeNB	Oesterreichische Nationalbank
ÖGB	Österreichischen Gewerkschaftsbund
OGH	Oberster Gerichtshof
ÖGV	Österreichischer Genossenschaftsverband
ÖGWT	Österreichische Gesellschaft der Wirtschaftstreuhänder
ÖIAG	Österreichische Industrieholding AG
OÖ	Oberösterreich
ÖStZ	Österreichische Steuerzeitung
ÖVAG	Österreichische Volksbanken-AG
ÖVP	Österreichische Volkspartei
p.a.	per anno
P.S.K.	Postsparkasse
rd.	rund
reg. Gen. m.b.H.	registrierte Genossenschaft mit beschränkter Haftung
ROE	Return Of Equity
RUB	russische Rubel
S.	Seite (-n)
SE	South Eastern Europe
SEC	Securities and Exchange Commission
SEPA	Single Euro Payments Area
SPÖ	Sozialdemokratische Partei Österreichs
u.	und
u.a.	unter anderem
u.ä.	und ähnliches
udgl.	und dergleichen
UGB	Unternehmensgesetzbuch
UK	United Kingdom, Vereinigtes Königreich
ULSG	Unternehmen-Liquiditätsstärkungsgesetz
USD	US-Dollar
u.v.m.	und vieles mehr
VBI	Volksbank International
vgl.	vergleiche
WIFO	Österreichisches Institut für Wirtschaftsforschung
WKÖ	Wirtschaftskammer Österreich
Z[.]	Ziffer
z.B.	zum Beispiel

Autorenverzeichnis

Prof. Dr. Karl E. BRUCKNER

Wirtschaftsprüfer und Steuerberater, Geschäftsführer und Gesellschafter der BDO Auxilia Treuhand-Gruppe in Wien, allgemein beeideter und gerichtlich zertifizierter Sachverständiger für das Rechnungswesen; 2005 – 2007 Vizepräsident der Kammer der Wirtschaftstreuhänder, ab 2008 Präsident der Landesstelle Wien der Kammer der Wirtschaftstreuhänder, seit 1994 Vorsitzender des Fachsenats für Steuerrecht der Kammer der Wirtschaftstreuhänder, Mitglied ehemaliger Steuerreformkommissionen beim BMF, Präsidiumsmitglied der Österreichischen Gesellschaft der Wirtschaftstreuhänder (ÖGWT), Mitherausgeber und Schriftleiter der Österreichischen Steuerzeitung, Autor und Mitherausgeber zahlreicher Fachbücher (wie z.B. „Handbuch der Umgründungen").

Die BDO Auxilia Treuhand-Gruppe gehört zu den größten und renommiertesten Wirtschaftsprüfungs- und Steuerberatungsgesellschaften Österreichs und beschäftigt österreichweit über 300 Mitarbeiter. Die internationale BDO-Gruppe ist als fünftgrößtes Wirtschaftsprüfungs- und Steuerberatungsnetzwerk der Welt mit rund 44.000 Mitarbeitern in 110 Ländern vertreten.

Dr. jur. Manfred DRENNIG

Geboren 1940. Eintritt in die damalige Girozentrale 1963, tätig im Stab von Dr. Taus. 1974 Berufung in die Geschäftsführung der Wiener Holding, dort. u.a. mit der Aufarbeitung des Bauring-Skandals befasst. 1981 bis 1992 im Vorstand der österreichischen Länderbank als Stellv. Generaldirektor tätig, ausgeschieden nach der Fusion mit der Zentralsparkasse zur Bank Austria. Danach in führenden Funktionen im Baugewerbe, zuletzt bis 2002 als Finanzchef der Deutschen Strabag.

Nebenher tätig u.a. als Sektionsobmann der Kreditsektion der gewerblichen Wirtschaft in Wien und als Aufsichtsratsmitglied, zuletzt Vorsitzender des Aufsichtsrates der PORR AG (bis 1992). Diverse Publikationen zu gesellschaftlichen Themen, so insbes: „Die Krise sind wir selbst" (Wien 1992) und „Tauschen und Täuschen", Wien 2008. Heute Aktiv als Gesellschafter und Geschäftsführer der Privatconsult Vermögensverwaltungsgesellschaft, außerdem als Stvtr. Obmann des Dr.-Karl-Kummer-Institutes für Sozialpolitik und Sozialreform.

Mag. Erwin J. FRASL

Volkswirtschaftsstudium an der Universität Wien, danach Wirtschaftsjournalist bei der Neuen Kronen Zeitung und freie Mitarbeit bei der Hamburger Wochenzeitung „Die Zeit". Danach Leiter der Kurier-Wirtschaftsredaktion, des Kurier-Wirtschaftsmagazins „Markt" und der innenpolitischen Redaktion des Kurier. Ab der Gründung 1995 Mitarbeit beim WirtschaftsBlatt als Leitender Redakteur bzw. als Stv. Chefredakteur, Initiator des jährlichen Österreichischen Kongresses für Familienunternehmen und des Bewerbes „Österreichs beste Familienunternehmen" des WirtschaftsBlatts und einer der Gründer des Family Business Network Austria. Ende 2007 Ausscheiden aus dem WirtschaftsBlatt. 2008 Gründung des Beratungsunternehmens Media Consulting Mag. Erwin J. Frasl. Seit 2009 Chefredakteur des Finanzportal Biallo.at, dem Schwesterunternehmen des deutschen Finanzportal Biallo.de.

1985/86, 1988/89 und 1989/90 auch Lektor am Institut für Publizistik und Kommunikationswissenschaften an der Universität Wien. 1996 bis 1999 auch Dozent an der Werbe-Akademie in Wien. Ergänzend dazu 1998/99 Lektor für Volkswirtschaftslehre am Wirtschaftsförderungsinstitut Wien.

Autor bzw. Herausgeber der Sachbücher „So entkommen Sie der Steuerfalle. Die ganz legalen Tricks zur Abgabenvermeidung" von Erwin J. Frasl, Karl Holztrattner und Josef Reisinger (Verlag Ueberreuter 1989), „Wie Ihr Schilling explodiert - Die besten Geldanlagen" von Erwin J. Frasl (Hrsg.) (Verlag Ueberreuter 1991), des „Family Business Handbuch – Zukunftssicherung von Familienunternehmen über Generationen" von Erwin J. Frasl / Hannah Rieger (Hrsg.), Linde Verlag 2007 und „Österreichs Kreditwirtschaft – Von der Reichsmark über den Schilling zum Euro" von Erwin J. Frasl, Rene A. Haiden und Josef Taus (Hrsg.), Neuer Wissenschaftlicher Verlag 2007.

Dr. René Alfons HAIDEN

Studium der Wirtschaftswissenschaften an der Universität Wien. 42 Jahre hat er als Mitarbeiter in der Z und Bank Austria gewirkt, seit 1990 als Generaldirektor. Weitere zehn Jahre war er als Konsulent der BA CA tätig. Seit Februar 2005 fungiert er in dieser Funktion in der M&A Privatbank, gleichzeitig ist er deren Aufsichtsratsvorsitzender.

Er ist auch in einigen Privatstiftungen und Aufsichtsräten tätig und beschäftigt sich als langjähriger Präsident der Österreichischen Gesellschaft für Umwelt und Technik mit Fragen der Umwelt. Als Präsident des Österreichischen Grenzlandvereins unterstützt er die Klein- und Mittelbetriebe bei der Integration mit den Nachbarländern und übt auch mehrere Funktionen in der Wirtschaftskammer Österreich aus.

Prof. DDr. Hans HOFINGER

1950 geboren in Straß i. Attergau (Oberösterreich). Matura am Stiftsgymnasium der Benediktiner zu Kremsmünster. Studium der Rechtswissenschaften an der Universität Salzburg und der Volkswirtschaft sowie der Wirtschaftspädagogik an den Universitäten Linz, Innsbruck, St. Gallen und Wien. Promotionen 1973 zum Dr.iur. und 1978 zum Dr.rer.soc.oec.

Seit 1975 in der Österreichischen Volksbanken-AG, 1976 Geschäftsführer der Volksbank Zwettl. Seit Jänner 1985 Verbandsanwalt und Vorstandsmitglied des Österreichischen Genossenschaftsverbandes (Schulze-Delitzsch), seit August 2001 Vorstandsvorsitzender.

Seit Mai 2009 Präsident des Aufsichtsrats der Österreichischen Volksbanken-AG, Vizepräsident der Volksbank International AG, Vize-Präsident der Internationalen Volksbanken-Vereinigung mit Sitz in Brüssel. Präsident des Kuratoriums zur Förderung der Wirtschaftsuniversität Wien. Zahlreiche weitere Funktionen im In- und Ausland.

Autor zahlreicher Publikationen zu genossenschaftlichen, juristischen und wirtschafts-ethischen Themen. Universitätslektor.

Mag. Michael IKRATH

wurde 1953 in Linz geboren.

Nach Ableistung der Einjährig-Freiwilligen-Ausbildung beim Bundesheer in Salzburg studierte er Rechtswissenschaften und Publizistik in Wien.

Im Anschluss absolvierte Ikrath die Ausbildung zum Product-Manager bei Henkel Austria und war dort in der Folge bis 1985 als Product-Manager tätig.

In diesem Jahr vollzog er den Wechsel in die GiroCredit, dem damaligen Spitzeninstitut der Sparkassen, wo er zuerst im Marketing, dann im „Venture-Capital-Financing" arbeitete, um danach die Leitung des Strategischen Managements der Bank zu übernehmen.

1994 nahm er das Angebot der „Erste österreichische Spar-Casse" an, in deren Spitzenmanagement zu übersiedeln. Im Zuge der Fusion der Sparkasse mit der GiroCredit zur Erste Bank der oesterreichischen Sparkassen im Jahr 1997 wurde Ikrath mit der operativen Verantwortung für die Kommunikation, die Sparkassenpolitik und die Corporate Affairs der neuformierten Finanzgruppe betraut.

2002 zog er für die ÖVP in den Nationalrat ein, in den er 2006 und 2008 wiedergewählt wurde und dort u.a. als stellvertretender Vorsitzender des Finanzausschusses sein Fachwissen in die Gesetzgebung einbringt. Im Hauptberuf übernahm Ikrath 2004 die Geschäftsführung des Österreichischen Sparkassenverbandes, in dem aktuell die Erste Bank und 53 Sparkassen verbunden sind.

Michael Ikrath ist verheiratet und Vater von zwei erwachsenen Kindern.

Mag. Marianne Kager

Studium der Volkswirtschaftslehre an der Universität Wien; wissenschaftliche Mitarbeiterin am Ludwig Boltzmann-Institut für Wirtschaftsforschung; wirtschaftpolitische Beraterin im Bundeskanzleramt und im Wirtschaftsministerium, Kabinettchefin im Landwirtschaftsministerium; 20 Jahre Bankerfahrung, davon 18 Jahre Chefvolkswirtin der Bank Austria bzw. ihrer Vorgängerinstitute; verantwortlich für das Lobbying der Bank Austria bei den EU-Institutionen; Beraterin des Europäischen Parlaments (Economic and Monetary Affaires

Committee); Mitglied diverser Beratungsgremien der EU-Kommission; Unirat der Universität Klagenfurt; seit 2008 geschäftsführender Gesellschafter der MK Consultants on Economic and Business Affaires GesmbH; Kolumnistin der Salzburger Nachrichten; Autorin zahlreicher Artikel sowohl über Wirtschafts- und Währungsentwicklung als auch zu Fragen der Bankenregulierung und -aufsicht; Herausgeberin der Zeitschrift Report und CEE Report sowie Autorin einschlägiger Publikationen zur Wirtschafts- und Industriestruktur und der Forschungs- und Technologiepolitik.

Mag. Dr. Johann KERNBAUER

1949 in Vorau in der Steiermark geboren, ist verheiratet und hat zwei Kinder. Nach der Matura am Akademischen Gymnasium in Graz (1968) und Ableistung des Präsenzdienstes studierte Johann Kernbauer an der Wirtschaftsuniversität Wien Betriebswirtschaft (bis 1973). Anschließend erwarb er ein Doktorat in Volkswirtschaftslehre an der Universität Wien und absolvierte gleichzeitig das Institut für Höhere Studien (IHS) (1974–1976). Von 1976 bis 1978 war Kernbauer Assistent in der Abteilung Ökonomie des IHS bevor er in den Dienst der Oesterreichischen Nationalbank trat (1979). Nach einer Arbeit über die Notenbankpolitik in der Zwischenkriegszeit wurde Kernbauer Mitarbeiter der Volkswirtschaftlichen Abteilung. 1988 wechselte er für fünf Jahre in das Büro von Finanzminister Dkfm. Ferdinand Lacina. Es folgte eine Tätigkeit in der Geschäftsführung der Österreichischen Bundesfinanzierungsagentur(1993-1995) und im Vorstand der Girocredit (1996-1997). Von 1998 bis 2008 war Kernbauer im Vorstand der Investmentfondsgesellschaft Capital Invest (Pioneer Investments Austria) tätig und wechselte im Herbst 2008 in den Vorstand der neugegründeten Oesterreichischen Clearingbank.

Mag. Dr. Walter KOREN

Der gebürtige Steirer Walter Koren leitet seit 2002 die Außenwirtschaft Österreich (AWO) der Wirtschaftskammer Österreich (WKO). Die AWO ist die INTERNATIONALISIERUNGSAGENTUR DER ÖSTERREICHISCHEN WIRTSCHAFT mit über 109 Stützpunkten in 73 Ländern, Impulsgeber und Begleiter für alle internationalen Aktivitäten österreichischer Unternehmen. Wertvolle Erfahrungen sammelte Koren als österreichischer Handelsdelegierter (bzw. Stellvertreter) in Mexiko, Tokio, Seoul, Teheran und Guatemala sowie als Leiter des Präsidentenbüros der WKÖ in Wien. Walter Koren kann Abschlüsse der Studien Handelswissenschaften und Rechtswissenschaften vorweisen.

Dr. Peter MOOSLECHNER

1954 in Bruck an der Glocknerstraße (Salzburg) geboren. Seit 1999 Direktor der Hauptabteilung Volkswirtschaft der Oesterreichischen Nationalbank in Wien. Nach dem Studium der Volkswirtschaftslehre an der Universität Linz zunächst als Assistent am Institut für Finanzwissenschaft tätig, 1981 Wechsel an das Österreichische Institut für Wirtschaftsforschung (WIFO) in Wien, wo er 15 Jahre für die Bereiche Geldpolitik, Finanzmärkte und Zahlungsbilanz zuständig war. Seit 1996 arbeitet er im Bereich Volkswirtschaft der OeNB. Mitglied nationaler und internationaler wirtschaftspolitischer Gremien, z.B. des Monetary Policy Committee der EZB, und hat zahlreiche Bücher, Studien und Aufsätze in den Themenbereichen Geld- und Fiskalpolitik, Europäische Integration und Finanzmärkte publiziert. Lehrtätigkeit an mehreren Universitäten, derzeit an der Wirtschaftsuniversität Wien.

Mag. Johann MOSER

wurde in Weiz geboren und studierte an der Universität Graz Volkswirtschaftslehre. Nach seiner Tätigkeit als wissenschaftlicher Assistent an der Universität Graz und am Institut für Höhere Studien (IHS), war Mag. Moser wirtschaftspolitischer Berater im Kabinett von BM Dr. Rudolf Streicher. Weiters war er Geschäftsführer der Gesellschaft des Bundes für Industriepolitische Maßnahmen, sowie Abgeordneter zum Nationalrat. Gegenwärtig ist Mag. Moser Geschäftsführer des Austria Wirtschafsservice (AWS). Neben seinen beruflichen Tätigkeiten ist Mag. Moser auch Mitglied zahlreicher Aufsichtsräte im In- und Ausland und agierte als Koordinator von „Der Power-Plan für die Steiermark – 135 Chancen für die Zukunft“ (programmatische Grundlage für die Franz-Voves-Wahlbewegung Steiermark 2005). Außerdem ist er Verfasser von zahlreichen Büchern und Aufsätzen.

Univ.-Prof. Dr. Ewald Nowotny

ist Gouverneur der Oesterreichischen Nationalbank (OeNB). In dieser Funktion vertritt er die OeNB beim Rat der Europäischen Zentralbank (EZB), bei der Bank für internationalen Zahlungsausgleich (BIZ) und beim Internationalen Währungsfonds (IWF).

Vor seiner Ernennung an die Spitze der OeNB im September 2008 war Ewald Nowotny, von 2006 bis 2007, Generaldirektor der BAWAG P.S.K., und von 1999 bis 2003 Vizepräsident der Europäischen Investitionsbank (EIB) in Luxemburg. Von 1979 bis 1999 war er Abgeordneter zum Nationalrat und saß von 1985 bis 1999 dem Finanzausschuss vor.

Von 1968 bis 1973 war Ewald Nowotny Assistent bei Prof. K. W. Rothschild an der Universität Linz. Auf seine Habilitation folgten Forschungsaufenthalte und Professuren an der Harvard University, der Technischen Universität Darmstadt und der Universität Linz. Von 1981 bis 2008 war Ewald Nowotny ordentlicher Professor an der Wirtschaftsuniversität Wien (Vizerektor 2003 bis 2004).

Ewald Nowotny wurde 1944 in Wien geboren. Er studierte Rechts- und Staatswissenschaften an der Universität Wien und Volkswirtschaftslehre am Institut für Höhere Studien (Wien) und promovierte 1967 an der Universität Wien.

Dr. Heimo PENKER

1947 geboren. Studium der Wirtschaftswissenschaften an der Hochschule für Welthandel in Wien. Dort auch tätig als wissenschaftlicher Mitarbeiter und Assistent am Institut für Finanzwissenschaft.

1972 Eintritt in die Bank für Kärnten in Klagenfurt. Nach verschiedenen Tätigkeiten 1984 Bestellung zum Vorstandsmitglied.

Seit 1994 Generaldirektor der BKS Bank AG. Stellvertretender Vorsitzender in den Aufsichtsräten der Oberbank AG und der BTV AG. Vertreter der 3 Banken in den Aufsichtsräten der Kontrollbank AG und der Generali Vienna Holding AG. Vizepräsident des Verbandes der Österreichischen Banken und Bankiers. Obmann der Sparte Banken und Versicherungen sowie Finanzreferent in der Wirtschaftskammer Kärnten. Honorarkonsul der Republik Italien für das Bundesland Kärnten.

Dkfm. Dr. Claus J. RAIDL

Geboren 1942 in Kapfenberg, verheiratet, Hochschule für Welthandel, Doktor der Handelswissenschaften. Beruflicher Werdegang: Banken, Wirtschaftsprüfungs- und Versicherungsgesellschaften, Mitglied des Vorstandes der ÖIAG, seit 1991 Vorstandsvorsitzender der BÖHLER-UDDEHOLM AG, seit 2007 Mitglied des Vorstandes der Voest-Alpine AG, Präsident der Oesterreichischen Nationalbank (OeNB), div. Aufsichtsrat-Funktionen in Wiener Börse AG, Montana Tech Components AG, Wienerberger AG, Vorsitzender des Kuratoriums der I.S.T. Austria (Institute of Science and Technology).

Mag. Dr. Ludwig SCHARINGER

1942 geboren, verheiratet, drei Kinder. Die Stationen seiner Ausbildung bzw. Berufstätigkeit: 1963 bis 1968: Landtechnik am Francisco-Josephinum in Wieselburg; 1968 bis 1972: Universität Linz – Studium der Sozial- und Wirtschaftswissenschaften, Dissertation zum Doktor der Sozial- und Wirtschaftswissenschaften; 1972: Eintritt in die Raiffeisenlandesbank Oberösterreich; 1978: Berufung in die Geschäftsleitung und Ernennung zum Vorstandsdirektor; 1985: Bestellung zum Generaldirektor der Raiffeisenlandesbank Oberösterreich.

Weitere Tätigkeiten: Lehrbeauftragter der Universität Linz für Genossenschaftswesen und Volkswirtschaftslehre, Spartenobmann der Sparte Bank und Versicherung in der Wirtschaftskammer OÖ.

Mitglied bzw. Vorsitzender diverser Aufsichtsräte: VOEST-ALPINE AG (Vorsitzender-Stv.), Asamer & Hufnagl (Mitglied), Österreichische Salinen Aktiengesellschaft (Vorsitzender-Stv.), Raiffeisen Zentralbank Österreich AG (Vorsitzender-Stv.), OÖ PRIVATBANK AG (Vorsitzender), Johannes Kepler Universität (Vorsitzender des Universitätsrates).

Dr. Andreas STARIBACHER

1957 in Wien geboren. Absolvierte die Volks- und Mittelschule in Wien und danach das rechtswissenschaftliche Studium an der Universität Wien, welches im Jahr 1979 mit dem Doctor iuris abgeschlossen wurde. Danach Tätigkeit in der Wirtschaftsprüfungsgesellschaft Österreichische Wirtschaftsprüfung Internationale TreuhandgesmbH, der heutigen Deloitte GmbH. Von 1983 bis 1984 Finanzvorstand der Amatil Getränke (Wien) Gesellschaft mbH des österreichischen Coca Cola Bottlers.

Im Jahr 1984 gründete Dr. Andreas Staribacher gemeinsam mit seinem Partner Dr. Primus Österreicher die Wirtschaftsprüfungskanzlei Österreicher & Staribacher, die mittlerweile als PKF Österreicher – Staribacher ein Mitglied des internationalen PKF-Netzwerkes geworden ist. Im Jahr 1995 bis Jänner 1996 bekleidete er die Funktion des Bundesministers für Finanzen.

Dr. Andreas Staribacher ist Wirtschaftsprüfer und Steuerberater in Österreich, US-CPA sowie Certified Fraud Examiner und Certified in Management Accounting. Er ist Gerichtssachvollständiger für das Rechnungswesen sowie ständiges Mitglied des Fachsenats für Steuerrecht der Kammer der Wirtschaftstreuhänder.

Dkfm. Dr. Herbert STEPIC

1946 geboren. Er ist Vorsitzender des Vorstandes der Raiffeisen International Bank-Holding AG, einer führenden internationalen Bankengruppe in Zentral- und Osteuropa. Er verfügt über mehr als 30 Jahre Erfahrung im internationalen Handels- und Bankgeschäft und ist ein ausgewiesener Osteuropa-Experte.

Bevor er das 17 Märkte umfassende Osteuropa Netzwerk aufbaute, trat Dr. Stepic im Jahr 1973 in die damalige Genossenschaftliche Zentralbank AG (heute *Raiffeisen Zentralbank Österreich AG – RZB*) ein und baute in Folge die Abteilung für Außenhandel auf. Dr. Stepic wurde 1987 in den Vorstand der RZB für das Ressort „Internationales Geschäft" berufen und 1995 zum stellvertretenden Vorsitzenden bestellt. Neben vielen anderen Auszeichnungen, wurde Dr. Stepic 2006 zum „European Banker of the Year" und 2007 zum „European Manager of the Year" gekürt.

Dr. Josef TAUS

1933 geboren. Studium der Rechts- und Staatswissenschaften an der Universität Wien und an der Hochschule für Welthandel in Wien. Während der Studienzeit verschiedene Tätigkeiten, u.a. als Journalist, dann wissenschaftlicher Mitarbeiter im Österreichischen Institut für Wirtschaftsforschung. 1958 Eintritt in die Girozentrale und Bank der österreichischen Sparkassen AG, 1968 bis 1975 deren Vorstandsvorsitzender. Während der Zeit in der Girozentrale u.a. auch Konsulent im Bundesministerium für Finanzen (1959 bis 1963), Staatssekretär im Bundesministerium für Verkehr und Verstaatlichte Unternehmungen (1966/67), Aufsichtsratsvorsitzender der ÖIAG (1967 bis 1975). 1975 bis 1991 Abgeordneter zum Nationalrat und 1975 bis 1979 Bundesparteiobmann der ÖVP. 1979 bis 1989 geschäftsführender Gesellschafter bzw. Vorstand der Constantia-Gruppe. 1989 bis 1991 Präsident des Hauptverbandes der österreichischen Sparkassen. 1989 Gründung der Management Trust Holding AG, 1989 bis 1999 Vorstandsmitglied, 1999 bis heute Aufsichtsratsmitglied. Umfassende Publikationstätigkeit.

Mag. Dr. Gertrude TUMPEL-GUGERELL

Mitglied des Direktoriums Europäische Zentralbank

Geboren 1952 in Killing, N.Ö., Volkswirtschaftsstudium an der Universität Wien, 1975 Volkswirtschaftliche Abteilung der Oesterreichischen Nationalbank (OeNB), 1981 bis 1984 wirtschaftspolitische Beraterin im Kabinett des Bundesministers für Finanzen. 1992 – 1997 Bereichsdirektorin für Unternehmensplanung und -steuerung in der OeNB, Koordination der OeNB-Vorbereitungen im Hinblick auf den Beitritt zur Wirtschafts- und Währungsunion. 1997 Mitglied des Direktoriums (Volkswirtschaft und Finanzmärkte) und in mehreren internationalen Komitees (EFC, IRC, BSC, BAC), 1998 Vize-Gouverneurin der OeNB. Seit Juni 2003 ist sie Mitglied des Direktoriums der Europäischen Zentralbank.

Frau Dr. Tumpel-Gugerell hat Beiträge zu den Themenbereichen Wirtschaftspolitik, Finanzmarktstabilität und Finanzmarktintegration veröffentlicht. Anfang der 90er Jahre war sie Mitglied des Fachhochschulrats und seit 2003 Mitglied des Universitätsrats der Universität Wien.

Dr. Wolfgang ULRICH

1939 geboren. Studium der Rechts- und Staatswissenschaften und des Lehrgangs Französisch am Institut für Dolmetschausbildung der Universität Wien. 1964 Eintritt in die Girozentrale und Bank der Österreichischen Sparkassen AG, Rechtsabteilung. In der Zeit des Vorstandsvorsitzes Dr. Josef Taus intensiv mit der Entwicklung neuer Sonderfinanzierungsformen beschäftigt, Geschäftsführungs- und Aufsichtsratsfunktionen in mehreren Töchtern der Bank. 1976 Übertritt in die Erste Österreichische Spar Casse. Ab 1977 Generalsekretär-Stellvertreter, dann Vorstandsmitglied. Zuständig insbesondere für das Großkundengeschäft und den großvolumigen Wohnbau, ab 1984 auch für das Geschäft mit den Klein- und Mittelbetrieben und der Zielgruppe der Immobilientreuhänder. Von 1980 bis Ende 1981 karenziert zur Sanierung der Landeshypothekenbank NÖ, zuerst leitender Direktor, dann Vorstandsvorsitzender. Ab 1982 auch wieder Vorstandsmitglied der Erste Österreichische Spar-Casse-Bank. 1983 Ausscheiden aus der Landeshypo NÖ. Ab 1989 stellvertretender Vorsitzender des Vorstandes, 1997 Ausscheiden aus dem Vorstand der Bank, weiterhin stellvertretender Vorsitzender Anteilsverwaltungssparkasse. Als Angestellter der Bank weiterhin zuständig für die Betreuung des Wohnbau- und Immobiliengeschäfts. Ende 2000 völliges Ausscheiden aus der Erste Bank AG. Von 2001 bis 2006 Vorstandsvorsitzender der Bank Burgenland AG. Nach Sanierung und Verkauf Ausscheiden aus der Bank Burgenland AG. Seit 1997 Präsident der Forschungsgesellschaft für Wohnen, Bauen und Planen.